SAPERE

Scripta Antiquitatis Posterioris
ad Ethicam REligionemque pertinentia

Schriften der späteren Antike
zu ethischen und religiösen Fragen

Herausgegeben von
Reinhard Feldmeier, Rainer Hirsch-Luipold
und Heinz-Günther Nesselrath

unter der Mitarbeit von
Serena Pirrotta und Christian Zgoll

Band XXI

Synesios von Kyrene

Ägyptische Erzählungen
oder
Über die Vorsehung

Herausgegeben von
Martin Hose

eingeleitet, übersetzt und
mit interpretierenden Essays versehen von

Martin Hose, Wolfgang Bernard,
Frank Feder und Monika Schuol

Mohr Siebeck

SAPERE wird als Vorhaben der Akademie der Wissenschaften zu Göttingen im Rahmen des Akademienprogramms von der Bundesrepublik Deutschland und vom Land Niedersachsen gefördert.

ISBN 978-3-16-152259-8

Die Deutsche Nationalbibliothek verzeichnet diese Publikation in der Deutschen Nationalbibliographie; detaillierte bibliographische Daten sind im Internet über *http://dnb.d-nb.de* abrufbar.

Das Buch wurde von Nils Jäger, Sebastian Klipp, Serena Pirrotta und Janjenka Szillat in der SAPERE-Arbeitsstelle in Göttingen gesetzt, von Laupp & Göbel in Nehren auf alterungsbeständiges Werkdruckpapier gedruckt und von der Buchbinderei Nädele in Nehren gebunden.

SAPERE

Griechische und lateinische Texte der späteren Antike (1.–4. Jh. n. Chr.) haben lange Zeit gegenüber den sogenannten ‚klassischen' Epochen im Schatten gestanden. Dabei haben die ersten vier nachchristlichen Jahrhunderte im griechischen wie im lateinischen Bereich eine Fülle von Werken zu philosophischen, ethischen und religiösen Fragen hervorgebracht, die sich ihre Aktualität bis heute bewahrt haben. Die – seit Beginn des Jahres 2009 von der Union der deutschen Akademien der Wissenschaften geförderte – Reihe SAPERE (Scripta Antiquitatis Posterioris ad Ethicam REligionemque pertinentia, ‚Schriften der späteren Antike zu ethischen und religiösen Fragen') hat sich zur Aufgabe gemacht, gerade solche Texte über eine neuartige Verbindung von Edition, Übersetzung und interdisziplinärer Kommentierung in Essayform zu erschließen.

Der Name SAPERE knüpft bewusst an die unterschiedlichen Konnotationen des lateinischen Verbs an. Neben der intellektuellen Dimension (die Kant in der Übersetzung von *sapere aude*, „Habe Mut, dich deines eigenen Verstandes zu bedienen", zum Wahlspruch der Aufklärung gemacht hat), soll auch an die sinnliche des „Schmeckens" zu ihrem Recht kommen: Einerseits sollen wichtige Quellentexte für den Diskurs in verschiedenen Disziplinen (Theologie und Religionswissenschaft, Philologie, Philosophie, Geschichte, Archäologie ...) aufbereitet, andererseits aber Leserinnen und Leser auch „auf den Geschmack" der behandelten Texte gebracht werden. Deshalb wird die sorgfältige wissenschaftliche Untersuchung der Texte, die in den Essays aus unterschiedlichen Fachperspektiven beleuchtet werden, verbunden mit einer sprachlichen Präsentation, welche die geistesgeschichtliche Relevanz im Blick behält und die antiken Autoren zugleich als Gesprächspartner in gegenwärtigen Fragestellungen zur Geltung bringt.

Vorwort zu diesem Band

Die *Ägyptischen Erzählungen* sind ein bedeutsames Zeugnis griechischer spätantiker Literatur. Ihr Verfasser Synesios von Kyrene darf als archetypischer Repräsentant der Bildung seiner Zeit gelten: Ist er doch ein eleganter Stilist, hochgebildet in Literatur und (neuplatonischer) Philosophie, der in diesem Text Erfahrungen, die er als Gesandter seiner Heimat am Kaiserhof von Konstantinopel um 400 n. Chr. macht, in die allegorische Form eines Mythos bringt, indes nicht etwa eines griechischen Mythos, sondern eines ägyptischen. Der Kampf zwischen Osiris und seinem bösen Bruder Typhos wird von Synesios so dargestellt, dass der Leser in ihm Hofintrigen und Konflikte mit gotischen Söldnern erkennen kann, zugleich aber die rhetorische und philosophische Dimension des Textes bewundern soll.

Da sich in den *Ägyptischen Erzählungen* also Historisches, Ägyptisches und Allegorie verbinden, lag es nahe, dem Konzept von SAPERE entsprechend eben hierzu Essays beizugeben, für die sich die Althistorikerin Monika Schuol (Berlin), der Ägyptologe Frank Feder (Berlin) und der Gräzist Wolfgang Bernard (Rostock) gewinnen ließen. Die Arbeit an Einleitung, Text und Übersetzung förderten in einer ersten Phase die Mitglieder eines Oberseminars zu diesem Text, das ich im Sommersemester 2009 in München durchführen konnte. Zahlreiche Hinweise und konstruktive Kritik gab darüber hinaus Therese Fuhrer.

Alle Beiträge dieses Bandes zogen großen Gewinn aus den Diskussionen, zu denen im Februar 2011 die Arbeitsstelle SAPERE in Göttingen einlud: Balbina Bäbler, Rainer Hirsch-Luipold, Heinz-Günther Nesselrath, Serena Pirrotta, Ilinca Tanaseanu-Döbler und Christian Zgoll sei dafür noch einmal herzlich gedankt.

München, Juni 2012 — Martin Hose

Inhaltsverzeichnis

A. Einführung

B. Text, Übersetzung und Anmerkungen

C. Essays

D. Anhang

A. Einführung

Einführung in die Schrift

Martin Hose

Die *Ägyptischen Erzählungen* sind ein seltsamer Text. Er erzählt einen Mythos, der als Allegorie konzipiert ist. Die Protagonisten des Mythos sind der ägyptischen Götterwelt entnommen: Osiris und Typhos, und sie stehen, so sagt die Eröffnung des Textes änigmatisch für „die Söhne des Tauros". Hinter der Allegorie stehen von Synesios in Konstantinopel erlebte und im Mythos verarbeitete Geschehnisse: der Sturz des Stadtpräfekten Aurelian auf Betreiben des gotischen Generals Gainas, die Vertreibung des Gainas und das Massaker an den gotischen Truppen.

In den Mythos sind zudem neuplatonische Gedankenwelten eingearbeitet, und den Text, der mit Homer- und Arat-Zitaten geschmückt ist, durchzieht ein Gewebe von intertextuellen Verweisen auf Schriften Herodots, Platons, Xenophons und Plutarchs. Alles zusammengenommen war dies eine erfolgreiche Rezeptur. Denn der Text wurde eifrig gelesen – oder zumindest gern besessen, wie fast 50 erhaltene Handschriften aus dem byzantinischen Mittelalter bezeugen.

Die besondere Form des allegorischen Mythos, den der Text erzählt, scheint in spezifischer Weise das Problem zu stellen, in welcher Weise der historische Autor in seinem Text präsent ist. Denn Synesios von Kyrene,[1] der Autor, führt sich augenscheinlich in Verkleidung im Text ein: „Es gab einen, der besaß gewichtiges Ansehen, war indes von der Philosophie in einer ungehobelt-ländlicheren Weise erzogen und gegenüber der städtischen Wesensart unempfänglich [...]." (I 18,1). Mit dieser Charakterisierung wird in einer gewissen Überzeichnung das Bild gemalt, das auch Synesios' übrige Schriften von ihm entwerfen. Denn diese Schriften: ein Corpus von 156 Briefen, neun Hymnen, ein Konvolut von sechs Traktaten (neben den *Ägyptischen Erzählungen An Paeonius, Über die Träume* [*De insomniis*], *Lob der Glatze* [*Calvitii encomium*], *Dion. Über die Lebensführung nach seinem Vorbild* [*Dio*], *Über das Königtum* [*De regno*]), zwei Ansprachen und

---

[1] Siehe zu Synesios insgesamt Luchner 2010 mit weiterer Literatur; ausführlich erörtert alle Probleme, die sich aus den Texten des Synesios ergeben, Schmitt 2001, der eine tiefgehende Studie der Biographie vorlegt, indes bisweilen die Texte trotz ihrer Literarizität bis an die Grenzen des Möglichen historisch auswertet (s. dazu die Rezension von H. Harich-Schwarzbauer in *Gnomon* 78 (2008) 401–408).

zwei Predigtfragmente[2] zeichnen das Profil eines gebildeten Mitglieds der griechischsprachigen Oberschicht im Römischen Reich um die Wende vom 4. zum 5. Jh. n. Chr. Brauchbare Zeugnisse zu Synesios, die unabhängig von seinen eigenen Schriften sind, gibt es nicht.[3] So entsteht eine (scheinbar) historische Biographie des Autors aus dessen Selbstdarstellung(en) und wird mit Kombinationen und Vermutungen aufgefüllt. Unübersehbar bleibt das damit verbundene methodische Problem, aus rhetorisch modellierten Texten Daten zu destillieren, die diese Texte nicht vermitteln wollen. Die Traktate geben wenig Möglichkeiten für exaktere Datierungen; die Briefe sind bisweilen an historisch greifbare Personen wie Aurelian gerichtet, der zeitweise *Praefectus praetorio per Orientem* war (*ep*. 31. 35. 47), bisweilen erwähnen sie Amtsträger wie Simplikios, den *Magister utriusque militiae per Orientem*. Hieraus kann man in mühevoller Analyse[4] historische Einordnungen von Briefen und den in diesen zugrunde gelegten Konstellationen gewinnen, die freilich in der Regel Unsicherheiten unterliegen, da sich auch die Amtszeiten der genannten Personen nicht immer sicher bestimmen lassen.

Aus den Briefen ergibt sich insgesamt ein ‚Datierungsbesteck', dessen frühesten Punkt das Frühjahr des Jahres 398 (*ep*. 53) und dessen spätesten Punkt das letzte Drittel des Jahres 412 (*ep*. 80) bilden.[5] Es gibt keinen Hinweis, dass einer der Traktate außerhalb dieses Intervalls von 14 Jahren entstanden wäre. Die Kombination der Konstellationen, die die Briefe schildern, mit den Traktaten und den aus ihnen rekonstruierbaren Kontexten ergibt folgende Skizze eines Lebens:

---

[2] Zwar sind unter den Namen des Synesios 159 Briefe und 10 Hymnen überliefert, doch hat Fritz 1905 die bei Hercher (*Epistolographi Graeci* [Paris 1873]) abgedruckten Briefe 157–159 als unecht erwiesen (Nr. 159 ist einzig im cod. Vat. Gr. 93, 157/158 im cod. Vat. Gr. XXXII 33 überliefert), und gilt der 10. Hymnos als Werk des Kopisten Georgios Alitros, s. Strohm / Gruber 1991, 248.

[3] Der Kirchenhistoriker Euagrios (*HE* I 15: siehe zu diesem schwierigen Kapitel die Adnotatio in M Whitby (transl.), *The Ecclesiastical History of Evagrius Scholasticus* [Liverpool 2000]) notiert zwar, dass Synesios erst nach seiner Wahl zum Bischof getauft worden sei, doch scheint dies aus den Briefen (besonders *ep*. 105) abgeleitet; Cameron / Long 1993, 28–35 bestreiten daher zu recht die Zuverlässigkeit der Angabe; ob man allerdings aus den Hymnen ableiten kann (wie sie es tun), dass Synesios während seines Aufenthalts in Konstantinopel zum Christentum übergetreten sei, erscheint fraglich. Noch weiter geht Tanaseanu-Döbler 2005, 155–286, die Synesios als Christen auffasst, der sich erst während seines Studiums dem Neuplatonismus zugewendet habe.

[4] Siehe hier insbesondere Roques 1989 mit der Rezension von F. Tinnefeld, *Klio* 74 (1992) 547–49.

[5] Siehe dazu Roques 1989. Das zweite Datum verschöbe sich auf 414, wenn man Liebeschuetz 1986 (bzw. Liebeschuetz 1990, 269–72) in der ‚Spätdatierung' des zweiten Teils der *Ägyptischen Erzählungen* in dieses Jahr folgte.

Synesios wurde wahrscheinlich um 370 in eine begüterte Familie in Kyrene geboren.[6] Er hatte einen älteren Bruder mit Namen Euoptios,[7] an den er zahlreiche Briefe richtet. Wie aus seinen gesamten Schriften abzulesen ist, erwarb er sich eine tiefgehende Vertrautheit mit der griechischen Literatur und war in der Lage, sich in unterschiedlichen Zusammenhängen angemessen auszudrücken. Er hat also, ohne dass dies in den Texten explizit gemacht wird, die üblichen Formen spätantiker Ausbildung in Grammatik und Rhetorik durchlaufen. Seine Vermögenssituation erlaubte ihm überdies Studienaufenthalte: in Alexandria, wo er der Philosophin Hypatia[8] und wahrscheinlich dem Neuplatonismus näher gekommen ist und eine Reihe von Freundschaften mit jungen Studierenden seines Standes schloss,[9] sowie in Athen. In einem Brief an den Bruder (*ep*. 136) zeigt er sich jedoch von Athen tief enttäuscht. Eine genauere Datierung dieser Aufenthalte ist nicht möglich; es scheint, dass er Anfang 398 nicht mehr in Alexandria war. Auffällig ist in allen Briefen, die sich um die Studienaufenthalte ranken, seien sie an den Bruder, seien sie an die Lehrerin Hypatia, seien sie an die Studienfreunde gerichtet, dass sie keine Fachfragen im engeren Sinne behandeln, sondern ‚Befindlichkeiten' oder Erinnerungen an die Studienatmosphäre thematisieren. Es sind keine philosophischen Spezialistenbriefe, sondern in ihnen spricht ein Außenstehender[10] von den Studien, die er trieb.

Nach Rückkehr von seiner Studienreise hatte Synesios augenscheinlich die mehr oder minder deutliche Pflicht, als Angehöriger einer wichtigen Familie seiner Provinz, der durch seine Studien zur gesellschaftlichen und politischen Wirksamkeit prädestiniert war, das Amt eines Gesandten zu übernehmen und nach Konstantinopel zu gehen, um dem jungen Kai-

---

[6] Maas 1913/1973 schloss aus der Kombination von *Hymn*. 7,31 und *ep*. 55, dass Synesios' Vater Hesychios hieß, Schmitt 2001, 144–161 bringt damit ein im Zentrum von Kyrene ergrabenes Haus in Verbindung, das aufgrund von Inschriften, die den Namen Hesychios nennen, als Haus der Hesychiden bezeichnet wird und durch das Synesios einen Libyarch Hesych als Großvater erhielte. Diese ingeniöse Konstruktion beruht jedoch auf Maas' Deutung von *ep*. 55, nach der Synesios die Geburt von zwei (weiteren) Söhnen annoncierte, die mit Hesychios zu einem Gespann verbunden werden. Grützmacher 1913, 14 mit Anm. 2, las den Brief jedoch anders, zumal dessen Adressat, Synesios' Bruder Euoptios, über die Fortschritte von dessen bei Synesios aufwachsendem Sohn Dioskorios unterricht wird: Hesychios ist nach Grützmacher der gemeinsame Lehrer der Kinder. Damit aber würde Maas' Theorie zusammenbrechen und die Verbindung des Synesios mit dem Haus der Hesychiden entfallen. Vgl. hierzu insgesamt Seng 2001.

[7] Nach einer Vermutung von H. Druon könnte dieser der Bischof Euoptios von Ptolemais gewesen sein, der 431 am Konzil von Ephesos teilnahm. Siehe dazu Grützmacher 1913, 15.

[8] Siehe zu ihr zuletzt H. Harich-Schwarzbauer, *Hypatia. Die spätantiken Quellen. Eingeleitet, kommentiert und interpretiert*, (Bern / Berlin / Brüssel 2011).

[9] Siehe dazu Grützmacher 1913, 23–30.

[10] Siehe zu dem spezifischen Bild, das die Briefe von Synesios entwerfen und das für deren breite Rezeption sorgte, Hose 2003.

ser Arcadius das ‚Kranzgold' zu entrichten[11] und in diesem Zusammenhang die Steuerlast der Provinz nach Möglichkeit zu reduzieren. Drei Jahre nimmt ihn dies in Anspruch, und die Forschung hat in der Hauptsache zwei unterschiedliche Datierungen für den Aufenthalt in der Metropole des Ostens vorgeschlagen, der entweder von 399 bis 402 oder von 397 bis 400 gedauert hätte.[12] In den Kontext dieser Reise gehören zwei Traktate des Synesios, zum einen ein an Arcadius gerichteter Fürstenspiegel, *Über die Königsherrschaft* (*De regno*).[13] Der Text gibt sich als an den Kaiser gerichtete Rede und entwirft ein Bild idealer Königsherrschaft aus der Perspektive des Philosophen – eines Philosophen, der sich für die deutliche Sprache und den damit verbundenen Eindruck der ‚Bäuerlichkeit' (ἀγροικία) in einer *praemunitio* entschuldigt (Kap. 2): das hier entworfene Bild des Sprechers passt damit zu dem zitierten Passus aus den *Ägyptischen Erzählungen* (Kap. 18, s.o.) und erklärt die Eigenheiten des dort beschriebenen Philosophen. Inhaltlich knüpft *De regno* sowohl an die Tradition der Panegyrik[14] als auch an Dion von Prusas *Königsreden* (*or*. 1–4) an.[15] Ob der überlieferte Text von *De regno* aber eine tatsächliche Rede des Gesandten Synesios vor dem Kaiser repräsentiert, oder ob eine (wahrscheinlich viel kürzere) Ansprache in erweiterter Form vorliegt, die unter Umständen beträchtlich später entstand, ist nicht sicher.[16] Die zweite literarische Frucht der Jahre in Konstantinopel sind die *Ägyptischen Erzählungen*. Sie werden im folgenden Kapitel näher betrachtet.

Synesios reiste in seine Heimat zurück. Der Weg führte ihn über Alexandria. Hier heiratete er. Kein geringerer als der Patriarch Theophilos selbst vollzog die Trauung. Dieser Umstand deutet an, dass Synesios dem Christentum durchaus nahe stand.[17] In der Ptolemais angekommen, begann er das Leben eines spätantiken Aristokraten zu führen, dessen Lebenszentrum das Landgut bildet.[18] Ihm wurden Söhne geboren, die er jedoch früh verlor. Er hatte seinen Besitz gegen zunehmende Nomadeneinfälle zu schützen.[19] In Briefen wird dieses aristokratische Landleben mit verschiedenen literarischen Modellen verbunden: So kann es gegenüber dem Bruder (*ep*. 114) durch deutliche Annäherung an Theokriteische Motive[20] zum bukolischen Idyll gemacht werden, gegenüber dem einflussrei-

[11] Siehe *De regn*. 3.
[12] Siehe hierzu den kritischen Forschungsbericht von Schmitt 2001, 243–250.
[13] Siehe dazu insgesamt Cameron / Long 1993, 103–142.
[14] Siehe hierzu Volkmann 1869, 25–40.
[15] Siehe dazu Lacombrade 1951a, 93–97.
[16] Siehe Cameron / Long 1993, 127–133.
[17] Bregman 1982, 60.
[18] Siehe Schneider 1983. Synesios selbst stilisiert sich als Landmann, siehe insbesondere *Calv*. 4
[19] Siehe dazu Schmitt 2001, 566–83.
[20] Der Brief verweist explizit auf Theocr. *Id*. 7,136.

chen Rechtsanwalt Pylaimenes in Konstantinopel (*ep.* 101) zu einem Ort philosophischen Rückzugs, vergleichbar dem Cassiciacum eines Augustin, oder sogar gegenüber Olympios, dem Studienfreund aus alexandrinischen Tagen (*ep.* 148), zu einem an Dion von Prusas *Euboikos* (*or.* 7) angenähertem Ort einfachen, goldenen Lebens. Bemerkenswert ist in diesem letzten Brief Synesios' Diktion. Denn in der Schlusssequenz des Briefes stellt sich Synesios vor, welchen Vergleichspunkt für das geschilderte ‚einfache Leben' Olympios anführen könnte: „‚Ein Leben wie zu Noes Zeiten', wirst du sagen, ‚bevor die Gerechtigkeit in die Sklaverei geriet'." Statt des ‚wie zu Saturns/Kronos' Zeiten' apostrophiert also Synesios die Welt des Alten Testaments und damit des Christentums.[21]

In Brief 101 an Pylaimenes hatte sich Synesios als von der Umwelt ausgelachter Privatmann dargestellt, der im Gegensatz zu einer Welt stehe, in der man nach Ämtern zu streben habe (σπουδαρχεῖν, Z. 48 Garzya / Roques). Gleichwohl nahm er, wahrscheinlich zu Beginn des Jahres 412, ein nicht unbedeutendes Amt auf sich: das des Bischofs der Pentapolis. Wiederum spiegeln Briefe diesen Schritt. Allerdings scheinen sie einen zweifelnden Menschen zu zeigen, der sich scheut, die Aufgabe, die in einer Spannung zu seinem bisherigen Leben und seinen bisherigen Anschauungen steht, anzunehmen. Wiederum fungiert insbesondere der Bruder als Adressat der Zweifel: *ep.* 105 ist in der Forschung als ergreifendes Zeugnis des Gewissenskonflikts gelesen und gedeutet, der Schritt zum Amt bisweilen sogar als Akt von Selbstverleugnung (in Verbindung mit dem Testimonium von *ep.* 96: „Ich rufe Gott [...] zum Zeugen an, dass ich anstelle des Priestertums lieber vielfachen Tod gewünscht hätte.") interpretiert worden.[22]

Der Schritt des Synesios, das Bischofsamt anzunehmen, muss jedoch nicht als fast dramatische Bekehrung[23] gedeutet werden. Die in den Briefen ausgesprochenen Zweifel an der Bestimmung relativieren sich, stellt man sie zu anderen Fällen des Übertritts zum Priesteramt im späten 4. und frühen 5. Jh. Ein Gregor von Nazianz (*carm.* II 1,11) bezeugt in der Rückschau den inneren Druck, den der Übertritt in den Priesterstatus für ihn bedeutete. Noch expliziter sind Texte aus dem lateinischen Westen: Da wäre ein Ambrosius, der nach der Darstellung des Paulinus von Mailand 374, als er als Konsular einen Streit zwischen ‚Arianern' und Katholiken bei der Besetzung des Bischofsamts in Mailand schlichten will, durch die Akklamation des Volks und gegen seinen Willen zum Bischof bestimmt wird, verzweifelt fliehen will, doch durch ein Zeichen gehindert wird und sogar

[21] Siehe hierzu Vogt 1971/1985, der jedoch die Briefe insgesamt autobiographisch liest, ohne die verschiedenen literarischen Modelle zu unterscheiden.

[22] Siehe etwa Vogt 1975/1985.

[23] So Schmitt 2001, 67–143.

erst noch getauft werden muss.[24] Und da ist ein Augustinus, der eigentlich zurückgezogen-kontemplativ lebt, doch 391, als er die Basilika von Hippo betritt, auf Betreiben des Volkes, das ihn erkennt, zur Priesterweihe genötigt wird – obgleich er zuvor, wie er in einer späteren Predigt ausführt, sorgsam vermieden hatte, Städte zu besuchen, denen ein Bischof fehlte.[25] Ein ähnliches Schicksal scheint Augustinus' Gefährten Alypius ereilt zu haben, der zum Bischof von Thagaste geweiht wurde.[26] Die Häufung der Schilderungen innerer Not deutet darauf, dass hier eine stereotype Situation vorliegt, die eine entsprechende Sprache und Topik erzeugte (man könnte von einer ‚*recusatio* des geistlichen Amtes' sprechen[27]). Synesios stellt sich mit den genannten Briefen in die Tradition dieser Topik, und angesichts seines Bemühens, seinen Wandel vom Philosophen zum Bischof durch das Modell des Dion von Prusa und dessen ‚Konversion' zu interpretieren,[28] trägt der gesamte Vorgang Züge einer literarischen Inszenierung.

Wohl noch vor Synesios' Berufung zum Bischof hatte sich sein Engagement, das Land gegen Einfälle zu schützen, verstärkt: dies sollte ihn 412 in Gegensatz zu Andronikos, dem *praeses Libyae superioris*, bringen. Die beiden erhaltenen Ansprachen (*Katastasis* 1 und 2) aus dem Jahr 411 zeigen Synesios in der Rolle des tief um die Sicherheit der Pentapolis besorgten Notablen.[29] Da weder Traktate noch Briefe über das Jahr 412 hinauszuweisen scheinen, ist der Schluss berechtigt, dass dieses Verstummen mit dem Tod des Synesios zu verbinden ist.[30]

1. Die *Ägyptischen Erzählungen*

1.1. Die Geschichte des Stoffes

Es erscheint wie ein Paradox, dass sich vollständige Fassungen des Isis- und Osiris-Mythos nur in der griechischen Literatur finden. Zwar gehört

[24] Paulinus, *Vita Ambrosii* cap. 6–9.

[25] Siehe Augustinus, *sermo* 355 mit Possidius, *Vita Augustini* 4. Siehe zum Zusammenhang Fuhrer 2004, 34/35.

[26] Siehe dazu Feldmann / Schindler / Wermelinger.

[27] In dieser Tradition steht noch zu Beginn des 8. Jhs. Johannes von Damaskus, der gegen seinen Willen zum Priester geweiht wird (s. die *Vita Joh. BHG* 884, *PG* Bd. 94, 480a5–481a3. Robert Volk, dem ich diesen Hinweis verdanke, macht darauf aufmerksam, dass sich diese Stelle der Vita an die Erwähnung der – ebenfalls unfreiwilligen – Bischofsweihe des Kosmas von Maiuma anschließt.).

[28] Siehe hierzu die Interpretation von Schmitt 2001, 81–86.

[29] Eine Analyse, die beide Ansprachen im Kontext der (literarischen) griechisch-römischen Kampfparainese behandelte, fehlt.

[30] Reine Spekulation ist die Annahme, Synesios sei im Kampf gegen die Nomaden gefallen.

Osiris zu den alten Beständen der ägyptischen Religiosität[31] und verweisen zahllose Textzeugnisse auf ihn, doch fehlt ein entsprechendes Narrativ in der altägyptischen Überlieferung. Indes ist es möglich, die Zeugnisse zu Osiris etwa in den Pyramidentexten des Alten Reiches zu einer Geschichte zu synthetisieren, wie es Theodor Hopfner versucht hat.[32] Mag dies auch methodisch nicht unbedenklich sein, so ergibt sich jedoch wenigstens in Umrissen ein Ensemble von Motiven, die die ägyptische Kultur mit Osiris verband: So erscheint Osiris als Opfer einer Verschwörung, in der ihn sein Bruder Seth tötet und ins Meer wirft. Osiris' Körper löst sich auf, wird aber von seiner Mutter Nut wieder zusammengesetzt. Isis und Nephthys suchen nach Osiris, finden ihn im Wasser und bergen ihn; es kommt zu einen Kampf zwischen Horus, dem Sohn der Isis und des Osiris, und Seth, in dem Horus schließlich durch die Hilfe des Osiris siegt. In etwas veränderterter Gestalt erscheint Osiris in erzählenden demotischen Texten (grundsätzlich scheinen derartige Texte auf Traditionen zu ruhen, die auf das zweite Jahrtausend v. Chr. zurückweisen[33]), in denen er wie ein König oder Heerführer agierend dargestellt wird.[34]

Eingang in die griechische Kultur bzw. Literatur fand der Osiris-Mythos gewiss einerseits durch Kultur- und Handelskontakte zwischen Ägypten und Griechenland,[35] andererseits durch zunächst griechische Autoren, die über Ägypten schrieben (nach Herodot Hekataios von Abdera [*FGrHist* 264, insbesondere F 25] und Eudoxos von Knidos) und dabei, in der Tradition Herodots, die Erzählungen oder Erklärungen ägyptischer Priester nutzten,[36] dann durch ägyptische Autoren, die in griechischer Sprache schrieben, wie Manethon. Dieser Rezeptionsprozess vollzog sich auf seiten der griechischen Kultur vermittels einer *interpretatio Graeca*, durch die ägyptische Götter mit griechischen Göttern und Heroen identifiziert wurden: Osiris ließ sich so als Dionysos, Seth als Typhon etc. verstehen.[37] Im zweiten Drittel des 1. Jhs. v. Chr. integriert Diodor im ersten Buch

---

[31] Vgl. J. G. Griffiths, *The Origins of Osiris* (Berlin 1966); Burton 1972, 54–63; Coulon 2010.

[32] Hopfner 1940, 16f.

[33] Siehe hierzu insgesamt den auch methodisch wichtigen Aufsatz von F. Hoffmann, „Die Entstehung der demotischen Erzählliteratur", in: H. Roeder (Hrsg.), *Das Erzählen in frühen Hochkulturen. I. Der Fall Ägypten*, (München 2009) 351–384.

[34] Siehe hierzu die Übersicht bei Quack 2009, 26f.

[35] Erinnert sei in diesem Zusammenhang etwa an die Bedeutung von Städten wie Naukratis (dazu A. Möller, *Naukratis. Trade in Archaic Greece* [Oxford 2000]). Auf griechische Söldner in Ägypten sei nur hingewiesen.

[36] So teilt Diogenes Laertios VIII 8,90 (nach Favorin) mit, Eudoxos habe vom Priester Chonuphis gelernt (s. dazu J. G. Griffiths, „A Translation from the Egyptian by Eudoxus", *CQ* 15 (1965), 75–78).

[37] Siehe etwa W. Kranz, „Vorsokratisches I", *Hermes* 69 (1934) 114–119 zu Pherekydes von Syros; Pindar Frg. 91 (mit J. G. Griffths, „The Flight of the Gods before Typhon: An unrecognized myth", *Hermes* 88 (1960) 374–376.

seiner *Bibliotheke* den Osiris-Mythos in umfassenderer Weise in seine Geschichtskonzeption. Wohl auf der Grundlage von Hekataios und anderer griechischer Autoren,[38] vielleicht aber auch durch unabhängige, auf einer Ägypten-Reise gewonnene Kenntnisse kommt er zu einer Deutung, nach der Osiris ein Mensch war, der wegen seiner Weisheit und seiner Wohltaten unsterblich geworden ist (I 13). Die Geschichte des Osiris ist bei Diodor die Geschichte der Verbreitung von Zivilisationserrungenschaften über die Welt (I 14–20). Die Ermordung des Osiris durch seinen Bruder und die Zerteilung der Leiche, die Rache der Isis mit Hilfe ihres Sohnes Horus: all dies macht Diodor in der Art einer Pindarischen Mythenkorrektur[39] zu einem bloßen Gerücht, das entstanden sei, weil ägyptische Priester ihr Schweigen gebrochen hätten, zu dem sie Isis nach dem friedlichen Tod des Osiris verpflichtet habe (I 20,6–21).

Zu Beginn des 2. Jhs. n. Chr. verfasst Plutarch, einer der größten griechischen Gelehrten seiner Zeit, die Abhandlung *Über Isis und Osiris* (*De Iside et Osiride*),[40] in der er nicht nur das ausführlichste Referat des Mythos gibt, das erhalten ist (Kap. 11 bis 21 der Schrift), sondern auch dessen Interpretationsmöglichkeiten ausführlich vorstellt. So deutet er den Mythos in rationalistisch-euhemeristischer Weise (Kap. 22–24), dämonologisch (Kap. 25–31), physikalisch (Kap. 32–40), astronomisch (Kap. 41–44), philosophisch-dualistisch (Kap. 45–48), platonisch-akademisch (Kap. 49–64) und schließlich religionshistorisch, indem er Osiris und Harpokrates als Vegetationsgötter betrachtet (Kap. 65–71). Mit dieser Schrift Plutarchs ist prägnant dokumentiert, in welchem Umfang der Osiris-Mythos zu Interpretationen in der griechisch(-römischen) Kultur herausforderte.

Plutarchs Referat des Mythos selbst wirkt sehr ausführlich – umso erstaunlicher ist es, dass er am Beginn wie am Ende dieses Referats betont, dass er ‚in aller Kürze berichte' (Kap. 12,355D) bzw. nur ‚die großen Züge' mitteile (Kap. 20,358E) und Vieles weglasse.[41] Dies zeigt an, wie variantenreich und bunt die Geschichte von Osiris in der Kaiserzeit tradiert wurde. Plutarch beginnt mit der Geburtslegende des Osiris, der die Frucht einer heimlichen Verbindung von Rhea und Kronos sei; Isis und Osiris hätten schon im Mutterleib einander geliebt (Kap. 12); als König habe Osiris Ägypten zivilisiert, die Landwirtschaft, Gesetze und Götterverehrung ein-

---

[38] Siehe hierzu insgesamt Burton 1972, 1–34; W. Spoerri, *Späthellenistische Berichte über Welt, Kultur und Götter* (Basel 1959), 189–195, macht die Rezeption von u.a. Manethon plausibel.

[39] Siehe etwa Pindar, *Olympie* 1,47f.

[40] Text und Übersetzung: Görgemanns 2003; neben dem großen Kommentar von Griffiths 1970 bleibt bedeutsam Hopfner 1940/1941.

[41] Es wäre durchaus lohnend, Plutarchs Erzähltechnik in *De Is. et Os.* mit den Darstellungsverfahren (gerade im Hinblick auf den Umgang mit Varianten) in seinen Parallelbiographien zu vergleichen.

geführt; dann habe er mit friedlichen Mitteln die gesamte Welt kultiviert. Sein Bruder Typhon habe während Osiris' Abwesenheiten nichts gegen ihn unternommen, nach dessen Rückkehr jedoch ihn in einer Verschwörung umgebracht. Bewerkstelligt habe er dies durch eine nach den Körpermaßen des Osiris gefertigte Truhe, in die zu steigen er Osiris durch einen Trick verleiten konnte. Dann sei die Truhe verschlossen und ins Meer geworfen worden (Kap. 13). Isis habe nach der Truhe gesucht und sie schließlich bei Byblos gefunden (Kap. 14–17). Als Isis zu ihrem Sohn Horus ging, habe Typhon die Truhe an sich gebracht und Osiris' Leichnam in vierzehn Teile zerstückelt und zerstreut; Isis habe die einzelnen Leichenteile gesucht, gefunden und einzeln begraben; allein der Phallos, den ein Krokodil gefressen hatte, blieb unauffindbar, weswegen Isis eine Nachbildung angefertig habe (Kap. 18). Osiris sei aus dem Totenreich Horus erschienen und habe diesen für den Kampf gegen Typhon beraten; Horus habe schließlich über Typhon gesiegt (Kap. 19).[42]

In Plutarchs Version, die in manchen Zügen an Diodors Geschichte vom friedlichen Kulturstifter Osiris anknüpft, ist das Geschehen durch vier Akteure: Osiris, Isis, Typhon und Horus bestimmt. Anders als später bei Synesios hat die Verschwörung des Typhon gegen seinen Bruder in der Ökonomie der Darstellung nur eine vorbereitende Funktion für die Suche der Isis nach dem verschollenen Gatten. Dementsprechend unbestimmt bleibt bei Plutarch auch, warum Typhon gegen Osiris intrigiert (der Text scheint vorauszusetzen, dass der Leser den Gegensatz der beiden Brüder als selbstverständlichen Bestandteil der Geschichte kennt).

Liest man Synesios' Version der Osiris-Geschichte vor der Folie der Darstellung Plutarchs, so fällt auf, dass Synesios Isis gleichsam aus der Geschichte gestrichen hat, was dadurch möglich wird, dass er die Erzählsequenz nur bis zum Sturz des Osiris ausführt. Zugleich ist der Antagonismus der Brüder (erstmals?) psychologisch motiviert und auf die Eifersucht des Typhos auf die Königsstellung des Bruders zurückgeführt. Warum Synesios diese ‚Reduktion' der Geschichte vornimmt, kann die Interpretation seines Textes zeigen (s. dazu Abschnitt 2).

1.2. Die literarische Form

Die *Ägyptischen Erzählungen* schildern, so stellt der Text (I 1,1) selbst programmatisch fest, einen Mythos, der allegorisch verstanden werden will. Der Begriff ‚Mythos' bezeichnet dabei, wie die Fortsetzung des Gedankens zeigt, in der als Alternative eine Einstufung als ‚Hieros Logos'[43] (s. dazu

[42] Dass Plutarch und Diodor bis zum Ende des 19. Jhs. die wichtigsten Zeugnisse für den Osiris-Kult darstellen, betont Coulon 2010a, 2f.

[43] Hagl 1997, 114/5 bringt diesen Begriff, der zunächst und eigentlich heiliges und u.U. nur für den Kreis von Eingeweihten bestimmtes Schrifttum bedeutet, in Weiterführung

unten) erwogen wird, offenbar eine ehrwürdige Erzählung mit Anspruch auf Bedeutung. Damit gibt der Text dem Leser eine Verstehenshilfe für den Modus der Erzählung, allerdings keine Hinweise auf eine Gattung, der er sich zugeordnet wissen will.

Dieses Schweigen hat die Forschung zu verschiedenen Zuweisungen gebracht. So stufte man die *Ägyptischen Erzählungen* als „Schlüsselroman" (offensichtlich aufgrund des Anachronismus eine problematische Einordnung) ein,[44] sah in den Darstellungen der beiden Antagonisten Osiris und Typhos Nähen zu Parallelbiographien im Stile des Plutarch, oder erkannte Merkmale von Panegyrik und Invektive. Da all dies auf nachvollziehbaren Beobachtungen am Text gegründet ist, scheint der Schluss unumgänglich, im Text einen ‚Eklektizismus' von Gattungen (oder – mit der bekannten Formel Wilhelm Krolls – eine Kreuzung von Gattungen) zu erkennen.[45] Doch geht die Suche nach einer Gattung in eigentümlicher Weise an der Frage nach der (äußeren und inneren) Form der Schrift vorbei. Denn die Bestimmung einer Gattung dient ja, wenn sie nicht darauf ausgeht, reine Rubriken und damit ‚Schubladen' zu schaffen, der Hermeneutik, weil mit der Gattung ein Bezugsrahmen gegeben wird, in den sich ein Text stellt und mit dessen Hilfe er gemessen werden will. Es sollten also im Text selbst formal oder durch explizite Hinweise Zeichen gegeben werden, die ein Rezipient erkennen und entsprechend nutzen kann. Gattung bedeutet damit zugleich ein agonales Moment, da ein Text B, der sich qua Gattung auf einen Text A bezieht, diesen Text A in irgend einer Hinsicht überbieten wollen muss. Die *Ägyptischen Erzählungen* lassen kein entsprechendes agonales Element erkennen.

Der Text selbst bietet dagegen von Beginn an ein anderes formales Verständnis an: ὁ μῦθος Αἰγύπτιος κτλ. (I 1,1) – „Der Mythos ist ein ägyptischer [...]." Es ist die ‚Erzählung' eines Mythos. Formal bedeutet dies, dass hier eine ‚Rede' vorliegt, die ein Hörer verstehen soll,[46] eine Rede, die den Regeln der Rhetorik folgt. Bereits Richard Volkmann[47] hat dies erkannt und auf die προθεωρία hingewiesen, in der die Ankündigung

---

von Krabingers Interpretation („prophetische Sage") mit den „heiligen Orakelsprüchen" (ἱερὰ λόγια) in Verbindung, die Synesios im Traumbuch erwähnt. Dies ist unzulässig (zumal der Text selbst ja keine Prophezeiung, sondern Schilderung von Vorgängen einer Vergangenheit darstellt), auch wenn man Verbindungslinien zwischen den sog. Chaldäischen Orakeln, dem Traumbuch und den Ägyptischen Erzählungen ziehen kann, die jedoch auf anderen Ebenen verlaufen. Siehe dagegen zum Begriff der Hieroi Logoi Baumgarten 1998, der 171–221 auch auf die „Ägyptisierenden heiligen Schriften" in der griechischen Literatur eingeht.

[44] So zuletzt Roques 2006, 262, der indes zugleich eine überaus oszillierende ‚Definition' gibt: „[...] est sans doute un roman à clé, un conte, une tragédie politique [...]".

[45] Siehe hierzu insgesamt Hagl 1997, 110–114.

[46] Vgl. etwa die Eröffnung der Rede des Sokrates an Kallikles in Platons *Gorgias* 523a.

[47] Volkmann 1869, 70.

zum Schlüssel des Verstehens wird, der Stoff habe genügt τὸ πολλαῖς ὑποθέσεσιν ἀρκέσαι d.h. um verschiedene ,Hypothesen' (im rhetorischen Sinn, d.h. Themen) durchzuführen. Synesios kündigt also, wie Volkmann hervorhebt, eine – epideiktische – Rede an, die sich der rhetorisch als besonders schwierig geltenden Aufgabe stellt, eine Verknüpfung unterschiedlicher Themen zu bieten, und dies als *sermo figuratus*, als πρόβλημα ἐσχηματισμένον.

Dass hierfür explizit die Erzählform des Mythos gewählt wird, steht in der Tradition der Zweiten Sophistik. Kein Geringerer als Dion von Prusa, Synesios' wichtigster Bezugspunkt in der Rhetorik, ist ein Verfasser von Mythen:[48] in der *Borysthenes-Rede*[49] bildet ein großer Mythos den Abschluss der Argumentation, die 5. Rede ist gar explizit als *Libykos Mythos* tituliert. Auch im Falle der Dionischen Mythen wäre die Frage nach der ,Gattung' nicht sinnvoll: Die Erzählungen haben offenkundig argumentative Funktion und wollen danach bemessen werden, auch wenn das Narrative in ihnen sie darüber hinaus zu großer Prosa macht. Neu bzw. anders ist in den *Ägyptischen Erzählungen* die Allegorese,[50] die den Rezipienten zur Entschlüsselung auffordert. Insofern ist dieser Text ein Repräsentant der literarischen Kommunikation, die seit dem frühen 4. Jh. durch eine zunehmend stärker und expliziter vom Leser geforderte hermeneutische Anstrengung gekennzeichnet ist.[51] Hinzu kommt eine zweite Strategie, die den Text als besonders lesewürdig präsentiert. Denn aus der alternativen Klassifizierung als ,Hieros Logos' ergibt sich eine Annährung des Textes an Mysterien: Hierdurch wertet das Buch sich (als Träger einer Weisheit, die nur Eingeweihte erfahren) und seine Leser (als durch die Lektüre Eingeweihte) auf,[52] und zugleich bereitet diese Klassifizierung das Verschweigen vor, dessen sich der Text im Fortschreiten ostentativ bedienen wird (I 16,1. II 5,1).

Für einen mit der religiösen Sprache der antiken Kulte vertrauten Leser war die Junktur von Mythos, Allegorie und ,Hieros Logos', die Synesios in der Eröffnung seiner Abhandlung herstellt, keine Überraschung. Denn dass sich Mysterien über Logoi entbargen, die Mythen erzählten, die allegorisch zu verstehen waren, gehörte zu den traditionellen Entfaltungsmöglichkeiten dieser Kulte.[53]

---

[48] Siehe hierzu Said 2000; Dass die Linien von Dion zurückweisen zu den Platonischen Mythen und denen der (1.) Sophistik, zeigt Trapp 2000. Erweitern ließe sich das Spektrum durch die Mythenparodien eines Lukian.

[49] Siehe hierzu Nesselrath 2003.

[50] Siehe hierzu den Beitrag von Wolfgang Bernard in diesem Band, S. 157–169.

[51] Siehe dazu Hose 2007.

[52] Siehe dazu Burkert 1991, 59–61. Vgl. grundsätzlich Riedweg 1987, 80f. Zur Rezeption ägyptischer „Mysterien" in der griechischen Kultur siehe Burkert 2002, 9–26.

[53] Burkert 1991, 61.

Die *Ägyptischen Erzählungen* stellen damit dem Leser *a limine* ein rhetorisches Meisterstück und eine quasi-religiöse tiefe Erfahrung in Aussicht – keine kleine Verlockung also.

1.3. Aufbau und Inhalt der Schrift

a. Der Titel

Da ein Buch- oder Gedichttitel eine Leseanweisung *en miniature* darstellt, ist es durchaus lohnend, der Frage einer Betitelung der *Ägyptischen Erzählungen* nachzugehen, zumal wahrscheinlich ist, dass Synesios selbst der Schrift einen Titel gegeben hat.

In der handschriftlichen Überlieferung tragen die *Ägyptischen Erzählungen* einen doppelten Titel: αἰγύπτιοι ἢ περὶ προνοίας. Auch andere Abhandlungen unseres Autors weisen ähnliche Betitelungen auf (Πρὸς Παιόνιον περὶ τοῦ δώρου, Δίων ἢ περὶ τῆς κατ' αὐτὸν διαγωγῆς). Stammen diese Titelgebungen als Ganzes von Synesios selbst, oder wurden sie von anderer Hand später hinzugefügt?[54] Die Genese derartiger Doppeltitel, die seit der hellenistischen Philologie kenntlich sind, als Philologen erkannten, dass eine und dieselbe Schrift unter unterschiedlichen Titeln kursieren konnte und die verschiedenen Titel durch ein „oder" (ἢ) verbunden nebeneinander stellten,[55] könnte zwar nahelegen, dass auch bei Synesios eine spätere Zutat vorliegt, doch ist unübersehbar, dass es in der Spätantike gebräuchlich wurde, Doppel-Titel zu benutzen, die eine gleichsam literarische und eine Sach-Komponente verbanden.[56] Dass auch Synesios dies aufgriff, zeigt sein *Dion*, denn es ist schwer vorstellbar, dass dessen zweiter Titel: „oder über das Leben nach seinem Vorbild" unabhängig vom ersten Titel entstanden und dem Text vorangestellt worden ist.[57] So ist es legitim, auch bei unserer Schrift anzunehmen, dass beide Titel vom Autor stammen.

Leicht ist die Bedeutung des zweiten Titels erkennbar. Denn unsere Schrift wird in der Tat das Problem der Vorsehung (siehe dazu unten) behandeln und in und mit der Geschichte von Osiris und Typhos den Nachweis führen, dass es eine Vorsehung gibt. Schwieriger ist es, den scheinbar unproblematischen ersten Teil des Titels angemessen zu lesen. Denn hier gibt es grammatisch zwei mögliche Lesarten: Die eine nimmt den Titel wörtlich und versteht ihn als „Die Ägypter", was auf das Per-

---

[54] Hierfür plädiert Krabinger 1835, 125, der περὶ προνοίας für den Zusatz ‚eines Grammatikers aus späterer Zeit' hält.

[55] Dies lässt sich etwa für das Corpus der Schriften Demokrits nachweisen, siehe dazu Blum 1977, 216–18. Vgl. ferner Nachmanson 1941.

[56] Siehe etwa Ambrosius, *De Isaac vel Anima*.

[57] Siehe dazu auch Treu 1958, 29.

sonal des Mythos (d.h. Osiris und Typhos) verwiese.[58] Die andere, gebräuchlichere Interpretation fasst den Titel elliptisch auf: So ergänzen etwa die zweisprachige Ausgaben von Krabinger („Aegyptische Erzählungen") oder Lamoureux und Aujoulat („Les récits égyptiens") zum Adjektiv αἰγύπτιοι ein Substantiv, das einen Text bezeichnet. Damit nehmen sie augenscheinlich Bezug auf die Makrostruktur des Textes, die sich in einen λόγος πρῶτος und einen λόγος δεύτερος (auch in der handschriftlichen Betitelung) gliedert. Da die Ergänzung von λόγος bzw. λόγοι sich stützen lässt durch analoge Titel im Corpus der Schriften des für Synesios so wichtigen Dion von Prusa,[59] ist eine solche Deutung des Titels plausibler und wird hier durchgängig durch die Bezeichnung des Werks als „Ägyptische Erzählungen" zugrunde gelegt.

b. Das Vorwort

Synesios stellt seinem Text eine kurze προθεωρία voran; ähnlich verfährt er auch in seinem Traumbuch. Er entspricht damit einem in der Spätantike gebräuchlichen Verfahren,[60] Texten, seien sie prosaisch, seien sie poetisch, Vorreden voranzustellen, um den Leser mit dem Gegenstand und eventuell der Absicht des Werkes vertraut zu machen, dessen Wohlwollen zu gewinnen. Die hier vorliegende Vorrede lässt sich in zwei Teile gliedern: Zunächst (§ 1) erklärt Synesios den Gegenstand und die Entstehungsgeschichte der Schrift, deren erster Teil (die folgende „Erste Abhandlung") die Ereignisse in Konstantinopel bis zur Revolte des Gainas enthalten habe und bereits auf dem Wege der Rezitation (ἀνεγνώσθη) eine Publikation erfahren hatte.[61] Als sich die Zustände besserten, habe Synesios den zweiten Teil („Zweite Abhandlung") angefügt, zumal sich nun die Möglichkeit ergeben hatte, das Walten Gottes im Geschehen nachzuzeichnen.

Der zweite Teil der Vorrede preist den Text an, der von bewunderungswürdiger Vielseitigkeit sei und damit im Sinne der Rhetorik ein Kunststück: Behandelt er doch zugleich (i) schwierige philosophische Probleme, fügt (ii) Elemente der Biographie ein und liefert gleichzeitig (iii) ein

---

[58] So scheinen Cameron / Long 1993 den Titel zu verstehen, die ihre Übersetzung mit „Egyptians" überschreiben (S. 337).

[59] Siehe etwa *or.* 12 (Ὀλυμπικός), *or.* 7, *or.* 31, *or.* 33, *or.* 34 etc. H.-G. Nesselrath weist auf entsprechende Titelgebung für Platonische Dialoge hin: Κριτίας ἢ Ἀτλαντικός.

[60] Siehe hierzu Viljamaa 1968, 71f.; Schmidt 1976, 63–65; Nesselrath 1990.

[61] Wo man sich diese Lesung zu denken hätte, ist abhängig von der Datierung der Schrift bzw. des ersten Teils. In *ep.* 101 beschreibt Synesios, wie er für die Rezitation eines Briefs des Pylaimenes ein ‚hellenisches Auditorium in Libyen' (θέατρον ἐπὶ Λιβύης Ἑλληνικόν) geschaffen habe, in *ep.* 119 ist die Rede von einem ‚Panhellenion' in Konstantinopel, in dem eigene Briefe vorzutragen Synesios sich scheut. Sowohl in der Heimat als auch noch in Konstantinopel hätte Synesios also eine ‚Öffentlichkeit' für eine Lesung gehabt (dass mit dem Panhellenion ein Zirkel antichristlicher bzw. gegen die Goten gerichteter Kräfte bezeichnet sei, ist von Cameron / Long 1993, 71–83 zu recht gegen die ältere Forschung bestritten worden; vgl auch Schmitt 2001, 405f.).

Stück Geschichtsschreibung, wobei er alles (iv) im attraktiven Gewand des Mythos präsentiere. Synesios weist damit darauf hin, dass er gemäß rhetorischer Theorie mit dem Text einen *sermo figuratus*, ein πρόβλημα ἐσχηματισμένον, gibt mit einer συμπλοκὴ ὑποθέσεων. Da die antike Literarkritik derartige Kompositionen besonders bewunderte,[62] stellt Synesios hiermit also dem (rhetorisch kundigen) Leser einen raffinierten Genuss in Aussicht.

Eine derartige Selbstanpreisung eines Textes in seiner Vorrede ist für die Spätantike nicht ungewöhnlich: Hieronymus etwa bemüht sich in der Einleitung zu seiner *Vita Hilarionis*, den Wert seines Werkes nachdrücklich (und fast aufdringlich) zu betonen.[63] Im Kontext der Schriften des Synesios, die sich in der Regel durch eine verhaltene Selbstironie auszeichnen,[64] wirkt indes diese Zurschaustellung literarischer Qualität sonderbar. Doch mag man bedenken, dass es sich auch um ein sonderbares Werk handelt, um eine allegorische Erzählung, die auf der Oberfläche fast märchenhaft-naiv erscheint und die deswegen einer besonderen Empfehlung bedurfte. Synesios musste also die ‚Verlockungsprämie' so deutlich konturieren, um seine Rezipienten für seinen Text zu gewinnen.

c. Der Hauptteil

Die eigentliche Darstellung besteht aus zwei explizit so benannten λόγοι, deren erster die Geschichte der ungleichen Brüder Osiris und Typhos bis zur Vertreibung des Osiris und dem Schreckensregiment des Typhos und deren zweiter die unerwartete Flucht der den Typhos unterstützenden skythischen Söldner, den Sturz des Typhos und die Rückkehr des Osiris schildert. Diese Darstellung lässt sich wie folgt gliedern:

Der erste Logos

A. Eröffnung: Es soll ein ägyptischer Mythos erzählt werden (1,1)

B. Die Jugend von Osiris und Typhos (1,2–4,4)
   1. Die Verschiedenheit der Brüder Osiris und Typhos aufgrund der unterschiedlichen Art ihrer Seelen (1,2–2,1).
   2. Osiris ist von Kindesbeinen an respektvoll und gelehrig, Typhos in allem sein Gegenteil (2,2–2,8).
   3. Osiris bewährt sich in allen Aufgaben, die ihm übertragen werden, während Typhos versagt (3,1–4,4).

C. Die Wahl des Osiris zum König (5,1–11,9)
   1. Der Vater der Brüder soll unter die Götter versetzt werden; die Nachfolge ist zu regeln (5,1–5,3).
   2. Die ägyptische Wahlprozedur (6,1–6,4).

---

[62] Siehe hierzu Volkmann 1869, 70 bzw. Volkmann 1874, 82.

[63] Siehe dazu Fuhrmann 1977.

[64] Vgl. etwa die Einleitung zum *Lob der Kahlheit*.

3. Die Wahl des Osiris zum neuen König (6,5–7,3).
4. Die Verkündigungen der Götter an Osiris (8,1–8,5).
5. Die Mahnrede des Vaters an Osiris (9,1–11,9).

D. Die Herrschaft des Osiris (12,1–16,3)
1. Regierungsantritt des Osiris und Charakter seiner guten Regierung (12,1–12,6).
2. Verweiflung des Typhos, dessen Frau besonders unter seiner Niederlage leidet (13,1–13,4).
3. Vergleich der Frauen des Typhos und des Osiris, der auf Zucht achtet (13,5–13,11).
4. Typhos versucht, seinen Gram mit Lotterleben zu betäuben (14,1–14,6).
5. Unter dem Einfluss von Dämonen plant man einen Putsch: Die Frau des Typhos manipuliert die Frau des Heerführers der barbarischen Söldner (15,1–15,11).
6. Rücktritt des Osiris, der in die Verbannung geht (16,1–16,3).

E. Typhos regiert (16,4–18,8)
1. Misswirtschaft des Typhos (16,4–17,4).
2. Ein Philosoph hält weiterhin zu Osiris und hält vor Typhos eine freimütige Rede (18,1–3).
3. Als sich Typhos dafür rächt, tröstet den Philosophen der Gott und verheißt das Ende der Typhos-Herrschaft mit einem Wolfs-Rätsel (18,4–18,8).

Der zweite Logos

A. Das Wirken der Götter führt zur Vertreibung der barbarischen Söldner und zu Typhos' Sturz (1,1–3,8)
1. Die Barbaren ergreift eine unerklärliche Furcht; sie beginnen den Abzug aus der Stadt (1,1–1,4).
2. Durch Zufall kommt es in der Stadt zum Kampf, bei dem die Ägypter die Kontrolle über die Tore gewinnen (2,1–2,11).
3. Die Ägypter scharen sich um den Groß-Priester, Typhos verliert jeden Rückhalt, seine Machenschaften werden aufgedeckt, Menschen und Götter verurteilen ihn (3,1–3,8).

B. Zweite Herrschaft des Osiris (4,1–5,4)
1. Rekapitulation der Geschichte des Osiris und Ankündigung, sie weiterzuerzählen (4,1–4,3).
2. Eingrenzung dessen, was über Osiris erzählt werden darf, insbesondere, wie er Ägypten wiederherstellte und gleichsam eine Goldene Zeit heraufführte (5,1–5,4).

C. Deutung des Mythos (6,1–8,5)
1. Versuch der Erklärung des Geschehens aus einem Dualismus: Auskunft durch die Philosophie selbst (6,1–6,3).

2. Skizze der Gesetzmäßigkeit des Kosmos, aus der sich ein Kreislauf des Geschehens herleitet, der zugleich den Mythos als Erzählung des Uralten rechtfertigt, das sich wiederholt; der Mythos verhüllt zugleich Unsagbares (7,1–7,6).
3. Schluss: Begründung der Verrätselung durch den Mythos (8,1–8,5).

Diese Skizze lässt jedoch einen klareren Textfluss erstehen als er dem Leser bei der Lektüre begegnet. Dies hat seinen Grund vornehmlich im Oszillieren der Ebenen, die die Textstimme aufbaut. Denn die Erzählung der Geschichte wird häufig mit kommentierenden Einschüben, mit Vorverweisen und mit Erklärungen aus einer Perspektive, die außerhalb der Geschichte ihren Standpunkt hat, verschränkt. Die *Ägyptischen Erzählungen* sind also keine Mythenerzählung in dem Sinn, wie ein attischer Dramatiker oder ein Mythograph einen Mythos schildert, sondern sie enthalten Geschichte und Deutung zugleich. Es ist, als misstraute der Verfasser seiner allegorischen Erzählung – dies wird auch daran kenntlich, dass zwei große zusammenhängende deutende Partien den Text prägen: die Rede des Vaters und der gesamte Schluss der zweiten Erzählung.

1.4. Synesios als Literat

Die *Ägyptischen Erzählungen* sind über die kunstvolle Verschränkung der ‚Themata' und die allegorische Anlage hinaus auch ein Text, in dem sich Synesios als Literat zeigt, der eine Geschichte ansprechend zu erzählen versteht. Gerade diese Eigenschaft hat in der Forschung immer wieder dazu geführt, den Text als Roman anzusprechen.[65] Diese Einordnung (dass sie problematisch ist, wurde oben S. 11–14 ausgeführt) bezieht sich auf die Partien, die kontrastierend Osiris' und Typhos' Jugend schildern (I 2–4) sowie die Darstellung der Intrige von Typhos' Frau (I 15) und des Kampfs gegen die Barbaren (II 2). Hier gebraucht Synesios (durchaus anders als in den interpretierenden Partien des Textes[66]) eine einfache Syntax, die in Haupt- oder Nebensätzen die Erzählung in der chronologischen Ordnung voranschreiten lässt, sowie eine ausgesprochen schlichte Diktion, die gleichwohl kräftige Bilder enthält. So heißt es in I 15,2 über die Entstehung der Intrige: τυρεύεται δὴ τὸ κακὸν ἐν δύο γυναικωνίτισιν. Wörtlich bedeutet dies „Ausgekäst[67] wird also das Unheil in zwei Frauengemächern." Prägnant kommt hierin ein Charakteristikum des Synesianischen Erzählstils zur Geltung: die pointierte und zugleich ironisch-distanzierte Diktion, die dem Leser eine Überlegenheit über das Dargestellte sichern zu wollen

[65] Siehe etwa Helm 1948, 22/23; Garzya 1989, 16.
[66] Norden 1923/1958, 405 schreibt über Synesios' Reden „Sie sind sehr schwierig."
[67] Im selben Sinn benutzt bereits der Verf. des griech. Eselsromans (Ps.-Luc. *Asin.* 31) das Wort.

scheint. Sie findet sich auch in *ep*. 4, in dem Synesios seinem Bruder einen Bericht über eine Seereise gibt, die mit Schiffbruch endete.[68]

Doch Synesios gebraucht nicht nur romanhaftes Erzählen, er verwendet auch die ‚Abbruchsformel' der Lyrik, wenn er in I 16,1 den Mythos selbst (als Personifikation) eine Schilderung der Leiden des Osiris verweigern lässt.

Ferner malt Synesios die von ihm entworfenen Charaktere in drastischen Farben – wobei naturgemäß Typhos, der Bösewicht, eindrucksvoller gerät, in der Schilderung sowohl seiner Laster (I 2,5–8) als auch seiner Niedergeschlagenheit nach der Wahlschlappe (I 13,1–4). Synesios' Typhos figuriert als Verkörperung aller denkbaren schlechten Eigenschaften: er ist zügellos und unbeherrscht, verstößt gegen alle Normen bürgerlicher Manieren (I 2), ist als Politiker und Beamter ineffizient und korrupt und darüber hinaus dumm, so dass er die Hilfe seiner Frau benötigt, um an die Macht zu gelangen. Mit der Benennung dieser Figur als Typhos greift Synesios die in der griechischen Literatur alte[69] Gleichsetzung des ägyptischen Seth mit Typhon (Typhoeus) auf; damit öffnet sich die Möglichkeit, diesen Typhos in Anlehnung an die Eigenschaften zu beschreiben, die die griechische Mythologie seit Hesiod (*Theog*. 820–880) für ihn bereit hält: Er ist ein wildes drachenhaftes Ungeheuer, das Stürme entfacht und Unheil über die Menschen bringt (Seth, der Gegenspieler des Osiris in der ägyptischen Mythologie, hat als eine Art von Wüstengott nicht nur negative Eigenschaften). Zudem war die Typhon-Figur bereits vor Synesios als polemische Verkleidung in der Politik benutzt worden. So hatte im Jahr 366 Themistios vor dem Senat von Konstantinopel eine Dankesrede an den Kaiser Valens gehalten, weil dieser die Thronusurpation des Prokopios beendet und den Usurpator hatte hinrichten lassen. In dieser Rede zeichnet Themistios diesen Prokopios in den finstersten Farben und apostrophiert ihn sogar als ‚wilden Typhon'.[70] Dies steigert Synesios nochmals. Sein Typhos ist als Rüpel, Trinker und korrupter Politiker gleichsam in einen Zerrspiegel gestellt worden und zu einer – interessanten – Figur degeneriert, die in ihrer karrikaturhaften Kraft und den Eigenschaften auf Anregungen aus Aristophanes' *Rittern* zurückgehen könnte, in denen der Komödiendichter in der Figur des paphlagonischen Sklaven den berüchtigten athenischen Politiker Kleon spiegelt.

Osiris, der edle Kontrast zu Typhos, ist eine Versammlung bester Eigenschaften (und selbst dort, wo er einen Fehler macht, ist dieser edel: verzichtet er doch aus Milde auf ein energisches Vorgehen gegen Typhos), wie sie in antiken panegyrischen Reden dem jeweils Geehrten zugeschrieben werden.

---

[68] Siehe zu diesem Brief Vogt 1970/1985.

[69] Siehe etwa Pherekydes von Syros (*VS* 7 B 4).

[70] Themist. *or*. 7, 136/5: τὸν ἄγριον ἐκεῖνον Τυφῶνα. Siehe hierzu Baudy 1992, 52–58.

In den Text sind zahlreiche intertextuelle Verweise eingeschrieben. Synesios setzt mit diesen Verweisen einen gebildeten Leser voraus. Freilich ist die erwartete Bildung in den Grenzen des literarischen Kanons der Spätantike gehalten. Denn der Text evoziert die erwartbaren Autoren:[71] Homer (*Odyssee* und *Ilias* werden in I 2,5 zitiert, in II 2,11 wird ausführlicher auf die Leichenspiele in *Ilias* Buch 23 Bezug genommen), Hesiod (*Werke und Tage* werden in II 5,4 und II 7,6 angeführt), Platon (*Phaidros, Politeia, Laches, Alkibiades min., Nomoi*), Xenophon (*Kyrupädie, Anabasis, Memorabilien*) und Herodot (dessen Buch 2 thematisch naturgemäß bedeutsam ist). Hinzu kommt eine Reihe von Texten, die zwar auch noch kanonisch waren, doch nicht im Zentrum des Kanons standen: Aristophanes (an dessen *Wespen* in II 3,1f. erinnert wird), Arat, Pindar und Aischines. Bemerkenswert erscheinen die Verweise auf Heraklit (in II 2,10) und das Zitat aus Empedokles (in I 1,4).

Eine gewissen Vorliebe zeigt der Text darüber hinaus für das Theater, das als Referenzbereich wiederholt herangezogen wird:[72] So wird die Rolle der Götter mit den Maschinenmeistern der Bühne verglichen (I 10), der Mensch – im Sinne der Stoa – vor der Aufgabe gesehen, die ihm auferlegte Rolle (sei es ein Bettler, sei es ein Tyrann) möglichst gut zu spielen (I 13,9). Und schließlich wird sogar dem Weisen die Rolle eines folgsamen Theaterzuschauers angewiesen, der die Regeln des Zuschauens zu beachten hat und dabei sein Wissen von der ‚Welt' gewinnen kann (II 8).

Diese intertextuellen Verweise haben unterschiedliche Funktionen. Zunächst verleihen sie als *ornatus* dem Text Glanz; sodann verstärken sie durch ihre Autorität bestimmte Argumentationen; ferner verweisen sie bisweilen auf Prätexte, die für die *Ägyptischen Erzählungen* grundsätzliche Bedeutung haben: Plutarchs Schrift *Über Isis und Osiris* stellt den wohl wichtigsten Bezugspunkt für den erzählten Mythos dar (s. dazu oben S. 10f.), Xenophons *Kyrupädie* liefert das Konzept der Erziehung des idealen Herrschers (s. dazu die Einzelnachweise im Kommentar), Platons *Phaidros* und *Politeia* bilden die philosophische Grundlage, insbesondere in der großen Rede des Vaters (s. dazu unten S. 24–30).

Diese literarische Kunst des Textes, die hier nur angedeutet werden kann, bedürfte weiterer Analyse. Die Resultate wären gewiss lohnend.

---

[71] Siehe zum Einzelnen die Anmerkungen zur Übersetzung.

[72] Zum Gebrauch dieses Metaphernbereichs in der gesamten Antike s. E. R. Curtius, *Europäische Literatur und lateinisches Mittelalter* (Bern / München 1978^{9}) 148f.

2. Der Sinngehalt der Schrift

2.1. Das Problem

Synesios stellt in der *Protheoria* als besonderen Wert seiner Schrift die Verbindung mehrer Themen heraus (s.o.): die Prüfung ungelöster philosophischer Probleme, die Präsentation von Lebensbeschreibungen, eine Darstellung der Zeitgeschichte und die Ausgestaltungen des Mythos in diesen Zwecken besonders dienlicher Weise. Während die Lebensbeschreibungen, also die kontrastierende Darstellung des Osiris und des Typhos, offensichtlich sind, die ‚Historia' zwar in Verrätselung, aber doch in weiten Teilen entschlüsselbar dargeboten ist,[73] stellen sich die Fragen, welche ‚vielen bis jetzt nicht entschiedenen Probleme' Synesios in seinem Text behandelt, und inwiefern gerade der erzählte Mythos diesen Zielen besonders dienlich ist. Beiden Fragen sei im Folgenden nachgegangen.

2.2. Warum ein ägyptischer Mythos?

Die Frage, warum Synesios zur Verarbeitung seiner Erlebnisse in Konstantinopel gerade auf einen ägyptischen Mythos als Gewand zurückgriff, ist nicht einfach zu beantworten.[74] Denn die griechische Mythologie war dem von Synesios ins Auge gefassten Leserkreis, der mit der griechischen Literatur vertrauten intellektuellen Oberschicht, durchaus als Gegebenheit der Lebenswelt vertraut, wie Reliefsarkophage oder Fußbodenmosaiken mit entsprechenden Darstellungen bezeugen. ‚Gültigkeit' besaß die griechische Mythologie über eine allegorische Lektürepraxis selbst noch für Neuplatoniker.[75] Eine ‚Weisheit', wie sie Synesios (I 1,1) für seinen Mythos postuliert, hätte er daher auch für eine Erzählung etwa nach Motiven Hesiods beanspruchen können. Wenn Synesios dennoch auf Ägypten zugriff, so bedeutete dies für seine Zeit natürlich keine Reise ins Unbekannte: Denn in den griechischen und lateinischen Texten der Spätantike werden ägyptische Bräuche und Kulte immer wieder erwähnt, teils als Komponente mit Altersbeweisen von Weisheit,[76] teils in Verschränkung mit dem Alten Testament, teils auch unabhängig.[77] Zugleich konnte aber Synesios damit auch den Autoritätsgestus wiederholen, den Platon ausführte, wenn

[73] Siehe hierzu den Beitrag von Monika Schuol in diesem Band, S. 125–155.

[74] Dass er sich überhaupt eines Mythos bedient, um ein ‚ernsthaftes' Anliegen zu thematisieren, ist dagegen nicht verwunderlich, da er selbst in *ep.* 105 pointiert den Mythos als Instrument benennt, ‚nach außen belehrend zu wirken': τὰ μὲν οἴκοι φιλοσοφῶ, τὰ δ' ἔξω φιλόμυθός εἰμι διδάσκων [...].

[75] Siehe dazu Lamberton 1986, Burkert 2005.

[76] Siehe dazu etwa Baltes 1999/2005.

[77] Siehe hierzu die immer noch nützliche Sammlung von Th. Hopfner (coll.), *Fontes Historiae Religionis Aegyptiacae, Pars IV, Auctores ab Eusebio usque ad Procopium Caesareensem continens* (Bonn 1924).

er im *Timaios* (22b) den ägyptischen Priester gegenüber dem kanonischen griechischen Weisen Solon die Griechen als ewige Kinder apostrophieren lässt. Platon führte damit eine in der griechischen Kultur verbreitete Hochachtung vor Ägypten weiter und vertiefte sie philosophisch.

Der Platonismus baute dies aus und konstruierte für seinen Schulgründer, gestützt auf biographische oder pseudo-biographische Nachrichten, Inspirationen aus Ägypten.[78] Im Neuplatonismus wurde die ägyptische Religiosität augenscheinlich nach Plotin, der selbst aus Ägypten stammte, in Alexandria bei Ammonios Sakkas studiert und laut Porphyrios (*V. Plot*. 56–59) in Rom mit einem ägyptischen Priester Dämonen beschworen hatte, ein bedeutsamer Bereich, zentrale Fragen zu debattieren. So richtete Porphyrios einen Brief an einen ägyptischen Priester namens Anebo,[79] in dem er über einen Katalog von Fragen eine Reihe von zentralen Problemen der neuplatonischen Gottesvorstellung aufwarf und implizit Magie und Theurgie kritisierte. Hierauf antwortete Iamblich mit *De mysteriis*, einem Text, der sich als Antwortschreiben des ägyptischen Priesters Abammon auf Porphyrios' Brief gibt, um seine Auffassung von Theurgie (gegen Porphyrios) zu plausibilisieren.[80]

Was neben dem Problem der Theurgie (das im übrigen bei Synesios nicht thematisiert wird) an Ägypten einen Neuplatoniker interessierte, zeigt Proklos in seiner Kommentierung des Platonischen *Timaios* 22 (*In Tim*. p. 31d [100–103 Diehl]): es ist die gewaltige Zeitspanne, die die ägyptische Kultur umfasst und die sie durch Memorialkunst zu ihrer Verfügung hat – hieraus generiert sich für Proklos die spezifische Weisheit der Ägypter.

Dies dürfte der speziellere Hintergrund für Synesios' Hinwendung zu Ägypten sein. Denn innerhalb der großen Schlussinterpretation im zweiten Logos schreibt er:

> „Der Umstand, dass an unterschiedlichen Orten und zu unterschiedlichen Zeiten oft dasselbe geschieht und dass man als alter Mann zum Augenzeugen dessen wird, wovon man als Kind gehört hat, weil es Bücher oder Großväter erzählten, scheint mir überaus paradox zu sein." (II 7,2).

Er löst im Folgenden dieses Paradox durch die Annahme eines Kreislaufs im Kosmos (II 7,4). Dieser Kreislauf, so fährt er fort, führt zur Wiederholung der Geschicke der Menschen. Und hieraus ergibt sich, dass die ‚uralte Geschichte' von Osiris und Typhos ihre Wiederholung in Konstantinopel (mit anderen Namen der Akteure) finden konnte (II 7,5). Der ägyptische Mythos ist also eine archaische Erinnerung an ein Geschehen, das sich wiederholt – und deswegen benutzt ihn Synesios. Zugleich aber greift er damit eine zentrale Denkfigur der ägyptischen Kultur auf, nach der die Geschich-

[78] Siehe dazu Kerschensteiner 1945, 44–65.
[79] Siehe A. R. Sodano (ed.), *Porfirio. Lettera ad Anebo* (Neapel 1958).
[80] Zur Auseinandersetzung des Christentums mit der ägyptischen Religion siehe Zimmermann 1912.

te eine ständige Wiederholung eines im Mythos formulierten Geschehensgrundmusters ist.[81]

Bei der konkreten Ausgestaltung ‚seines' Osiris-Mythos kann Synesios auf eine Schrift Plutarchs zurückgreifen, *Über Isis und Osiris* (dazu oben 1.1). Diese Schrift[82] bietet nicht nur verschiedene Angabe über ägyptische Bräuche sowie ein ausführliches Referat des Mythos von Isis und Osiris, sie stellt auch verschiedene Interpretationsmöglichkeiten vor, darunter zwei allegorische Deutungen (Kap. 32 bzw. Kap. 33–40). Nach diesen stehen die Götter entweder für Naturerscheinungen (Osiris entspricht dem Nil, Isis dem Ackerland, Typhon dem Meer) oder für Grundprinzipien der Natur (Osiris bedeutet Fruchtbarkeit, Typhon die Dürre). Darüber hinaus gibt Plutarch eine eigene, dualistische Interpretation des Mythos (Kap. 45–64), die von der Annahme ausgeht, dass es im Kosmos eine gute und eine böse Macht gibt – die durch Osiris bzw. Typhon im Mythos repräsentiert werden (Kap. 49–52). Freilich: Plutarchs Schrift ist kein Versuch, eine historisch-ethnologisch exakte Präsentation eines ägyptischen Mythos oder ägyptischer Religiosität zu geben. Vielmehr ist ihre Darstellung geprägt von griechischen Denkmustern und Interpretationen. Doch dürfte sie für Synesios nicht anders als für die Forschung der Neuzeit bis ins 19. Jh. als Quelle für ägyptische Bräuche und Mythen unhinterfragt bedeutsam gewesen sein.

2.3. Synesios als philosophischer Denker?

Die Ankündigung der Vorrede, es würden im Text bislang ungelöste philosophische Fragen behandelt, scheint auf den ersten Blick dem Bild zu widersprechen, das die Forschung sich von der philosophischen Kompetenz des Synesios gemacht hat. Denn als ‚Platoniker' gilt er lediglich als Repräsentant bekannter Positionen, und Eigenständigkeit wird ihm allein in der Amalgamierung von Neuplatonismus und Christentum in seinen Hymnen zuerkannt.[83] Zudem testieren die Briefe des Synesios an Hypatia oder seiner Studienfreunde aus Alexandria eine Ambitionslosigkeit gegenüber philosophischen Fragen.[84]

Umso erstaunlicher ist daher das Versprechen der Vorrede, wobei der Inhalt des Textes selbst zudem für die Erörterungen neuplatonischer Philosopheme schwerlich geeignet erscheint. Denn er handelt im mythischen Gewand vom Sturz eines guten Regenten, der Despotie eines schlechten

---

[81] Siehe HOFFMANN 2000, 176f.

[82] Siehe dazu insbesondere HOPFNER 1940/1941 und GRIFFITHS 1970. Eine zweisprachige Ausgabe mit Erläuterungen bietet GÖRGEMANNS 2003.

[83] Siehe hierzu nach ZELLER 1923, 803/4 insbesondere VOLLENWEIDER 1985 mit ERLER, Rez. in *Gnomon* 61 (1989) 104–101, ferner GRUBER / STROHM 1991.

[84] Allerdings zeigt sich Synesios in *De insomniis* wiederum als mit platonischen Philosophemen gut vertraut.

Königs und der Rückkehr des guten Herrschers. Wenn ein solcher Inhalt in philosophischer Hinsicht Relevanz aufweisen soll, dann läge diese im Bereich der politischen Philosophie und den Fragen nach einer gerechten Herrschaft. Doch hier ist der Neuplatonismus *prima facie* gänzlich ungeeignet, da er auf die Metaphysik ausgerichtet ist und der Einzelne nicht als soziales oder politisches Wesen definiert zu werden pflegt, sondern als Individuum, das an seiner Vervollkommnung interessiert ist.[85] Zwar lassen sich einzelne Neuplatoniker als Teilnehmer am spätantiken politischen Diskurs nachweisen und berichtet Porphyrios von Plotins Vorhaben, eine kampanische Stadt als „Platonopolis" an Platons politischen Vorstellungen auszurichten,[86] doch ist eine theoretische Wirksamkeit politischer Fragen in der Philosophie nicht zu erkennen.[87]

Synesios selbst hat durch den (von ihm stammenden) zweiten Titel der Schrift: „Über die Vorsehung" den Bereich vorgegeben, in dem die Erörterung des Politischen durchgeführt werden soll. Hiermit ist ein Spannungsverhältnis angezeigt; denn mit dem Begriff der Vorsehung ist zugleich die Frage nach der Freiheit des Individuums gestellt.[88] Plotin hat diesem Spannungsverhältnis zwei Traktate (III 2 [47] und III 3 [48]) gewidmet, und pointiert versucht er, das Individuum mit der Vorsehung in der Formel in Ausgleich zu bringen: „Die Vorsehung darf nicht so sein, dass wir nichts sind." (III 2 [47] 9,1). Eine alle überzeugende Begründung für das ‚Nicht-So-Sein-Dürfen' war damit jedoch ebenso wenig gegeben wie die mit der Vorsehung stets verbundene Frage nach dem sogenannten Bösen in der Welt abschließend beantwortet schien, nicht einmal für die Neuplatoniker selbst, wie die Versuche des Proklos zeigen, in den Schriften *Zehn Aporien, die Vorsehung betreffend* und *Über die Vorsehung, das Schicksal und das bei uns Liegende* die aufgegebenen Probleme weiter zu durchdenken und neue Lösungen anzubieten.

Synesios stellte sich in seinem Text also durchaus anspruchsvollen Problemen des Platonismus. Sein Versprechen, hier Lösungen anzubieten, macht daher neugierig auf die Durchführung.

a. Die Rede des Vaters (I 9–11)

Das Defizit einer politischen Perspektive im Neuplatonismus scheint der Text selbst hervorzuheben: Nachdem Osiris zum neuen König gewählt worden ist, geben ihm die Götter und sein Vater den dringenden Rat, den Bruder aus dem Weg zu räumen, da dieser das Schlechte verkörpert und Unheil über Ägypten bringen würde. Sie befürchten, dass Osiris zu milde

[85] Dies scheint implizit Themistios (*or.* 34, 5/6) durch sein Insistieren auf der politischen Dimension der Philosophie Platons (und des Aristoteles) zu kritisieren.

[86] Porphyrius, *Vita Plotini* § 65f.

[87] Siehe dazu insbesondere PERKAMS 2007 in Auseinandersetzung mit O'MEARA 2003.

[88] Siehe hierzu grundlegend für den Neuplatonismus BEIERWALTES 1985, 226–253. Zum Ausgangspunkt Platon s. W. M. ZEITLER, *Entscheidungsfreiheit bei Platon* (München 1983).

für sein Amt ist (I 8,1–4). Osiris jedoch repliziert auf diesen Rat mit einer Bitte:

> „Aber wenn doch ihr gewogen und hilfreich seid, werde ich keine Furcht haben, wenn mein Bruder im Lande bleibt, und kann mich dem Groll der Dämonen entgegen stellen. Denn für euch ist es einfach, wenn ihr wollt, das, was ich fehlerhaft übersehe, zu heilen." (I 8,5).

Osiris erwartet also die Gunst und Hilfe der Götter für die Ausübung seines Amts. Dies ist keineswegs verwunderlich: Haben doch eben diese Götter ihn nach der Wahl durch eine Weihe (I 8,1) in seinem Amt gleichsam offiziell bestätigt und damit die Verbindung zwischen einem Herrscher und den Göttern hergestellt, die für die griechische Kultur seit ältester Zeit kennzeichnend ist.[89] Die tätige Unterstützung der Götter für einen König hatte auch noch das 4. Jh. beschworen, so etwa Nazarius in seinem *Panegyricus* auf Konstantin (15,5–7), und Augustin wird in der *Civitas Dei* (V 26) feststellen, dass Theodosius für seine fromme Haltung als *merces* von Gott *aeterna felicitas* erhielt.[90]

Es ist also eine naheliegende und im Kontext der Wende vom 4. zum 5. Jh. vertraute Denkfigur, die Osiris aufgreift, wenn er die Gunst und Hilfe der Götter bei seiner Amtsführung erwartet.

Umso deutlicher macht die Antwort – bzw. die Einrede (ὑπολαβών) – des Vaters, dass Osiris mit einer solchen Erwartung irrt (I 9,1): κακῶς τοῦτο γινώσκεις – „Schlecht erkennst du dies." Um seinem Sohn zu einem besseren Verständnis zu verhelfen, erläutert er ihm im folgenden ausführlich die Verbindung zwischen Göttern und Welt (I 9–11).[91] Er beginnt mit dem ‚göttlichen Teil in dieser Welt' (I 9,1), also mit den Göttern, die bei der Wahl anwesend sind und von denen Osiris Hilfe erwartet. Ihre Bezeichnung als θεία μερὶς ἐν τῷ κόσμῳ paraphrasiert den etwa bei Sallustios (§ 6) gebrauchten Begriff ἐγκόσμιος.[92] Von diesen grenzt der Vater einen zweiten Typus Götter ab, ‚das überweltliche Göttergeschlecht', γένος θεῶν ὑπερκόσμιον. Auch dies greift neuplatonische Terminologie auf, die wiederum Sallustios (§ 6) bezeugt.[93]

Die ‚innerweltlichen Götter' umfassen nach neuplatonischer Vorstellung[94] die Schöpfer der Welt (die mit Zeus, Poseidon und Hephaist identifiziert werden) wie auch die, die die Welt ‚beseelen' (Demeter, Hera, Ar-

---

[89] Siehe etwa Agamemnons Zepter in der *Ilias* (II 101–108) sowie LLOYD-JONES 1983, 6.

[90] Hinweis von Therese FUHRER.

[91] ZELLER 1923, 804 formuliert den Gehalt dieser Rede pointiert als „nichts, was über die bekannten Grundzüge der neuplatonischen Lehre hinausginge." Positiver VOLKMANN 1869, 56 Anm. „Sie bildet ja auch den eigentlichen philosophischen Kern der Abhandlung." Er gibt 56–63 eine Übersetzung der gesamten Rede.

[92] So auch Iambl. *De myst.* 5,20. Ausgangspunkt ist Plotin, III 5 [50], cap. 6.

[93] Iambl. *De myst.* 5,14 spricht in anderer Akzentuierung von materiellen und immateriellen Göttern.

[94] So etwa Sallustios § 6.

temis), die, die für die rechte Fügung der Welt sorgen (Apoll, Aphrodite, Hermes) und die Wächter der Welt (Hestia, Athene, Ares). Synesios selbst apostrophiert im 5. Hymnus (V. 39/40) einen entsprechenden ‚Chor der unvergänglichen Herrscher innerhalb des Kosmos'. Bei einer solchen Identifikation mit den traditionellen Gottheiten der griechischen Religion läge der von Osiris erwartete Schutz nahe. Doch der Vater gibt eine andere Bestimmung dieser innerweltlichen Götter: Gemäß ihrem Wesen sind sie mit dem Anblick des intelligiblen Schönen befasst, das in den überweltlichen Göttern liegt, die auf der nächst höheren Stufe des Seins stehen und deswegen keine Berührung mit der Materie mehr haben. Die überweltlichen Götter selbst sind wiederum ausgerichtet auf ‚ihre Quelle',[95] aus der sie stammen und deren Anblick noch seliger ist.

Der Vater entwirft also ein dreistufiges System des Göttlichen:[96] eine Quelle des Guten (das „Eine", das hier unterminologisch beschrieben ist), aus der die überweltlichen Götter stammen (also in der neuplatonischen Terminologie der „Nus"), diese selbst und die innerweltlichen Götter. Das Kennzeichen des Systems ist – gemäß dem Grundprinzip der neuplatonischen Emanationslehre – die Ausrichtung seiner Teile auf ihre Herkunft. Neben die Ausrichtung der Götter auf den Aufstieg stellt der Vater sodann das Prinzip der absteigend schwächer werdenden Präsenz des ‚Seins', durch die sich schließlich die ‚Ordnung' in der Welt verliert.

Mit dieser neuplatonischen Erläuterung wird eine grundsätzliche Bestimmung der Wirksamkeitsmöglichkeiten der Götter ‚in' der Welt geliefert: Sie sorgen nur soweit für das ihnen Anvertraute, als es über das „Tätigsein in der Schau" (ἡ ἐν τῇ θεωρίᾳ πρᾶξις) möglich ist. Der hier zugrunde gelegte Begriff der „Schau" geht über Plotin (*Enn.* III 8 [30]) zurück auf Aristoteles' Bestimmung der „Schau" als höchster Form der Betätigung (*EN* 1177b19), und aus diesem Zusammenhang heraus ist die Ausrichtung der innerweltlichen Götter auf das Höhere plausibel. Dem gegenüber steht, wie der Vater weiter erklärt, die Welt, die, weil von der Materie geprägt und vom Sein entfernt, dem Wandel unterworfen ist und in der die Dämonen, die selbst unstet sind, der Auflösung der Ordnung zuarbeiten. Dass die Welt Bestand hat, wird der zeitweiligen Zuwendung des Göttlichen verdankt (das hierbei in I 9,4 gebrauchte Bild einer Maschinerie, die Marionetten noch über den Weggang des Maschinisten in Gang hält, führt in eigenständiger Weise Platons *Politikos*, 269c–273d, weiter, wo ein

[95] Der Begriff der Quelle wird von Synesios auch im *Hymn.* 5,25 gebraucht.

[96] Synesios benutzt hierbei die ‚klassische' neuplatonische Trias (das Eine, der Nus, die Seele) ohne die weiteren Aufteilungen, die bei Proklos oder Damaskios greifbar werden, s. dazu Theiler 1942/1966, 256.

göttlicher Steuermann die Welt in periodischen Abständen rettet[97]). Dieses Göttliche interveniert entweder in Gestalt guter Seelen, die auf die Erde gelangen,[98] oder durch die Götter selbst, die jedoch damit nicht ihrer eigentlichen Bestimmung entsprechen (I 9,5). Dass bei einer Hinwendung der innerweltlichen Götter zum Jenseitigen diese keine Sorge mehr für die Welt tragen können, erläutert der Vater mit einem Hinweis auf ‚Mysterien' (I 9,6). Diese Erläuterung geht aus von der platonischen Vorstellung eines „Auges der Seele" (Platon, *Rep.* 533d), mit dem die Ideen geschaut werden können,[99] und dem Erlebnis der Schau des Epopten in Mysterienkulten[100] und denkt die darin liegende Metaphorik konkret:[101] So wird es möglich, von zwei Augenpaaren zu sprechen, die die beiden verschiedene Formen des Sehens, also des Sehens der sinnlich-wahrnehmbaren Welt und der Schau des Heiligen, leisten.[102] Dass beides zugleich nicht möglich sei, wird zwar, soweit erkennbar, vor Synesios nicht explizit gesagt, doch ergibt es sich aus Schilderungen kontemplativer Versenkung: „Als ich einmal in Gedanken über das Seiende war und mein Denken sich in große Höhen erhob, während meine sinnlichen Wahrnehmungen ausgeschaltet waren [...].", heißt es etwa im *Corpus Hermeticum*.[103] Da nun die innerweltlichen Götter (aufgrund ihrer „Mittelstellung") sowohl der Welt wie dem Überweltlichen zugehören, können sie bei der ihnen Glückseligkeit bedeutenden Schau des überweltlichen Göttlichen nicht gleichzeitig die Welt sehen – dies ist nur möglich, wenn sie die Schau beenden. Hieraus ergibt sich, dass sie nur in begrenztem Umfang für die Welt sorgen.

Hiermit hat der Vater eine neuplatonische Darstellung von Welt und Göttern gegeben, die pointiert die Anwesenheit der Götter in der Welt – und damit ihre Sorge für deren Zustand – als Ausnahmeerscheinung erklärt. Damit ist eine ‚philosophische Frage' geklärt, und von diesem Punkt

---

[97] Siehe dazu Vollenweider 1985,167. Das Bild von der Marionette findet sich bei Platon auch in anderen Zusammenhängen zur Bezeichnung der *condicio humana*: *Leges* I 644d/e; VII 803c.

[98] Dies greift indirekt auf I 1,3 zurück, wo die Differenz zwischen der Seele des Typhos und der des Osiris, die „an den Rücken des Himmels hängt" und herabgesandt wird, um die Welt zu ordnen, beschrieben ist.

[99] Siehe hierzu insgesamt Wilpert 1950, 960f.

[100] Siehe hierzu Burkert 1991, 76–78.

[101] Zur Verbindung von Philosophie und Mysterien bei Synesios vgl. *De insom.* 3,2 (133c).

[102] Anders – und vom Menschen ausgehend – entwickelt Synesios in *De insom.* 5 die Formen der Wahrnehmung, indem er zwischen den Wahrnehmungsorganen des Körpers, die die Erscheinungen der ‚Welt' erfassen, und der Phantasie (die er als ‚seelisches Pneuma' bestimmt) differenziert, durch die eine mittelbare Wahrnehmung (ἄμεσος αἴσθησις) des Göttlichen möglich ist. Es ist wahrscheinlich, dass damit Porphyrios aufgenommen ist (s. Lang 1926, 54–57; Watson 1983/84) – was bedeuten könnte, dass in den *Ägyptischen Erzählungen* Synesios eine eigene Konstruktion vorstelle.

[103] *Corpus Hermeticum* 1,1: Ἐννοίας μοί ποτε γενομένης περὶ τῶν ὄντων καὶ μετεωρισθείσης μοι τῆς διανοίας σφόδρα, κατασχεθεισῶν μου τῶν σωματικῶν αἰσθήσεων [...]. Text nach Nock / Festugière, Übersetzung Holzhausen.

aus kann nun dem Problem nachgegangen werden, wie unter dieser Voraussetzung eine gerechte Welt zu denken ist. Hier gibt die Fortsetzung der Rede des Vaters Erläuterung, die dezidiert auffordert, Osiris solle keine Hilfe der Götter erwarten (I 10,1).

Ausgangspunkt ist erneut das Bild eines Abstiegs der Götter, der der Tätigkeit eines Maschinenmeisters im Theater gleicht: Sie bringen nur in der Ordnung entsprechende Bewegung und ziehen sich dann wiederum zurück. Ein solches In-Bewegung-Bringen ist die Einsetzung eines neuen Königs (und tatsächlich sind im Text ja die Götter bei der Wahl des Osiris als anwesend gedacht). Zugleich bedeutet eine solche Einsetzung, dass die Götter ihnen verwandte Seelen (also Seelen, die auf das Göttliche ausgerichtet sind) herabsenden, die – wie hier Osiris – die Herrschaft[104] auf sich allein gestellt ausüben müssen.[105] Bedroht von den Dämonen und deren Kräften (und lediglich von den ‚Heroen' unterstützt[106]) haben diese Seelen einen großen Kampf zu bestehen, der deswegen prekär ist, weil sie als Wesen der Welt einen ‚unvernünftigen Teil' haben, auf den die Dämonen einwirken.

In einer breit ausgeführten Partie sieht der Vater Osiris einen Sieg gegen die Dämonen davontragen, da sie offenbar ihn nicht verderben können (I 10,5–8). Doch werden diese die Niederlage nicht einfach hinnehmen, sondern einen zweiten Angriff ‚von außen', d.h. indem sie andere zum Aufstand bringen, beginnen, bei dem Osiris unterliegen wird (9–11). Damit zeichnet der Vater als Befürchtung den Fortgang der Geschichte vor: Osiris wird sich zwar persönlich als Herrscher bewähren, doch einer Intrige seines Bruders zum Opfer fallen und dadurch, wie es hier allgemeine Intention der Dämonen ist, ‚von der Erde vertilgt' (I 10,10) sein.

---

[104] In *De regno* 27 findet sich eine ähnliche Bestimmung der Aufgaben des Herrschers in der Sprache des Fürstenspiegels.

[105] Vollenweider 1985, 165 Anm. 278, weist darauf hin, dass Synesios den Aurelian in *ep.* 35 als τὴν θεσπεσίαν ψυχὴν καταπεμφθεῖσαν bezeichnet.

[106] Krabinger 1835, 214 (nach Petavius) führt zur Erklärung Iambl. *De myst.* 1,5 (Übers. nach Hopfner 1922, 10) an: „Während innerhalb der göttlichen Geschlechter das Anfangs- und Endglied so beschaffen ist, denke dir zwischen diesen beiden äußersten Begrenzungsgliedern zunächst ein Mittelglied, das vollkommener geartet ist als die Klasse der Seelen, nämlich die (den Seelen unmittelbar) übergeordnete Klasse der Heroen, die die Seelen an Kraft und Tugend, an Schönheit und Größe und überhaupt an allen Gütern, die für die Seelen in Betracht kommen, weit übertrifft, dabei aber doch durch die gleichartige Verwandtschaft infolge des (irdischen, leiblichen) Lebens mit den Seelen nachbarlich verbunden ist." Voraussetzung zu dieser Heroen-Lehre Iamblichs sind Platon, *Rep.* 486e (mit Zitat von Hesiod, *Op.* 121/2) und Plutarch, *De def. or.* 431E. Synesios selbst plaziert im 1. Hymnos die Heroen zwischen Engeln und Seele (V. 291–95); ähnlich *Hymn.* 5,55. Bei Proklos, *De subst. mal.*18 (H. Boese [ed.], *Procli Diadochi. Tria Opuscula (De Providentia, Libertate, Malo). Latine Guilelmo de Moerbeka vertente et Graece ex Isaacii Sebastocratoris aliorumque scriptis collecta* [Berlin 1960] 197) bzw. *In Tim.* 3, 165,27 (s. dazu M. Erler *Proklos Diadochos. Über die Existenz des Bösen. Übersetzt und erläutert* [Meisenhaim 1978] 68 Anm. 1) erhalten die Heroen die Aufgabe, sich um die Rückkehr der menschlichen Seelen zu sorgen.

Abschließend entwirft der Vater ein Bild des idealen Herrschers (der Appell greift damit die Sprache des Fürstenspiegels auf),[107] den die Verbindung von Kraft und Weisheit (ἰσχὺς καὶ σοφία) auszeichnet (I 10,11). Dass dies eine alte ägyptische Weisheit sei, sieht er in zwei – merkwürdigen – Formen der ägyptischen Götterdarstellung symbolisiert:[108] in Darstellungen des Hermes, die ihn zugleich als alten wie als jungen Gott zeigten,[109] sowie in Gestalt der Sphinx,[110] die durch ihren Doppelcharakter tierische Kraft und und menschliche Weisheit repräsentiere. Osiris entspreche aufgrund der in ihm verbundenen Tugend und Glück einem solchen idealen König – und solle daher nicht die Götter mit der Bitte um Hilfe behelligen. Denn diese – und hier schließt sich der Ring der Argumentation des Vaters – kämen nur dann, wenn die gesamte Ordnung beschädigt und in Gefahr sei (11,4/5).

Mit dem Schluss der Rede wird deutlich, dass ihr Zweck nicht allein darin liegt, den neuen König im Rahmen der Geschichte zu belehren. Denn der Vater betont: Seine Erklärung sei für alle Menschen wissenswert (11,8). Denn der abschließende Teil führt explizit aus, dass – wie Osiris – alle Menschen nicht vorschnell auf die Hilfe der Götter hoffen sollen. Vielmehr hat die Vorsorge der Götter (hier wird ausdrücklich von der πρόνοια gesprochen) die Menschen mit allem ausgestattet, was sie für die Bewältigung des Daseins benötigen. Sie müssen diese Gaben nur zu nutzen lernen, statt einen Konflikt zwischen der Annahme einer göttlichen Vorsehung und dem selbstverantwortlichen Gebrauch der Tugend (der ja durch die Vorsehung sinnlos gemacht werden könnte) anzunehmen.

Der Neuplatonismus, so lässt sich diese Rede des Vater deuten, kann also auch als ‚politische' Philosophie verstanden werden. Freilich hängt

---

[107] Hiermit wiederholt Synesios seine Charakteristik des idealen Herrschers aus *De regno* cap. 7: ὡς ἔστιν ἄμαχον, ὅταν ἰσχὺς καὶ σοφία συγγένωνται.·

[108] Bezeichnenderweise liegt eine Dublette zu *De regno* 7 vor; die Partien unterscheiden sich lediglich durch den Gebrauch der „wir"-Form (anstelle der 3. Pers.) in den *Ägyptischen Erzählungen*.

[109] Der Verweis auf eine doppelte Hermes-Darstellung ist rätselhaft; belegt sind derlei Standbilder (auch des Toth) nicht. Möglich scheint eine Herleitung der hier entwickelten Vorstellung aus dem *Corpus Hermeticum*, wo im Asclepius (§ 37) ‚Hermes Trismegistus' sich als Namenserbe („Hermes, cuius avitum mihi nomen est [...].") präsentiert (und zudem als Übersetzer der Lehren seines Großvaters Toth-Hermes figuriert). Siehe dazu Fowden 1986, 29–31; Cameron/Long 1993, 357 Anm. 120. Krabinger 1835, 225–227, druckt ein Scholion ad loc. der Mss. Ma (= b Terzaghi 1944, Monac. gr. 476, saec. XII–XIII) und W (Vindobon. philos. gr. 38, saec. XV–XVI): Τινὲς τὸ Ἑρμῆν πρὸς τὸν νεὸν ἵσταντες συνάπτουσι, λέγοντες οὕτω· τὸν Ἑρμῆν Αἰγύπτιοι νέον ἵσταντες παρὰ πρεσβύτῃ διπλῆν ποιοῦμεν τὴν ἰδέαν τοῦ δαίμονος, ἤτοι αὐτόν, ὡς ἔχει τὸ τοῦ Πολυδεύκους· Ὁ Πρωτεὺς ὁ Φάριος τὸ θαῦμα τὸ Ὁμηρικόν, πολλαὶ μὲν αὐτοῦ καὶ πολυειδεῖς αἱ μορφαί· ἤγουν αὐτός κτλ. Das Schol. gibt also leider nur eine grammatische Erklärung.

[110] Dass die Sphinx-Standbilder symbolische Bedeutung hätten (so Plutarch, *De Is. et Os.* 9, 354c; Clem. Al., *Strom.* V 5,31,5 [p. 346 Stählin]), ist eine griechische Vorstellung, vielleicht als ein Resultat des Ödipus-Mythos (Görgemanns 2003, 385).

das Wohlergehen eines Staats von den Göttern ab, die besonders geeignete Seelen herabsenden, um in einer von der Materie bestimmten Welt das Regiment zu führen. Ein besonderes Wirken der Götter darüber hinaus ist nicht vorgesehen, es sei denn, die Welt verlöre ihre Fügung. Es ist also kein Appell an den Einzelnen, ‚politisch zu werden', in Synesios' Konzept zu erkennen. Vielmehr bleibt dem Individuum als Aufgabe, die verliehenen Begabungen – die Tugend – zur Entfaltung zu bringen und gegenüber dem Schicksal Gleichmut zu üben.

b. Die Vorsehung

Der Nebentitel der *Ägyptischen Erzählungen* stellt die Frage, inwiefern der Text von der ‚Vorsehung'[111] handelt. Dass in der Makrostruktur der Welt die Vorsehung waltet, zeigt die Rede des Vaters an Osiris. Wenn Erkennen der Vorsehung dazu führt, dass das Individuum für sich selbst sorgt, wie diese Rede am Ende behauptet, dann führt diese Sorge die Vorsehung auf die Ebene der Mikrostruktur, auf das Leben des Einzelnen, herab.

Was aber bedeutet Vorsehung in der Geschichte von Osiris und Typhos?[112] Dass Osiris von Typhos gestürzt wird, hat die Rede des Vaters vorgezeichnet. Die Dämonen als Mächte der Auflösung haben sich für Osiris' Fall im vom Vater beschriebenen Sinn verbunden und ‚von außen', d.h. über Typhos, seine Frau, die Frau des Barbaren etc. zusammengewirkt, um den von den Göttern ausersehenen Herrscher zu verderben. Wenn es das Kennzeichen neuplatonischen Nachdenkens über die Vorsehung ist, „durch Pronoia Rationalität, Geordnetheit und Schönheit des Kosmos angesichts des Übels in ihm und in der Welt des Menschen begründend zu erweisen,"[113] so stellen die *Ägyptischen Erzählungen* als Ganzes einen solchen Erweis dar – freilich nicht in Form der begründenden philosophischen Argumentation, sondern im Modus des mythischen Narrativs. Das Besondere dieses Narrativs liegt dabei darin, dass dem Leser permanent bewusst gemacht wird, dass die Erzählung ungeachtet ihrer narrativen Kraft und Eindringlichkeit eben keine Fiktion des Autors sein soll, sondern in doppelter Weise gebunden ist: zum einen – natürlich – durch den Umstand, dass es sich um einen Mythos mit festliegenden Grundstrukturen und Elementen handelt, die der Erzähler nicht beliebig verändern kann, zum anderen gerade dadurch, dass die Geschichte eine Allegorie auf Erlebtes bzw. Geschehenes sein soll, d.h. also eine enge Anbindung tatsächliche Ereignisse vorliegt. Erst durch diese Engführung zwischen ‚Realität' und *narratio* kann in einem strenge Sinn die *narratio* Beweiskraft für die Existenz

---

[111] Siehe hierzu insgesamt LOUTH 2007.

[112] Hier ist davon abzusehen, dass der Mythos bereits eine Providenz insofern vorgibt, als zu ihm als fester Bestand der Sturz der Typhos und die Rückkehr des Osiris gehört.

[113] BEIERWALTES 1985, 227.

der Vorsehung erhalten, da in einer (rein) fiktionalen Erzählung auch diese Existenz lediglich eine Schöpfung des Erzählers wäre.

Die Rede des Vaters entwirft ein Weltmodell, in dem die Götter zwar nicht kontinuierlich für die Welt sorgen, doch von Zeit zu Zeit grundlegende Korrekturen vornehmen, die einen Untergang der Welt verhindern. Wenn nun das Geschehen in Konstantinopel eine Wiederholung des Osiris-Mythos darstellt (und deswegen von Synesios im Gewand dieses Mythos beschrieben werden kann), der Osiris-Mythos ferner als ‚Modell' einer Rettung der Welt durch die Götter verstanden werden kann (denn zwar geht Osiris unter, doch kann eben nicht Seth/Typhon/Typhos seine Gewaltherrschaft behaupten, sondern wird seinerseits besiegt), dann enthält sowohl der Mythos wie auch die allegorische Erzählung des Synesios das Prinzip göttlicher Providenz. Ja, es erscheint nicht einmal erforderlich, dass der Text die gesamte mythische Sequenz, die mit dem Ende des Typhos schließen müsste, schildert. Er kann ‚offen' erzählt werden: Typhos (und dementsprechend sein Konterpart in der historischen ‚Realität') ist am Schluss der Erzählung noch am Leben[114] – seine Strafe wird er nach Beschluss der Götter erst nach seinem Tod erhalten (II 3,8).

Doch ist mit den Ereignissen, die der zweite Logos berichtet, hinreichend deutlich, dass die Götter korrigierend eingreifen und die Geschehenskette zum vorbestimmten Schluss führen wird. Der Text selbst stellt dies in der Eröffnung des zweiten Logos heraus:

> „Es beginnt sich das Wirken der Götter von dem Punkt an zu zeigen, an dem alles an allen Orten mit allen Formen von Unheil angefüllt war und der Glaube an eine Vorsehung schon aus dem Denken der Menschen verschwunden war, während aus dem, was sichtbar war, die Vermutung Bestätigung fand, es gehe in der Welt gottlos zu." (II 1,1).

Textintern wird zudem die göttliche Intervention durch die Erlebnisse des ‚Philosophen' vorbereitet, dem ein Gott nicht nur die Zukunft prophezeit, sondern sogar diese Zukunft als in den Bildern und Texten der ägyptischen Kultur vorausbezeichnet erkennen lässt (I 18,4: „Und der Fremde las die Schrift, die in Obelisken und heiligen Tempelmauern eingemeißelt war. Der Gott erklärte ihm auch den Sinn der Hieroglyphen und gibt ihm ein Zeichen der Zeit."). Man kann hierin eine Art von Anachronismus sehen, da die Zeichen, die der Philosoph liest, auf das Geschehen des Osiris-Mythos verweisen sollten, der sich doch eigentlich erst in der Zeit vollzieht, deren Teil der Philosoph selbst ist. Doch andererseits ist angesichts der hohen Bedeutung von Prophezeiungen und Orakeln in der ägyptischen Kultur insgesamt der im Text geschilderte Vorgang nicht *per se* unplausibel. Denn der Philosoph könnte natürlich entsprechende divinatorische Zeichen sehen können.

[114] Siehe Cameron / Long 1993, 389 Anm. 280.

Der zweite Logos führt das Providenz-Thema weiter und bietet mit dem unerwarteten Abzug der Barbaren aus Theben den Nachweis für die Sorge der Götter um die Welt. Der Text kommentiert dies entsprechend:

> „Ist das Geschehen unvermittelt und liegt die Ursache im Unsichtbaren, haben wir nichts anderes vor uns als ein augenscheinliches (und nicht nur in der Sprache konstruiertes) Indiz dafür, dass die Götter auch für die ungläubigen Menschen sorgen." (II 1,2).

In summa lösen also die *Ägyptischen Erzählungen* die Versprechung der Eröffnung ein, ein philosophisches Problem – die Frage nach der Providenz – zu erörtern und positiv zu lösen.

c. Das Wolfsrätsel

Zum Komplex der Providenz gehört auch eine besonders schwierige Partie des Textes, das sog. „Wolfsrätsel". Bereits der Eröffnungsatz der *Ägyptischen Erzählungen* nennt ein „Rätsel über den Wolf", mit dem die erste Abhandlung abgeschlossen werden solle. In der Tat löst der Text dies ein. In I 18 wird erzählt, dass dem ‚Philosophen' eine Erscheinung zuteil wird, in der ein Gott ihm das Ende der Herrschaft des Typhos voraussagt und dafür eine Reihe von Zeichen nennt. In diesem Kontext heißt es:

> „So wartete er [sc. der Philosoph] ab, denn er hatte ja damals erfahren, was um Osiris sogleich geschehen werde, was dann für die kommenden Jahre in Aussicht stand, sobald Horos, dessen Sohn, beschlösse, ein Bündnis statt mit dem Löwen mit dem Wolf einzugehen. Wer nun der Wolf ist, das lehrt eine heilige Rede, die auszusprechen nicht fromm ist, nicht einmal in der Form eines Mythos." (I 18,8).

Diese Partie beschäftigt die Forschung seit langem, scheint sie doch den Leser aufzufordern, das Rätsel aufzulösen, d.h. die allegorische Rede von Osiris, Horos, Löwe und Wolf zu entschlüsseln und konkrete historische Personen und – oder – Ereignisse mit ihnen bedeutet zu sehen. Allerdings ist bislang keine konsensfähige Lösung des Rätsels gefunden. Zwar scheint es nahe zu liegen, im Löwen die Goten und ihren Anführen Gainas, im Wolf die Hunnen und deren König Uldin bedeutet zu sehen,[115] doch führt die Frage nach einer Identität des Horus zu keiner brauchbaren Lösung.[116]

Diese Aporie hat zunächst einen einfachen Grund. Denn das ja allegorische Rätsel stellt gleichsam eine Allegorie in der Allegorie dar, deren Auslegung damit an die Auslegung der allegorischen Konstellationen des gesamten Textes gekettet ist. Wenn aber nicht abschließend geklärt werden kann, was bzw. wer Osiris und Typhos bedeutet, lassen sich Löwe und Wolf auch nicht entschlüsseln. Oder methodisch formuliert: alle Lösungsversuche des Rätsels müssen auf Voranahmen basieren, die ihrerseits bestreitbar sind.

---

[115] So etwa Grützmacher 1913, 58 und Lacombrade 1946.
[116] Siehe Cameron / Long 1993, 313f.

Es scheint, dass Synesios mit dem Rätsel auf Tierbilder zugreift, die zum Bestand der Osiris-Sage gehörten. Bei Plutarch (*De Is. et Os.* 19, 358B–C) führt der aus der Unterwelt aufgestiegene Osiris ein Lehrgespräch mit seinem Sohn Horus, um ihn auf den Kampf mit Typhon vorzubereiten:

> „Da habe er [sc. Osiris] ihn [sc. Horus] gefragt: ‚Was hältst du für das Schönste?', und dieser habe geantwortet: ‚Vater und Mutter zu rächen, wenn ihnen Böses getan worden ist.' Zum zweiten habe er gefragt: ‚Welches Tier dünkt dich am nützlichsten, wenn man zum Kampf auszieht?' Horus habe gesagt: ‚Ein Pferd', und Osiris sei verwundert gewesen und habe nicht verstanden, warum er nicht lieber einen Löwen statt eines Pferdes genannt habe. Da habe Horus gesagt: ‚Ein Löwe ist von Nutzen, wenn man Beistand braucht; aber ein Pferd, wenn es gilt, den fliehenden Feind zu zerstreuen und aufzureiben.' Über diese Antwort habe sich Osiris gefreut [...]."[117]

Ferner schreibt Diodor innerhalb seiner Aufstellung über die Bedeutung von Tieren in Ägypten (I 83–90):

> "Wölfe verehre man, wie sie [sc. die Ägypter] sagen, wegen ihrer Ähnlichkeit mit Hunden, denn da sie sich nur wenig unterschieden, vermischten sie sich untereinander und zeugten Mischwesen. Für die Verehrung dieser Tiere allerdings haben die Ägypter auch noch eine andere Geschichte. Als nämlich Isis damals mit ihrem Sohne Horus zusammen gegen Typhon zu Felde zog, soll Osiris aus der Unterwelt Sohn und Gattin in Gestalt eines Wolfes zu Hilfe gekommen sein. Nach der Vernichtung Typhons aber befahlen die Sieger, das Tier zu verehren, auf dessen Erscheinung hin der Sieg folgte." (I 88,6).[118]

Diodor spricht also explizit von einem Zusammenhang zwischen der Erscheinung eines Wolfs und dem Sieg über Typhon (... τὸ ζῶιον οὗ τῆς ὄψεως ἐπιφανείσης τὸ νικᾶν ἐπηκολούθησεν).

Nimmt man beide Partien zusammen, so liegt hier eine Ablehnung des Löwen (Plutarch) und eine Bevorzugung des Wolfs, der ein Vorzeichen für den Sieg ist (Diodor) vor: Synesios konnte also die Elemente seiner Prophezeiung aus vorausgehender Literatur ziehen, ja auch aus der ägyptischen Bilderwelt schöpfen.[119]. Zu der narrativen Logik des Osiris-Mythos gehört der Sturz des Seth durch Horus, dem ein ‚Wolfszeichen' vorausgeht.

Wenn Synesios seine *Ägyptischen Erzählungen* als Wiederholung des Osiris-Mythos anlegt (s. dazu oben S. 8–11), dann ist auch der Sturz des Typhos notwendiger Teil der Geschichte, und diesem sollte ebenfalls ein ‚Wolfszeichen' vorausgehen. Freilich legt Synesios seinen Text insofern kunstvoller an, als er dieses Zeichen nicht einfach als objektives Ereignis in der auktorialen Erzählung erscheinen lässt, sondern über die in I 18 konstruierte Figurenperspektive des ‚Philosophen' einführt. Denn der Philosoph wird zu der Instanz, die die Wiederholung der mythischen Sequenz erkennt:

---

117 Übersetzung nach GÖRGEMANNS 2003.

118 Übersetzung nach Diodoros, *Griechische Weltgeschichte, Buch I-X. Erster Teil,* übers. v. G. WIRTH (Buch I-III) u. O. VEH (Buch IV-X) (Stuttgart 1992).

119 So LONG 1987. Siehe hierzu besonders den Beitrag von Frank FEDER, unten S. 185–187

„Und der Fremde las die Schrift, die in Obelisken und heiligen Tempelmauern eingemeißelt war. Der Gott erklärte ihm auch den Sinn der Hieroglyphen und gibt ihm ein Zeichen der Zeit.“ (I 18,4).

Damit ‚weiß' er, dass Typhos' Fall zwangsläufig ist – und dass diesem das Wolfszeichen vorausgeht. So kann das Wolfsrätsel als rein narratives Instrument verstanden werden, am Ende des 1. Logos der *Ägyptischen Erzählungen* einen Vorverweis (der motivisch im Mythos verankert ist) auf das Ende des Typhos zu geben, das der 2. Logos schildern wird.

Mit dieser Interpretation des Wolfsrätsels ist es nicht mehr erforderlich, ihm eine referentielle Bedeutung zuzuschreiben. Dies bedeutet freilich nicht, dass das Rätsel keine referentielle Dimension haben *kann*.

d. Ägyptischer Mythos und Philosophie

In den *Ägyptischen Erzählungen* verschränken sich kunstvoll neuplatonische Philosophie und der allegorisch konzipierte Osiris-Mythos. Die neuplatonische Kosmologie, die die Rede des Vaters darstellt, erfährt eine Bestätigung in der Osiris-Erzählung, und die Osiris-Erzählung erscheint damit nicht mehr nur als alte Sage, sondern als Teil eines größeren Weltgeschehens, das sich wiederholt – jedoch nicht im Sinne einer einfachen zyklisch-wiederkehrenden Geschichte, sondern als Wiederholung, die sich aus dem kosmologischen Prinzip von Auf- und Abstieg der Götter und ihrer Sorge um die Welt ergibt. Mit dieser Verbindung von altem Mythos und Philosophie greift Synesios eine Denkfigur kaiserzeitlicher ‚Wissensgeschichte' auf, gemäß der in den alten Kulturen, d.h. insbesondere in Ägypten und Babylon eine uralte Weisheit greifbar sei, die letztlich göttlichen Ursprungs ist und die sich in Mythen und Kulten zeigt, eine Weisheit, die auf einen göttlichen Ursprung der Welt und auf eine göttliche Ordnung deutet. Plutarch deutet etwa den Osiris-Mythos explizit als Teil dieser Weisheit.[120] Die griechische Philosophie erkennt daher der ‚Weisheit der Barbaren' hohen Wert zu, sieht ihre Aufgabe freilich darin, die Entstellung, die sich um die Weisheit durch die Mythen gelegt hat, zu korrigieren, um zur eigentlichen Erkenntnis gelangen zu können. So kann etwa Kelsos die Position beziehen, dass die Griechen das, was von den Barbaren gefunden wurde, mit kritischer Prüfung und Bestätitung zu einer Bestform hin ausgeführt hätten.[121] Synesios dagegen würdigt den Mythos selbst als Erkenntnisquelle neu. Er ist keine Überlagerung oder Überformung einer Wahrheit, sondern in seiner narrativen Ausgestaltung ist Wahrheit ‚aufgehoben', die es zu erkennen gilt und mit deren Hilfe man die eigene Gegenwart, d.h. die Ereignisse in Konstantinopel verstehen kann.

---

[120] Plutarch, *De Is. et Os.* Kap. 45; siehe dazu Baltes 1999/2005, 7.

[121] Kelsos Frg. I 2 Bader: κρῖναι καὶ βεβαιώσασθαι καὶ ἀσκῆσαι πρὸς ἀρετὴν τὰ ὑπὸ βαρβάρων εὑρεθέντα ἀμείνονές εἰσιν Ἕλληνες.

So sind die *Ägyptischen Erzählungen* nicht einfach ein Text eines mythenliebenden Gebildeten der Spätantike, der eigene Erlebnisse in allegorischer Form verarbeiten will, sondern ein Versuch, Erlebtes philosophisch zu deuten – und damit zugleich philosophische Fragen zu erörtern und zu lösen.

3. Zum Text der *Ägyptischen Erzählungen*

Die *Ägyptischen Erzählungen* gehören zu den gut überlieferten Texten der spätantiken griechischen Literatur: Terzaghi 1944, der für seine Ausgabe der Opuscula des Synesios die Überlieferung grundlegend aufgearbeitet hat, kann 50 Handschriften anführen, die den Text enthalten.[122] Die ältesten dieser Handschriften stammen aus dem 10. bzw. 11. Jh.: der codex Parisinus Coislinianus graecus 249 (s bei Terzaghi, S bei Lamoureux-Aujoulat) und der codex Laurentianus LV 6 (A), die übrigen gehören in der Mehrzahl dem 14., 15. und 16. Jh. zu. Eine genauere Untersuchung der Abhängigkeitsverhältnisse zwischen den Handschrift führt auf insgesamt neun Gruppen, die sich unterscheiden lassen. Ein Stemma lässt sich nicht erstellen. Terzaghi hat sich bei seiner Ausgabe um eine umfassende Berücksichtigung der Handschriften bemüht; der von ihm erstellte Text hat alle vorausgehenden Ausgaben berechtigterweise in den Hintergrund gedrängt. Dieser Edition folgt die Ausgabe von Garzya 1989, die keinen eigenständigen Wert hat (und auf einen kritischen Apparat verzichtet). Auf Terzaghis Ausgabe stützt sich auch die neue Edition von Lamoureux-Aujoulat, die systematisch nur noch die sechs wichtigsten Handschriften im Apparat anführt: neben S und A den Laurentianus 80,19 (C, aus dem 12. Jh.), den Vaticanus graecus 91 (V, 12. oder 13. Jh.), den Athous Vatopedinus 685 (M, aus dem 13. Jh.), den Parisinus graecus 1039 (O, 13. oder 14. Jh.) und den Monacensis graecus 476 (B, 13. oder 14. Jh.). In der Textherstellung unterscheiden sich die Ausgaben von Terzaghi und Lamoureux (abgesehen von Differenzen in der Interpunktion) grundsätzlich[123] nur darin, dass Lamoureux in der Orthographie S den Vorzug vor der übrigen Tradition gibt. Dies hat zur Konsequenz, dass Lamoureux konsequent τἄλλα statt τἆλλα schreibt und dem Gebrauch des ν-Ephelkystikon in S folgt.[124]

Der im Folgenden gebotene Text der *Ägyptischen Erzählungen* basiert weitestgehend auf Terzaghi und Lamoureux, folgt aber in der Orthographie Terzaghi.

Lediglich an folgenden Partien weicht der Text ab (zur Begründung siehe den Kommentar zur jeweiligen Stelle):

[122] Die folgenden Angaben basieren auf Terzaghi 1944, IX–CXLII.
[123] Zu einzelnen Abweichungen siehe die Anmerkungen zum griechischen Text.
[124] Siehe dazu auch Terzaghi 1944, CXL.

I 2,6:
εἴ τῳ τραῦμα [ἣν] ἢ κακὸν ἄλλο ἐργάσοιτο
Terzaghi:
εἴ τῳ τραῦμα ἣν ἢ κακὸν ἄλλο ἐργάσοιτο

I 2,8:
ἣν δὲ ἅπαντι ῥᾴδιον ὠνήσασθαι τὴν γνώμην
Terzaghi:
ἣν δὲ ἅπαντι ῥᾴδιον ἐωνῆσθαι τὴν γνώμην

I 4,2:
ἓν ἄν τις ὤνατο τούτου
Terzaghi:
ἓν ἄν τις ὤνατο τοῦ κακοῦ

I 6,1:
τὸ δὲ ἱερὸν τὸ Αἰγύπτιον.
Terzaghi:
τὸ δὲ ἱερὸν [τὸ] Αἰγύπτιον.

I 10,6
θᾶττον ⟨γὰρ⟩ ἐξάπτονται διὰ τὴν ἤδη πρὸς τὸ πῦρ ἐπιτηδειότητα
Terzaghi:
⟨οἳ⟩ θᾶττον ἐξάπτονται διὰ τὴν ἤδη πρὸς τὸ πῦρ ἐπιτηδειότητα

I 10,11
ἀλλ' ἐνταῦθα σὺ βασιλεὺς ὢν ῥᾷον ⟨ἂν⟩ ἅπαντος ἰδιώτου φυλάττοιο·
Terzaghi:
ἀλλ' ἐνταῦθα σὺ βασιλεὺς ὢν ῥᾷον ἅπαντος ἰδιώτου φυλάττοιο·

B. Text, Übersetzung und Anmerkungen

ΑΙΓΥΠΤΙΟΙ
Η
ΠΕΡΙ ΠΡΟΝΟΙΑΣ

ΠΡΟΘΕΩΡΙΑ

[88] 1 Γέγραπται μὲν ἐπὶ τοῖς Ταύρου παισί, καὶ τό γε πρῶτον μέρος, τὸ μέχρι τοῦ κατὰ τὸν λύκον αἰνίγματος, ἀνεγνώσθη καθ' ὃν μάλιστα καιρὸν ὁ χείρων ἐκράτει τῇ στάσει περιγενόμενος. προσυφάνθη δὲ τὸ ἑπόμενον μετὰ τὴν κάθοδον τῶν ἀρίστων ἀνδρῶν αἰτησάντων, μὴ κολοβὸν ἐπὶ τῶν ἀτυχημάτων μεῖναι τὸ σύγγραμμα, ἀλλ', ἐπειδὴ τὰ προηγορευμένα κατὰ θεὸν ἐδόκει περαίνεσθαι, ἐπὶ τῆς αὐτῆς ὑποθέσεως καὶ ταῖς βελτίοσιν αὐτῶν τύχαις ἐπεξελθεῖν. πραττομένης οὖν ἤδη τῆς τυραννικῆς καθαιρέσεως, συμπροῆλθεν ὁ λόγος τοῖς πράγμασιν. 2 ἄξιον δὲ ἐν αὐτῷ διαφερόντως θαυμάσαι τὸ πολλαῖς ὑποθέσεσιν ἀρκέσαι τὴν μεταχείρισιν. καὶ γὰρ δόγματα συχνὰ τῶν μέχρι νῦν ἀδιακρίτων χώραν τε εὗρε σκέψεως ἐν τῷ πλάσματι, καὶ ἕκαστα διηκρίβωται, καὶ βίοι γράφονται, κακίας καὶ ἀρετῆς ἐσόμενοι παραδείγματα, καὶ τῶν παρεστώτων πραγμάτων ἱστορίαν ἔχει τὸ σύγγραμμα καὶ διὰ πάντων ὁ μῦθος ἐξείργασται πρὸς τὸ χρήσιμον ποικιλλόμενος.

Ι. ΛΟΓΟΣ ΠΡΩΤΟΣ

1 [89] Ὁ μῦθος Αἰγύπτιος· περιττοὶ σοφίαν Αἰγύπτιοι. τάχ' 1
ἂν οὖν ὅδε, καὶ μῦθος ὤν, μύθου τι πλέον αἰνίττοιτο, διότι ἐστὶν Αἰγύπτιος. εἰ δὲ μηδὲ μῦθος, ἀλλὰ λόγος ἐστὶν ἱερός, ἔτι ἂν ἀξιώτερος εἴη λέγεσθαί τε καὶ γράφεσθαι.

2 Ὄσιρις καὶ Τυφὼς ἤστην μὲν ἀδελφὼ καὶ ἀπὸ τῶν αὐτῶν ἐγενέσθην σπερμάτων. ἔστι δὲ οὐ μία ψυχῶν καὶ σωμάτων συγγένεια· οὐ γὰρ τὸ τοῖν αὐτοῖν ἐπὶ γῆς ἐκφῦναι γονέοιν τοῦτο προσήκει ψυχαῖς, ἀλλὰ τὸ ἐκ μιᾶς ῥυῆναι πηγῆς. 3 δύο δὲ ἡ τοῦ κόσμου φύσις παρέχεται, τὴν μὲν φωτοειδῆ, τὴν δὲ ἀειδῆ· καὶ τὴν μὲν χαμόθεν ἀναβλύζουσαν, ἅτε ἐρριζωμένην κάτω ποι, καὶ τῶν [τῆς] γῆς χηραμῶν ἐξαλλομένην, εἴ πῃ τὸν θεῖον νόμον βιάσαιτο· ἡ δὲ τῶν οὐρανοῦ νώτων ἐξῆπται· καταπέμπεται μὲν γὰρ ἐφ' ᾧ κοσμῆσαι τὴν περίγειον λῆξιν, ἐπιτάττεται

Die ägyptischen Erzählungen
oder
Über die Vorsehung

Vorrede

1 [88] Die Schrift handelt von[1] den Söhnen[2] des ‚Stiers' (Tauros)[3] , und der erste Teil der Abhandlung, bis zum Rätsel über den Wolf[4] , wurde genau zu der Zeit veröffentlicht[5] , als der schlechtere an der Macht war, nachdem er sich in einem Putsch durchgesetzt hatte. Hinzugefügt wurde der folgende Teil nach der Rückkehr der besten Männer auf deren Wunsch, dass nicht[6] das Buch abgebrochen bei ihrem Unglück stehen bleibe, sondern, da das vom Gott Prophezeite sich zu vollenden schien, unter Beibehaltung des Themas auch zu einem für sie besseren Geschick voranschreite. Während also der Tyrannensturz betrieben wurde, schritt unsere Erzählung mit den Geschehnissen zusammen voran.[7] 2 Man darf in ihr insbesondere bewundern, dass unser Zugriff vielen Themen gerecht wird.[8] Denn sowohl viele Meinungen zu bis jetzt nicht entschiedenen philosophischen Problemen fanden Raum für eine Prüfung in unserer erdichteten Geschichte, und jede einzelne von ihnen ist genau untersucht, als auch Lebensschilderungen werden gegeben, die als Beispiele für Schurkerei und Tugend dienen sollen. Sogar eine Darstellung der Zeitgeschichte enthält die Schrift, und in allem ist der Mythos im Hinblick auf seinen Nutzen hin farbig ausgestaltet.

I. Erste Erzählung

1 1 [89] Der Mythos ist ägyptisch. Die Ägypter sind von herausragender Weisheit.[9] Wohl dürfte auch dieser Mythos, auch wenn er ein Mythos ist, mehr als ein Mythos in verrätselter Weise[10] bezeichnen, weil er eben ägyptisch ist. Wenn es aber nicht einmal ein Mythos ist, sondern eine Heilige Rede,[11] dann dürfte es wohl noch angemessener sein, ihn zu erzählen und aufzuschreiben.

2 Osiris und Typhos waren Brüder,[12] und sie entstammten demselben Samen. Freilich bedeutet die Verwandtschaft der Körper nicht zugleich eine Verwandtschaft der Seelen. Denn nicht der Umstand, dass man auf der Erde von denselben Eltern abstammt, ist bei den Seelen für ihre Verwandtschaft relevant, sondern die Abkunft aus ein- und derselben Quelle. 3 Zwei Quellen stellt die Natur des Kosmos bereit,[13] die eine lichtgestaltig, die andere ohne sichtbare Gestalt,[14] von unten herauf sprudelnd, da sie irgendwo unten ihre Wurzeln hat, und aus den Höhlungen der Erde[15] hervorbrechend, als ob sie irgendwie das göttliche Gesetz gewaltsam bre-

δὲ κατιοῦσα διευλαβηθῆναι, μὴ, ἐν ᾧ κοσμεῖ καὶ τάττει τὸ ἄτακτον καὶ ἀκόσμητον, αὐτὴ πελάζουσα αἴσχους τε καὶ ἀκοσμίας ἀναπλησθῇ. 4 κεῖται δὲ Θέμιδος νόμος ἀγορεύων ψυχαῖς, ἥτις ἂν ὁμιλήσασα τῇ τῶν ὄντων ἐσχατιᾷ τηρήσῃ τὴν φύσιν καὶ ἀμόλυντος διαγένηται, ταύτην δὴ τὴν αὐτὴν ὁδὸν αὖθις ἀναρρυῆναι καὶ εἰς τὴν οἰκείαν ἀναχυθῆναι πηγήν, ὥσπερ γε καὶ τὰς ἐκ τῆς ἑτέρας μερίδος τρόπον τινὰ ἐξορμησαμένας φύσεως ἀνάγκη ἐς τοὺς συγγενεῖς αὐλισθῆναι κευθμῶνας,

ἔνθα Φθόνος τε, Κότος τε καὶ ἄλλων ἔθνεα Κηρῶν
Ἄτης ἐν λειμῶνι κατὰ σκότον ἠλάσκουσιν.

1 Αὗται ψυχῶν εὐγένειαι καὶ δυσγένειαι, καὶ γένοιτ᾽ ἂν οὕ- 2
τω συγγενεῖς εἶναι Λίβυν ἄνδρα καὶ Παρθυαῖον, καὶ γένοιτ᾽ ἂν οὕτως οὓς καλοῦμεν ἡμεῖς ἀδελφοὺς κατὰ μηδὲν εἶναι τῇ ψυχῶν συγγενείᾳ προσήκοντας, ὅπερ ἐπὶ τοῖν [90] Αἰγυπτίοιν παίδοιν εὐθύς τε γεινομένων ὑπεσήμηνε καὶ τελειουμένων λαμπρῶς διεδείχθη. 2 ὁ μὲν γὰρ νεώτερος, θείᾳ μοίρᾳ καὶ φὺς καὶ τραφείς, τά τε ἐν βρέφει φιλήκοον ἦν καὶ φιλόμυθον· ὁ γὰρ μῦθος φιλοσόφημα παίδων ἐστίν· καὶ ἐπιδιδοὺς ἦρα παιδείας ἀεὶ τὸν χρόνον ὑπερτεινούσης· τῷ τε πατρὶ τὰ ὦτα ὑπεῖχεν καὶ ὅ τι ἕκαστος εἰδείη σοφόν, περὶ ἅπαντα ἐλιχνεύετο, τὰ μὲν πρῶτα σκυλακηδὸν ἀθρόα πάντα ἀξιῶν εἰδέναι, ὥσπερ ἀμέλει ποιοῦσιν αἱ φύσεις αἱ τὰ μεγάλα ὑπισχνούμεναι· σφαδάζουσι καὶ προεξανίστανται τοῦ καιροῦ, ἤδη τὸ τέλος ἑαυταῖς τὸ ἐραστὸν ἐγγυώμεναι. 3 ἔπειτα μέντοι πολὺ πρὸ ἥβης ἡσυχαίτερός τε ἦν εὖ γεγονότος πρεσβύτου καὶ σὺν κόσμῳ μὲν ἤκουε, δεήσαν δέ ποτε καὶ αὐτὸν εἰπεῖν, ἢ ἀνερησόμενον περὶ ὧν ἤκουσεν ἢ ἐπ᾽ ἄλλῳ τῳ, πᾶς ἂν ἐπέγνω διαμέλλοντα καὶ ἐρυθαινόμενον. καὶ ὁδῶν ἐξίστατο καὶ καθέδρας Αἰγυπτίων τοῖς πρεσβυτέροις, καὶ ταῦτα παῖς ὢν τοῦ τὴν μεγάλην ἀρχὴν ἄρχοντος. παρῆν δὲ αὐτῷ καὶ αἰδὼς ἡλίκων καὶ ἐν τῇ φύσει μάλιστα τὸ ἀνθρώπων ἐπιμελεῖσθαι· ὥστε ἐν ἐκείνῳ τῆς ἡλικίας ὄντος, ἔργον ἦν Αἰγύπτιον εὑρεῖν ἄνθρωπον, ᾧ μὴ ἕν γέ τι ἀγαθὸν παρὰ τοῦ πατρὸς ἐπεπόριστο τὸ μειράκιον.

4 ὁ δὲ πρεσβύτερος, ὁ Τυφώς, ἑνὶ λόγῳ, πάντα ἐπαρίστε-

chen könnte. Die andere hängt an den Rücken des Himmels.[16] Sie wird mit der Aufgabe hinabgeschickt, das irdische Geschick zu ordnen. Hierbei ist ihr aufgetragen, beim Abstieg auf der Hut zu sein, sich nicht, während sie das Ungegliederte und Ungeordnete ordnet und gliedert, durch die Annäherung daran mit Schande und Unordnung anzufüllen. 4 Es gibt ein Gesetz der Themis, das den Seelen verkündet, dass jede Seele, die mit dem Tiefsten des Seienden Gemeinschaft hat und dennoch ihre Natur beachtet und unbefleckt bleibt, deswegen auf dem selben Weg wieder hinauf fließen und in die vertraute Quelle wieder zurückgeschüttet werden darf, gerade so wie es auch eine Notwendigkeit der Natur gibt, dass die Seelen, die aus dem anderen Teil auf irgendeine Weise aufbrechen, dann wieder in den ihnen verwandten Höhlungen lagern müssen,

„Wo Neid (Phthonos) und Groll (Kotos) und die Völker der anderen Keren
Auf der Wiese der Verblendung (Ate) im Dunkel umherziehen."[17]

2 1 Eben dies sind „der Seelen edle und unedle Abkünfte",[18] und es könnte wohl geschehen, dass ein Mann aus Libyen und ein Parther[19] auf diese Weise verwandt sind, und es könnte geschehen, dass ebenso die, die wir Brüder nennen, überhaupt nicht durch eine Verwandtschaft ihrer Seelen miteinander verbunden sind, was sich im Fall der beiden [90] ägyptischen Kinder sowohl bei ihrer Geburt andeutete als auch, als sie erwachsen waren, deutlich erwiesen wurde.[20] 2 Denn der Jüngere, unter einem göttlichen Geschick geboren und aufgezogen, zeigte als Kleinkind eine Affinität zum Zuhören und zu Mythen. Denn der Mythos ist die Form der Philosophie für Kinder.[21] Und als er heranwuchs,[22] liebte er die Bildung, die über sein jeweiliges Alter hinausging. Seinem Vater schenkte er stets Gehör, und was auch immer man an Weisheiten wusste, nach all dem lechzte er. Hierbei wollte er zuerst nach Art junger Hunde[23] alles auf einmal wissen, wie es natürlicherweise die Naturen tun, die Großes versprechen. Sie sind voller Ungeduld und stürmen vor dem rechten Zeitpunkt los und betrachten das ersehnte Ziel als ihnen bereits verbürgt. 3 Freilich wurde er dann lange vor dem Erwachsenenalter ruhiger als ein Greis von guter Abkunft.[24] Unter Wahrung der Ordnung hörte er zu, und wenn er bisweilen etwas sagen musste, entweder, um zu etwas, was er gehört hatte, eine Frage zu stellen, oder aus anderem Grund, so hätte ihn jeder zögern und erröten sehen können.[25] Und auf Wegen wich er vor den ägyptischen Älteren zurück und erhob sich vor ihnen vom Sitzplatz,[26] und dies, obwohl er der Sohn dessen war, der die große Macht innehatte. Er besaß auch Respekt vor seinen Altersgenossen, und es lag in seiner Natur, sich um Menschen zu sorgen. Daher wäre es, als er in jenem Alter war, schwierig gewesen, einen Ägypter zu finden, dem der junge Mann nicht irgendetwas Gutes von seinem Vater verschafft hätte.

4 Der ältere Bruder, Typhos,[27] war, mit einem Wort, in allem linkisch.

ρος. σοφίαν μὲν δὴ πᾶσαν, ὅση τε Αἰγυπτία καὶ ὅσης ὑπερορίου διδασκάλους ὁ βασιλεὺς Ὀσίριδι τῷ παιδὶ παρεστήσατο, ἀπεστυγήκει τε ὅλῃ γνώμῃ καὶ κατεγέλα τοῦ πράγματος, ὡς ἀργοῦ τε καὶ δουλοῦντος τὰς γνώμας· ὁρῶν δὲ τὸν ἀδελφὸν φοιτῶντά τε ἐν τάξει καὶ αἰδοῖ συζῶντα, τοῦτο δὲ ᾤετο φόβον εἶναι, δι' ὃ οὔτε πὺξ παίοντά τις εἶδεν οὔτε λὰξ ἐναλλόμενον, οὔτε δρόμον θέοντα ἄκοσμον, καὶ ταῦτα κοῦφόν τε ὄντα καὶ περιεπτισμένον καὶ ἐλαφρὸν τῇ ψυχῇ φορτίον τὸ σῶμα περικείμενον. 5 ἀλλ' οὐδὲ χανδόν ποτε Ὄσιρις ἔπιεν, οὔτε ἐξεκάγχασεν, ὡς εἶναι τὸν γέλωτα βρασμὸν ὅλου τοῦ σώματος, ἅπερ Τυφὼς ἕδρα τε ὁσημέραι καὶ μόνα ἔργα ἐλευθέρων ᾤετο, ποιεῖν ὅ τί τις τύχοι καὶ βούλοιτο· [91] ἐῴκει δὲ οὔτε τῷ γένει τὴν φύσιν, οὐδ' ὅλως ἀνθρώπων τινί, καὶ καθάπαξ εἰπεῖν, οὐδ' αὐτὸς ἦν αὐτῷ παραπλήσιος ἀλλὰ παντοδαπόν τι κακόν· νῦν μὲν ἂν ἔδοξεν εἶναι νωθής τε καὶ ἐτώσιον ἄχθος ἀρούρης, τοσαῦτα ἀφ' ὕπνου γινόμενος, ὅσα γαστρίζεσθαι καὶ ἄλλα ἐναποτίθεσθαι τοῦ καθεύδειν ἐφόδια· νῦν δὲ καὶ τὰ μέτρια ἀμελῶν τῶν ἀναγκαίων τῇ φύσει, ἐφ' οἷς σκιρτᾶν τε ἄμουσα καὶ παρέχειν πράγματα καὶ ἥλιξι καὶ ὑπερήλιξιν. 6 ἐθαύμαζέ τε γὰρ ἰσχὺν σώματος ὡς τελεώτατον ἀγαθόν καὶ ἐχρῆτο κακῶς, θύρας τε ἀπαράττων καὶ βώλοις βάλλων καὶ εἴ τῳ τραῦμα [ἦν] ἢ κακὸν ἄλλο ἐργάσοιτο χαίρων ὡς ἐπὶ μαρτυρίᾳ τῆς ἀρετῆς· ὥργα τε ἄωρα καὶ βιαιότατος ἦν ἐπιθέσθαι μίξεσι· 7 καὶ δὴ καὶ φθόνος μὲν αὐτῷ πρὸς τὸν ἀδελφὸν ὑπετύφετο, μῖσος δὲ πρὸς Αἰγυπτίους, ὅτι οἱ μέν, ὁ λεώς, ἐθαύμαζον Ὄσιριν καὶ ἐν λόγοις καὶ ἐν ᾠδαῖς, καὶ οἶκοι καὶ ἐπὶ τῶν κοινῶν ἱερῶν ἀγαθὰ αὐτῷ πάντα πανταχοῦ πάντες παρὰ τῶν θεῶν ᾔτουν· ὁ δέ τοι ἦν τε καὶ ἐδόκει τοιοῦτος. 8 ταῦτ' ἄρα ὁ Τυφὼς καὶ ἑταιρικόν τι συνεστήσατο παίδων ἀφρόνων ἐπ' ἄλλο μὲν οὐδέν (οὐδένα γὰρ ἐπεφύκει φιλεῖν ἀπὸ γνώμης) ἀλλ' ἵν' εἶέν τινες αὐτῷ στασιῶται, μὴ φρονοῦντες τὰ Ὀσίριδος. ἦν δὲ ἅπαντι ῥάδιον ὠνήσασθαι τὴν γνώμην αὐτοῦ καὶ εὑρέσθαι τι παρὰ Τυφῶνος, ὧν δέονται παῖδες, εἰ μόνον ψιθυρίσειέ τι τῶν φερόντων εἰς λοιδορίαν Ὀσίριδος. παιδόθεν μὲν οὖν οὕτως ἡ φύσις αὐτοῖν τὴν διαφορὰν τῶν βίων ὑπέσχετο.

1 Ὥσπερ δὲ ὁδῶν ἡ πρώτη σχίζα κατὰ βραχὺ διαστᾶσα, 3
προϊοῦσα πλέον ἀεί τι ποιεῖ, καὶ τελευτῶσαι καταντῶσιν εἰς

Die gesamte Weisheit Ägyptens wie auch alle Weisheit jenseits der Grenzen Ägyptens, für die der König seinem Sohn Osiris Lehrer an die Seite stellte, verabscheute er aus ganzem Herzen und spottete über die Angelegenheit, weil sie träge sei und den Geist knechte. Sah er seinen Bruder in ordentlicher Weise zur Schule gehen[28] und sich mit Rücksicht auf das Schamgefühl verhalten, glaubte er, dies sei ein Zeichen von Furcht, weil man ihn weder mit der Faust zuschlagen noch mit dem Hacken treten[29] noch ohne Rücksicht auf die Sittsamkeit laufen sah, und das, obgleich er leicht und beweglich war und der Körper seine Seele wie eine leichte Last umhüllte. 5 Weder „soff mit offenem Mund" je Osiris, noch „lachte er laut auf",[30] so dass das Lachen eine Erschütterung des ganzen Körpers war.[31] Genau dies tat Typhos jeden Tag und hielt es darüber hinaus für die einzig angemessene Beschäftigung eines freien Mannes, zu tun, was einem gerade in den Sinn käme und was man wolle. [91] Er glich weder in seinem Naturell seiner Familie noch überhaupt irgendeinem Menschen, und, zusammengefasst gesagt, war er nicht einmal sich selbst ähnlich, sondern ein vielfältiges Unheil. Bald schien er faul und eine ‚sinnlose Last der Erde',[32] erhob sich nur soweit aus dem Schlaf, wie es brauchte, den Bauch zu füllen und weitere Reisemittel des Schlafens in sich zu stapeln. Bald missachtete er sogar die der Natur gemäßen Notwendigkeiten, so dass er wild herumsprang und Altergenossen und Erwachsene bedrängte. 6 Er bewunderte nämlich Körperkraft als höchstes Gut und gebrauchte sie schlecht, indem er Türen einschlug,[33] mit Erdschollen warf[34] und sich freute, wenn er einem eine Verletzung oder anderes Unheil zufügen konnte, als sei das ein Zeugnis von Tugend. Er war zur falschen Zeit geil, ihn zeichnete Brutalität aus, wenn er den Geschlechtsverkehr in Angriff nahm. 7 Und so schwelte auch ein Neid auf den Bruder in ihm, ein Hass auf die Ägypter, weil sie, das Volk, Osiris in Reden und Gesängen bewundernd priesen[35] und sowohl zu Hause wie auch bei öffentlichen Opfern für ihn alle nur denkbaren Güter allenthalben alle von den Göttern erbaten, und nicht zuletzt weil Osiris in der Tat der war und als der erschien, der das verdiente. 8 Daher versammelte Typhos eine Bande von törichten Jugendlichen um sich zu keinem anderen Zweck (denn er war ohnehin nicht geschaffen, jemanden von Herzen zu lieben), als damit er Gesinnungsgenossen hätte, die nicht auf Seiten des Osiris stünden. Es war für jeden leicht, sich Typhos' Sinn zu kaufen[36] und von ihm etwas zu bekommen, was Jugendliche begehren, wenn man nur ihm etwas zuflüsterte, was zur Schmähung des Osiris beitrug. Die Natur hatte also für beide von Kindheit an eine unterschiedliche Lebensweise angelegt.

3 1 Wie bei Wegen die erste Gabelung, die sich zunächst nur wenig öffnet, zunehmend weiter auseinander führt und schließlich die Wege im

πλεῖστον τὸ ἀντικείμενον, οὕτως ἴδοι τις ἂν καὶ ἐπὶ τῶν νέων γινόμενον, καὶ τὸ σμικρὸν εἰς διαφορὰν πλεῖστον ἀφίστησι προιόντας. οἱ δὲ οὐδὲ κατὰ μικρόν, ἀλλ' αὐτίκα τὴν ἐναντίαν ἐτράποντο, ἀρετὴν καὶ κακίαν τελείαν ἑκάτερος διαλαχόντες. ἐπιδιδόντων οὖν, συνεπεδίδου καὶ τὸ ἀντίξουν τῶν προαιρέσεων, καὶ ἀριδηλότερα τὰ τεκμήρια παρειχέσθην, ἔργοις ἐνσημαινόμενα.

2 Ὄσιρις μὲν οὖν εὐθὺς ἀφ' ἥβης συνεστρατήγει τοῖς ἀποδεδειγμένοις, οὔπω μὲν ὅπλα διδόντος τοῖς τηλικοῖσδε [92] τοῦ νόμου, γνώμης δὲ ἄρχων, οἱονεὶ νοῦς ὤν, καὶ τοῖς στρατηγοῖς χερσὶ χρώμενος. κᾆτα, ὥσπερ φυτοῦ τῆς φύσεως αὐξανομένης, ἐξέφερε καρπόν τινα ἀεὶ τελειότερον· ἐπιστάτης δὲ δορυφόρων γενόμενος καὶ τὰς ἀκοὰς πιστευθεὶς καὶ πολιαρχήσας καὶ βουλῆς ἄρξας, ἑκάστην ἀρχὴν ἀπεδίδου παρὰ πολὺ σεμνοτέραν ἢ παρελάμβανεν.

3 ὁ δὲ ταμίας τε χρημάτων ἀποδειχθεὶς (ἐδέδοκτο γὰρ τῷ πατρὶ τῆς φύσεως ἀποπειρᾶσθαι τῶν παίδων ἐν ἐλάττοσιν ὑποθέσεσιν) ᾔσχυνεν ἑαυτόν τε καὶ τὸν ἑλόμενον, κλοπῆς τε δημοσίων ἁλοὺς καὶ δωροδοκίας καὶ ἐμπληξίας εἰς τὴν διοίκησιν. μετατεθεὶς δὲ καὶ εἰς ἕτερον εἶδος ἀρχῆς, μή ποτε ἄρα καὶ ἐναρμόσειεν, ὁ δὲ αἴσχιον ἔπραξε, καὶ χρηστῆς βασιλείας ἐκεῖνο τὸ μέρος τῆς ἀρχῆς, ᾧ Τυφὼς ἐπεστάτησεν, ἐνιαυτὸν ὅλον ἀποφράδα ἤγαγεν. ἐπ' ἄλλους ἀνθρώπους ᾔει, καὶ τὸ οἰμώζειν ἐπ' ἐκείνους μετῄει. τοιοῦτος Τυφὼς ἄρχειν ἀνθρώπων. 4 ἰδίᾳ μὲν ἐκορδάκιζεν, Αἰγυπτίων δὲ ὅστις ἀκοσμότατος καὶ ξένων συνειλοχὼς τοὺς πάντα ῥᾳδίους εἰπεῖν τε καὶ ἀκοῦσαι καὶ παθεῖν καὶ ποιῆσαι, ὡς εἶναι τὸ ἑστιατόριον παντοδαπῆς ἀκολασίας ἐργαστήριον· καὶ ἐγρηγορὼς αὐτός τε ἔρρεγκεν καὶ ἄλλων ἀκούων ἥδετο, μουσικήν τινα θαυμαστὴν τὸ πρᾶγμα ἡγούμενος, ἔπαινοί τε καὶ τιμαὶ τῷ παρατείνοντι τὸν ἀκόλαστον ἦχον καὶ τῷ μᾶλλον στρογγύλλοντι. εἷς δέ τις αὐτῶν, ὁ μάλιστα ἀνδρειότατος, ἀπηρυθρίασε πρὸς ἅπαν, καὶ μηδὲν τῶν ἐπονειδίστων ὀκνήσας, ἀριστείων τε ἄλλων πολλῶν ἐτύγχανεν, καὶ ἀρχαί τινες ὑπῆρξαν αὐτῷ μισθὸς αἰσχρᾶς παρρησίας. ὁ Τυφὼς οἴκοι μὲν δὴ τοιοῦτος.

1 Ἐπειδὴ δὲ ἐν τῷ σχήματι τοῦ τὰ κοινὰ πράττειν καθίζοιτο, 4
διεδείκνυ σαφῶς ὅτι παντοδαπὸν ἡ κακία· καὶ γὰρ πρὸς ἀρετὴν καὶ πρὸς ἑαυτὴν στασιάζει, καὶ μερίδες αὐτῆς ἄμφω τὰ

stärksten Gegensatz enden lässt, so kann man es auch bei jungen Menschen sehen; auch sie führt, wenn sie voranschreiten, ein kleiner Unterschied sehr stark in unterschiedliche Richtungen. Diese trennten sich freilich nicht Schritt für Schritt, sondern schlugen sofort entgegengesetzte Wege ein, da der eine die vollendete Tugend, der andere die vollkommende Lasterhaftigkeit als Los erhielt. Als sie heranwuchsen, wuchs zugleich der Gegensatz ihrer Neigungen, und beide boten dafür überdeutliche Beweise, die durch ihre Taten wie durch ein Siegel bestätigt wurden.

2 Osiris bekleidete von früher Jugend an gemeinsam mit denen, die man zu Heerführern ernannt hatte, das Feldherrnamt. Und obgleich das Gesetz für Menschen seines Alters Waffendienst nicht vorsah [92], war er doch ein Herrscher des Verstandes und, wie wenn er der Geist wäre, benutzte die Heerführer als Hände. Sodann brachte er, als sich seine Natur wie bei einer Pflanze ausbildete, beständig reifere Frucht. Er wurde Befehlshaber der Leibwache, ihm wurden die Audienzen anvertraut, er wurde Stadtpräfekt und Vorsitzender des Senats. Jedes einzelne Amt gab er als weitaus erhabeneres wieder ab, als er es angetreten hatte.

3 Typhos aber wurde zum Schatzmeister ernannt (denn der Vater hatte beschlossen, die Begabungen seiner Söhne in kleineren Aufgaben zu prüfen) und machte sich selbst und auch dem, der ihn gewählt hatte, Schande, da er des Diebstahls von Staatsgeldern, der Bestechlichkeit und schließlich der Unfähigkeit für die Verwaltung überführt wurde.[37] Nachdem der Vater Typhos in eine andere Sparte der Verwaltung versetzt hatte, um zu prüfen, ob er sich dafür eigne, betrug er sich noch schändlicher. Und während sonst das Reich in tadelloser Ordnung war, durchlief jener Teil der Verwaltung, den Typhos leitete, das ganze Jahr als Unglücksjahr. Ging er zu anderen Menschen, so begleitete ihn auch das Wehklagen zu jenen. So bewährte sich Typhos bei der Leitung von Menschen. 4 Privat tanzte er den Kordax,[38] wozu er gerade die Ägypter und Fremden versammelte, die sich am wenigsten um Etikette scherten, Elemente, denen es nur zu leicht fiel, alles zu sagen, zu hören, zu erdulden und zu tun, so dass sein Speisesaal zur Werkshalle bunter Zügellosigkeit wurde. Auch wenn er wach war, schnarchte er und freute sich, wenn er es von anderen hörte, weil er das für eine irgendwie wundersame Musik hielt. Lob und Ehre erhielt, wer den unkontrollierten Laut in die Länge ziehen konnte und wer ihn vollmundiger gestaltete. Einer von ihnen, der weitaus tüchtigste, legte jede Schamesröte ab, und wenn er vor nichts, was Schande macht, zurückschreckte, erhielt er viele andere Ehrenpreise und zudem standen ihm einige Ämter offen als Lohn für seine widerliche Redefreiheit. So war Typhos bei sich zuhause.

4 1 Sooft er als Amtsträger mit der Aufgabe, für die Öffentlichkeit zu sorgen, Platz nahm, zeigte er deutlich, dass Niedertracht Facettenreichtum hat. Sie führt nämlich einen Kampf gegen die Tugend, aber auch gegen sich

ἀντικείμενα. ὅ γέ τοι χαῦνος εὐθὺς ἐμεμήνει, καὶ σκληρότερον ὑλακτῶν Ἠπειρώτου κυνὸς συμφορὰν προσετρίβετο, τὴν μὲν ἰδιώτῃ, τὴν δὲ οἰκίᾳ, τὴν δὲ ὁλοκλήρῳ πόλει, καὶ ἐγάνυτό γε μεῖζον κακὸν ἐργασάμενος, ὡς τὴν ἀδοξίαν τῆς οἴκοι ῥᾳθυμίας δακρύοις ἀνθρώπων ἀπονιπτόμενος. 2 [93] ἓν ἄν τις ὤνατο τούτου· πολλάκις γὰρ ὢν πρὸς αὐτῷ δὴ τῷ δρᾶσαι δεινόν ἢ παρενεχθεὶς τὴν γνώμην εἰς ἀλλοκότους ὑπονοίας ἐξέπιπτεν, ὥστε ἐοικέναι τοῖς νυμφολήπτοις, περὶ τῆς ἐν Δελφοῖς σκιᾶς ἐρρωμένως διατεινόμενος· ἐν τούτῳ δὲ ὁ κινδυνεύων ἐσῴζετο, περὶ οὗ μηδεὶς ἔτι λόγος ἐγίνετο· ἢ ληθάργῳ συνείχετο καὶ καρηβαρὴς ἦν ἐπὶ χρόνον τινά, ὥστε ἀπεῖναι τῶν ἐν οἷς εἴη τὸν νοῦν. εἶτα ἀγείραντος ἑαυτόν, ἐρρυήκει μὲν καὶ ὧς ἡ μνήμη τῶν ἔναγχος· 3 ὁ δὲ ἐζυγομάχει πρὸς τοὺς ἐπὶ τῶν διοικήσεων περὶ τοῦ πόσους ὁ μέδιμνος ἔχει πυρούς καὶ πόσους κυάθους ὁ χοῦς, περιττήν τινα καὶ ἄτοπον ἀγχίνοιαν ἐνδεικνύμενος. ἤδη δέ ποτε καὶ ὕπνος ἀφείλετο συμφορᾶς ἄνθρωπον, ἐπιπεσὼν Τυφῶνι μάλα εὐκαίρως, καὶ κατὰ τῆς καθέδρας ἦν ἂν ἐπὶ κεφαλὴν ὤσας, εἰ μή τις ὑπηρέτης μεθεὶς τὴν λαμπάδα ὑπήρειδεν. οὕτω πολλάκις τραγικὴ παννυχὶς εἰς κωμῳδίαν ἀπετελεύτησεν. καὶ γὰρ οὐδὲ ἐχρημάτιζεν ἐν ἡμέρᾳ, ἅτε ἡλίῳ καὶ φωτὶ φύσις ἀντίξους καὶ σκότῳ προσήκουσα. 4 σαφῶς δὲ εἰδὼς ὅτι πᾶς, ὅτῳ καὶ σμικρόν τι φρονήσεως μέτεστι, κατέγνωκεν αὐτοῦ τὴν ἀκριβεστάτην ἀμαθίαν, ὁ δὲ οὐχ ἑαυτὸν ᾐτιᾶτο τῆς ἀτοπίας, ἀλλὰ διὰ τοῦτο κοινὸς ἦν ἐχθρὸς τῶν νοῦν ἐχόντων, ὡς ἀδικούντων, ὅτι κρίνειν ἐπίστανται, βουλεῦσαι μὲν ἄπορος, ἐπιβουλεῦσαι δὲ ποριμώτατος. ἄνοια καὶ ἀπόνοια συνήστην αὐτῷ, κῆρες ψυχῆς ὑπ' ἀλλήλων ῥωννύμεναι, ὧν ἄλλα κακὰ μείζω καὶ προχειρότερα γένος ἀνθρώπων ἐκτρῖψαι οὔτε ἔστιν οὔτε μή ποτε ἐν τῇ φύσει γένηται.

1 Ταῦτα ἕκαστα ὁ πατὴρ ἑώρα τε καὶ ξυνίει, καὶ Αἰγυπτίων 5
προὐκήδετο· βασιλεὺς γὰρ ἦν καὶ ἱερεὺς καὶ σοφός· Αἰγύπτιοι λόγοι φασίν, ὅτι καὶ θεός. οὐ γὰρ ἀπιστοῦσιν Αἰγύπτιοι μυρίους καθ' ἕνα θεοὺς αὐτῶν βασιλεῦσαι, πρὶν ὑπ' ἀνθρώπων ἀρχθῆναι τὴν χώραν καὶ γενεαλογηθῆναι τοὺς βασιλέας, Πείρωμιν ἐκ Πειρώμιδος. 2 2 ἐπειδὴ οὖν μεθίστασαν αὐτὸν θεῖοι νόμοι παρὰ τοὺς μείζους θεούς, καὶ παρῆν ἡ κυρία, συνειλέχατο μὲν εἰς αὐτήν, πάλαι προηγορευμένον, ἐξ ἁπάσης πόλεως

selbst, und zwei Gegensätzlichkeiten bilden ihre Bestandteile. Der Prahlhans war sofort in Wut, und unter einem Bellen, das heiserer als das eines epeirotischen Hundes ist, pflegte er Unheil zuzufügen, das eine einem Privatmann, das andere einer Familie, anderes einer gesamten Stadt; freudig richtete er größeres Unglück an, wie wenn er einen üblen Ruf seiner Leichtfertigkeit daheim mit den Tränen anderer Menschen abwaschen wollte. 2 [93] Nur einen Nutzen hätte man daraus[39] ziehen können. Denn oft, wenn er damit befasst war, Unheil anzurichten, schweifte er entweder im Geist ab und verfiel auf ganz andere Gedanken, so dass er den von Nymphen Besessenen ähnelte,[40] weil er über das schwierige Problem des ‚Schattens in Delphi'[41] angestrengt nachsann. Derweil war der, der eben noch in Gefahr schwebte, gerettet, von dem keine Rede mehr war. Oder er wurde von Lethargie ergriffen und hatte für eine gewisse Zeit einen schweren Kopf, so dass er von dem abkam, was ihn im Geist beschäftigt hatte. Dann, wenn er wieder zu sich kam, war ebenso auch die Erinnerung an das gerade Vorgefallene geschwunden. 3 Er aber stritt mit den Verwaltungsbeamten darüber, wieviele Weizenkörner ein Scheffel umfasse und wieviele Messbecher eine Kanne,[42] und zeigte dabei eine übermäßigen und unangemessen pedantischen Scharfsinn. Dann und wann entriss auch der Schlaf einen Menschen dem Unglück, der Typhos sehr zur rechten Zeit befiel, und er wäre vom Amtsstuhl auf den Kopf gefallen, wenn nicht ein Diener die Fackel weggeworfen und ihn gestützt hätte. So endete oft eine tragische Nachtfeier in einer Komödie. Denn keine öffentlichen Geschäfte betrieb er bei Tag, weil er eine Natur war, die Sonne und Licht entgegengesetzt, der Dunkelheit aber verwandt war. 4 Er wusste genau, dass jeder, der auch nur ein wenig Verstand hat, ihn wegen seiner imponierenden Dummheit verachtete. Doch er beschuldigte nicht sich selbst der Torheit, sondern war deswegen grundsätzlich der Feind derer, die Verstand hatten, weil sie ihm dadurch Unrecht täten, dass sie zu urteilen verstanden, und er war unfähig zu planen, dafür höchst findig, Intrigen zu spinnen. Dummheit und Wahnsinn verbanden sich in ihm, Defekte der Seele, die sich gegenseitig verstärken. Größere und geeignetere Übel, das Menschengeschlecht zu verderben, gibt es nicht und kann es wohl in der Natur nicht geben.

5 1 All dies sah im einzelnen der Vater, verstand es und war in tiefer Sorge um die Ägypter. Denn König war er, Priester und ein Weiser zugleich. Die ägyptischen Traditionen sagen, dass er auch ein Gott ist. Denn die Ägypter sind nicht ungläubig darüber, dass über sie unzählige Götter nacheinander als Könige geherrscht haben, bevor von Menschen das Land regiert und die Herrschaften der Könige genealogisch gegliedert wurden, Peiromis nach Peiromis.[43] 2 Als nun die göttlichen Gesetze ihn unter die größeren Götter versetzten und der festgesetzte Tag gekommen war, versam-

Αἰγυπτίας ἱερέων τε ὅσαι φρῆτραι, [94] καὶ τὸ στρατιωτικὸν τὸ αὐτόχθον· οὗτοι μὲν ὑπ' ἀνάγκης τοῦ νόμου, τὰ δὲ ἄλλα μέρη τῶν δήμων ἐξῆν μὲν ἀπεῖναι, παρεῖναι δὲ οὐδεὶς εἴργετο, θεασόμενοι τὴν χειροτονίαν, οὐκ αὐτοὶ χειροτονήσοντες. 3 συφορβοὶ δὲ εἴργοντο καὶ τῆς θέας, καὶ ὅστις αὐτὸς ἢ γένος ἀλλόφυλος ὢν ὁπλοφορεῖ μισθωτὸς Αἰγυπτίοις, καὶ τούτοις ἀπείρητο μὴ παρεῖναι. ταύτῃ καὶ παρὰ πλεῖστον ἔλαττον ἔσχεν ὁ πρεσβύτερος τῶν υἱέων. συφορβοί τε γὰρ ἦσαν καὶ ἀλλόφυλοι τὸ στασιωτικὸν τοῦ Τυφῶνος, δῆμος ἀπόπληκτος καὶ πολύς· ἀλλ' εἴκων ἔθει, καὶ οὐδὲ ἀναπειρώμενος οὐδὲ δεινὸν τὴν ἀτιμίαν ἀλλὰ προσῆκον ἡγούμενος, ἅτε νόμῳ καταδεδικασμένην καὶ φύσιν οὖσαν ἤδη τοῖς γένεσιν.

1 Καθίσταται δὲ Αἰγυπτίοις ὁ βασιλεὺς τρόπῳ τοιῷδε. ἱερὸν 6
ὄρος ἐστὶ παρὰ τὴν μεγάλην πόλιν τὰς Θήβας, καὶ ὄρος ἄλλο καταντικρύ· [καὶ] μέσον ἀμφοῖν τὸ ῥεῦμα τοῦ Νείλου. τῶν ὀρῶν τοῦτο μὲν τὸ καταντικρὺ Λιβυκόν, καὶ ἐν αὐτῷ δίαιταν ἔχειν νόμος τῆς παρασκευῆς τὸν χρόνον τοὺς ὑποψήφους τῇ βασιλείᾳ, τοῦ μηδὲν ἐπαισθάνεσθαι τῆς αἱρέσεως· τὸ δὲ ἱερὸν τὸ Αἰγύπτιον. 2 σκηνὴ μὲν ἐπ' ἄκρου τῷ βασιλεῖ, καὶ παρ' αὐτὸν ὅσοι τῶν ἱερέων τὴν μεγάλην σοφίαν σοφοί, καὶ πρόεισιν ἡ τάξις εἰς ἅπαν τὸ ἀριστεῦον, κατ' ἀξίαν τῶν τελετῶν τὰς χώρας μερίζουσα. οὗτοι μὲν ὡς περὶ καρδίαν, τὸν βασιλέα, κύκλος εἷς πρῶτος· οἱ δὲ στρατιῶται, κύκλος ἄλλος ἔχεται τούτου. καὶ οὗτοι μὲν ἔτι περὶ τὸν ὄχθον, ὃς ἐπὶ τοῦ διατείνοντος ὄρους ὄρος ἐστὶν ἄλλο, καθάπερ μασθὸς ἀνιστάμενος, ἐν ἀπόπτῳ τὸν βασιλέα παρέχων καὶ τοῖς διὰ πλείστου περιεστῶσι. περιεστᾶσι δὲ τοῦ μασθοῦ τὴν ὑπώρειαν καταλαμβάνοντες, ὅσοις ἔξεστιν ἐπὶ τῇ θέᾳ παρεῖναι, οὗτοι μὲν μόνον ἐπευφημοῦντες οἷς ἂν ἐπαισθάνωνται, οἱ δὲ τὸ κῦρος ἔχοντες τῆς αἱρέσεως. 3 ἐπειδὰν ἐπιθειάσηται βασιλεύς, καὶ οἷς τοῦτο τὸ ἔργον ἅπαν κινήσωσι κωμαστήριον, ὡς ἂν τοῦ θείου παρόντος τε καὶ τὰ περὶ τὴν αἵρεσιν συμφροντίζοντος, ὀνόματός τινος ἀναδειχθέντος τῶν ὑποψήφων τῇ βασιλείᾳ, στρατιῶται μὲν χεῖρας αἴρουσι· κωμασταὶ δὲ καὶ ζάκοροι καὶ προφῆται ψηφοφοροῦσι. πλῆθος ἔλαττον τοῦτο, δύναται δὲ παρὰ πολὺ πλεῖστον· [95] προφητικὴ μὲν γὰρ ψῆφος ἑκατὸν χεῖρές εἰσιν, κωμαστικὴ δὲ εἴκοσι, καὶ ὁ ζάκορος δέκα δύναται χεῖρας. ἕτερον ὄνομα τῶν

melte man sich an ihm (es war schon lange vorher angekündigt), aus jeder ägyptischen Stadt alle Bruderschaften der Priester [94] und das einheimische Heer. Diese waren nach der Notwendigkeit des Gesetzes dazu verpflichtet, den übrigen Teilen des Volkes hätte es freigestanden fernzubleiben, doch wurde niemand daran gehindert, dabei zu sein, um die Abstimmung zu sehen, obgleich sie nicht selbst abstimmen würden. 3 Die Schweinehirten aber durften nicht einmal zuschauen,[44] und jeder, der entweder selbst aus anderem Volk stammt oder von solcher Abstammung ist und bei den Ägyptern als Söldner Waffen trägt:[45] auch diesem war verboten, dabei zu sein. Auf diese Weise war auch der ältere Sohn stark im Nachteil. Denn die Schweinehirten und die Fremden bildeten die Radautruppe des Typhos, ein unberechenbarer und zahlreicher Haufen. Indes fügte sich diese Truppe aus Gewohnheit und begehrte nicht dagegen auf, hielt die Ehrlosigkeit auch nicht für etwas Schlimmes, sondern für angemessen, da sie durch Gesetz verhängt und diesen Schichten schon zur Natur geworden war.

6 1 Bei den Ägyptern wird der König auf folgende Weise eingesetzt:[46] Es gibt einen heiligen Berg bei der großen Stadt Theben, und ein anderer Berg liegt gegenüber.[47] Zwischen beiden fließt der Strom des Nils. Der gegenüberliegende der beiden Berge ist libysch, und es ist Gesetz, dass sich auf ihm während der Zeit der Vorbereitung die aufhalten, die für die Königswürde kandidieren, damit sie nichts von der Wahl erfahren. Der heilige Berg ist der ägyptische. 2 Ein Zelt ist auf dem Gipfel für den König, und bei ihm sind alle Priester, die in der großen Weisheit kundig sind, und darauf schreitet die Aufstellung weiter zu allem, was ausgezeichnet ist, und weist nach Rang der Weihen die Plätze an.[48] Diese bilden wie um ein Herz um den König einen ersten Kreis. Dann folgen die Soldaten, ein zweiter Kreis schließt sich damit an diesen an. Diese stehen noch um den Hügel herum, der sich auf dem aufsteigenden Berg als zweiter Berg befindet und wie eine Brustspitze[49] emporragt, und in Sicht den König auch denen präsentiert, die in Entfernung um den Berg herum stehen. Es stehen alle die, die nur zur Schau dabei sein dürfen, am Fuß der Bergspitze, und diese sind es, die nur mit Jubelrufen begleiten, was sie wahrnehmen können, die anderen aber haben die Befugnis zur Wahl. 3 Zunächst betet der König zu den Göttern und die, die diese Aufgabe haben, setzen den gesamten festlichen Zug so in Bewegung, als wäre die göttliche Macht anwesend und würde an der Wahl mitwirken. Dann, wenn der Name eines der für das Königsamt Kandidierenden aufgerufen wird, heben die Soldaten die Hände. Die Mitglieder des Festumzugs, die Zakoren[50] und die Propheten geben dagegen ihren Stimmstein ab. Auch wenn diese Menge zahlenmäßig geringer ist, so hat sie doch weitaus mehr Gewicht. [95] Denn die Stimme eines Propheten

βασιλικῶν, καὶ ἐπ' αὐτῷ χεῖρες καὶ ψῆφοι. 4 κἂν μὲν ἀγχώμαλον ᾖ τὸ πλῆθος, βασιλεὺς ἐπιψηφίσας θατέρᾳ μερίδι παρὰ πολὺ μείζω ποιεῖ· τῇ δὲ ἐλάττονι προσνείμας ἑαυτὸν εἰς ἴσον καθίστησιν. ἔνθα ἀναθέσθαι δεῖ τὴν χειροτονίαν καὶ τῶν θεῶν ἔχεσθαι, προσεδρεύοντάς τε πλείω χρόνον καὶ ἀπταιστότερον ἁγιστεύοντας, ἕως ἂν οὐ διὰ παραπετασμάτων οὐδὲ διὰ τῶν ἑκάστοτε συνθημάτων, ἀλλ' αὐτοπτηθέντες αὐτὸν τὸν βασιλέα ἀναδείξωσι, καὶ ὁ δῆμος αὐτήκοος γένηται τῆς παρὰ τῶν θείων ἀναρρήσεως. 5 ταῦτα μέν, ὡς ἑκάστοτε τυγχάνοι, νῦν μὲν οὕτως, νῦν δὲ ἐκείνως ἐγένετο· ἐπὶ δὲ Τυφῶνός γε καὶ Ὀσίριδος θεοί τε, οὐδὲν τῶν ἱερέων πραγματευσαμένων, τὴν πρώτην εὐθὺς ἐναργεῖς ἑωρῶντο καὶ ἔταττον ἐφεστῶτες αὐτοί καὶ διεκόσμουν ἕκαστος τοὺς σφετέρους ὀργιαστάς, ἅπαντί τε δῆλον ἦν, ἐφ' ᾧ γε παρείησαν. καίτοι καὶ μὴ παρόντων, ἅπασα χείρ, ἅπασα ψῆφος τοῦ νεωτέρου τῶν βασιλικῶν παίδων τοὔνομα περιέμενεν. ἀλλὰ τὰ μεγάλα δεῦρο μείζοσι καὶ φροιμίοις προαναδείκνυται καὶ τὸ θεῖον ἐπισημαίνεται παρὰ τοῖς πολὺ παρὰ τὸ εἰκὸς ἀποβησομένοις, καὶ λῴοσιν οὖσι καὶ χείροσιν.

7

1 Ὄσιρις μὲν οὖν, ὥσπερ θέμις ἦν, αὐτοῦ κατὰ χώραν ἔμενεν, οὗ τὴν ἀρχὴν διεβεβίβαστο· ὁ δὲ ἐσφάδαζεν, ἤσχαλλεν εἰδέναι τὰ περὶ τὴν χειροτονίαν, καὶ τέλος οὐκ ἦν ἐγκρατὴς ἑαυτοῦ τὸ μὴ οὐκ ἐπιθέσθαι πείρᾳ καὶ διαφθεῖραι ψήφους. ἀφειδήσας οὖν ἑαυτοῦ τε καὶ νόμων βασιλικῶν καὶ ἐφεὶς τῷ ῥεύματι, φερόμενος, νηχόμενος, ἅπαντα ποιῶν καὶ πάσχων, καταγέλαστος ὑπὸ τῶν ὁρώντων, καθίσταται πέραν τοῦ ποταμοῦ· καὶ ᾤετο μὲν λανθάνειν, πλὴν οἷς προσέλθοι τε καὶ ὑπόσχοιτο χρήματα, ἅπας δέ τις ἠπίστατο, καὶ ἐστύγουν αὐτόν τε καὶ τὴν ἐπίνοιαν. οὐ μὴν ἐλέγξειν ἐδόκει φύσιν παράφορον· ὃ καὶ συμβέβηκεν αὐτῷ βαρυσυμφορώτατον· αὐτὸς παρών, αὐτὸς ἀκούων, ἁπάσαις γνώμαις ἀπεψήφιστο, ἁπάσαις χερσὶν ἀπεκεχειροτόνητο· οἱ θεοὶ δὲ αὐτῷ καὶ ἀρὰν προσέβαλλον. 2 καὶ ἧκε μετάπεμπτος Ὄσιρις, ὁ μηδὲν πραγματευσάμενος, θεῶν, ἱερέων, ἁπάντων [96] ἁπλῶς ἅμα στέμμασιν ἱεροῖς καὶ αὐλοῖς ἱεροῖς παρὰ τὴν ὄχθην ἀπαντώντων, οὗ τὴν βᾶριν ἔδει κατᾶραι τὴν ἀπὸ τοῦ Λιβυκοῦ μέρους τὸν νέον βασιλέα ἀναλαμβάνουσαν· ἀπ' οὐρανοῦ τε εὐθὺς σημεῖα μεγάλα, καὶ αὐτόθεν ὀμφαί τε ἀγαθαὶ καὶ ἅπαν εἶδος, ὑφ' οὗ τὸ μέλλον θηρᾶται, καὶ μεῖον καὶ μεῖζον, τὴν βασιλείαν Αἰγυπτίοις εὐηγγελίζετο· 3 παρ'

entspricht einhundert Händen, die eines Mitglieds des Festumzugs zwanzig, ein Zakore wiegt zehn Hände auf. Dann wird ein anderer Name aus den Königsbewerbern aufgerufen, und auch zu ihm werden Hände und Stimmen gezählt. 4 Wenn die Anzahl fast gleich ist, stellt der König, wenn er für die eine Seite seine Stimme abgibt, eine klare Mehrheit her. Wenn er für sich der Seite mit der geringeren Stimmenzahl anschließt, stellt er einen Gleichstand her. Dann muss man die Abstimmung aufheben und sich an die Götter halten, indem man längere Zeit ausharrt, wartet und genauer die heiligen Riten ausführt, bis sie nicht durch Verhüllungen und auch nicht durch die jeweils festgelegten Zeichen, sondern in einer Epiphanie den König selbst ernennen und das Volk Ohrenzeuge der Verkündigung durch das Göttliche wird. 5 Das geschah, wie es sich jeweils traf, bisweilen in dieser, bisweilen in jener Weise. Bei der Entscheidung zwischen Typhos und Osiris wurden die Götter, ohne dass die Priester etwas dazu taten, sogleich leibhaftig gesehen; sie standen da und ordneten und richteten jeder einzeln seine kultischen Verehrer aus, und jedem war deutlich, zu wem sie sich wandten. Gleichwohl, selbst wenn sie nicht anwesend gewesen wären, hätte sich jede Hand und jeder Stimmstein für den Namen des jüngeren Königssohnes entschieden. Aber das Große hier auf Erden kündigt sich auch durch größere Anfänge an und das Göttliche offenbart sich in den Umständen, die sich ganz gegen die Wahrscheinlichkeit ergeben, sowohl besseren wie auch schlechteren.

7 1 Osiris blieb, wie es Gesetz war, eben an dem Ort, an den man ihn zu Beginn hatte gehen lassen. Der andere aber zappelte vor Aufregung, er gierte ungeduldig danach, über die Abstimmung etwas zu erfahren und konnte sich schließlich nicht mehr zurückhalten, nicht den Versuch zu wagen und die Abstimmung zu manipulieren. Ohne Rücksicht auf sich selbst und die königlichen Gesetze warf er sich in den Strom, wurde wegtrieben, schwamm, versuchte und duldete alles, wurde von denen, die es sahen, ausgelacht und erreichte das andere Ufer des Flusses. Er glaubte verborgen zu bleiben, abgesehen von denen, zu denen er trat und Geld versprach, doch jeder durchschaute und hasste ihn und seine Absicht. Freilich erschien es nicht angebracht, ihn wegen seines in seiner Natur begründeten Irrens zu tadeln. Und damit auch widerfuhr ihm das Unerträglichste:[51] Während er selbst anwesend war und es selbst hörte, wurde seine Kandidatur mit allen Stimmen abgelehnt und mit allen Händen niedergestimmt. Die Götter legten sogar einen Fluch auf ihn. 2 Es kam Osiris, den man offiziell gerufen hatte, der nichts dafür unternommen hatte, und Götter, Priester, kurz gesagt alle gingen mit heiligen Binden und heiligem Flötenspiel zu dem Ufer ihm entgegen, wo die Barke[52] anlanden musste, die den neuen König vom Libyschen Teil aufgenommen hatte. Am Himmel zeigten sich sogleich große Zeichen, und von dort ertönten Stimmen

ὅσον ἐδόκουν οἱ τῆς χείρονος μερίδος δαίμονες οὐκ ἀτρεμήσειν, οὐδ' ἂν πράως ἐνέγκαι τὴν ἀνθρώπων εὐδαιμονίαν, ἀλλ' ἐπιθήσεσθαι καὶ οἰδαίνειν ἐδόκει. καὶ ἐπιβουλή τις ἐσημαίνετο.

1 Ἐπειδὴ οὖν τὴν βασίλειον τελετὴν ὑπό τε τῶν θεῶν ὑπό τε τοῦ πατρὸς ἐτετελέωτο, προαγορεύουσιν αὐτῷ σαφῶς, ἅτε σαφῶς εἰδότες, τὰ μὲν ἄλλα πάντα, ἐσμοὺς δή τινας ἀγαθῶν, ὅτι δὲ χρεὼν εἴη τὸν ἀδελφόν, κακῇ μοίρᾳ καὶ Αἰγυπτίοις καὶ τῇ τοῦ πατρὸς ἑστίᾳ γενόμενον, εἰ μὴ μέλλοι πάντα συγχεῖν, ἐκποδὼν ποιεῖσθαι, τοῦ μήτε ὁρᾶν μήτε ἀκούειν τὰς διὰ τὴν Ὀσίριδος αὐτοῦ βασιλείαν εὐημερίας τε καὶ εὐετηρίας Αἰγύπτου· μηδὲν γὰρ ἀγαθὸν οἰστὸν εἶναι τῇ φύσει Τυφῶνος· 2 παραδιδόασί τε αὐτῷ τὴν διττὴν τῶν ψυχῶν οὐσίαν, καὶ τὴν ἀναγκαίαν ἀντίθεσιν, ἣν αἱ χαμόθεν ἔχουσι πρὸς τὰς ἄνωθεν. ταῦτ' ἄρα καθαιρεῖν τε ἠξίουν καὶ περιτέμνειν τῆς ἀγαθῆς τε καὶ θείας συστοιχίας φύσιν ἐχθράν, μηδὲν ἐπαισχυνθέντα τὴν ὑπ' ἀνθρώπων ὀνομαζομένην συγγένειαν· μαλακισθέντι δὲ εἶπον, ὅσα χρεὼν εἶναι παθεῖν αὐτόν τε καὶ Αἰγυπτίους καὶ περιοίκους καὶ ὅσης ἦρχον Αἰγύπτιοι· 3 οὐδὲ γὰρ οὐδὲ ἀφαυρὸν τὸ κακὸν εἶναι, οὐδ' ἂν τὴν τυχοῦσαν ἐπιμέλειαν ἀρκέσαι τὰς ἐμφανεῖς τε αὐτοῦ καὶ λαθραίας ἐπιθέσεις ἀποταφρεῦσαί τε καὶ ἀμενηνῶσαι· παρεῖναι γὰρ αὐτῷ καὶ προστάτας, χρῆμα ἰσχυρὸν δαιμόνων βασκάνων, ὧν εἶναι συγγενῆ, καὶ παρ' ὧν εἰς γένεσιν προβεβλῆσθαι, ἵν' ἔχοιεν ὀργάνῳ χρῆσθαι τῆς εἰς ἀνθρώπους κακίας, ἐφ' ἣν ὁδῷ βαδίζοντες καὶ ἐγεννήσαντο καὶ ἐθρέψαντο καὶ ἐμαιώσαντο καὶ εἰς τὸν οἰκεῖον τρόπον ἐπαιδεύσαντο μέγα αὐτοῖς ἐσόμενον ὄφελος Τυφῶνα. ἓν ἔτι δεῖν οἴονται πρὸς τὸ πάντα ἀπέχειν, αὐτῷ ἰσχὺν τὴν ἀπὸ τῆς ἀρχῆς περιθεῖναι· οὕτω γὰρ ἔσεσθαι τέλεον ἐκ τελέων, μεγάλα κακὰ [97] ποιεῖν καὶ βουλόμενον καὶ δυνάμενον· 4 «Σὲ δὲ δὴ καὶ στυγοῦσιν», ἔφη τις αὐτῶν, «ὡς ἀνθρώπων μὲν κέρδος, σφῶν δὲ ζημίαν· συμφοραὶ γὰρ ἐθνῶν εὐωχία φαύλων δαιμόνων». αὖθις οὖν καὶ πολλάκις ταῦτα ἐνουθέτουν, τὸν ἀδελφὸν ἀποδιοπομπεῖσθαι καὶ πόρρω ποι γῆς ἐρᾶν, τὸ φύσει πρᾶον Ὀσίριδος εἰδότες τε καὶ ὁρῶντες, ὑφ' οὗ τελευτῶντες εἰπεῖν ἐξεβιάσθησαν, ὅτι χρόνον μέν τινα ἀνθέξει· λήσεται δὲ ἐνδοὺς καὶ καταπροδοὺς αὐτὸν καὶ πάντας ἀνθρώπους, ὀνόματος χρηστοῦ φιλαδελφίας ἔργῳ τὰς μεγίστας τῶν συμφορῶν ἀλλαξάμενος.

mit guten Vorbedeutungen und jede Form der Visionen, an denen man die Zukunft erkennen kann, sowohl Kleineres wie Größeres, verhieß den Ägyptern eine glückliche Königsherrschaft. 3 Nur schien es, dass die Dämonen des schlechteren Teils nicht untätig bleiben würden und erst recht nicht das Glück der Menschen ruhig ertragen könnten, sondern dass sie Anschläge unternehmen würden und vor Hass anschwollen. So gab es bereits Anzeichen für ein Komplott.

8 1 Nachdem Osiris die königliche Weihe von den Göttern und vom Vater erhalten hatte, verkündeten sie ihm deutlich – denn sie wußten es genau – neben allen anderen Dingen, darunter eine Fülle von Gutem, dass es nötig sei, den Bruder, der als böses Geschick für die Ägypter wie für den Herd des Vaters geboren sei, wenn er nicht alles in Verwirrung bringen sollte, aus dem Weg zu räumen, damit er weder höre noch sehe, dass Ägypten wegen der Königsherrschaft eben des Osiris so vollständig glücklich sei. Denn die Natur des Typhos könne nichts Gutes ertragen. 2 Und sie vertrauten ihm das Wissen um das zweifache Wesen der Seelen und den notwendigen Gegensatz an, der zwischen den Seelen von der Erde und denen vom Himmel besteht. Deshalb forderten sie von ihm, von der guten und göttlichen harmonischen Fügung die dagegen feindlich Natur aufzuheben und wegzuschneiden, ohne jede Rücksicht auf die von den Menschen sogenannte Verwandtschaft. Für den Fall, dass er sich als weichlich erwiese, erläuterten sie ihm, wieviel Unheil er, die Ägypter, ihre Anwohner und alles, worüber die Ägypter herrschten, erleiden müssten. 3 Denn weder sei das Schlechte schwach noch genüge eine beliebige Aufmerksamkeit, sich gegen Typhos' offenkundige und geheime Anschläge zu schützen und diese wirkungslos zu machen. Denn er habe auch Beschützer, eine starke Truppe missgünstiger Dämonen, mit denen er verwandt und von denen er ins Dasein gebracht worden sei, damit sie ihn als Werkzeug zum Unheil der Menschen gebrauchen könnten, ein Ziel, zu dem sie Typhos in Marsch gesetzt, gezeugt, genährt, gepflegt und zu just dieser Spezialaufgabe ausgebildet hätten, damit er ihnen hierin ein großer Nutzen werde. Nur noch eins, so glaubten sie, fehle ihm, um alles zu besitzen: dass ihn die Macht, die aus der Herrschaft erwachse, umkleide. Denn so werde er schlichtweg vollendet sein, großes Unheil [97] nach Wunsch und Vermögen anzurichten. 4 „Dich hassen sie daher," sagte einer von ihnen, „weil du ein Gewinn für die Menschen, für sie aber Strafe bist. Denn die Katastrophen der Völker sind Labsal für die bösen Dämonen." Wieder und wieder ermahnten sie ihn in dieser Weise, den Bruder zu verbannen und an irgend einen weit entfernten Ort der Welt zu werfen,[53] weil sie wussten und sahen, dass Osiris von Natur aus milde war. Daher fühlten sie sich schließlich gezwungen zu sagen, dass er zwar eine gewisse Zeit lang Widerstand leisten wür-

5 «Ἀλλ’ ὑμῶν γε», ἦ δ’ ὅς, «ἵλεων ὄντων καὶ ἀρωγῶν, οὔτε ὀρρωδήσω μένοντα τὸν ἀδελφόν καὶ ἐξάντης ἔσομαι τοῦ δαιμονίου μηνίματος· ῥᾴδιον γὰρ ὑμῖν, ἢν ἐθέλητε, καὶ τὸ παροφθὲν ἐξακεῖσθαι».

1 Ὑπολαβὼν δὲ ὁ πατήρ, «Κακῶς», ἔφη, «τοῦτο γινώσκεις, 9
ὦ παῖ· ἡ γὰρ θεία μερὶς ἐν τῷ κόσμῳ πρὸς ἄλλοις ἐστί, τὰ μὲν πολλὰ κατὰ τὴν πρώτην ἐν αὐτῇ δύναμιν ἐνεργοῦσα καὶ ἐμφορουμένη τοῦ νοητοῦ κάλλους. ἐκεῖ γὰρ ἄλλο γένος θεῶν ὑπερκόσμιον, ὃ συνέχει μὲν πάντα μέχρις ἐσχάτων τὰ ὄντα· αὐτὸ δὲ ἀκλινές ἐστι καὶ πρὸς ὕλην ἀμείλικτον· ἐκεῖνο τοῖς μὲν φύσει θεοῖς τὸ μακάριον θέαμα· τὸ δὲ καὶ τὴν ἐκείνου πηγὴν ἰδεῖν ἔτι μακαριώτερον. κᾆτα ἐκεῖνο μὲν τῷ παρ’ ἑαυτῷ μένειν ὑπερπλῆρές ἐστιν ἀγαθῶν, ὑπερπλῆρες ὂν ἑαυτοῦ· τοῖς δὲ ἀγαθὸν τὸ πρὸς τὸν ἐκεῖ θεὸν ἐπεστράφθαι. οὐ μὴν ἁπλῆ τίς ἐστιν ἀγαθῶν οὐδὲ μονοειδὴς ἡ ἐνέργεια, ἀλλὰ καὶ μερίδων ἐπιμελοῦνται τοῦ κόσμου, τὴν ἐν τῇ θεωρίᾳ πρᾶξιν, ὅσον χωρεῖ, καταβιβάζοντες εἰς τὸ ἐπιτροπευόμενον. 2 τὸ μὲν οὖν εἰλικρινὲς αὐτῶν εὐθὺς ὑπ’ ἐκείνην μὲν τὴν πρώτην οὐσίαν τετάχαται· τάττουσι δὲ αὐτοὶ τοὺς ἄγχιστα αὐτῶν, καὶ κάτεισιν ἐφεξῆς ἡ διαδοχὴ τῶν τάξεων μέχρις ἐσχάτων τῶν ὄντων, καὶ ἀπολαύει πάντα διὰ τῶν μέσων τῆς ἐπιμελείας τῶν πρώτων· οὐ μὴν ἐπ’ ἴσης ἐστίν (οὐ γὰρ ἂν ἦν τὸ ἑξῆς) ἀλλ’ ἀσθενεῖ κατιόντα τὰ ὄντα, μέχρι πλημμελήσει καὶ παραχαράξει τὴν τάξιν, [98] ἐν ᾧ καὶ τὸ εἶναι τῶν ὄντων παύεται. γίνεται δέ τι περὶ τὰ τῆδε τοιόνδε· τὸ φύσει πλάνον τῆς ἐν γενέσει φύσεως, τῆς τε σωματικῆς μοίρας τὸ ἔσχατον εἴληχεν καὶ ἐπικηρότατον· οὐρανὸς δὲ τὸ πρῶτόν τε καὶ ἀκηρότατον, καὶ ψυχῆς τὸ ἀνάλογον εἶδος ἐνείματο. 3 ὅπερ οὖν οἶδε ἐκεῖ», δεικνὺς ἔφη τοὺς θεούς, «τοῦτο ὁ δαίμων ἐν τοῖς πολυκλονήτοις στοιχείοις, φύσις ἔμπληκτος καὶ θρασεῖα, καὶ τῷ πλήθει τῆς ἐκεῖθεν ἀποστάσεως οὐκ ἐπαΐουσα τῆς εὐθημοσύνης τῶν θείων. οὐκ οὔσης οὖν τῆς ὑποστάθμης τῶν ὄντων πρὸς οἰκείαν σωτηρίαν ἀρκούσης· – αὐτή τε γὰρ ὑπορρεῖ, καὶ οὐ περιμένει τὸ εἶναι, μιμεῖται δὲ αὐτὸ τῷ γίνεσθαι· – 4 καὶ τῶν δαιμόνων, ἅτε συγγενῶν ὄντων τῆς τῆδε φύσεως, ἀφανιστικὴν οὐσίαν λαχόντων, ἐπεστράφθαι μὲν ἀνάγκη τὸ θεῖον καὶ ἐνδιδόναι τινὰς ἀρχάς, αἷς ἕπεται τὸ ἐνθάδε καλῶς ἐπὶ χρόνον, ἐφ’ ὅσον ἡ ἔνδοσις ἤρκεσεν. ὥσπερ δὲ τὰ νευρόσπαστα ὄργανα κινεῖται μὲν καὶ πεπαυμένου τοῦ τὴν ἀρχὴν τῆς κινήσεως ἐνδόντος τῇ μηχανῇ, κινεῖται δὲ οὐκ

de. Dann aber werde er, ohne es zu bemerken, nachgeben und sich selbst und die gesamte Menschheit preisgeben und unter dem schönen Namen der Bruderliebe de facto die größten Katastrophen eintauschen. 5 „Aber wenn doch ihr," sagte Osiris, „gewogen und hilfreich seid, werde ich keine Furcht haben, wenn mein Bruder im Lande bleibt, und kann mich dem Groll der Dämonen entgegen stellen. Denn für euch ist es einfach, wenn ihr wollt, das, was ich fehlerhaft übersehe, zu heilen."

9 1 Da unterbrach ihn sein Vater und sprach: „Hierüber denkst du falsch, Sohn. Denn der göttliche Teil in dieser Welt ist mit anderen Dingen beschäftigt, er wirkt zu großen Teilen gemäß der ersten Kraft, die ihm innewohnt, und füllt sich an mit der intelligiblen Schönheit. Denn es gibt dort ein anderes, überweltliches Göttergeschlecht, das alles Sein bis zu den äußersten Bereichen umfasst. Es ist beständig-fest und gegenüber der Materie unbeugsam.[54] Jenes Geschlecht ist für die, die von Natur[55] aus Götter sind, ein seliger Anblick. Noch mehr Glückseligkeit bedeutet es, den Ursprung jenes Geschlechts zu schauen. Ferner ist jenes Geschlecht, weil es in sich verharrt, übervoll mit Gutem, da es von sich selbst übervoll ist. Für die anderen Götter bedeutet es ein Gut, sich zu dem dortigen Gott hinzuwenden. Weder einfach noch eingestaltig ist die Wirksamkeit der Guten, sondern sie sorgen für Teile der Welt, wobei sie, soweit es möglich ist, die Tätigkeit, die in ihrer Schau begründet ist, in den ihnen anvertrauten Teil der Welt[56] herabsteigen lassen. 2 Das Reine von ihnen stellt sich unmittelbar unter jene erste Wesenheit. Und sie selbst ordnen die ihnen Nächsten, und so steigt der Reihe nach die Abfolge der Ränge hinab bis in die äußersten Bereiche des Seins, und alles genießt durch die Fürsorge der, die in der Mitte sind, die Fürsorge der Ersten. Freilich wird diese Fürsorge nicht in gleichen Anteilen zugewiesen (denn dann gäbe es keine Reihenfolge), sondern das Seiende wird beim Abstieg schwächer, bis es mangelhaft wird und die Ordnung verliert, [98] wobei selbst die Existenz des Seienden endet. Etwa folgendes geschieht dabei hier: Es gibt in der Natur, die vom Werden bestimmt ist, das von Natur aus Wandelbar-Unstete. Es hat als Los den niedrigsten und am stärksten der Sterblichkeit ausgesetzten Teil des körperlichen Zustandes erhalten. Dagegen hat der Himmel den ersten und unvergänglichsten Teil bekommen, eine Form, die der Seele[57] entspricht." 3 „Was also die dort sind," sagte er, wobei er auf die Götter wies, „das ist der Dämon in den vielbewegten Elementen, eine unstete und skrupellose Natur, die infolge des großen Abstandes von dort nicht auf die gute Ordnung des Göttlichen hört. Weil nun der Bodensatz der seienden Dinge nicht zu ihrer genuinen Bewahrung genügt – denn er zerfließt und kann nicht den Zustand des Seins erreichen, sondern ahmt das Sein durch das Werden nach – 4 und weil die Dämonen, da sie mit der Natur des Hier verwandt sind, eine zerstörerische Wesensform erlost

ἐπ᾽ ἄπειρον – οὐ γὰρ οἴκοθεν ἔχει τὴν πηγὴν τῆς κινήσεως –, ἀλλ᾽ ἕως ἡ δοθεῖσα δύναμις ἰσχύει καὶ οὐκ ἐκλύεται τῇ προόδῳ τῆς οἰκείας ἀφισταμένη γενέσεως, 5 τὸν αὐτὸν οἷου τρόπον, ὦ φίλε Ὄσιρι, τὸ μὲν καλῶς καὶ τὸ θεῖον ἅμα τε εἶναι καὶ οὐκ εἶναι τοῦδε τοῦ τόπου, καταπέμπεσθαι δὲ ἑτέρωθεν· καὶ διὰ τοῦτο ψυχαί τε ἀγαθαὶ μόλις μέν, ἀλλὰ φανεῖεν ἂν ἐνταῦθα, καὶ ἐφορεῖαι θεῶν, ὅταν τοῦτο δρῶσιν, οἰκεῖα μὲν δρῶσιν, οὐ μὴν τῇ πρώτῃ ζωῇ· ἕτερον γὰρ αὐτοῖς τὸ μακάριον, ὅτι τὸ ἀπολαύειν αὐτὸ κόσμου παρὰ τοῦ πρώτου, τοῦ κοσμεῖν τὰ χείρω μακαριώτερον· τὸ μὲν γάρ ἐστιν ἀπεστράφθαι, τὸ δὲ ἐπεστράφθαι. 6 καί που τελετὴν ἐπώπτευσας, ἐν ᾗ δύ᾽ ἐστὸν συνωρίδες ὀμμάτων, καὶ δεῖται τὰ κάτω μύειν, ὅταν δεδόρκῃ τὰ ὑπερκείμενα· τούτοιν δὲ μυσάντοιν, ἀντιπεριίσταται τὸ ἀνοίγνυσθαι. οἷου τοίνυν αὐτὸ θεωρίας εἶναι καὶ πράξεως αἴνιγμα, τῶν μέσων παρὰ μέρος ἑκάτερον ἐνεργούντων, [99] ἀλλ᾽ ἐν τοῖς τῶν τελειοτέρων πλέονι χρωμένων τῷ λῴονι· τῷ χείρονι δέ, ὅσα ἀναγκαῖα, μόνον προσομιλούντων. 7 ἔστιν οὖν καὶ ταῦτα ἔργα θεῶν, ἀναγκαῖα μὲν τῷ κόσμῳ δρώντων, οὐ μὴν προηγούμενα ἀγαθά, ὅτι καὶ ἄνθρωποι νῦν μὲν οἰκουροῦσι μείω καὶ μείζω, νῦν δὲ φιλοσοφοῦσιν, ἀλλ᾽ ἐν τούτῳ θεσπεσιώτεροι.

1 Ἀπὸ τούτων οὖν σύνες ὅ τοι λέγω. μὴ ἀπαίτει τοὺς θεοὺς 10
σαυτῷ προσεδρεύειν, ἔργον ἔχοντας προηγούμενον θεωρίαν τε καὶ τὰ πρῶτα μέρη τοῦ κόσμου, ἐν οὐρανῷ τε οὖσι καὶ πλεῖστον ἀφεστῶσι μήτε ἀπραγμάτευτον ἡγοῦ μήτε ἀιδίαν τὴν κάθοδον γίνεσθαι. 2 τακτοὶ γὰρ [δὴ] χρόνοι κατακομίζουσιν αὐτοὺς κατὰ τὸ παράδειγμα τῶν μηχανοποιῶν, ἐνδώσοντας ἀρχὴν ἀγαθῆς ἐν πολιτείᾳ κινήσεως· τοῦτο δέ ἐστιν, ὅταν βασιλείαν ἁρμόσωσι ψυχὰς συγγενεῖς δεῦρο κατακομίσαντες. θεία γὰρ αὕτη καὶ μεγαλομερὴς ἡ πρόνοια, δι᾽ ἑνὸς ἀνδρὸς ἐπιμεληθῆναι πολλάκις μυρίων ἀνθρώπων. 3 αὐτοὺς οὖν τὸ ἐντεῦθεν δεῖ πρὸς τοῖς αὑτῶν εἶναι, σὲ δὲ ἀπειλημμένον ἐν ἀλλοτρίοις μεμνῆσθαι μὲν ὅθεν εἶ, καὶ ὅτι λειτουργίαν τινὰ ταύτην τῷ κόσμῳ πληροῖς, πειρᾶσθαι δὲ σαυτὸν ἀνάγειν, ἀλλὰ μὴ τοὺς θε-

haben, muss sich das Göttliche hierher wenden und gewisse Anfänge geben, denen das Hier in schöner Weise solange folgt, wie die Gabe hinreichend ist. Gerade wie sich Marionetten an Fäden bewegen,[58] selbst wenn der, der der Maschinerie den Anfang der Bewegung gegeben hat, damit aufhört, freilich nicht sich in unbegrenztem Umfang bewegen – denn sie haben die Quelle der Bewegung eben nicht in sich –, sondern nur, solange die ihnen gegebene Kraft wirkt und nicht im Fortgang verlischt, weil sie sich von ihrem eigenen Entstehungsort getrennt hat,[59] 5 auf eben solche Weise nimm an, mein lieber Osiris, dass das Schöne und das Göttliche zusammen gehören und nicht von diesem Ort sind, sondern von anderswo heruntergesandt werden. Deswegen sind gute Seelen selten, aber sie dürften eben doch hier erscheinen, und die göttlichen Aufseher, wenn sie dies tun, tun zwar das ihnen Gemäße, nicht jedoch das ihrem ersten Leben gemäße. Etwas anderes bedeutet nämlich für sie das Glückselige, weil es glückseliger ist, eben die Ordnung zu genießen, die vom Ersten ihren Ursprung hat, als das Schlechtere zu ordnen. Denn das eine ist Weg-, das andere Hinwendung. 6 Und du bist eingeweiht in die Mysterien, in denen es zwei Augenpaare gibt, und das untere Paar muss sich schließen, sooft das obere schaut.[60] Wenn aber das obere sich schließt, ist das andere an der Reihe, sich zu öffnen. Nimm nun an, dass darin das Rätsel von betrachtender Schau und Handlung liegt: Dasjenige, was eine Mittelstellung hat, ist in jeder der beiden Sphären (zwischen denen es die Mittelstellung hat) wirksam, [99] allerdings hat es in dem, was vollendeter ist, häufiger Umgang mit dem Besseren, während es mit dem Schlechteren nur in dem Maß, wie es notwendig ist, verkehrt. 7 Auch dies gehört zu den Werken der Götter, die das Nötige für die Welt tun, wobei dies allerdings nicht ihre Haupttätigkeit ist,[61] da auch die Menschen bald schlechter und besser ihr Haus bewachen, bald Philosophie treiben, indes hierin dem Göttlichen näher sind.

10 1 Hieraus ‚nun begreife, was ich dir sage'[62] Fordere nicht, dass die Götter dir beistehen, deren vorgängige Aufgabe die Schau und die ersten Teile des Kosmos sind, und glaube nicht, dass für sie, die ja im Himmel und weit entfernt sind, der Abstieg mühelos und in Ewigkeit möglich ist. 2 Denn festgesetzte Zeiten führen sie hinunter, gerade wie bei denen, die die Theatermaschinen[63] bedienen, damit sie eine gute Bewegung in einem Staat in Gang setzen. Dies geschieht dann, wenn sie eine neue Königsherrschaft einsetzen und dazu verwandte Seelen hierher herabbringen. Denn göttlich und großartig ist eben diese Vorsehung, dass durch einen einzigen Mann oft für unzählige Menschen gesorgt wird.[64] 3 Dann freilich müssen sie sich um das Ihrige kümmern, du aber, der du in einem fremden Umfeld von ihnen getrennt bist, hast dich daran zu erinnern, woher du stammst und dass du mit deinem Amt der Welt einen Dienst erweist, dass du ferner versu-

οὓς κατάγειν, ἔχειν τε προμήθειαν ἑαυτοῦ τὴν πᾶσαν, ὥσπερ ἐν στρατοπέδῳ ζῶντα ἐπ' ἀλλοτρίας, ψυχὴν θείαν ἐν δαίμοσιν, οὓς εὔλογον γηγενεῖς ὄντας ἐπιτίθεσθαι καὶ ἀγανακτεῖν, ἤν τις ἐν τοῖς αὐτῶν ὅροις νόμους ἀλλοφύλους τηρῇ. ἀγαπητὸν οὖν ἀγρυπνοῦντα καὶ νύκτωρ καὶ μεθ' ἡμέραν, μίαν ταύτην ἐπιμέλειαν ἔχοντα, μὴ ἁλῶναι κατὰ κράτος ἕνα ὑπὸ πολλῶν, ξένον ὑπὸ αὐτοχθόνων. 4 ἔστι μὲν γὰρ τῇδε καὶ ἡρώων φῦλον ἱερὸν ἐπιμελὲς ἀνθρώπων, καὶ τὰ σμικρὰ ὠφελεῖν δυνάμενον, καὶ τὸ πρεσβύτερον ἀγαθόν, ἥρωος οἷον μετοικία τις αὕτη, τοῦ μὴ ἄμοιρα τῆς λῴονος φύσεως τὰ τῇδε ὑπολείπεσθαι· καὶ χεῖρα ὀρέγουσιν ἐν οἷς δύναμις. 5 ἀλλ' ὅταν εἰς πόλεμον ψυχῆς ὕλη κινήσῃ τὰ οἰκεῖα βλαστήματα, σμικρὸν γίνεται θεῶν ἀπόντων τὸ ἐντεῦθεν ἀντίπαλον· ἰσχυρὸν γὰρ ἕκαστον ἐν τοῖς οἰκείοις. [100] οἱ δὲ πρῶτον μὲν ἐθελήσουσιν ἑαυτῶν ποιῆσαι· ἡ δὲ ἐπιχείρησις τοιάδε. 6οὐκ ἔστιν ἐπὶ γῆς εἶναι, μή τινα καὶ μοῖραν ψυχῆς ἄλογον ἔχοντα, καὶ ταύτην προβέβληται μὲν ὁ πολύς, παρήρτηται δὲ ὁ σοφός· ἔχειν δὲ ἀνάγκη πάντας. διὰ ταύτης ὡς διὰ συγγενοῦς ἐπὶ τὸ ζῷον ἔρχονται δαίμονες προδοσίαν ποιοῦντες. ἀτεχνῶς γὰρ πολιορκίᾳ προσέοικε τὸ γινόμενον· ὅπερ δὲ πάσχουσιν ἄνθρακες ὑπὸ δᾴδων (θᾶττον ⟨γὰρ⟩ ἐξάπτονται διὰ τὴν ἤδη πρὸς τὸ πῦρ ἐπιτηδειότητα), οὕτως ἡ δαίμονος φύσις ἐμπαθὴς οὖσα, μᾶλλον δὲ πάθος οὖσα ζῶν καὶ κινούμενον, πελάσασα ψυχῇ τὸ ἐν αὐτῇ πάθος κινεῖ, καὶ προάγει τὴν δύναμιν εἰς ἐνέργειαν· παραθέσει γὰρ ἕκαστον δρᾷ. συνεξομοιοῦται δὲ ἅπαν τῷ ποιοῦντι τὸ πάσχον.

7 οὕτως ἐπιθυμίαν, οὕτω θυμοὺς ἐξάπτουσι δαίμονες καὶ ὅσα ἀδελφὰ τούτων κακά, ψυχαῖς ὁμιλοῦντες διὰ τῶν προσηκόντων σφίσι μερῶν, ἅπερ τῆς παρουσίας αὐτῶν αἰσθάνεται φυσικῶς, καὶ κινεῖται καὶ ὑπ' αὐτῶν δυναμοῦται τοῦ νοῦ κατεξανιστάμενα, μέχρις ἂν κρατήσωσι τῆς ὅλης ψυχῆς ἢ ἀπογνῶσι τὴν αἵρεσιν. 8 οὗτος ἀγώνων ὁ μέγιστος· οὔτε γὰρ καιρός, οὔτε τρόπος, οὔτε τόπος ἐστίν, ὃν ἀνιᾶσι προσβάλλοντες, καὶ ὅθεν οὐκ ἄν τις οἴοιτο, κἀκεῖθεν ἐπιχειροῦσι· πανταχοῦ πάγαι, πανταχοῦ μηχαναί, πάντα κινεῖ τὸν οἴκοθεν πόλεμον, ἕως ἂν ἐξέλωσιν ἢ ἀπαγορεύσωσιν. θεαταὶ δὲ ἄνωθεν οἱ θεοὶ τῶν καλῶν τούτων ἀγώνων, ὧν ἔσῃ στεφανηφόρος· ὡς εἴθε καὶ τῶν δευτέρων. ἀλλὰ δέος μὴ τούτους μὲν ἕλῃς, ἐν ἐκείνοις δὲ αἰ-

chen musst, selbst aufzusteigen, aber nicht die Götter herabzuziehen, dass du zudem für dich alle denkbare Vorsorge treffen musst, als würdest du in einem Feldlager im Feindesland leben, eine göttliche Seele unter Dämonen, die, wie es für sie wohl verständlich ist, als Erdgeborene Anschläge planen und ungehalten sind, sobald jemand in ihrem Hoheitsgebiet fremden Gesetzen folgt. Du musst dich also damit zufrieden geben, Tag und Nacht wachend diese eine Sorge zu haben, als Einzelner und Fremder nicht von einer Überzahl, die einheimisch ist, überwältigt zu werden. 4 Es gibt hier ein heiliges Geschlecht von Heroen,[65] die sich um die Menschen sorgen. Es ist in der Lage, im Kleinen zu nützen. Das wichtigere Gut liegt darin, dass, da ja gleichsam eine unmittelbare Ansiedlung eines Heros damit verbunden ist, daher das Hier nicht ohne Anteil an der besseren Natur bleibt. Sie bieten darin eine hilfreiche Hand, worin sie Macht haben. 5 Aber sooft die Materie ihre eigenen Geschöpfe in den Kampf gegen die Seele treibt, wird hier die Gegenkraft klein, wenn die Götter abwesend sind. Denn stark ist jedes nur in dem ihm eigenen Bereich. [100] Die Dämonen sind nun in erster Linie auf Unterwerfung aus. Ihr Angriff vollzieht sich folgendermaßen: 6 Auf der Erde gibt es niemanden, der nicht auch einen unvernünftigen Teil in seiner Seele hat. Mit diesem tritt die Menge stolz hervor, mit ihm ist auch der Weise belastet. Alle müssen ihn haben. Und durch ihn, er ist ihnen ja wesensverwandt, greifen die Dämonen ein Lebewesen an und stiften ihn zum Verrat an. Denn schlichtweg gleicht der Vorgang einer Belagerung. Ebenso wie Kohlen von Fackeln entzündet werden (sie werden ja[66] schneller entflammt aufgrund ihrer Eignung für das Feuer), so erregt auch die Natur des Dämons, die leidenschaftlich ist, ja mehr noch, ein lebender und sich bewegender Affekt ist, wenn sie sich einer Seele nähert, die Leidenschaft in ihr und treibt ihre Kraft zur Wirksamkeit. Denn durch diesen Kunstgriff der Annäherung entfaltet sie ihre Wirksamkeit im einzelnen. Jedes Passive gleicht sich dem Aktiven und Handelnden an.

7 So entflammen die Dämonen die Begierde, so die Erregungen des Gemüts und alle Schlechtigkeiten, die mit diesen verwandt sind, verkehren mit den Seelen durch die Teile, die ihnen entsprechen, die ihre Gegenwart aufgrund ihrer Beschaffenheit wahrnehmen, bewegt und von ihnen mit Kraft versehen werden und dann gegen den Verstand opponieren, bis sie die Macht über die gesamte Seele erringen oder ihren Vorsatz aufgeben. 8 Das ist der größte aller Kämpfe. Denn weder eine Gelegenheit noch ein Mittel noch einen Ort gibt es, den sie bei ihren Angriffsversuchen verschmähen. Und gerade von dem Punkt aus greifen sie an, an dem man es nicht glauben könnte. Überall sind ihre Fallstricke, überall ihre Tricks, alles treibt den Krieg im Innern an, bis sie entweder die Seele verwüstet haben oder aufgeben.[67] Zuschauer von oben herab sind die Götter bei die-

ρεθῆς· 9 ὅταν γὰρ ἡ θεία μοῖρα τῆς ψυχῆς μήτε ἀκολουθήσῃ τῇ χείρονι καὶ ἀνακόψῃ πολλάκις αὐτὴν καὶ πρὸς ἑαυτὴν ἐπιστρέψῃ, φύσις ἐν τῷ χρόνῳ στομοῦσθαι κἀκείνην, ὥστε ἀντέχειν ταῖς ἐμβολαῖς, καὶ οἷον γανωθεῖσαν οὐκέτι δέχεσθαι τὰς ἐκ τῶν δαιμόνων ἐπιρροάς. θεῖον οὖν οὕτως καὶ ἓν ὅλον τὸ ζῷον ὄντως τότε γίνεται, καὶ τοῦτο ἔστιν ἐπὶ γῆς φυτὸν οὐράνιον, ἐγκεντρισμὸν ἀλλότριον οὐ δεξάμενον, ὥστε ἐξ ἐκείνου φῦσαι καρπούς, ἀλλ' εἰς τὴν ἑαυτοῦ φύσιν κἀκεῖνο μεταποιῆσαν. 10 οἱ δὲ ἀπεγνωκότες αὐτοῦ, τότε δὴ παντελῶς ἤδη τὸν δεύτερον ἀγωνίζονται ἀγῶνα, ἐκκόψαι τε αὐτὸ καὶ τῆς γῆς ἐκτρῖψαι, ὡς ἂν μηδέν σφισι προσῆκον· [101] καὶ γὰρ αἰσχύνονται τὴν ἧτταν, εἴ τις ἀλλόφυλος ὢν ἐν τοῖς αὐτῶν τόποις κρατῶν περιέρχεται, τρόπαιον νίκης ὢν καὶ φαινόμενος· ὁ γὰρ τοιοῦτος οὐκ ἐν ἑαυτῷ μόνῳ ποιεῖ τὴν ζημίαν αὐτοῖς, ἀλλὰ καὶ ἑτέρους τῆς ἐπικρατείας αὐτῶν συναφίστησιν. ἀρετῆς γὰρ ζηλουμένης, ἔρρειν ἀνάγκη τὰ χείρω. διὰ ταῦτα μὲν ἐπιβουλεύουσιν ἀνελεῖν καὶ ἰδιώτην καὶ ἄρχοντα, πάντα ὁντινοῦν τὸν ἀφηνιάσαντα πρὸς τοὺς νόμους τῆς ὕλης· 11 ἀλλ' ἐνταῦθα σὺ βασιλεὺς ὢν ῥᾷον ⟨ἂν⟩ ἅπαντος ἰδιώτου φυλάττοιο· ἔξωθεν γὰρ ἐπιχειροῦσι, μὴ προχωρησάντων τῶν ἔνδοθεν, πολέμῳ καὶ στάσει καὶ ὅσα λωβᾶται σώματι, ὑφ' ὧν ἥκιστα ἂν αἱροῖτο βασιλεὺς προμηθὴς ὢν ἑαυτοῦ· ὡς ἔστιν ἄμαχον, ὅταν ἰσχὺς καὶ σοφία συγγένωνται· διαληφθεῖσαι δὲ ἀπ' ἀλλήλων, ῥώμη τε ἀμαθὴς καὶ φρόνησις ἀσθενής, εὐκαταγώνιστοι γίνονται.

1 Ἠγάσω πάντως, ὦ παῖ, τὴν ἐν ταῖς ἱεραῖς εἰκόσι τῶν πατέ- 11
ρων ἐπίνοιαν. τὸν Ἑρμῆν, Αἰγύπτιοι διπλῆν ποιοῦμεν τὴν ἰδέαν τοῦ δαίμονος, νέον ἱστάντες παρὰ πρεσβύτῃ, ἀξιοῦντες, εἴπερ τις ἡμῶν μέλλει καλῶς ἐφορεύσειν, ἔννουν τε εἶναι καὶ ἄλκιμον, ὡς ἀτελὲς εἰς ὠφέλειαν θάτερον παρὰ θάτερον. 2 ταῦτ' ἄρα καὶ ἡ Σφὶγξ ἡμῖν ἐπὶ τῶν προτεμενισμάτων ἵδρυται, τοῦ συνδυασμοῦ τῶν ἀγαθῶν ἱερὸν σύμβολον, τὴν μὲν ἰσχὺν θηρίον, τὴν δὲ φρόνησιν ἄνθρωπος. ἰσχύς τε γὰρ ἔρημος ἡγεμονίας ἔμφρονος ἔμπληκτος φέρεται, πάντα μιγνῦσα καὶ ταράττουσα πράγματα, καὶ νοῦς ἀχρεῖος εἰς πρᾶξιν ὑπὸ χειρῶν οὐχ ὑπηρετούμενος· 3 ἀρετὴ δὲ καὶ τύχη μόλις μέν, ἀλλ' ἐπὶ μεγά-

sen schönen Kämpfen, aus denen du siegreich bekränzt hervorgehen wirst. Mögest du auch in den folgenden Kämpfen Sieger sein. Aber es besteht Grund zur Furcht, dass du zwar diese bestehst, in jenen aber überwältigt wirst. 9 Denn wenn der göttliche Teil der Seele nicht dem schlechteren Teil folgt und ihn immer wieder zurückdrängt und auf sich hin ausrichtet, so liegt es in der Natur, dass mit der Zeit auch jener Teil so gehärtet wird, dass er den Angriffen widersteht und gleichsam wie poliert nicht mehr die Ausflüsse der Dämonen annimmt. Auf diese Weise wird das Geschöpf dann wahrhaft göttlich und eine Einheit und ein Ganzes, und dies bildet dann auf der Erde ein himmlisches Gewächs, das keinen fremden Pfropf aufgenommen hat, so dass aus jenem Pfropf Früchte entstünden, sondern das auch jenen Pfropf in seine eigene Natur umwandelt. 10 Wenn nun die Dämonen diesen ersten Angriff aufgegeben haben, dann kämpfen sie mit allen Kräften den zweiten Kampf, jenes Gewächs abzuhauen und von der Erde zu vertilgen, da es mit ihnen in keiner Hinsicht etwas gemein habe. [101] Denn sie sehen ihre Niederlage als Schande an, wenn jemand, der ein Fremder ist, mit überlegener Macht in ihrem eigenen Gelände herumgeht und dabei gleichzeitig ein Siegeszeichen ist und als solches erscheint. Denn so jemand bereitet ihnen nicht nur in seinem eigenen Bereich eine Strafe, sondern bringt auch andere dazu, ihrer Herrschaft abtrünnig zu werden. Wird nämlich der Tugend nachgeeifert, muss notwendigerweise das Schlechtere untergehen. Deswegen spinnen sie niederträchtige Intrigen, Privatmann und Herrscher zu vernichten, einfach jeden, der sich weigert, den Gesetzen der Materie zu gehorchen. 11 Aber hier mögest du, der du König bist, dich leichter als jeder Privatmann vor ihnen hüten. Denn von außen greifen sie an, wenn es drinnen nicht vorangeht, mit Krieg, Bürgerkrieg und allem, was dem Körper schadet. Davon dürfte jedoch ein König, der für sich vorausschauend ist, am wenigsten überwältigt werden. Denn es liegt etwas unwiderstehliches darin, wenn Kraft und Weisheit sich verbinden. Sind sie aber von einander getrennt, ist die Kraft ohne Verstand und ist das Denken schwach, dann kann man sie leicht niederringen.

11 1 Gewiss hast du, mein Sohn, die Denkkraft der Väter, die sich in den heiligen Bilder dargestellt findet, bewundert. Was Hermes betrifft,[68] so machen wir Ägypter ein doppeltes Bild seiner Gottheit, indem wir einen Jungen neben einem Alten darstellen.[69] Wir halten es nämlich für richtig, dass, wenn jemand von uns ein guter Aufseher sein soll, er zugleich einsichtsvoll und stark ist, da das eine ohne das andere unvollendet hinsichtlich des Nutzens ist. 2 Dementsprechend ist auch die Sphinx in unseren Vorhallen aufgestellt, ein heiliges Sinnbild für die Kombination des Guten, da sie an Kraft ein Tier, an Denkfähigkeit ein Mensch ist.[70] Denn Stärke, die frei von verständiger Leitung ist, lässt sich dumm dahintreiben, vermengt alles und bringt es in Unordnung. Auch der Verstand allein ist zum Han-

λοις συγγίνονται, ὥσπερ ἐπὶ σοῦ συνηλθέτην. μηκέτ' οὖν ἐνόχλει τοῖς θεοῖς, οἴκοθεν, ἣν ἐθέλης, δυνάμενος σῴζεσθαι· τούτοις γὰρ οὐκ ἔχει καλῶς ἀεὶ τῶν οἰκείων ἀποδημεῖν τοῖς ἀλλοτρίοις καὶ χείροσι φιλοχωροῦντας· εἰ μὴ καὶ ἀσεβὲς τὸ κακῶς κεχρῆσθαι ταῖς σπαρείσαις εἰς ἡμᾶς ἀφορμαῖς πρὸς τὸ τηρεῖσθαι τάξει τε καὶ ἑπομένως τῷ δοθέντι κόσμῳ τὰ ἐπὶ γῆς· τοῦτο γὰρ ἀνάγκην ἐστὶ ποιούντων τοῦ πάλιν αὐτοὺς ἥκειν πρὸ τῶν τεταγμένων χρόνων ἐπιμελησομένους τῶν τῇδε· [102] 4 ἀλλὰ τότε μέν, τῆς ἁρμονίας, ἣν ἥρμοσαν, ἐκλυομένης τε καὶ γηρώσης, ἔρχονται πάλιν αὐτὴν ἐντενοῦντες καὶ οἷον ἀποψύχουσαν ζωπυρήσοντες, καὶ τοῦτο δρῶσι χαίροντες, λειτουργίαν ταύτην τινὰ ἐκπιμπλάντες τῇ φύσει τοῦ κόσμου· ἄλλως τε ἥξουσιν ἐφθαρμένης τε αὐτῆς καὶ ῥαγείσης κάκῃ τῶν παραλαβόντων, ὅταν μηδαμῶς ἄλλως οἷά τε ᾖ τὰ τῇδε σῴζεσθαι. 5 οὔκουν ἐπὶ σμικροῖς, οὐδ' ὅταν ἁμαρτάνηται περὶ τὸ καὶ τό, κινεῖται θεός. ἢ μέγα τι χρῆμα ὁ εἷς ἐκεῖνος, δι' ὃν ἥξει τοῦ μακαρίου τις γένους ἐνθάδε· ἀλλ' ὅταν ἡ σύμπασα τάξις καὶ τὰ μεγάλα φθείρηται, τότε δεῖ φοιτᾶν αὐτούς, ἐνδώσοντας ἀρχὴν ἄλλης διακοσμήσεως. 6 μηδὲν οὖν ἀγανακτούντων ἄνθρωποι κακὰ αὐθαίρετα ἔχοντες, μηδὲ αἰτιάσθων τούσδε μὴ προνοεῖν σφῶν· ἡ γὰρ πρόνοια καὶ αὐτοὺς ἀπαιτεῖ τὸ παρ' ἑαυτῶν εἰσάγειν. ἐπεὶ ἔν γε τῷ τόπῳ τῶν κακῶν οὐ θαυμαστὸν εἶναι κακά, ἀλλὰ θαυμαστὸν εἴ τι καὶ μὴ τοιοῦτον ἐνταῦθα· τοῦτο γὰρ μέτοικον καὶ ἀλλότριον, καὶ τοῦτο προνοίας, δι' ἣν ἔξεστι μὴ ῥᾳθυμοῦντας ἀλλὰ χρωμένους οἷς παρ' αὐτῆς ἔχομεν πάντα πάντως εὐδαίμονας εἶναι. 7 οὐ γάρ ἐστιν ἡ πρόνοια κατὰ τὴν μητέρα τοῦ νεογιλοῦ βρέφους, ἣν δεῖ πράγματα ἔχειν, ἀποσοβοῦσαν τὰ προσπτησόμενα καὶ λυπήσοντα· ἐκεῖνο γὰρ ἀτελὲς ἔτι καὶ οἴκοθεν ἀβοήθητον· ἀλλὰ κατ' ἐκείνην, ἥτις αὐξήσασά γε αὐτὸ καὶ ὁπλίσασα χρῆσθαι κελεύει καὶ τὰ κακὰ ἀπερύκειν.

8 ταῦτα φιλοσόφει τε ἀεὶ καὶ τοῦ παντὸς ἄξια ἀνθρώποις εἰδέναι ἡγοῦ. καὶ γὰρ πρόνοιαν νομιοῦσι καὶ ἑαυτῶν φροντι-

deln unbrauchbar, weil er nicht von Händen unterstützt wird. 3 Tugend und Glück treffen selten, doch in großen Dingen zusammen, wie sie sich bei dir gemeinsam eingestellt haben. Behellige daher nicht mehr die Götter, da du, wenn du es nur willst, dich aus eigener Kraft bewahren kannst. Für diese ist es nämlich nicht schön, beständig von ihren eigenen Aufgaben fernzubleiben, weil sie sich lieber bei Fremden, die dazu noch schlechter sind, aufhielten. Außerdem wäre es auch unfromm, die Kräfte schlecht zu gebrauchen, die in uns eingesät sind, um die Dinge der Welt in Ordnung und im Einklang mit dem Kosmos, der sie gegeben, zu bewahren. Denn dies liegt bei denen vor, die den Göttern den Zwang auferlegen, vor der festgesetzten Zeit wieder hierher zu kommen, um für die Dinge zu sorgen. [102]. 4 Vielmehr kommen sie dann zurück, wenn die Harmonie, die sie gefügt haben, sich auflöst und altert, um sie straff zu spannen und sie, die abkühlt, gleichsam neu zu entflammen. Das tun sie gern, weil sie damit der Natur der Welt einen Dienst erweisen. Sonst werden sie kommen, wenn diese Natur durch die Schlechtigkeit derer, die sie übernommen haben, vergeht und zerbricht, sooft es keine andere Möglichkeit gibt, die Dinge hier zu bewahren. 5 Nicht aufgrund von Kleinigkeiten, und auch nicht, wenn dies oder jenes falsch gemacht wird, lässt sich der Gott herbeibewegen – etwas wirklich Großes muss jener Eine sein, um dessen willen jemand aus dem glückseligen Geschlecht hierher kommt –, sondern nur, wenn die gesamte Ordnung und das Große beschädigt ist, dann müssen jene sich auf den Weg machen, um den Anstoß zu einer anderen Ordnung des Kosmos zu geben. 6 So dürfen die Menschen, die von selbst verschuldetem Unheil geplagt werden, nicht ungehalten sein und sich nicht darüber beklagen, dass diese Götter für sie nicht Vorsorge tragen. Denn die Vorsehung verlangt von ihnen, dass sie das Ihrige beitragen. Denn es ist ja freilich auch nicht verwunderlich, dass es am Ort der Übel Übel gibt, vielmehr ist erstaunlich, wenn es hier auch etwas gibt, das nicht von dieser Art ist. Denn dies hat nur den Status des Zugewanderten und Fremden, und dies ist Ausdruck der Vorsehung, durch die man, wenn man nicht leichtfertig ist, sondern das nutzt, was wir von ihr erhalten, in allem in jeder Hinsicht glückselig sein kann. 7 Denn nicht darf man die Vorsehung mit der Mutter eines neugeborenen Kindes vergleichen, die sich darum mühen muss, von dem Kind zu verscheuchen, was es umschwirrt und belästigt. Denn das Kind ist noch unvollkommen und von Hause aus unfähig, sich selbst zu helfen. Vielmehr gleicht die Vorsehung jener Mutter, die das Kind schon aufgezogen und mit Waffen ausgestattet hat und ihm nun befiehlt, sie zu gebrauchen und das Übel abzuwehren.

8 Dies bedenke stets auf philosophische Weise und halte es für höchst wissenswert für alle Menschen. Denn dann werden sie an die Vorsehung

οὖσιν, εὐσεβεῖς τε καὶ ἐπιμελεῖς ἅμα γινόμενοι· καὶ οὐχ ἡγήσονται θεοῦ τε ἐπιστροφὴν καὶ χρῆσιν ἀρετῆς στασιάζειν πρὸς ἄλληλα. 9 ἔρρωσο· τὸν δὲ ἀδελφόν, εἰ σωφρονεῖς, κώλυε τὴν σαυτοῦ τε καὶ Αἰγυπτίων εἱμαρμένην προαναιρῶν· ἔξεστι γάρ. ἐνδοὺς δὲ καὶ μαλακισθείς, ὀψὲ περίμενε τοὺς θεούς».

1 Εἰπὼν ἀπῆρε τὴν αὐτὴν τοῖς θεοῖς. ὁ δὲ ὑπελείπετο, χρῆ- 12
μα ἥκιστα τῆς γῆς ἄξιον, ὃς αὐτίκα προσεφιλονείκει τὰ κακὰ αὐτῆς ἐξορίσαι, μηδέν τι βίᾳ χρώμενος· ἀλλ' ἔθυε γὰρ Πειθοῖ καὶ Μούσαις καὶ Χάρισιν, ἑκόντας ἅπαντας ἐναρμόζων τῷ νόμῳ. τῶν θεῶν δέ, ὅσα τε ἀὴρ φέρει [103] καὶ ὅσα ποταμοῦ δῶρα καὶ γῆς, ἅπαντα χορηγούντων ἄφθονα τοῦ βασιλέως αἰδοῖ, ὁ δὲ τὰς μὲν ἀπολαύσεις ἀνίει τῷ πλήθει, αὐτὸς δὲ ἅπασαν μὲν ῥᾳστώνην ἀπελίμπανεν, ἅπαντα δὲ πόνον ἀνθηρεῖτο, ὕπνου μὲν ὀλίγον, φροντίδων δὲ πλεῖστον μεταλαγχάνων, καθάπαξ εἰπεῖν, ἄσχολος ὢν ὑπὲρ τῆς ἁπάντων σχολῆς. 2 ταῦτ' ἄρα καὶ καθ' ἕνα καὶ κατ' οἴκους καὶ κατὰ συγγενείας καὶ πόλεις καὶ νομοὺς ὅλους, ἀγαθῶν ἐπίμπλη πάντας ἀνθρώπους τῶν τε εἴσω καὶ τῶν θυραίων. ἀρετῆς τε γὰρ ζῆλον ἤσκησεν, πρὸς ἓν τοῦτο πᾶν μάθημα καὶ πᾶν ἐπιτήδευμα τάξας ἀσκεῖσθαι, καὶ γέρα προὔθηκε τοῖς ἀρίστοις ἄρχειν ἀνθρώπων καὶ ποιεῖν ὁμοίους τοὺς ἀρχομένους. αὔξειν δὲ ἅπαν ἀνάγκη τὸ τιμώμενον, καὶ ἔρρειν ἀνάγκη τὸ ἀμελούμενον. συνεπεδίδου δὴ καὶ παιδείας ἁπάσης ἔρως, ὅση τε τῆς γνώμης ἐστὶ καὶ ὅση τῆς γλώττης. καὶ γὰρ τοὺς ἐν τῷ τοιῷδε διαφέροντας οὐκέτ' ἦν ἀγελαίους ὁρᾶν, ἀλλὰ λαμπροὺς ταῖς παρὰ βασιλέως τιμαῖς, τέχνην παρεχομένους ὑπηρέτιν φρονήσεως, ὅτι νοῦς πρόεισι λέξεσιν ἀμπεχόμενος· τὸ δὲ εὖ τε καὶ χεῖρον ἐστάλθαι τὸν αὐτόν, ὥσπερ ἄνδρα, καὶ εὐσχήμονα καὶ ἀσχήμονα δείκνυσιν. 3 καὶ προπαιδείαν οὖν Ὄσιρις ἠξίου τιμᾶν· παιδείαν γὰρ ἀρετῆς ᾤετο πηγὴν εἶναι. εὐσέβειά γε μὴν τότε δὴ μάλιστα πάντων καιρῶν Αἰγυπτίοις ἐπεχωρίασεν. ταῦτα μὲν ψυχῆς ἀγαθά, καὶ εὐθηνοῦντο αὐτῶν ἐπὶ τῆς Ὀσίριδος βασιλείας Αἰγύπτιοι, ὡς ἐοικέναι τὴν χώραν ἀρετῆς διδασκαλείῳ, τῶν παίδων πρὸς ἕνα βλεπόντων τὸν ἡγεμόνα, καὶ δρώντων τε ἕν, ὅ τι ὁρῷεν, καὶ λεγόντων ἕν, ὅ τι ἀκούοιεν. 4 πλούτου δὲ αὐτὸς μὲν ἠμέλει· ὅπως δὲ πᾶσι παρείη, τούτου τὴν ἅπασαν ἐπιμέλειαν εἶχεν, ἀδωρότατός τε ὢν καὶ φιλοδωρότατος. καὶ φόρους ἀνῆκε πόλεσι, καὶ ἀπορουμένοις ἐπέδωκε καὶ τὸ πεπτωκὸς ἤγειρε καὶ τὸ μέλλον ἰάσατο· τὴν μὲν εἰς μέγεθος ἦρε, τὴν δὲ εἰς κάλλος ἤσκησε,

glauben und für sich selbst sorgen, womit sie zugleich fromm und um sich selbst bemüht sein werden. Und sie werden nicht glauben, dass die Fürsorge Gottes und der Gebrauch der Tugend zu einander in einem feindseligen Verhältnis stehen. 9 Lebe wohl! Halte deinen Bruder auf, wenn du klug bist, indem du dein eigenes Schicksal und das der Ägypter ihm von vornherein entziehst. Das ist nämlich möglich. Wenn du aber nachgibst und schwach wirst, kannst du lange auf die Götter warten."

12 1 1 So sprach er, erhob sich und beschritt denselben Weg wie die Götter. Osiris blieb zurück, ein Phänomen, das am wenigsten die Erde verdient hatte, und er machte es sich sogleich zum ehrgeizigen Ziel, die Übel von der Erde zu verbannen, ohne indes irgendwie Gewalt zu gebrauchen. Vielmehr opferte er Peitho, der Göttin der Überredung, den Musen und den Chariten. Hierdurch brachte er alle dazu, sich freiwillig dem Gesetz zu fügen. Die Götter stellten alles, was die Luft trägt [103], alles, was Fluss und Erde schenken, reichlich aus Scheu vor dem König zur Verfügung. Er aber überließ den Genuß dieser Dinge der Menge, enthielt sich aber selbst jeglicher Leichtfertigkeit, lud dafür jede Mühe auf sich, fand wenig Schlaf, dafür sehr viel Sorgen, war, um es kurz zu sagen, ruhelos um die Ruhe aller bemüht. 2 Dies war sein Prinzip gegenüber dem Einzelnen, Häusern, Familien, Städten und ganzen Provinzen: alle Menschen bedachte er reichlich mit Gütern, inneren wie äußeren. Er übte das Streben nach Tugend ein, und dass einzig hierauf alles Lernen und alle Beschäftigung ausgerichtet werde, ordnete er an. Belohnungen stellte er für die in Aussicht, die am besten über die Menschen herrschten und die Beherrschten sich ähnlich machten. Notwendigerweise vermehrt sich alles, was in Ehren steht, und notwendigerweise geht zugrunde, was nicht geachtet wird. So nahm auch die Liebe zu jeglicher Form von Bildung zu, zu allem, was den Geist, wie auch zu allem, was die Sprache bildet. Und so wurden auch die, die sich hierin auszeichneten, nicht mehr als Teil des gemeinen Volks angesehen, sondern als herausragend durch die vom König verliehenen Ehren, da sie eine Kunst vermittelten, die Dienerin des Denkens ist, weil der Geist nur im Kleid des sprachlichen Ausdrucks hervortreten kann. Das derartig Gut- wie das Schlecht-Gekleidet-Sein kann denselben Geist, gerade wie einen Menschen, als schön oder als ungestalt zeigen. 3 Auch die Vorstufen der Bildung mit Ehre auszustatten hielt Osiris für angemessen. Denn er glaubte, dass die Bildung Quelle der Tugend sei. Und so wurde Frömmigkeit damals mehr als zu allen anderen Zeiten heimisch. Das sind die Güter der Seele, und unter der Herrschaft des Osiris waren die Ägypter so reich an diesen, dass das Land einer Schule der Tugend glich,[71] einer Schule, in der die Kinder auf einzig ihren Lehrer blicken und nur das tun, was sie bei ihm sehen, und nur das sprechen, was sie von ihm hören. 4 Um Reich-

τὴν δὲ οὐκ οὖσαν προσέθηκε, τὴν δὲ ἐκλελειμμένην συνῴκισεν. ἀπολαύειν μὲν οὖν ἀνάγκη καὶ τὸν καθ' ἕνα τῶν κοινῶν ἀγαθῶν· 5 ὁ δὲ οὐκ ἐπόνει καθιεὶς καὶ εἰς τὴν ὑπὲρ [104] τοῦ δεῖνος φροντίδα, ὡς ἐπ' ἐκείνου γενέσθαι τὸ μηδένα ἀνθρώπων ὀφθῆναι δακρύοντα· οὐδὲ ἠγνόησεν Ὄσιρις, ὅστις ὅτου δέοιτο, καὶ τί κωλύει τὸν δεῖνα μακάριον εἶναι. ὁ μὲν δικαίας ἤρα τιμῆς, καὶ ἀπέδωκεν· ὁ δὲ ἐπειδὴ βιβλίοις προσανέχων ἄσχολος ἦν ἐκπορίζειν τροφήν, ἐν πρυτανείῳ σίτησιν ἔδωκεν· ὁ δὲ τιμῆς μὲν ἀνθρωπίνης ἠμέλει, καὶ τὰ περιόντα αὐτὸν εὖ μάλ' ἔβοσκεν, λειτουργῶν δ' ἴσως ᾐσχύνετο· οὐδὲ τοῦτο ἠγνόησεν, ἀλλ' ἀνῆκε τῆς λειτουργίας, οὐκ ἐνοχληθείς, ἀλλ' ἐνοχλήσας τῷ, πρὶν αἰτηθῆναι, δοῦναι, αἰδοῖ σοφίας ἀξιῶν τὸν τοιοῦτον αὐτόνομον εἶναι καὶ ἄφετον, ὥσπερ ζῷον ἱερόν, ἀνειμένον θεῷ· 6 συνελόντα δ' εἰπεῖν, τῆς ἀξίας οὐδεὶς ἡμάρτανεν, εἰ μὴ ὅτῳ κακόν τι ὠφείλετο· τούτῳ δὲ οὐκ ἔνειμε τὴν ἀξίαν· φιλοτιμίαν γὰρ ἐποιεῖτο πραότητι γνώμης καὶ χρηστοῖς ἔργοις καὶ τὸν ἀναιδέστατον ἐκνικήσειν. καὶ ταύτῃ γε ᾤετο τοῦ τε ἀδελφοῦ καὶ τῆς συνωμοσίας αὐτοῦ περιέσεσθαι, ἀρετῆς περιουσίᾳ μεταποιήσας τὰς φύσεις, ἓν τοῦτο γνώμης σφαλλόμενος. βασκανία γὰρ ὑπ' ἀρετῆς οὐ παύεται μᾶλλον, ἀλλ' ἐξάπτεται. εἰ γὰρ φύσιν ἔχει τὸ ἀγαθοῖς ἐπιφύεσθαι, ὅσῳ πρόεισι τἀγαθά, καὶ τὸ ἐπ' αὐτοῖς λυπεῖσθαι συνεπιδίδωσιν, ὅπερ ἔπαθε πρὸς τὴν Ὀσίριδος ἀρχὴν ὁ βαρύστονος ἀδελφός.

1 Εὐθύς γε μὴν τὴν ἡγεμονίαν παραλαμβάνοντος, μικρὸν ἐδέησεν ἀπολέσθαι, τὴν κακὴν κεφαλὴν προσουδίζων τε καὶ κίοσι προσαράσσων· ἡμερῶν συχνῶν οὐ προσηνέγκατο σῖτον, καίτοι βορώτατος ἦν, ἀπεσείσατο ποτόν, καίτοι φιλοινότατος ἦν. ὕπνου μὲν ἐρῶν, ἄμοιρος διετέλει· ἐγρηγόρσει δὲ συνείχετο καὶ μάλα ἀποδιοπομπούμενος, καὶ τὼ ὀφθαλμὼ μύων ἐπίτηδες, τοῦ τὴν ψυχὴν ἀνεθῆναι τῶν κεντούντων τῆς μνήμης. 13

tum kümmerte er selbst sich nicht. Dass er allen zur Verfügung stünde, darauf verwendete er alle Sorgfalt, er, der Geschenken gegenüber der Verschlossenste, aber mit Geschenken der Freigiebigste war. Abgaben erließ er Städten; Menschen, die in auswegloser Not waren, gab er Hilfe; das, was schon gefallen war, richtete er wieder auf; das, was im Begriff zu fallen war, stellte er wieder her.[72] Die eine Stadt machte er groß, die andere schön, eine, die es noch nicht gab, gründete er dazu, eine verlassene besiedelte er neu. Es war also geradezu ein Zwang für jeden einzelnen, die gemeinsamen Güter zu genießen. 5 Osiris hatte keine Mühe damit, sich sogar zur Fürsorge für [104] einen Niemand herabzulassen, so dass es unter seiner Herrschaft geschah, dass man keinen Menschen weinen sah. Und nicht unbekannt war Osiris, wer wessen bedurfte und was den oder den hinderte, glücklich zu sein. Der eine verlangte nach berechtigter Ehre – er gab sie ihm. Ein anderer hatte, da stets in Bücher vertieft, keine Zeit, sich seinen Lebensunterhalt zu verschaffen – er gewährte ihm Speisung im Prytaneion[73] Wieder ein anderer war gleichgültig gegenüber Menschen-Ehre; seine Einkünfte ernährten ihn recht ordentlich, aber er fühlte Scham, wenn er öffentliche Funktionen wahrnahm. Auch dies war Osiris nicht unbekannt; er entließ ihn aus der Pflicht zu öffentlichen Ämtern, ohne von ihm mit diesem Ansinnen behelligt worden zu sein, sondern ihn selbst damit behelligend, bevor er noch gebeten wurde zu geben, weil er es aus Scheu vor dessen Weisheit für angemessen hielt, dass ein solcher Mann selbständig und frei sein solle, wie ein heiliges Tier dem Gott geweiht. 6 Zusammengefaßt gesagt: Niemand erhielt nicht die ihm gebührende Ehre, außer wenn er sich eines Vergehens schuldig gemacht hatte. Diesem teilte er indes nicht die verdiente Strafe zu. Denn sein Ehrgeiz lag darin, durch Milde seines Sinns und edle Taten selbst den größten Schurken zu besiegen. Auf diese Weise glaubte er auch, seinen Bruder und dessen Clique in den Griff zu bekommen, indem er durch die Fülle seiner Tugend ihre Naturen verwandelte – wobei er sich in diesem einen Punkt täuschte. Denn Boshaftigkeit lässt sich durch Tugend nicht etwa auslöschen, sie wird vielmehr erst recht entflammt. Denn wenn es ihre Natur ist, sich an das Gute zu hängen, dann nimmt der Schmerz der Bosheit über das Gute zu, umso mehr Gutes hervortritt. Genau dies widerfuhr angesichts der Herrschaft des Osiris dem Bruder, der darüber tief stöhnte.

13 1 Sofort bei Herrschaftsantritt des Osiris hätte sich Typhos fast umgebracht, indem er mit seinem üblen Kopf in den Boden stieß und gegen Säulen schlug. Viele Tage lang nahm er keine Speisen zu sich, obwohl er sonst überaus gefräßig war, er wies Getränke von sich, obwohl er sonst dem Wein verfallen war. Sonst schlafliebend, verzichtete er dauernd darauf. Er wurde beständig von Schlaflosigkeit gequält, ungeachtet inbrünstiger Entsühnungsopfer dagegen, auch wenn er die Augen beständig schloss, um

ἀλλ’ ἔστιν ἡ μνήμη πρὸς τὸν ἐθέλοντα καταθέσθαι φιλονεικότατον· 2 ὥστε καὶ μύσαντι τῶν κακῶν ἡ φαντασία παρῆν, καὶ ὕπνου δέ, εἴ ποτε, παραθρέξαντος, ὄναρ ἂν ἀθλιώτερον ἔπραττεν, ἐν ὀφθαλμοῖς ὁρῶν πάγον ἐκεῖνον, ψήφους ἐκείνας, χεῖρας ἐκείνας ἐπὶ τὸν ἀδελφὸν ἁπαξαπάσας· καὶ διαναστάντι δ’ ἂν ἀσμένως μίσει τῆς χαλεπῆς ὄψεως, [105] ἐπὶ χρόνον συχνὸν περιεβομβεῖτο τὰ ὦτα τῇ τῶν εὐφημούντων ἠχοῖ· 3 οὔτε ἀτρέμας ἔχειν ἠνείχετο, τῆς ψυχῆς ἀσχαλλούσης, καὶ προκύπτοντα τῆς οἰκίας συμφοραὶ διεδέχοντο, καὶ ἐν λόγοις καὶ ἐν ἔργοις καὶ ἐν ᾠδαῖς τῶν ἁπάντων Ὄσιρις ἦν, ὡς μὲν καλὸς ἰδεῖν, ὡς δὲ σοφὸς εἰπεῖν ὁ νέος βασιλεύς, καὶ τὸ μεγαλόφρον, ὅτι οὐκ ἀλαζόν, καὶ τὸ πρᾶον, ὅτι ἀταπείνωτον. 4 αὖθις οὖν ὑπενόστει καὶ κατεκλείετο, οὐκ ἔχων ὅ τι τῷ ζῆν χρήσεται, οὔτ’ αὐτός οὔθ’ ἡ γυνή, διωλύγιον ἄλλο κακόν, ἑαυτῆς κομμώτρια, θεάτρου καὶ ἀγορᾶς ἄπληστος, τὰς ἁπάντων ὄψεις βουλομένη τε καὶ οἰομένη πρὸς αὑτὴν ἐπεστράφθαι· παρ’ ὃ καὶ μείζω συμφορὰν ἐπεποίητο τῆς βασιλείας ἐκπεπτωκέναι τὸν ἄνδρα, ἐκείνως ἂν οἰομένη δημοσιεύσειν τὴν πολιτείαν ἐπὶ μείζονος ὑποθέσεως, καὶ καθηδυπαθήσειν τὴν ἐξουσίαν. 5 ἑαλώκει τε αὐτῆς ὁ Τυφὼς ἤδη πρεσβύτης ὤν, ὥσπερ παιδάριον ἀφροδίτης ἀρχόμενον, καὶ ἦν αὐτῷ τὸ μέρος τῆς συμφορᾶς αἰδὼς τῆς ἀνθρώπου, πρὸς ἣν ἐπεφιλοτίμητο τὴν μεγίστην ἄρξειν ἀρχὴν κἀκείνῃ τὴν δυναστείαν κοινώσεσθαι. 6 ἡ δὲ καὶ ἐν ἰδιώτῃ βίῳ χρῆμα φανερώτατον ἦν, εὐδοκιμεῖν ἐν τοῖς πλεῖστον ἀντικειμένοις φιλοτιμουμένη, θηλυτάτη μὲν γυναικῶν τρύφημα προσεξευρεῖν καὶ ἐπιποιῆσαι κάλλει καὶ ἐνδοῦναι τῇ φύσει· παραβολωτάτη δὲ ἀρρένων ἐπιθέσθαι σκέμματι καὶ τολμῆσαι πεῖραν, ποικιλοπράγμων τε οὖσα καὶ καινοτόμος. παρεσκεύαστο δὴ πρὸς ταὐτά τε καὶ πρὸς τἄλλα καὶ γυναῖκας ἑταιριστρίας καὶ ἄνδρας πελάτας πάντας ὁμοιογνώμονας ἔχειν, καὶ χρῆσθαι πρὸς ἃ ἐπεφύκει, καὶ οἴκοι καὶ θύραζε. 7 Ὀσίριδι δὲ καὶ ὅτι γυναικωνῖτις ἦν τὸ παιδάριον ἀνέμνησε τοῖς ἀνθρώποις ὁρώμενον· καίτοι τὸ παιδίον, ὁ Ὦρος, θέαμα σπάνιον ἦν. μίαν γὰρ ἀρετὴν Ὄσιρις ᾤετο γυναικὸς εἶναι τὸ μήτε τὸ σῶμα αὐτῆς μήτε τοὔνομα διαβῆναι τὴν αὔλειον. οὔκουν οὐδὲ τὸ ἐν ἄκρῳ γενέσθαι τῆς τύχης παρεκίνησε τοῦ καθεστῶτος τὴν σώφρονα, εἰ μὴ καὶ μᾶλλον ὑπὸ τῷ μεγέθει τῆς ἐξουσίας ἐκρύπτετο, ἐπεὶ μηδὲ αὐτὸς ὡς παρὰ τοῦτο εὐδαιμονέστερος ἐγανύσκετο· [106] ἀλλ’ ᾔδει, καὶ μὴ τυχών, οὐκ ἂν ἧττον εὐδαίμων γενόμενος. 8 αὐτὸς γάρ τις ἕκαστος ἑαυτῷ τοῦ τοιούτου ταμίας, ἀγαθὸς εἶναι βουλόμενος. διὸ τοὺς μὲν ἀρετῇ συζῶντας, ἰδιώτας τε ὄντας καὶ ἄρχοντας, ἴδοι τις ἂν ὁμοίως εὐθυ-

seine Seele von den Stacheln der Erinnerung zu lösen. Aber die Erinnerung ist gegenüber dem, der sich von ihr befreien will, höchst streitlustig. 2 Daher begleitete ihn auch bei geschlossenen Augen die Vergegenwärtigung seines Unglücks. Wenn ihn überhaupt Schlaf überkam, hätte er einen umso schlimmeren Traum geträumt, sah er doch vor Augen jenen Hügel, jene Stimmen, jene Hände, die allesamt für den Bruder votierten. Und wenn er aus Hass auf diese schlimme Vision gern aufstand [105], dröhnten ihm noch lange Zeit die Ohren vom Echo der den Bruder glückverheißend Umjubelnden. 3 Er ertrug es nicht, ruhig zu bleiben, seine Seele grämte sich, und streckte er den Kopf aus dem Haus, empfing ihn Unglück: In den Reden, in den Taten, in den Gesängen aller war Osiris, wie schön anzusehen, wie weise in der Rede der neue König sei, und seine hohe Gesinnung ohne Prahlerei sowie sein Milde ohne Niedrigkeit. 4 Dann kehrte Typhos wieder ins Haus zurück und schloss sich ein, ohne zu wissen, wofür er noch leben solle, er selbst und ebenso seine Frau, ein anderes Unheil ohne Gleichen, so modebesessen, dass sie ihre eigene Umkleidefrau war, und unersättlich gierig nach Theater und Markt, die von dem Wunsch und der Erwartung beseelt war, die Blicke aller auf sich zu ziehen. Daher stellte es für sie auch eine noch größere Katastrophe dar, dass ihr Mann bei der Wahl zum König durchgefallen war, weil sie der Ansicht war, sie hätte sonst den Staat auf höherem Niveau öffentlich ausplündern und ihre Macht in üppiger Weise genießen können. 5 Von ihr war Typhos, obgleich er schon älter war, gefangen wie ein Knabe, der zum ersten Mal von Liebe beherrscht wird. Ein Teil seiner Katastrophe lag in seiner Scham vor dieser Person, vor der er sich gebrüstet hatte, er werde die höchste Machtstelle bekleiden und mit ihr die Herrschaft teilen. 6 Sie war nun auch im Privatleben ein allgemein bekanntes Beispiel dafür, wie man sich in höchst gegensätzlichen Dingen ehrgeizig hervortut. Unter den Frauen war sie die weibischste darin, Luxus neu zu erfinden, auf Schönheit zu achten und den Neigungen der Natur nachzugeben. Unter den Männern war sie dagegen die skrupelloseste, eine Intrige zu planen und die Frechheit zu haben, sie durchzuführen zu versuchen; sie war zugleich umtriebig und stets auf Neues bedacht. Zu diesem und anderem hatte sie fertig gebracht, um sich eine Clique von Hetären und Männern, die zu ihnen gehörten, zu versammeln, die allesamt mit ihr einen Sinnes waren, und sich dieser für ihre Neigungen zu Haus und in der Öffentlichkeit zu bedienen. 7 Dass auch Osiris ein Frauengemach hatte, daran erinnerte die Menschen sein kleiner Sohn, wenn man ihn sah. Allerdings war das Kind, Horos,[74] ein seltener Anblick. Die eine Tugend der Frau, so glaubte Osiris nämlich, läge darin, dass weder ihr Name noch ihr Körper die Hoftür durchquere. Nicht einmal der Umstand, auf dem Gipfel des Glücks zu stehen, konnte seine besonnene Frau dazu bringen, von diesem Vorsatz abzuweichen, wenn nicht in der Hin-

μουμένους. ἅπας γὰρ βίος ἀρετῆς ὕλη. 9 καθάπερ ἐπὶ σκηνῆς ὁρῶμεν τοὺς τῆς τραγῳδίας ὑποκριτάς· ὅστις καλῶς ἐξήσκησε τὴν φωνήν, ὁμοίως ὑποκρινεῖται τόν τε Κρέοντα καὶ τὸν Τήλεφον, καὶ οὐδὲν θάλουργῆ τῶν ῥακίων διοίσει πρὸς τὸ μέγα καὶ καλὸν ἐμβοῆσαι καὶ καταλαβεῖν ἠχοῖ τοῦ μέλους τὸ θέατρον· ἀλλὰ καὶ τὴν θεράπαιναν καὶ τὴν δέσποιναν μετὰ τῆς αὐτῆς ἐπιδείξεται μουσικῆς, καὶ ὅ τι ἂν περιθῆται προσωπεῖον, τὸ καλῶς αὐτὸν ὁ χορηγὸς τοῦ δράματος ἀπαιτεῖ· 10 οὕτως ἡμῖν θεὸς καὶ τύχη περιτίθησιν ὥσπερ προσωπεῖα τοὺς βίους ἐν τῷ μεγάλῳ τοῦ κόσμου δράματι, καὶ οὐδέν τι μᾶλλον ἕτερος ἑτέρου βίος βελτίων ἢ χείρων, χρῆται δὲ ὡς ἕκαστος δύναται. δύναται δὲ ὁ σπουδαῖος ἁπανταχοῦ καλῶς διαγίνεσθαι, κἂν τὸν πτωχὸν κἂν τὸν μόναρχον ὑποκρίνηται· διοίσεται δὲ οὐδὲν περὶ τοῦ προσωπείου. ἐπεὶ καὶ ὁ τραγῳδὸς γελοῖος ἂν γένοιτο, τὸ μὲν φεύγων, τὸ δὲ αἱρούμενος· καὶ γὰρ ἐν τῷ τῆς γραὸς εὐδοκιμῶν, στεφανοῦταί τε καὶ κηρύττεται, καὶ ἐν τῷ τοῦ βασιλέως ἀσχημονῶν, κλώζεται καὶ συρίττεται, ἔστι δὲ ὅπῃ καὶ λίθοις βάλλεται. 11 βίος γὰρ οὐδεὶς οἰκεῖος ἡμῶν, ἀλλοτρίους δὲ ἔξωθεν περικείμεθα· ἡμεῖς δὲ τὸ χρώμενον ἔνδοθεν ἀμείνους καὶ χείρους αὐτοὶ ποιοῦντές τε καὶ δεικνύντες, ἀγωνισταὶ ζώντων δραμάτων. ταῦτ᾽ ἄρα ὥσπερ ἐσθῆτας ἔστιν αὐτοὺς ἀμφιέσασθαι καὶ μεταμφιέσασθαι.

1 Ὄσιρις μὲν οὖν – ἐπεπαίδευτο γὰρ τί τὸ οἰκεῖον καὶ τί τὸ 14
ἀλλότριον – μέτρον εὐδαιμονίας ἠπίστατο τὴν ψυχὴν οὖσαν. αὐτόν τε οὖν καὶ τοὺς οἴκοι παρείχετο τοὺς αὐτοὺς τὰς γνώμας, ἰδιώτας καὶ ἄρχοντας ἀνεκπλήκτους ὑπὸ τῶν ἔξωθεν. 2 οἱ δὲ – αἰσθήσει τε γὰρ ἔζων καὶ νοῦς ἀπῆν – ἐρασταὶ τύχης ἀμελεῖς, οἰκεῖον ἑαυτῶν ἡγούμενοι τὸ ἀλλότριον, φύσης τε ἦσαν ἔμπλεῳ, τὴν βασιλείαν καραδοκήσαντες, καί, ὡς οὐκ ἦλθεν ἐπ᾽ αὐτούς, ἀπεγνώκεσαν ἑαυτῶν [107] καὶ οὐδὲν ἐνόμιζον εἶναι βιώσιμον. 3 αὖθίς τε καὶ πολλάκις εἰρῆσθαι ἄξιον· ἀνθρώποις ἀπαιδευσίας κανὼν μὴ περιμένειν βίον, ὥσπερ ἐν τραπέζῃ μερίδα, ἥτις περιαγομένη γένοιτο καθ᾽ ἡμᾶς, ἵνα ἀνελώμεθα, ἀλλὰ αὐτὸν εἶναι τὸν προαρπάζοντα καὶ ὑφαιρούμενον.

sicht, dass sie sich angesichts der Größe der Macht noch mehr verbarg. Denn auch Osiris selbst legte keine neue Freude an den Tag, wie es angesichts seines größeren Glücks nahe gelegen hätte. [106] Vielmehr wusste er, dass er, auch wenn er keinen Erfolg gehabt hätte, nicht weniger glücklich gewesen wäre. 8 Denn ein jeder ist für sich in derlei verantwortlich, wenn er gut sein will. Deswegen dürfte man die, die mit der Tugend zusammenleben, Privatleute wie Herrscher, wohl in gleich guter Stimmung sehen. Denn jede Lebensweise bietet Stoff für Tugend. 9 Gerade wie wir auf der Bühne die Schauspieler der Tragödie sehen: Wer seine Stimme gut geübt hat, wird in gleicher Weise den Kreon und den Telephos spielen,[75] und die Purpurgewänder werden sich nicht von den Lumpen unterscheiden hinsichtlich des Laut- und Schön-Artikulierens und der Wirkung, die der Klang des Liedes auf das Theater hat. Ein Schauspieler wird die Dienerin wie die Herrin mit derselben Musenkunst darstellen, und welche Rolle er auch übernimmt – der Regisseur des Stückes verlangt, dass er sie schön spielt. 10 So weisen uns der Gott und das Schicksal wie Rollen unsere Leben zu im großen Schauspiel des Kosmos, und um nichts ist das eine Leben besser oder schlechter als ein anderes; Jeder gebraucht es, wie er es vermag. So kann der ernsthafte Mensch überall dauernd sich schön verhalten, mag er einen Bettler, mag er einen Monarchen spielen. Die Rolle ist dafür nebensächlich. Denn auch ein Tragödienschauspieler dürfte sich wohl lächerlich machen, der die eine Rolle meidet, die andere sich wählen will. Denn der, der in der Rolle einer alten Frau brilliert, wird bekränzt und öffentlich ausgerufen, der, der in der des Königs versagt, wird ausgezischt und ausgepfiffen, ja manchmal sogar mit Steinen beworfen. 11 Kein Leben ist uns nämlich eigen: wir werden von außen mit fremden Leben umgeben. Wir gestalten und agieren von Innen heraus das von uns gebrauchte Leben entweder besser oder schlechter, als Schauspieler lebender Dramen unter Wettbewerbsbedingungen. Daher ist es möglich, die Leben wie Kleidungsstücke anziehen und zu wechseln.

14 1 Osiris – er hatte nämlich gelernt, was das dem Menschen Eigene, was das ihm Fremde ist – wusste, dass die Seele das Maß des Glücks ist. Sich und die Seinen konnte er als unverändert im Sinn vorweisen, Privatleute wie hohe Beamte, die unerschütterlich durch die äußeren Dinge waren. 2 Die anderen aber – sie lebten von der sinnlichen Wahrnehmung, der Geist fehlte ihnen – waren sorglose Liebhaber des Zufalls, hielten für das ihnen Eigene just das, was fremd ist, waren voll von aufgeblasenem Stolz, hatten auf die Königsherrschaft gewartet und, als sie zu ihnen nicht kommen wollte, verzweifelten sie an sich selbst, [107] ja glaubten, ihr Leben sei nicht mehr lebenswert. 3 Es ist wichtig, immer wieder festzustellen: Unter Menschen darf als Kriterium für Unbildung gelten, nicht auf das Leben zu warten, wie bei Tisch auf die Portion, die zu uns herumgereicht wird, da-

τυχὼν μὲν γὰρ ὁ τοιοῦτος καταγέλαστος ἔσται, συμπότης ὢν ἄκοσμος, καὶ τῷ τάττοντι τὸ συμπόσιον ἀπεχθήσεται, τό γε ἐφ' ἑαυτῷ ταράσσων ἀνελευθερίᾳ τὴν τάξιν· μὴ τυχὼν δέ, ταῦτά τε, καὶ προσέτι κλαιήσει παιδαρίου δίκην, τῆς παρενεχθείσης μερίδος καὶ εἰς τὸν πλησίον ἐλθούσης αὐτὸς ἐξεχόμενος. 4 ὧν τὰ παραπλήσια Τυφῶνι πάντα παρῆν· καὶ γὰρ θεοῖς ἀπήχθητο, καὶ αὐτὸς ὠδύρετο, καὶ τὸ πρᾶγμα γέλως ἐγεγόνει τῷ πλήθει. οὐδὲ γὰρ ὅτι συχνῶν μηνῶν ἀνεπεπτώκει καὶ καθ' ἡμέραν ἐπίδοξος ἦν ἀποθανεῖσθαι, οὐδὲ τοῦτο ἔλεον, ἀλλ' ὀργὴν μὲν ἐκίνει τοῖς ἀνδρειοτέροις, γέλωτα δὲ τοῖς μαλακωτέροις τὰς γνώμας, ὡς ἤδη τὸ πρᾶγμα παροιμίαν εἶναι καὶ ἐρώτημα πρὸς τοὺς ὠχριῶντας, «μή τι τἀδελφῷ σου καλόν;» 5 κἂν ἀπολώλει δικαίως ὑφ' ἑαυτοῦ, γενόμενος ἔκδοτος τῷ κακῷ· νῦν δὲ ἡ παλαμναία γυνή, καὶ ἐν τοῖς δεινοῖς οὖσα λίαν γυνή, ἑαυτήν τε καὶ ἐκεῖνον ἐπανήγαγεν, ἀεί ποτε αὐτῷ ῥᾳδίῳ χρωμένη, καὶ τοῦ δακρύειν ἀφίστη πρὸς ἑαυτὴν ἀσχολοῦσα, πάθει πάθος ἐκκρούουσα, ἡδονῇ λύπην ἀποικοδομουμένη. 6 οὕτως οὖν ἀνεπάλαισε, παρὰ μέρος εἴκων τοῖς ἐναντιωτάτοις κακοῖς. νῦν μὲν ᾤμωζε, νῦν δὲ ὤργα· παιδάριά τε ἀκολαστότερα τότε δὴ καὶ πλείους μᾶλλον εἰς τὴν οἰκίαν εἰσήρρησαν, καὶ κῶμοι καὶ πότοι, τοῦ συνδιαφθείρειν αὐτοῖς τὸν χρόνον καὶ τῆς ψυχῆς τὴν ἀχλὺν παραμυθεῖσθαι· καὶ τἄλλα ἐμηχανῶντο, ὡς ἂν ἥκιστα τῶν Ὀσίριδος ἀγαθῶν μεμνῆσθαι σχολάζοιεν, καὶ κολυμβήθρας ἐποίουν, καὶ νήσους ἐν κολυμβήθραις, καὶ ἐν ταῖς νήσοις θερμὰ χειροποίητα, ἵνα γυμνοῖντό τε ἐν ταῖς γυναιξὶν ἐπ' ἀλλήλοις καὶ ἀνέδην ἐπιθορνύοιντο.

1 Ἀμφὶ ταῦτα οὖσιν αὐτοῖς καὶ ἡ τῆς τυραννίδος ἐπίθεσις 15
ἐπὶ νοῦν ἔρχεται ὑποθήκῃ φαύλων δαιμόνων, οἳ τόν τε τρόπον ὑφηγοῦνται, καὶ τἄλλα ἀναφανδὸν ἤδη συνδιώκουν, [108] παρόντες τε καὶ συμπεριόντες· οὐ γὰρ οἰστὸν ἦν αὐτοῖς ὁρᾶν τὰ σφέτερα ἀτίμως ἔρροντα, φρονήσεως ἀσκουμένης, εὐσεβείας ἐπιδιδούσης, ἀπεληλαμένης μὲν ἀδικίας, εἰσῳκισμένης δὲ ὁμονοίας, ἀγαθῶν ἁπάντων ἀνθούντων. τὸ δακρύειν Αἰγυπτίοις ὄνομα λοιπὸν ἦν, πάντα εὔφημα, πάντα ἐν κόσμῳ, τῆς πο-

mit wir sie aufnehmen, sondern der zu sein, der ein solches Leben, ohne dass er an der Reihe wäre, an sich reißt und es heimlich stiehlt. Denn wenn man auf diese Weise seinen Teil erlangt, wird man ausgelacht werden, als ein Gast beim Gelage, der sich nicht zu benehmen weiß, und er macht sich dem, der das Gelage ausrichtet, verhasst, weil er in eigener Verantwortung durch sein ungebührliches Verhalten die Ordnung stört. Gelingt es ihm nicht, seinen Teil zu bekommen, tut er das und wird er nach Art des kleinen Kindes weinen, weil der Teil, den er haben wollte, vorübergegangen und an den Nachbarn gelangt ist – obgleich er selbst sichtlich darauf wartete. 4 So ungefähr war die Situation des Typhos. Er sah sich den Göttern verhasst, bejammerte sich selbst: Die Sache war zum Gespött der Menge geworden. Nicht einmal, dass sein Zusammenbruch viele Monate dauerte und man täglich von ihm dachte, er würde sterben, erregte Mitleid, sondern er verursachte Zorn bei den Menschen größerer Tapferkeit, Gelächter bei denen mit weicherer Sinnesart, so dass die Sache bald zum Sprichwort wurde und sich in die Frage an Menschen mit bleichem Gesicht kleidete: „Ist etwa deinem Bruder etwas Gutes passiert?" 5 Er wäre durch eigene Schuld mit Recht zugrunde gegangen, weil er sich so dem Unglück ausgeliefert hatte. Jetzt aber richtete seine verruchte Frau – auch im Unglück war sie zu sehr Frau – sich und ihn wieder auf. Sie, die ihn auch sonst stets nach Belieben manipulierte, brachte ihn vom Weinen ab, indem sie ihn auf sich ausrichtete, eine Leidenschaft mit einer anderen verdrängte[76] und Leid durch Lust ersetzte. 6 So nahm er den Kampf wieder auf, indem er sich abwechselnd Übeln, die einander entgegengesetzt sind, fügte. Bald jammerte er, bald strotzte er von Selbstvertrauen. Damals strömten junge Männer, ziemlich zügellose und stetig mehr, in steigendem Maß in sein Haus; es gab Feste und reichlich Getränke, um mit ihnen gemeinsam die Zeit zu verschwenden und den Nebel, der seine Seele umhüllte, zu betäuben.[77] Im übrigen gaben sie sich größte Mühe, ihre Zeit so zu vertreiben, dass sie sich möglichst wenig an das Glück des Osiris erinnern müssten. Sie bauten Schwimmbecken und Inseln in den Schwimmbecken, auf den Inseln künstliche Thermen, damit sie sich in Gesellschaft von Frauen wechselseitig entblößen und ungehindert sexuellen Verkehr haben könnten.

15 1 Als sie sich damit beschäftigten, kam ihnen unter dem Einfluss böser Dämonen der Gedanke, die Herrschaft an sich zu reißen. Diese Dämonen zeigten ihnen die Methode, sie verfolgten mit ihnen gemeinsam auch das Übrige in aller Offenheit, [108] waren gegenwärtig und zogen mit ihnen herum. Denn es war für sie unerträglich mitanzusehen, wie ihre Domäne ohne Ehre zerfiel, weil man besonnenes Denken übte, weil die Frömmigkeit wuchs, Ungerechtigkeit vertrieben war, Eintracht Wohnstatt genommen hatte, ja alles, was gut ist, in Blüte stand. Weinen – für die Ägypter

λιτείας, ὥσπερ ἑνὸς ζῴου, ψυχὴν ἐχούσης τὸν νόμον καὶ κατ' αὐτὸν κινουμένης, τῶν μερῶν τῷ παντὶ συμφωνούντων. 2 ταῦτα ἐξοιστρᾷ, τούτοις ἐπιφύονται δαίμονες, ὀργάνοις χρώμενοι συγγενέσιν ἀνθρώποις. τυρεύεται δὴ τὸ κακὸν ἐν δύο γυναικωνίτισιν. ἑστία γὰρ ἦν ἐν τῇ πόλει τῇ βασιλίδι τῷ στρατοπεδάρχῃ τῶν ἀλλοφύλων, ὃς αὐτός τε καὶ ἡ πληθὺς Αἰγυπτίοις ἐδόκουν στρατεύεσθαι· τότε δὲ πόλεμόν τινα ἔπραττον οὐκ εὐτυχῆ πρὸς μοῖράν τινα αὐτῶν ἀποστᾶσαν, καὶ κῶμαί τινες Αἰγύπτιαι κακῶς ἐπεπράγεσαν, τοῦτο παρεσκευακότων ἐπὶ τὸ δρᾶμα δαιμόνων. 3 παρὰ τὴν τούτου γυναῖκα φοιτῶσα μεθ' ἡμέραν καὶ νύκτωρ ἡ γυνὴ τοῦ Τυφῶνος οὐ χαλεπῶς ἀναπείθει βάρβαρον γραῦν καὶ ἀνόητον, τὸ παιπάλημα τὸ κερκώπειον, ὅτι τε αὐτῆς προκήδοιτο, καὶ ὅτι προορῷτο κακὸν ἐπ' αὐτοὺς ἧξον, ἢν Ὀσίριδι κατὰ νοῦν εἴη τὰ πράγματα· προδοσίαν γὰρ αἰτιᾶται, καὶ συγκείμενον πόλεμον οἴεται πολεμεῖσθαι, τῶν βαρβάρων ἐν κοινωνίᾳ γνώμης μερισαμένων στρατόπεδα. «Ἔγνωκεν οὖν» φησίν, «ἐπαναγαγεῖν τε αὐτὸν ἁπάσῃ βίᾳ καὶ μηχανῇ, καί, ἐπειδὰν τάχιστα ἀπὸ τῶν ὅπλων γένηται, παραλύσας τῆς ἀρχῆς, κακῶς αὐτόν τε καὶ σὲ καὶ παῖδας ἀπολέσαι, τοὺς γενναίους δὴ τούτους, τὰ πάγκαλα θρέμματα, καὶ τούτους ἔγνωκεν ἀποσφάξαι πρὸ ἥβης», καὶ ἅμα ἐδάκρυσεν ἄν, ὑπογενειάζουσα τὰ παιδάρια, εὔνοιαν οἴκτῳ προσποιουμένη. 4 ἡ δὲ γραῦς ἡ Σκυθὶς ᾤμωξεν αὐτίκα, οἰομένη κατ' ὀφθαλμοὺς ὄψεσθαι τὰ δεινὰ καὶ αὐτὴ πείσεσθαι. ἡ δὲ ἄλλο προσετίθει δεῖμα, καὶ καθ' ἡμέραν ἄλλο, βουλεύματα δῆθεν ἐξαγγέλλουσα τῶν ἐπ' αὐτοὺς ἀπορρήτων· ὅλως γὰρ ἐκτριβήσεσθαι τὸ Σκυθικὸν ἐκ τῆς χώρας, καὶ τοῦτο ὁσημέραι πράττειν Ὄσιριν, καταλόγους τε ἀφανῶς πληροῦντα καὶ τἄλλα προμηθούμενον, ὅπως ἂν ἐφ' ἑαυτῶν οἰκοῖεν Αἰγύπτιοι, τοὺς βαρβάρους ἢ κατακανόντες ἢ ἐξελάσαντες· [109] τοῦτο δὲ ἔσεσθαι ῥᾷστον, ἐπειδὰν τὸν ἄρχοντα σφῶν ἰδιώτην τε ἀποδείξῃ τὸ πινάκιον πέμψας καὶ ὑπαγάγῃ τῷ νόμῳ. τούτου διακεχειρισμένου, τοὺς ἄλλους οἴεται μικρὸν ἔργον ἔσεσθαι. 5 «Καὶ νῦν ὁ Τυφώς» φησίν, «οἴκοι δακρύει· τὰ γὰρ ὑμέτερα φρονεῖ, καὶ τοῖς βαρβάροις ἀεὶ πεπολίτευται, δι' οὓς καὶ τῆς βασιλείας ἡμάρτομεν, οὐ παραγενομένους ἐν τῷ καιρῷ τῆς ἀναρρήσεως. ἐκείνως ἂν νῦν Αἰγυπτίοις ἐμπαροινεῖν ἐξῆν καὶ τὰ ἀγαθὰ τὰ τούτων ἔχειν ὑμᾶς, ὡς ἀνδραπόδοις τοῖς κυρίοις χρωμένους. ἀλλ' οὔθ' ὑφ' ὑμῶν ὠφελήμεθα τότε, καὶ νῦν ἀδύνατοι βοηθεῖν ἐσμεν. συμφορᾷ μέν τοι κεχρήμεθα, τῶν δεινῶν ἤδη πελαζόντων τοῖς φίλοις». 6 οὕτω καταστρατηγήσασα τῆς γραὸς καὶ εἰς

war dies nur noch als Begriff bekannt, alles war dagegen glückverheißend, war in guter Ordnung, weil der Staat, wie ein einziges Lebewesen, als Seele das Gesetz besaß und sich im Einklang mit ihm bewegte, seine Glieder mit dem Ganzen in Einklang standen. 2 Genau dies stachelte die Dämonen auf, daran hefteten sie sich und gebrauchten dabei als Werkzeug ihnen artverwandte Menschen. Die unheilvolle Intrige wird in zwei Frauengemächern gesponnen. Seinen Herd hatte in der Königsstadt der Heerführer der Fremden; er selbst und seine große Truppe schienen für die Ägypter ihren Dienst zu tun. Damals führten sie einen Krieg – er war nicht glücklich – gegen einen Teil von ihnen, der abgefallen war, und einigen ägyptischen Dörfern war es übel ergangen, weil dies die Dämonen als Beitrag zu ihrem Schauspiel so eingerichtet hatten. 3 Zur Frau dieses Heerführers ging bei Tag und bei Nacht die Frau des Typhos, und ohne Mühe überredete sie, die durchtriebene intrigante Zunge nach Kobold-Art,[78] die fremdländische und törichte alte Frau davon, dass sie um sie besorgt sei und dass sie eine Katastrophe auf sie zukommen sähe, wenn Osiris mit seinen Unternehmungen seine Ziele erreichte. Denn der führe Anklage wegen Verrats und glaube, dass der Krieg als abgekartete Sache geführt werde, weil die Barbaren in Einmütigkeit die Truppen aufteilten. „Er hat daher," sagte sie, „den Beschluss gefasst, deinen Mann mit allen Mitteln, Gewalt und List, zurückzubringen und, sobald er die Waffen niedergelegt hat, ihn, dich und eure Kinder auf grausame Weise zu vernichten – ja, gerade diese edlen Kinder, wunderschöne Geschöpfe, auch die hat er beschlossen, vor der Blüte ihrer Jahre abzuschlachten." Zugleich pflegte sie zu weinen, wobei sie die Kinder zärtlich am Kinn berührte, Wohlwollen durch ihr Wehklagen heuchelnd. 4 Die alte Skythin seufzte sogleich tief, glaubte sie doch, das Unglück bereits vor Augen zu haben und schon selbst zu erleiden. Typhos' Weib reihte nun noch einen weiteren Schrecken daran, und täglich einen weiteren, indem sie von Plänen in den geheimen Staatsvorgängen, die gegen sie gerichtet seien, berichtete: Es solle das skythische Element gänzlich aus dem Land vertilgt werden, und dies betreibe Osiris jeden Tag, indem er heimlich die Listen der wehrfähigen Bürger auffülle und auch für das Übrige Vorsorge treffe, damit die Ägypter für sich allein leben könnten, wenn sie die Barbaren entweder umgebracht oder vertrieben hätten. [109] Dies werde ganz leicht sein, sobald er den Befehlshaber der Fremden durch ein Entlassungsschreiben zum Privatmann gemacht und damit dem Gesetz unterworfen hätte. Sei dieser beseitigt, so würden, glaube er, die anderen nur noch wenig Mühe machen. 5 „Und jetzt," sagte sie, „weint Typhos daheim. Denn er sympathisiert mit euch und hat sich politisch immer für die Barbaren eingesetzt, durch die wir auch die Königswürde verfehlt haben, weil sie nicht zur Stunde der Ausrufung dabei sein konnten. Denn sonst

τοὔσχατον ἐκδειματώσασα, ὡς ἂν ἀφύκτων ὄντων, ὡς ἅλις εἶχεν, ἑτέραν προσβάλλει μηχανὴν τοῦ δέους ἐπανάγειν τὴν βάρβαρον, ἤδη μαθοῦσαν ἕπεσθαι περιαγούσῃ τὴν γνώμην, καὶ κατὰ μικρὸν ἐρρώννυ καὶ ἐλπίδων ἐπίμπλη. «Ἀλλὰ μέγα» ἔφη, «τὸ βούλευμα, καὶ καινῆς δεῖ τόλμης, ἵνα μὴ ἐπ' Ὀσίριδι ὦμεν, ζῆν καὶ μὴ ζῆν, ὅτε βούλοιτο.» 7 ἠνίξατο τὴν ἐπανάστασιν ἀμυδρῶς τὸ πρῶτον, εἶτα παρεδήλωσεν, εἶτα ἀπεκάλυψεν, κατὰ βραχὺ προσεθίζουσα τῷ τε ἀκροάματι καὶ τῷ τολμήματι, ἕως τελευτῶσα τὴν περιδεᾶ θρασεῖαν ἐποίησε, τὸ μηδὲν δεικνῦσα τὰ Ὀσίριδος, ἐκείνων ἐθελόντων· «Ὁ γὰρ νόμος» ἔφη, «καὶ ἡ συνήθεια τῆς τιμῆς, καὶ τἀρχαῖον καὶ πάτριον τοὺς μὲν νωθεῖς ἑκόντας δουλοῖ· ὁ δὲ ἀφηνιάσας ἀσθενῶν πειρᾶται, καὶ ἐλεύθερός ἐστιν ὁ τὴν ἰσχὺν ἔχων, ἣν μὴ καταπλαγῇ τῇ γνώμῃ πρὸς τὴν συνήθειαν, ὃ μὴ πάθωμεν ἡμεῖς, ὑμῶν μὲν ἐν ὅπλοις ὄντων, Ὀσίριδος δὲ οὐδὲν ἀλλ' ἢ θεοῖς τε εὐχομένου, καὶ νῦν μὲν πρεσβείαις χρηματίζοντος, νῦν δὲ δίκας ἐκδικάζοντος, νῦν δὲ ἄλλο τι τῶν εἰρηνικῶν πράσσοντος. 8 οὐ γὰρ μή ποτε κοινωσαμένων καὶ συνεισαγαγόντων ἡμῶν μὲν τὴν εὐγένειαν, ὑμῶν δὲ τὰς χεῖρας, Ὄσιρις Σκυθῶν τινι κακὸν ἔσται· δόξετε γὰρ οὐδὲ μέγα τι παραχαράττειν οὐδὲ τὰ Αἰγυπτίων κινεῖν οὐδὲ μεθιστάναι τὴν πολιτείαν, ἀλλὰ καθιστάναι καὶ διατιθέναι τῷ παντὶ λῷον, [110] Τυφῶνι τὴν ἀρχὴν πράττοντες, γεγονότι μὲν ὅθεν Ὄσιρις, πρεσβυτέρῳ δὲ καὶ δικαιοτέρῳ βασιλεύειν Αἰγύπτου. ὥστε οὐδὲ τὴν ἀρχὴν Αἰγυπτίους εἰκὸς ἐφ' ὑμᾶς συστῆναι, μὴ κατὰ μέγα τῆς μεταβολῆς γινομένης περὶ τὴν πολιτείαν τὴν πάτριον. τὸ μὲν οὖν σχῆμα τῆς ἀρχῆς ἡμέτερον ἔσται, τὸ δὲ ἀγαθὸν ὑμέτερον, καὶ Αἰγύπτου πάσης ὡσπερεὶ τραπέζης εὐωχήσεσθε. μόνον ὑφίστασο σὺ πείσειν τὸν ἄνδρα.». «καὶ σύγε» ἔφη, «συμπείσεις.». 9 οὕτως ἐποίουν· καὶ ἐπειδὴ προσελαύνων ἠγγέλλετο, τοῦτο μὲν κάθετοι πρόδρομοι τὸ τῆς ἐπιβουλῆς ἀφανῶς παρεφθέγγοντο, ἐχεμυθίας προσποιήσει τῶν μέγα βοώντων φανερώτερον ἐξαγγέλλοντες, ἃ κρύπτειν εἰκάζοντο· τοῦτο δὲ ἀσαφῆ γράμματα διετάραττεν, ἀσφάλειαν ἐπιτάττοντα. ἤδη δέ τις κἀναφανδὸν εἶπεν, ὅτι δεῖ σῴζειν ἑαυτοὺς ἐκ τοῦ λόχου, καὶ ἄλλος ἀριδηλότερον, καὶ μάλα ἄλλος καὶ ἄλλος, ἅπαντες οὗτοι στασιῶται Τυφῶνος καὶ συνωμόται τῶν γυναικῶν. 10 ἐπὶ πᾶσιν ὁ κολοφών, αἱ γυναῖκες ὑπαντιάζουσιν, αἱ δημιουργοὶ τοῦ δράματος, καὶ Τυφὼς αὐτὸς ὡς ἐπ' ἄλλο τι προελθὼν τοῦ ἄστεος λαθραίως αὐτῷ συγγίνεται καὶ συντίθεται περὶ τῆς ἀρχῆς καὶ πείθει χωρεῖν αὐτόθεν ἐπὶ τὸ ἔργον, εἰ δέοι, καὶ συναπολέσθαι

könntet ihr jetzt mit den Ägyptern nach Belieben umgehen, hättet deren Güter und würdet mit ihnen, die jetzt eure Herren sind, wie mit Sklaven verfahren. Doch erhielten wir damals von euch keine Hilfe, und jetzt sind wir ohnmächtig, euch zu helfen. Jedoch empfinden wir es als Unglück, wenn unseren Freunden die Katastrophe näher kommt." 6 So überlistete die Frau des Typhos die Alte und jagte ihr schwärzeste Furcht ein, als sei die Katastrophe unabwendbar. Als sie damit genug geleistet hatte, wandte sie einen zweiten Trick an, die Barbarin von Furcht wieder zu befreien, die schon gelernt hatte, ihr, die ihren Sinn verführte, zu folgen. So ließ sie sie in kleinen Schritten wieder zu Mut kommen und erfüllte sie mit Hoffnungen. „Nun, gewaltig," sagte sie, „ist der Plan und er bedarf eines Wagemuts neuer Art, damit wir nicht mehr in der Abhängigkeit des Osiris stehen, zu leben oder nicht zu leben, wann er will." 7 Sie verrätselte den Aufstand in dunkler Weise zuerst, dann wurde sie deutlicher und enthüllte ihn schließlich, wobei sie die Alte in kleinen Stücken an das Anhören des Plans und den tollkühnen Plan selbst gewöhnte, bis sie schließlich die überaus ängstliche Frau mutig gemacht hatte, indem sie nachwies, dass die Macht des Osiris nichts sei – wenn jene es nur wollten. „Das Gesetz," sagte sie, „und die Gewohnheit im Umgang mit Ehrenpositionen, ja das Immer-schon-so-Gewesene und das von den Vorfahren Stammende macht die Trägen zu freiwilligen Sklaven. Wer aber sich davon frei macht, greift nur Schwaches an, und frei ist, wer die Stärke hat, wenn er sich nicht im Sinn einschüchtern lässt durch die Gewohnheit: Das wird uns nicht passieren, während ihr unter Waffen steht und Osiris aber lediglich zu den Göttern betet, mit Gesandtschaften verhandelt, Recht spricht oder andere Friedensaktivitäten betreibt. 8 Gewiss wird, wenn wir den Adel und ihr die Kraft eurer Arme teilen und zum Gemeinbesitz machen, Osiris keinem Skythen zum Verhängnis werden. Es wird auch nicht so aussehen, als ob ihr eine gewaltige Umprägung vornehmt oder Ägypten in Aufruhr stürzt oder gar die Verfassung verändert, sondern dass ihr es für jeden besser einrichtet und ordnet [110], wenn ihr Typhos die Herrschaft verschafft, der aus der Familie stammt, aus der Osiris hervorgegangen ist, ferner älter ist und mit höherem Recht Ägyptens König wäre. Daher ist es auch nicht wahrscheinlich, dass sich die Ägypter gegen euch überhaupt zusammenschließen, wenn nicht eine wirklich fundamentale Veränderung gegenüber ihrer von den Vorfahren ererbten Verfassung eintritt. Die äußere Ehre der Macht wird unser sein, das mit ihr verbundene Gut euch gehören, und ihr werdet an ganz Ägypten wie an einer festlichen Tafel üppig prassen. Nur musst du versprechen, deinen Mann zu überreden." „Und du," sagte die andere, „musst ihn mit mir zusammen überreden." 9 So taten sie es. Und als man meldete, dass der Heerführer der fremden Völker zu Pferde her-

τὴν βασιλίδα πόλιν Ὀσίριδι, καὶ τοῦτο ἐφιείς, ὡς ἀποχρώσης αὐτῷ καὶ τῆς λοιπῆς Αἰγύπτου, «καὶ ἅμα ἵνα σοι» φησί, «πλουτοῖεν οἱ στρατιῶται, πόλιν εὐδαίμονα καὶ κοινὴν ἑστίαν τῶν ἐν Αἰγύπτῳ λαμπρῶν ἠνδραποδισμένοι καὶ διηρπακότες τὰ χρήματα». καὶ ταύτην ὁ μὲν χρηστὸς Τυφὼς προὔπιεν μίσει τῶν ἐνοικούντων διὰ τὴν ἐς Ὄσιριν εὔνοιαν· 11 ὁ δὲ Σκύθης οὐκ ἔφη ποιήσειν· εἶναι γὰρ αὐτῷ σέβας βουλῆς τε ἱερᾶς καὶ δήμου σώφρονος καὶ τῶν ἐν ἄστει γερῶν· καὶ γὰρ ἐπ᾽ Ὄσιριν οὐκ ἐθελοντής, ἀλλ᾽ ὑπ᾽ ἀνάγκης ἔφη βαδίζειν, αὐτοῦ τὴν ἀνάγκην πεποιηκότος, κἂν προχωρῇ κρατεῖν ἐκείνου, σωζομένου τοῦ ἄστεος καὶ τῆς χώρας ἀκεραίου μενούσης, κέρδος ἔφη θήσεσθαι τὸ μὴ κακοῦ μείζονος ἀνάγκην γενέσθαι.

1 Λέγει τοίνυν ὁ μῦθος οὐκ ἐμφιλοχωρήσειν τοῖς Ὀσίριδος 16
πάθεσιν· οὐ γὰρ εἶναι φύσιν ἔχον λιπαρῶς τινα προσκαρτερεῖν ἀνιαρῷ διηγήματι. [111] ἄγονται δέ γε τῶν ἱερῶν δακρύων ἀποφράδες ἡμέραι μέχρι νῦν ἐξ ἐκείνου, καὶ οἷς θέμις ὁρᾶν, κινουμένας τὰς εἰκόνας αὐτῶν ἐποπτεύουσιν. 2 ἐκεῖνο δὲ ἄξιον εἶναί φησι καὶ κοινῆς ἀκοῆς· ὑπὲρ χώρας, ὑπὲρ νόμων ὑπὲρ ἱερῶν αὐτὸς ἑαυτὸν ἐγχειρίζει τοῖς, εἰ μὴ λάβοιεν, ἀνατεινομένοις ἅπαντα ἀπολεῖν, καὶ διαβαίνει τὸ ῥεῦμα ὁλκάδι· φρουρά τε εὐθὺς ἀμφ᾽ αὐτόν, ὅποι ποτὲ γῆς ἢ θαλάττης, καὶ περὶ τοῦ τί χρὴ παθεῖν ἐκκλησία βαρβαρική. 3 ἐνταῦθα ὁ μὲν Τυφὼς ἐδεῖτο ἀποθνήσκειν αὐτὸν ὡς ἀνυστὸν τάχιστά τε καὶ βιαιότατα· οἱ βάρβαροι δέ, καίπερ ἀδικεῖσθαι πεπιστευκότες, νεμεσητὸν ἐποιοῦντο, καὶ ᾐδοῦντο τὴν ἀρετήν· φυγὴν δὲ ἐπέβαλλον· καὶ αὖ καὶ τοῦτο ᾐσχύνοντο, καὶ ἠξίουν οὐκ εἶναι τὸ πρᾶγμα φυ-

anritt, da hatten ihm einerseits wie Köder ausgesandte Boten bereits auf dunkle Weise über den Anschlag des Osiris Mitteilung gemacht, die unter dem Anschein des Schweigens deutlicher als laute Rufer kund taten, was sie zu verbergen schienen. Andererseits hatten ihn undeutliche Briefe in Aufregung versetzt, die ihm Sicherheitsmaßnahmen anrieten. Und schon sagte jemand sogar öffentlich, dass man sich aus dem Hinterhalt retten müsse, und ein anderer wurde noch deutlicher, und wieder ein anderer und noch ein anderer – allesamt waren das Gesinnungsgenossen des Typhos und Mitverschwörer der Frauen. 10 Und dann kam der Gipfel: Die Frauen gingen ihm entgegen, sie, die Verfasserinnen des Schauspiels, und Typhos selbst, der unter dem Schein, etwas anderes zu betreiben, aus der Stadt fortgegangen war, trifft heimlich mit dem Feldherrn zusammen, trifft eine Übereinkunft über die Macht und überredet ihn, auf der Stelle ans Werk zu gehen. Und wenn es nötig sei, dass die Königsstadt mit Osiris zusammen unterginge: so gestand er es zu, da für ihn auch das restliche Ägypten noch ausreichend sei: „und damit zugleich," so sagte er, „mit dir deine Soldaten reich werden, indem sie eine blühende Stadt und den gemeinsamen Herd der Reichen und Berühmten in Ägypten versklaven und deren Besitz als Beute verteilen." Diese schenkte ihm der tüchtige Typhos aus Hass auf die Einwohner, die Osiris favorisiert hatten. 11 Der Skythe aber weigerte sich, das zu tun. Denn er hege Scheu vor dem Heiligen Rat, dem klugen Volk und den Ehrengaben in der Stadt. So werde er auch gegen Osiris nicht freiwillig, sondern, so sagte er, aus Zwang marschieren, weil er ihn dazu zwinge, und wenn es ihm gelinge, über Osriris zu siegen, wobei die Stadt bewahrt werde und das Land unverwüstet bliebe, dann werde er das für einen Gewinn halten, dass kein größeres Unheil erforderlich gewesen sei.

16 1 Es sagt nun jedoch der Mythos, dass er nicht gern bei den Leiden des Osiris verweilen wird.[79] Denn es sei nicht natürlich, wenn man mit lebhaftem Interesse eine deprimierende Geschichte verfolgt. [111] Es werden nämlich schwarze Tage der heiligen Tränen bis jetzt seit jenem Tag begangen, und die, denen es erlaubt ist zu sehen, betrachten bewegte Bilder davon. 2 Jenes aber sei wert, so sagt er, dass es alle hören: Für das Land, für die Gesetze, für die Heiligtümer liefert sich Osiris denen aus, die sich, wenn sie ihn nicht fassen sollten, anstrengen, alles zu vernichten, und er setzt auf einem Kahn über den Strom. Sofort umgibt ihn eine Wache, wohin zu Land oder zu See er geht, und eine Versammlung der Barbaren berät, was er erleiden muss. 3 Da fordert Typhos, er solle so schnell und so brutal wie möglich sterben. Obgleich die Barbaren im Glauben waren, ihnen geschehe Unrecht, hielten sie das für Frevel und hatten Scheu vor Osiris' Tugend. So verurteilten sie ihn zur Verbannung. Aber selbst dies erfüllte sie mit

γὴν ἀλλὰ μετάστασιν· χρήματα δὲ καὶ κτήματα ἔχειν εἴων, καὶ ταῦτα ὀρέγοντος αὐτοῖς τοῦ Τυφῶνος· οἱ δὲ οὐδὲν μᾶλλον ἢ τῶν ἱερῶν ἥπτοντο. ὁ μὲν δὴ θεοῦ τε πομπῇ καὶ ἀγαθῶν ἡρώων ἐστέλλετο, χρόνοις εἱμαρμένοις ἐκστησόμενος· οὐ γὰρ ἦν θέμις τὰ χείρω κρατήσειν ἐν Αἰγύπτῳ, καὶ δι᾽ ἐλαχίστου μεταπεσεῖν εἰς ἀκοσμίαν ἅπαντα καὶ κατήφειαν, τῆς ἱερᾶς ψυχῆς ἐνδημούσης· 4 ἵνα γὰρ ἐξῇ γενέσθαι ταῦτα, τὴν ἀρχὴν ἐπ᾽ αὐτὸν συνέστησαν, ὧν ταῦτα ἔργα, οἱ δαίμονες, οἷς ὑπηρετῶν ὁ προβεβλημένος ὑπ᾽ αὐτῶν πάλαι τε εἰς τὴν γένεσιν καὶ τότε ἔναγχος εἰς τὴν τυραννίδα, παντοίων αὐτοὺς εὐώχει συμφορῶν. φόροι μὲν εὐθὺς πολλαπλασίους ταῖς πόλεσιν ἐπετάττοντο, ὀφλήματά τε οὐκ ὄντα ἐξηυρίσκετο καὶ τεθαμμένα ἀνωρύττετο· ὁ μὲν ἐπιποτάμιος ἠπειρωτικόν τι λειτουργεῖν ἐτάττετο· πλοῖα δὲ ᾔτει τὸν ἠπειρώτην, ἵνα μηδεὶς ἄνθρωπος ὢν χαίρειν σχολάζῃ.

5 ταῦτα δημοσιώτατα τῶν κακῶν, καὶ ἔτι κοινότατον ἄλλο· τοὺς ὑπάρξοντας αὐτῷ καὶ ἐπιστησομένους τοῖς ἔθνεσιν ὠνίους ἐξέπεμπεν, ἀπεμπολῶν δημοσίᾳ τὰς πόλεις. οἱ δὴ μισθωσάμενοί τινος ἐπιτροπείαν ἔθνους, καὶ ὅστις ὁ νεώτατος ἦν, ἐπ᾽ ἐνιαυτὸν ἕνα συγκειμένης τῆς ἐκμισθώσεως, ἠξίου τὸν ἐνιαυτὸν ἐκεῖνον αὑτῷ γήρως ἀκολάστου συναθροίζειν ἐφόδια. ἓν γάρ τι καὶ τοῦτο τῶν ἐπὶ Τυφῶνος ἐγένετο· κατὰ γραμματεῖον ὡμολογεῖτο τῆς ἀρχῆς τὸν χρόνον [112] τοῖς καταθεμένοις ἀργύριον. πρότερον δὲ ὁ μὲν ἐπ᾽ αἰτίᾳ κακίας παρελύετο τῆς ἀρχῆς, τῷ δὲ μισθὸς ἦν ἀρετῆς πρεσβυτέρα τιμὴ καὶ πλειόνων ἀρχὴ καὶ χρόνος ἐπιμετρούμενος.

6 ᾤμωζον οὖν τὸ ἀπὸ τοῦδε ἅπαντες ἁπανταχοῦ, κακὸν ἴδιον λέγειν αὐτῶν ἕκαστος ἔχοντες, καὶ κατὰ δήμους καὶ κατὰ βουλευτήρια πᾶσι κακοῖς ἠλοῶντο, ὡς μίαν τινὰ φωνὴν ἀπ᾽ Αἰγύπτου πρὸς οὐρανὸν αἴρεσθαι, τὴν ἠχὼ τοῦ κοινοῦ θρήνου. θεοὶ δὲ ἠλέουν τὸ γένος καὶ παρεσκευάζοντο ὡς ἀμυνοῦντες. οὐ μὴν ἐδόκει, πρὶν ἐναργέστερον ἔτι παρ᾽ ἀλλήλας ἀρετὴν καὶ κακίαν ἐξετασθῆναι, τοῦ καὶ τοὺς ἥκιστα νῷ χρωμένους ἀνθρώπους καὶ αἰσθήσει κρῖναι τὸ ἄμεινον καὶ τὸ χεῖρον, καὶ διῶξαί τε καὶ ἐκκλῖναι.

Scham, und so erachteten sie den Vorgang nicht als Verbannung, sondern lediglich als Relegation. Sie ließen ihm Geld und Besitz, mochte ihnen auch Typhos dies anbieten, und vergriffen sich daran ebenso wenig wie an den Heiligtümern. Osiris zog also fort, unter dem Geleit des Gottes und guter Heroen, um zur bestimmten Zeit wieder zurückzukehren. Denn es war nicht Satzung, dass in Ägypten das Schlechtere die Oberhand haben und auch nur kurze Zeit alles in Zerrüttung und Niedergeschlagenheit geraten sollte, wenn die heilige Seele auf der Erde weilte. 4 Damit dies geschehen könnte, hatten sich von Anfang an die Dämonen, deren Werk das ist, gegen ihn verschworen, und ihnen diente Typhos, der einst von ihnen ebenso ins Dasein geworfen worden war wie nun just in die Königsherrschaft, und speiste sie reichlich mit Unglück. Sofort wurden den Städten die Abgaben vervielfacht[80] auferlegt, Schulden, die es gar nicht gab, erfunden und solche, die längst begraben waren, wieder ausgegraben. Der Flussanwohner musste die Dienste des Binnenlandbewohners leisten, und Lastschiffe verlangte Typhos vom Landbewohner, damit kein Mensch Muße hätte, sich zu freuen.

5 Dieses Unheil war im Land am weitesten verbreitet, hinzu kam noch ein anderes, allgemeineres. Er schickte Statthalter, die ihm untergeben waren und den Provinzen voranstehen sollten, die sich ihre Ämter gekauft hatten – er hatte die Städte öffentlich verkauft. Die nun die Statthalterschaft über ein Volk gepachtet hatten, glaubten, zumal wenn sie gerade noch sehr jung waren, angesichts der für ein einziges Jahr erreichten Pacht während jenes Jahres für sich für ein Alter in Saus und Braus die Geldmittel sammeln zu müssen. Zu den Vorgängen unter der Regierung des Typhos gehörte auch dies: In einem Schriftstück bewilligte er denen, die ihm Geld zahlten, die Zeit ihrer Herrschaft. Zuvor war der eine nur aufgrund von erwiesener Schlechtigkeit seines Amts enthoben worden, der andere hingegen erhielt als Lohn für Tugend eine bedeutendere Ehrenstelle und die Herrschaft über ein größeres Volk und eine passend verlängerte Amtszeit.

6 So jammerten und klagten alle infolge dessen überall, jeder Ägypter konnte sein persönliches Unglück benennen, und Volk für Volk und Ratsversammlung für Ratsversammlung wurde von allen möglichen Formen des Unheils vernichtet, so dass eine einzige Stimme aus Ägypten zum Himmel drang, der Widerhall allgemeiner Klage. Die Götter hatten Mitleid mit dem Volk und rüsteten sich, um zu helfen. Es schien jedoch nicht eher ratsam, bevor nicht noch deutlicher kontrastierend Tugend und Schlechtigkeit geprüft worden seien, damit auch die Menschen, die den Verstand nur selten gebrauchen, durch eigene Wahrnehmung das Bessere vom Schlechteren unterscheiden und daher befolgen beziehungsweise meiden könnten.

17 1 Ἐπέθετο τοίνυν ὁ Τυφῶς καὶ παντάπασι τὴν Ὀσίριδος βασιλείαν τῆς ἀνθρώπων μνήμης ἐκκόψαι, καὶ τοῦτο μετῄει πολλαῖς τε ἄλλαις ὁδοῖς, καὶ οὐχ ἥκιστα ταύτῃ· δίκας τε ἐκδεδικασμένας ἀναδίκους ἐποίει, καὶ ἔδει τὸν ἑαλωκότα κρατεῖν· καὶ πρεσβείαις ἐπεχρημάτιζεν, ἐν αἷς ἐχθρὸς ἦν ὅστις ὑπὸ τῆς θεσπεσίας γλώττης ὠφέλητο· καὶ ἔδει συμφοραῖς ὁμιλεῖν αὐτόν τε καὶ πόλιν καὶ γένος. 2 ἐν ἀμηχάνοις δὲ ἤστην ἐπ' αὐτὸν δύο μηχαναί, εἴ τις ἢ τῇ γυναικὶ χρήματα ἀπεμέτρησεν· ἡ δὲ ὥσπερ ἐπὶ τέγους φανερωτάτη προὐκάθητο, ἐπί τε τῷ σώματι καὶ ἐπὶ τοῖς πράγμασι ταῖς ἑταιριστρίαις μαστροποῖς χρωμένη, τὸ πάλαι καλούμενον Αἰγυπτίοις κριτήριον ἀποδείξασα δικῶν πωλητήριον· ὁ ταύτῃ διειλεγμένος ἐνετύγχανεν ἵλεῳ τῷ Τυφῶνι· ἄλλως τε γὰρ τιθασὸς ἦν καὶ χειροήθης τῇ γυναικωνίτιδι, καὶ ὡς αὐταῖς κατακτησαμέναις τὴν τυραννίδα χάριν ἠπίστατο. 3 οὗτος εἷς ἐν ἀπόροις πόρος τοῖς πειρωμένοις αὐτοῦ δυσχεροῦς, καὶ ἕτερος, εἴ τις προσελθὼν ἑνὶ τῶν ἐκ τοῦ παλαμναίου συλλόγου τῶν ὁμοδιαίτων Τυφῶνι (οἱ δὲ ἐκαλοῦντο μεγάλοι τε καὶ μακάριοι, ἀνθρώπια δύστηνα καὶ παράσημα). τούτοις οὖν ἔδει προσελθόντα καταχέαι τινὰ λοιδορίαν Ὀσίριδος, ἐνηρμοσμένην κομψείᾳ, καὶ ἐποίουν αὐτὸ οἷς ἥκιστα ἀρετῆς ἔμελε, καὶ οἷς οὐκ αἰσχρὸν ἁπανταχόθεν κερδαίνειν. [113] εὐθὺς οὖν ἠλλάττοντο τὴν τύχην, ὥσπερ τὴν γνώμην· εἰσέρρει γὰρ εἰς τὰ τυραννεῖα τὸ ῥῆμα καὶ ἐπὶ τραπέζης ἐπόμπευε. χαριζομένοις οὖν ἀντεχαρίζετο. 4 τοῦτο εἷς τις ἐποίει καὶ δεύτερος, καὶ ὠφέληντο μέν, ἤδεσαν δὲ θεοῖς τε ἀπηχθημένοι καὶ ἀνθρώποις σώφροσιν· οἱ πλείους δὲ ἐκαρτέρουν.

18 1 Ἐγένετο δέ τις εἷς ἐμβριθὴς μέν, ἀλλ' ὑπὸ φιλοσοφίας ἀγροικότερον ἐκτεθραμμένος καὶ εἰς τὸ ἀστικὸν ἦθος ἀνομίλητος. καὶ οὗτος ηὕρητο μὲν παρ' Ὀσίριδος, ὥσπερ ἅπαντες ἄνθρωποι, πάμπολλα ἀγαθά, αὐτός τε μὴ λειτουργεῖν, καὶ τὴν πατρίδα ῥᾷον αὐτῷ λειτουργεῖν. πολλῶν δὲ ἐπὶ πολλοῖς τότε καὶ μέτρα ποιούντων καὶ λόγους γραφόντων, ὕμνους ἐς Ὄσιριν, καὶ δεικνύντων Ὀσίριδι χάριν δή τινα ἀντὶ χάριτος, ὁ δὲ ἦν μὲν εὐγνώμων ὥσπερ ἐκεῖνοι καὶ μᾶλλον ἢ μᾶλλον ἠδύνατο, καὶ ἐποίει καὶ ἔγραφε καὶ πρὸς λύραν ᾖδε τὸν τρόπον τὸν Δώριον, ὃν μόνον ᾤετο χωρεῖν βάρος ἤθους καὶ λέξεως· οὐ μὴν ἐξέφερεν εἰς τὸ πλῆθος, ἀλλ' εἴ τις ἦν ἀκοὴ λόγων ἀρρένων ξυνι-

17 1 Es machte sich nun Typhos daran, die Herrschaft des Osiris sogar gänzlich aus der Erinnerung der Menschen zu tilgen. Dies betrieb er auf vielfältige Weise, besonders auf folgende: Prozesse, die schon entschieden waren, erklärte er für wieder eröffnet, und nun musste der Unterlegene siegen. Mit Gesandtschaften verhandelte er neu, und unter den Gesandten war jeder sein Feind, der von der göttlichen Stimme profitiert hatte. Und dessen Unglück betraf dann nicht nur ihn selbst, sondern seine Stadt und seine Familie mussten es teilen. 2 In ausweglosen Situationen gab es zwei Kunstgriffe ihm gegenüber, zum einen, wenn man seiner Frau Geld zuwies. Denn die saß wie in einem Bordell ganz öffentlich da, für ihren Körper und ihre Geschäfte gebrauchte sie Damen ihres Kreises wie Prostituierte, und so machte sie aus dem, was bei den Ägyptern in alter Zeit ein Gericht war, ein Prozess-Kaufhaus. Der, der sich mit ihr arrangiert hatte, fand einen gnädigen Typhos. Denn auch sonst war der domestiziert und dem Frauengemach gegenüber handzahm, auch deswegen, weil er sich gegenüber den Frauen, die ihm die Tyrannis verschafft hatten, in einer Dankesschuld wusste. 3 Dies war in schwierigen Situationen ein Ausweg für alle, die sonst bei ihren Bemühungen Typhos hart-unzugänglich antrafen. Der andere Kunstgriff bestand darin, dass man an einen Kumpan aus der skrupellosen Clique des Typhos herantrat (man nannte deren Mitglieder jetzt ‚groß' und ‚glückselig', doch blieben es armselige und falsche Menschengestalten); zu denen hatte man zu gehen und einige Schmähungen gegen Osiris auszustoßen, die mit Schmeicheleien verknüpft waren. Das machten die, denen gar nichts an der Tugend lag, denen es auch keine Schande bedeutete, aus allem Gewinn zu ziehen. [113] Und sofort änderten sie damit ihr Schicksal - wie ihren Sinn. Es floss nämlich in den Palast des Tyrannen ihre Schmähung und paradierte an dessen Tafel. ‚Er erwies denen, die sich ihm derart gefällig zeigten, im Gegenzug seine Gunst.'[81] 4 Dies machte der eine und der andere, sie zogen daraus zwar Nutzen, doch mussten sie wissen, dass sie Göttern wie besonnenen Menschen verhasst waren. Die meisten aber blieben standhaft.

18 1 Es gab einen, der besaß gewichtiges Ansehen, war indes von der Philosophie in einer ungehobelt-ländlicheren Weise[82] erzogen und gegenüber der städtischen Wesensart unempfänglich.[83] Wie alle Menschen hatte dieser von Osiris sehr viele Wohltaten empfangen, darunter, keine Dienste für den Staat leisten müssen und dass auch seine Heimat dem König gegenüber weniger Dienste leisten sollte. Während nun viele damals zu zahlreichen Gelegenheiten Verse dichteten und Lobreden schrieben, Hymnen auf Osiris, und sie dem Osiris vortrugen, natürlich als Dank für seine Gunst, war auch er dankbar wie jene und dichtete und schrieb desto mehr, um so mehr er dies konnte, und sang sogar zur Musik der Lyra in dorischer[84] Tonart, die nach seiner Auffassung als einzige die Tiefe des Charakters und der

εἶσα καὶ γαργαλίζεσθαι μὲν οὐκ ἀνεχομένη, ξυντετρημένη δὲ ἐπὶ τὴν καρδίαν, ταύτῃ τοὺς ἑαυτοῦ λόγους ἐπίστευεν. Ὄσιριν δὲ ᾔδει μὲν ὅτι μάλιστα τῶν τοιούτων ἀκουσμάτων ὄντα ἐφημέρων τε καὶ πολυχρονίων λόγων ἀκριβῆ γνώμονα· αὐτῷ δέ τι περὶ αὐτοῦ λέγειν ἀπεγίνωσκεν, ἅμα μὲν οὐκ οἰόμενος ἔργου λόγον ἀμοιβὴν ἰσοστάσιον, ἅμα δὲ ὑπὸ τῆς ἀγροικίας, ᾗ συνετέθραπτο, δόξαν θωπείας αἰδούμενος. 2 ἐπειδὴ δὲ ὁ Τυφὼς βίᾳ παρειληφὼς Αἴγυπτον ἐτυράννει, ἐνταῦθα δὲ οὗτος ἔτι μᾶλλον ἄγροικος ἦν· τότε ἐξέφερε, τότε τοὺς λόγους ἐδείκνυ, πάντων φριττόντων τὴν ἀκοήν· ἀλλ᾽ ἀσεβεῖν γὰρ ᾤετο τὸ μὴ οὐ καταφανὴς εἶναι μισῶν τοὺς δεινὰ εἰργασμένους τὸν εὐεργέτην. καὶ ἀρὰς ἠρᾶτο τὰς παλαμναιοτάτας Τυφῶνι, καὶ λέγων καὶ γράφων, καὶ οἴκοι καὶ ἐπ᾽ ἀγορᾶς στωμύλος ἦν ὁ πάλαι σιγῆς αἰτίαν δεξάμενος. ἁπανταχοῦ τῶν λόγων Ὄσιρις ἦν, ἁπανταχοῦ τῶν συλλόγων, οἷς παρείη, τὰ Ὀσίριδος ᾖδετο, καὶ τοῖς οὐκ ἀνεχομένοις ἐπεφόρει τῶν διηγημάτων, [114] οὔτε νουθετούντων πρεσβυτῶν καὶ φίλων προὐτίμα, οὔτε δέος αὐτὸν ἔθραττε τῆς ὁρμῆς, μαινομένῳ δὲ ἐῴκει μανίαν τινὰ ἐλευθέραν. 3 οὔκουν ἐπαύσατο, πρὶν αὐτῷ Τυφῶνι παραστὰς ὅτι ἐγγυτάτω, συνειλεγμένων παρ᾽ αὐτῷ τότε τῶν ἁπανταχόθεν ἐκκρίτων, μακρόν τε ἀποτεῖναι λόγον τῶν εἰς τὸν ἀδελφὸν ἐγκωμίων καὶ νουθετῆσαι ζηλοῦν ἀρετήν, οὕτως ἐγγυτάτω προσήκουσαν. ὁ δὲ ἐπίμπρατο μὲν καὶ δῆλος ἦν ἐξοιστρούμενος, αἰδοῖ δὲ τῶν ἡλισμένων κατεῖχε τὼ χεῖρε, σωφρονῶν ὑπ᾽ ἀνάγκης. εἰκάζειν δὲ ἐξῆν τῷ προσώπῳ τὴν γνώμην, ποικίλας παθῶν ἰδέας ἀμείβουσαν· οὕτως ἐν ἐλαχίστῳ πάγχρως ἐγίνετο.

4 τὸ ἀπὸ τοῦδε οὖν ἐχθίων τε ἦν καὶ κάκιον ἔπραττεν, καὶ τὰ μὲν ἠρρήκει τὰ ἐπ᾽ Ὀσίριδος ἀγαθά, προσεκακούργει δὲ ἄλλα, τάς τε πόλεις, ὧν ὑπερηγόρει, κλονῶν καὶ αὐτῷ τι κακὸν ἴδιον μηχανώμενος, ὡς ἂν μηδέποτε ἀναλύσας οἴκοι γένοιτο, μένοι δὲ ὑπ᾽ ἀνάγκης οἰμώζων, εὐτυχοῦντας ὁρῶν οἷς ἀπέχθοιτο. ἐν τούτοις ὄντα τὸν ξένον θεὸς ἀναρρώννυσιν, ἐναργὴς τε ὀφθεὶς καὶ διακαρτερεῖν ἐπιτάξας. οὐ γὰρ ἐνιαυτούς, ἀλλὰ μῆνας ἔφη τοὺς εἱμαρτοὺς εἶναι, ἐν οἷς τὰ Αἰγύπτια σκῆπτρα ἀνατενεῖ μὲν τὰς χηλὰς τῶν θηρίων, κάτω δὲ ἕξει τῶν ἱερῶν ὀρνέων τὰ κράνη. σύμβολον ἄρρητον τοῦτο. καὶ ἐπεγίνωσκε μὲν τὴν γραφὴν ὁ ξένος ἐγκεκολαμμένην ὀβελοῖς τε καὶ ἁγί-

Ausdrucksweise aufnehmen könne.[85] Freilich trug er seine Schöpfungen nicht in die Menge hinaus, sondern vertraute seine Worte nur dem Ohr an, das die Fähigkeit hatte, männliche Reden aufzunehmen, bloßes Wortgekitzel nicht ertrug und sich bis zum Herzen öffnete. Er wusste, dass Osiris in besonderem Maß ein genauer Kunstrichter solcher Hörerlebnisse, sowohl ephemerer wie dauerhafter Wortkunst, war. Diesem nun etwas über ihn selbst vorzutragen widerstrebte ihm, zugleich glaubte er nicht, dass das Wort gleichwertige Vergeltung für das Werk sei, zugleich scheute er aufgrund seiner ländlichen Art, in der er aufgezogen war, den Ruf der Schmeichelei. 2 Nachdem Typhos mit Gewalt Ägypten an sich gerissen hatte und als Tyrann regierte, da wurde unser Philosoph noch ländlich-gröber. Damals veröffentlichte er seine Reden und trug sie vor – während alle beim Zuhören zitterten. Er aber glaubte pietätlos zu sein, wenn er sich nicht offen dazu bekenne, die zu hassen, die dem Wohltäter Schreckliches angetan haben. Und er verfluchte den Typhos auf schlimmste Weise, in Wort und Schrift; zu hause wie auf dem Markt wurde er, dem man zuvor den Vorwurf des Schweigens machte, wortgewaltig. Allgegenwärtig in seinen Reden war Osiris, in allen Versammlungen, an denen er teilnahm, besang er die Taten des Osiris. Denen, die das nicht aushielten, trug er seine Darstellungen hinterher, er nahm keine Rücksicht auf die Warnungen von Alten und Freunden, keine Furcht schreckte ihn von seinem Vorsatz ab, er glich einem Wahnsinnigen, dessen Wahn Freiheit war. 3 Folglich ruhte er auch nicht eher, bis er ganz nahe bei Typhos selbst stehen konnte, während gerade bei ihm ausgewählte Männer aus aller Welt versammelt waren, und eine lange Rede voller Lob auf den Bruder hielt, Typhos zur Nachahmung von dessen Tugend aufrief, die ihm so nahe sein müsse. Typhos geriet in Brand, er war offensichtlich außer sich, aus Scham vor den Versammelten hielt er jedoch seine Hände zurück und bewahrte aus Zwang die Ruhe. Erraten konnte man jedoch aus seiner Miene seinen Sinn, in dem sich vielgestaltige Affekte abwechselten. So nahm er in kürzester Zeit alle möglichen Farben an.

4 Von da an war er unserem Philosophen noch feindseliger gesonnen und verhielt sich noch schändlicher. Alle von Osiris stammenden Wohltaten waren dahin, Typhos tat jedoch noch Schlimmeres, indem er die Städte, für die der Philosoph gesprochen hatte, zerrüttete und außerdem ihm ein spezielles Unheil zudachte, dass er niemals mehr frei nach Hause käme, sondern unter Zwang und Wehklagen bleiben müsste und dazu noch die, die er hasste, im Glück sähe. Als sich der Fremde in dieser Lage befand, tröstet ihn der Gott,[86] der ihm sichtbar erschien und auftrug, auszuhalten. Denn nicht Jahre, sagte der Gott, sondern nur Monate seien vom Schicksal festgesetzt, in denen die ägyptischen Szepter die Klauen wilder Tiere[87] emporstrecken werden, die Köpfe der heiligen Vögel aber nach un-

οις σηκοῖς· ὁ δὲ θεὸς αὐτῷ καὶ τὴν διάνοιαν τῆς ἱερογλυφίας ἡρμήνευσε καὶ δίδωσι σύνθημα χρόνου· 5 «Ὅταν» ἔφη, «καὶ τὰ περὶ τὰς ἁγιστείας ἡμῶν καινοτομεῖν ἐπιχειρήσωσιν οἱ νῦν ὄντες ἐν ταῖς δυνάμεσι, μετὰ βραχὺ προσδέχου τοὺς Γίγαντας», τούτους λέγων τοὺς ἀλλοφύλους, «ἔσεσθαι ἐκποδὼν ποινηλατουμένους ὑφ' ἑαυτῶν· εἰ δὲ ὑπολείποιτό τι τῆς στάσεως καὶ μὴ ἅμα πᾶν ἐκτρίβοιτο, μένοι δὲ ὁ Τυφὼς αὐτὸς ἐν τοῖς τυραννείοις, σὺ δὲ μηδ' ὧς ἀπογίνωσκε τῶν θεῶν. σύμβολον ἄλλο σοι τοῦτο· ὅταν ὕδατι καὶ πυρὶ τὸν περὶ γῆν ἀέρα καθήρωμεν μεμολυσμένον ἐκ τῆς ἀναπνοῆς τῶν ἀθέων, τότε ἕψεται καὶ ἐπὶ τοὺς λοιποὺς ἡ δίκη, καὶ αὐτίκα [115] προσδέχου τὴν ἀμείνω διάταξιν, ἐκποδὼν γενομένου τοῦ Τυφῶνος· τὰ γὰρ τοιαῦτα τῶν τεράτων ἡμεῖς πυρπολοῦντες καὶ καταβροντῶντες ἐλαύνομεν». 6 ἐνταῦθα τῷ ξένῳ καὶ εὔδαιμον ἐδόκει τὸ πάλαι χαλεπόν, καὶ οὐκέτ' ἤσχαλλε πρὸς τὴν ἀναγκαίαν μονήν, δι' ἣν αὐτόπτης ἔμελλεν ἔσεσθαι τῶν θεῶν τῆς ἐπιφοιτήσεως. καὶ γὰρ οὐδὲ ἀνθρώπινον ἦν εἰκάσαι δύναμιν ἀθρόαν, ἐν ὅπλοις οὖσαν καὶ ἐν εἰρήνῃ σιδηροφορεῖν νόμον ἔχουσαν, ἐξ οὐδεμιᾶς ἀντιστάσεως ἡττῆσθαι. ταῦτα ἐλογίζετο μέν, ὅπως ἂν γένοιτο· λογισμοῦ δὲ ἐφαίνετο κρείττονα.

7 ἐπεὶ δὲ οὐ συχνοῦ χρόνου διεξελθόντος πονηρόν τι κόμμα θρησκεύματος καὶ παραχάραγμα ἁγιστείας, ὥσπερ νομίσματος, ὅπερ νόμος ἀρχαῖος ἐξοικίζει τῶν πόλεων, θύραζε καὶ πόρρω τειχῶν ἀποκλείων τὸ ἀσέβημα· ἐπειδὴ τοῦτο ὁ Τυφὼς οὐκ αὐτοπρόσωπος δέει τοῦ Αἰγυπτίου πλήθους, ἀλλὰ διὰ τῶν βαρβάρων εἰσφρῆσαί τε ἐπέθετο καὶ ἱερὸν ἐν ἄστει δοῦναι, καταλύσας νόμους πατρῴους, αὐτίκα ὁ ξένος ἐπὶ νοῦν ἐβάλλετο, ὅτι τοῦτο ἄρα ἐκεῖνο τοῦ θεοῦ τὸ προαγόρευμα· «τάχ' ἂν οὖν καὶ τὰ ἐφεξῆς ἴδοιμι». 8 καὶ προσεδέχετο, μαθὼν τότε τὰ μὲν αὐτίκα ἐσόμενα περὶ Ὄσιριν, τὰ δὲ ἐς τοὺς οὔπω παρόντας ἐνιαυτούς, ὅταν Ὥρῳ τῷ παιδὶ γνώμη γένηται συμμαχίαν ἑλέσθαι πρὸ τοῦ λέοντος λύκον. ὁ δὲ λύκος ὅστις ἐστίν, ἱερὸς λόγος ἐστίν, ὃν οὐχ ὅσιον ἐξαγορεύειν οὐδὲ ἐν μύθου σχήματι.

ten zeigen.[88] Ein unaussprechliches Erkennungszeichen war das. Und der Fremde las die Schrift, die in Obelisken und heiligen Tempelmauern eingemeißelt war. Der Gott erklärte ihm auch den Sinn der Hieroglyphen[89] und gibt ihm ein Zeichen der Zeit. 5 „Sobald," sagte er, „die, die jetzt an der Macht sind, auch noch die Riten unserer heiligen Feiern mit Neuerungen zu verändern versuchen,[90] dann erwarte, dass binnen kurzer Zeit die Giganten (damit bezeichnete er die fremden Söldner[91]) sich selbst wie Furien verfolgen und aus dem Weg schaffen werden. Wenn noch etwas von der Putschbewegung übrig bleibt und nicht zugleich ganz vertilgt wird, und wenn Typhos selbst sich noch im Tyrannen-Palast aufhalten kann, dann verzweifle noch nicht an den Göttern. Als ein zweites Zeichen diene dir folgendes: Sobald wir mit Wasser und Feuer die Luft, die um die Erde gelegt ist, reinigen, weil sie vom Atem der Gottlosen verschmutzt ist, wird auch auf die, die noch übrig sind, die Strafe kommen, und erwarte dann sofort [115] eine bessere Ordnung, weil Typhos aus dem Weg geräumt ist. Denn solche Ungeheuer vertreiben wir mit Blitz und Donner." 6 Da erschien dem Fremden sogar als glücklich, was zuvor furchtbar war, und er war nicht mehr bekümmert über seinen Zwangsaufenthalt, durch den er Augenzeuge des Kommens der Götter sein würde. Denn nach menschlichen Maßstäben durfte man nicht vermuten, dass eine versammelte Macht, die unter Waffen stand und gesetzlich befugt war, auch im Frieden Eisen zu tragen, ohne jeden Widerstand besiegt würde. Er dachte darüber nach, wie das geschehen könnte – es erschien ihm jedoch sich dem Denken zu entziehen.

7 Nachdem nicht viel Zeit vergangen war, wurde ein schändlicher Schlag abergläubischer Götterverehrung geführt und die echte Kult-Frömmigkeit wie eine Münze durch Neuprägung verfälscht, was üblicherweise altes Gesetz aus den Städten verbannt, das vor die Tore und außerhalb der Mauern die Ungläubigkeit ausschließt. Denn dies versuchte Typhos, nicht in eigener Person aus Furcht vor der Menge der Ägypter, sondern durch die Barbaren, einzuführen und ein Heiligtum in der Stadt einzurichten. Dabei schaffte er die alten Gesetze ab. Sofort kam dem Fremden in den Sinn, dass eben dies jene Voraussage des Gottes gemeint hatte: „Bald wohl werde ich auch das Folgende sehen." 8 So wartete er ab, denn er hatte ja damals erfahren, was um Osiris sogleich geschehen werde, was dann für die kommenden Jahre in Aussicht stand, sobald Horos, dessen Sohn,[92] beschlösse, ein Bündnis statt mit dem Löwen mit dem Wolf einzugehen. Wer nun der Wolf ist,[93] das lehrt eine heilige Rede, die auszusprechen nicht fromm ist, nicht einmal in der Form eines Mythos.

II. ΛΟΓΟΣ ΔΕΥΤΕΡΟΣ

1 [116] Ἄρχεται δὲ ὑποσημαίνειν ἐνθένδε τὰ τῶν θεῶν, ἐπει- 1
δὴ πάντα πανταχοῦ πάντων κακῶν ἔμπλεα ἦν καὶ ἤδη τῆς τῶν ἀνθρώπων γνώμης ἐξερρύηκε δόξα προνοίας, τῆς ἀσεβοῦς ὑπονοίας ἐκ τῶν ὁρωμένων μαρτυρουμένης. ἐφαίνετο μὲν οὐδὲν οὐδαμοῦ πρᾶγμα ἀνθρώπινον ἀλέξημα, τῶν βαρβάρων στρατοπέδῳ τῇ πόλει χρωμένων. τῶν δὲ ὅ τε στρατηγὸς νύκτωρ ἐδειματοῦτο, Κορυβάντων, οἶμαι, προσβαλλόντων αὐτῷ, καὶ πανικοὶ θόρυβοι μεθ' ἡμέραν τὸ στράτευμα κατελάμβανον. τοῦτο πολλάκις γενόμενον ἔκφρονάς τε αὐτοὺς ἀποδείκνυσι καὶ γνώμης ἀκρατεῖς, καὶ περιενόστουν καθ' ἕνα καὶ κατὰ πλείους, ἅπαντες ἐοικότες τοῖς νυμφολήπτοις, νῦν μὲν ξιφουλκίας πειρώμενοι, καὶ οἷον ἤδη πολεμησείοντες, νῦν δὲ αὖ πάλιν ἐλεεινολογούμενοι καὶ δεόμενοι σῴζεσθαι· ἀναθορόντες τε αὖ, νῦν μὲν ἐῴκεσαν φεύγουσι, νῦν δὲ διώκουσιν, ὥσπερ εἰς τὸ ἄστυ κεκρυμμένης τινὸς ἀντιστάσεως. ἀλλὰ αὐτόθι γε οὔτε ὅπλον οὔτε ὁ χρησόμενος ἦν, ἀλλ' ἦσαν ἑτοίμη λεία παρὰ Τυφῶνος ἔκδοτοι.

2 ἔστι μὲν δὴ τοῦτο καὶ λίαν σαφές, ὅτι καὶ τοῖς εὖ παρεσκευασμένοις, εἰ μὴ μέλλοιεν μάτην παρεσκευάσθαι, θεοῦ δεῖ, καὶ τὸ κρατεῖν οὐχ ἑτέρωθεν· τὸ δὲ εἰκὸς εἶναι τὸν ἄμεινον παρεσκευασμένον κρατεῖν ἀνοίᾳ κρινόντων ἀφαιρεῖταί τις τῆς ἀξίας τὴν αἰτίαν τὴν κρείττονα. ὅταν γὰρ ᾖ τὰ παρ' ἡμῶν ἐντελῆ, περιττὸς ὁ θεὸς εἶναι δοκεῖ καὶ ἀμφισβητεῖ τῆς νίκης <τοῖς> παρεσκευασμένοις. ἀμεσιτεύτου δὲ ὄντος τοῦ γινομένου, καὶ μόνου τὴν αἰτίαν ἔχοντος τἀφανοῦς, οὐδὲν ἄλλ' ἢ τῶν ἀπιστούντων ἐπιμελεῖσθαι θεοὺς ἀνθρώπων φαινόμενον ἔχομεν, [117] οὐ λεγόμενον ἔλεγχον· ὁποῖον δή τι κἀκεῖνο ἐγίνετο.

οἱ θρασεῖς, οἱ νικῶντες, οἱ τεθωρακισμένοι, ὧν ἅπασα καὶ παιδιὰ καὶ σπουδὴ μελέτη τις ἦν πολέμου καὶ παρατάξεως, ἱππεῖς ἐν ἀγορᾷ σὺν τάξει φοιτῶντες, ὑπὸ σάλπιγγι κατὰ λόχους κινούμενοι – καὶ γὰρ εἰ καπήλου τις δέοιτο, καὶ εἴ τις ὑποδηματορράφου, καὶ εἰ φαιδρῦναι τὸ ξίφος, τὴν ἑκάστου χρείαν ἅπαντες ἐδορυφόρουν, τοῦ μηδὲ ἐν ταῖς ἀγυιαῖς διασπᾶσθαι τὴν φάλαγγα· – οὗτοι τοὺς γυμνούς, τοὺς ἀόπλους, τοὺς καταπεπτωκότας ταῖς γνώμαις, τοὺς οὐδὲ εὐξαμένους νικᾶν, φυγῇ φεύγοντες ὑπὸ σύνθημα κοινὸν ἀνεχώρουν τοῦ ἄστεος, παῖδας, γυναῖκας, καὶ τὰ τιμιώτατα κλέπτοντες, ὡς οὐκ ἐνὸν φανερῶς καὶ τὰς Αἰγυπτίων ἀνδραποδίζεσθαι. 3 ταῦθ' ἡ πληθὺς ὁρῶντες συσκευαζομένους αὐτούς, οὔπω τοῦ γινομένου ξυνί-

II. Zweite Erzählung

1 1 [116] Es beginnt sich das Wirken der Götter von dem Punkt an zu zeigen, an dem alles an allen Orten mit allen Formen von Unheil angefüllt war und der Glaube an eine Vorsehung schon aus dem Denken der Menschen verschwunden war, während aus dem, was sichtbar war, die Vermutung Bestätigung fand, es gehe in der Welt gottlos zu. Nirgendwo schien es irgend ein Rettungsmittel von Menschenhand zu geben, da die Barbaren die Stadt wie ihr Heerlager benutzten. Ihr Befehlshaber wurde nachts von Furcht ergriffen; Korybanten,[94] so glaube ich, befielen ihn, und Attacken panischer Angst ergriffen bei Tage das Heer. Der Umstand, dass dies oft geschah, ließ sie verrückt und ohne Verstand erscheinen. Sie zogen umher, einzeln und in Gruppen, allesamt Besessenen ähnelnd. Bald zückten sie ihre Schwerter und benahmen sich so, als würden sie einen Krieg beginnen, bald jammerten sie wieder um Mitleid und baten, man möge sie retten. Sie sprangen auf, bald wie Fliehende, bald wie Verfolger, als gäbe es in der Stadt einen verborgenen Widerstand gegen sie. Aber in der Stadt gab es weder Waffen noch Leute, die sie führen könnten, sondern sie war als bereitliegende Beute von Typhos preisgegeben worden.

2 Freilich ist Folgendes ja offensichtlich: dass auch die, die sich gut gerüstet haben, soll ihre Rüstung nicht vergebens sein, dennoch den Gott brauchen. Denn ein Sieg kommt nicht von anderswo her. Angesichts der Wahrscheinlichkeit, dass der besser Gerüstete siegt, streicht mancher, der in Dummheit urteilt, aus seiner Rechung die eigentlich wichtigere Ursache für den Sieg. Denn wenn wir das getan haben, was von uns aus geschehen kann, scheint der Gott überflüssig zu sein und streitet in seinem Anspruch auf den Sieg mit den derart Gerüsteten.[95] Ist das Geschehen unvermittelt und liegt die Ursache im Unsichtbaren, haben wir nichts anderes vor uns als ein augenscheinliches (und nicht nur in der Sprache konstruiertes) Indiz dafür, dass die Götter auch für die ungläubigen Menschen sorgen.[96] [117] So etwa waren auch jene Ereignisse beschaffen:

Die Söldner, sonst so mutig, siegreich, gepanzert, deren ganze Freizeit- und Trainingsbeschäftigung nur auf den Krieg und auf die geordnete Aufstellung ausgerichtet war, die Reiter, die auf der Agora in fester Ordnung paradierten, die ihre Schwadronen nach Hornsignalen bewegten - denn wenn jemand von ihnen einen Marketender oder Schuster brauchte oder sein Schwert polieren wollte, pflegten alle diesem bei der Erledigung seiner Besorgung wie eine Leibwache zu folgen, damit die feste Ordnung nicht in den kleinen Gassen zerrissen würde -: diese Söldner machten sich vor den Bürgern, die ohne Rüstung und Waffen waren, die schon ihren Mut verloren hatten, die nicht einmal gewagt hatten, für einen Sieg zu beten, auf die Flucht, sie zogen auf ein für alle geltendes Signal hin aus der Stadt ab, rafften heimlich Kinder, Frauen und, was sonst das Wertvollste war, mit

εσαν, ἀλλ᾿ ἔτι μᾶλλον ἑαυτῶν ἀπέγνωσαν, ὥστε οἱ μὲν οἴκοι
σφᾶς αὐτοὺς κατακλείσαντες εἶχον, ἐκεῖ περιμένοντες τὸ πῦρ·
οἱ δὲ πυρὸς σίδηρον ἀνθαιρούμενοι, θανάτου κουφότερον ὄρ-
γανον ἠγόραζον, οὐκ ἐπί τινα πρᾶξιν, ἀλλ᾿ ἑαυτούς, ὅταν ᾖ,
προτενοῦντες εἰς τὴν σφαγήν· οἱ δὲ πλεῖν ἐπεβάλλοντο καὶ πε-
ριενόουν νήσους καὶ κώμας καὶ πόλεις ὑπερορίους. ἐδόκει γὰρ
ἅπαν τότε χωρίον ἐχυρώτερον εἶναι τῶν μεγάλων Θηβῶν, ἐν
αἷς ἐπεποίητο τὰ Αἰγυπτίων βασίλεια. 4 ὡς δὲ καὶ μόλις αὐτοὺς
καὶ κατὰ βραχὺ προσήγαγον οἱ θεοὶ τῷ τε πιστεῦσαι τοῖς γινο-
μένοις, τῷ τε ἀναθαρρήσαντας προελέσθαι σῴζεσθαι, τοῦτο
καὶ λίαν ἄπιστον εἰς ἀκοὴν ἔρχεται.

1 Γυνὴ πένης, μάλα πρεσβῦτις, παρά τινα τῶν πλαγίων πυ- 2
λῶν ἐργασίαν εἶχεν, οὐκ εὐτυχῆ μὲν ἀλλ᾿ ἀναγκαίαν, τὼ χεῖρε
ὀρέγειν, εἴ τις ἐμβάλοιτο ὀβολόν. αὕτη μὲν μάλα ὄρθριος ἐπὶ
τὴν ἀγυρτικὴν καθέδραν ἀφῖκτο· δειναὶ γὰρ αἱ τοῦ βίου χρεῖαι
φύσιν ὕπνου παραλογίσασθαι· καθεζομένη δὲ τὸ εἰκὸς ἐποί-
ει, τοὺς διεγειρομένους ἐπὶ τὰ ἔργα προὔπεμπεν ἀγαθαῖς φή-
μαις καὶ τὴν ἡμέραν εὐηγγελίζετο καὶ ηὔχετο καὶ τὸν θεὸν ὑπι-
σχνεῖτο ἵλεων. 2 πόρρωθεν οὖν ὁρῶσα τὸ δρώμενον ὑπὸ τῶν
Σκυθῶν, ἐπειδὴ σαφῶς ἡμέρα τε ἦν καὶ οὐδὲν ἔληγον, ὥσπερ
οἱ φῶρες, ἐκθέοντες καὶ εἰσθέοντες, πάντες σκευαγωγοῦντες,
ἐνθύμιον ποιεῖται [118] τοῦτον ἔσχατον ἥλιον ὄψεσθαι Θήβας·
δρᾶσθαι γὰρ ταῦτα τοῦ μηδὲν ἐνέχυρον αὐτῶν ἔχειν τὸ ἄστυ,
ὥστε, ἐπειδὰν τάχιστα ἀποσκηνώσωσι, χειρῶν ἀδίκων ἄρξειν
αὐτούς, ἀδεεῖς ὄντας τοῦ μή τι παραπολαύσωσιν, ὁμεστίων ὄν-
των τοῖς ἀδικουμένοις τῶν ἀδικούντων. 3 τόν τε οὖν κώθωνα
τὸν ἀργυρολόγον ἀνατρέψασα, καὶ συχνὰ ἄττα ἀποδυραμέ-
νη τε καὶ θεοκλυτήσασα, «Ἀλλ᾿ ὑμᾶς γε» ἔφη, «γῆς πατρῴας
ἐκπεπτωκότας καὶ ἀλητεύοντας, ἐδέξατο μὲν Αἴγυπτος ὡς ἱκέ-
τας, ἐχρήσατο δὲ οὐχ ὅσον μόνον ἱκέταις εἶχε καλῶς, ἀλλὰ καὶ
πολιτείας ἠξίωσε, καὶ γερῶν μετέδωκε, καί, τὸ τελευταῖον δὴ
τοῦτο, κυρίους τῶν πραγμάτων ἐποίησεν, ὥστε ἤδη τινὲς Αἰγυ-
πτίων σκυθίζουσιν, ὠφελούσης αὐτοὺς καὶ τῆς προσποιήσεως.
αὐτὰ τὰ ὑμέτερα τῶν ἐπιχωρίων ἐπιτιμότερα. ἀλλὰ τί ταῦτα;
τί μετασκηνοῦτε; τί δὲ σκευαγωγεῖτε καὶ συσκευάζεσθε; οὔ τι
που ταῦτα ἐπὶ τοὺς εὐεργέτας δικάζουσιν ἀχαριστίᾳ θεοί. καὶ
γὰρ εἰσὶ καὶ ἥξουσιν, εἰ καὶ κατόπιν Θηβῶν». ἡ μὲν εἰποῦσα

sich, als wäre es nicht möglich, offen auch die Ägypterinnen zu versklaven. 3 Als daher die Menge sah, dass die Söldner alles zusammenpackten, verstand sie den Vorgang noch nicht, sondern verzagte noch mehr, so dass die einen sich zu Hause verbarrikadiert hielten und dort das Feuer erwarteten. Die anderen wollten lieber durch das Schwert als durch Feuer sterben und kauften sich dies als leichteres Instrument für den Tod, nicht zu irgendeiner aktiven Handlung, sondern um sich selbst, wenn die Stunde da sei, in den Tod zu stürzen. Wieder andere verfielen auf den Gedanken der Seereise: Ihre Gedanken kreisten um Inseln, kleine Plätze und Städte jenseits der Grenzen. Denn damals schien jeder andere Ort sicherer zu sein als das große Theben, in dem der Königspalast der Ägypter errichtet war. 4 Als die Götter sie nur mit Mühe und in kleinen Schritten dazu gebracht hatten, den Geschehnissen Glauben zu schenken und mit neuem Mut auf die eigene Rettung bedacht zu sein, wurde dies als eine allzu unglaubwürdige Kunde vernommen.

2 1 Eine arme, sehr alte Frau hatte an einem der Seitentore eine nicht besonders glückliche, aber doch lebensnotwendige Betätigung, nämlich die Hände auszustrecken, ob jemand eine Obole[97] hineinwarf. Sie war schon sehr früh zu ihrem Stammplatz zum Betteln gekommen. Denn die Bedürfnisse des Lebens sind stark genug, um die Natur um den Schlaf zu bringen. So setzte die Alte sich und tat das, was normal für sie war: sie geleitete die, die geschäftig zu ihren Tätigkeiten eilten, mit Worten guter Vorbedeutung, wünschte ihnen einen glücklichen Tag, betete und versprach einen gnädigen Gott. 2 Aus der Ferne sah sie daher das Treiben der Skythen, und als es heller Tag geworden war und sie immer noch nicht damit aufhörten, wie die Diebe herein- und herauszulaufen und allesamt ihre Sachen zu verpacken, da bedachte sie bei sich, dass Theben nun den letzten Tag sehen werde. Denn dies geschehe, damit die Stadt kein Faustpfand der Skythen besitze, so dass diese, sobald sie ihr Lager abgebrochen hätten, mit Freveltaten beginnen könnten, ohne in Furcht sein zu müssen, dass sie etwas verlören, wie es geschehen würde, wenn sie als Übeltäter mit ihren Opfern zusammenlebten. 3 Also drehte sie den Becher[98] um, der ihr das Geld sammelte, klagte jammervoll in einem fort und rief die Götter an: „Ja, euch Skythen," so sagte sie, „hat Ägypten als Bittflehende aufgenommen, als ihr aus eurer Heimat vertrieben ward und ziellos umher irrtet; Ägypten hat euch nicht nur so gut behandelt, wie es sich gegenüber Bittflehenden gehört, sondern euch sogar das Bürgerrecht verliehen und in wichtige Ämter eingesetzt, schließlich euch sogar zu Herren über die Politik gemacht, so dass einige Ägypter sich schon skythisch benehmen, weil ihnen diese Verstellung nützt. Eure Bräuche stehen in größerem Ansehen als die einheimischen. Warum dann nun das? Warum zieht ihr fort? Warum packt

πρηνῆ κατέβαλεν ἑαυτήν. 4 ἐφίσταται δέ τις Σκύθης τὴν κοπίδα σπασάμενος ὡς ἀπαράξων τῆς ἀνθρώπου τὴν κεφαλήν, ἣν λοιδορεῖσθαί τε ὑπετόπασεν καὶ καταφανὲς ποιῆσαι τὸ νυκτερινὸν ἔργον. ᾤετο γὰρ ἔτι λανθάνοντας αὐτὸ δρᾶν, ἐπεὶ μηδεὶς τῶν ᾐσθημένων εὔτολμος ἦν ἐξελέγχειν· καὶ ἡ μὲν ἔργον ἂν ἐγεγόνει σιδήρου. ἐπιφαίνεται δέ τις, εἴτε θεός εἴτε κατὰ θεόν· ἑωρᾶτο δ' οὖν ἄνθρωπος, ὃς ἀγανακτῶν τε δῆλος ἐγένετο, καὶ κινήσας ἐφ' ἑαυτὸν τὸν Σκύθην, ἐπιφερομένῳ τε ὑπαντιάζει καὶ τὴν πληγὴν φθάσας συναίρει τε καὶ καταβάλλει. Σκύθης ἐπ' αὐτὸν ἄλλος, καὶ ταχὺ τὸ αὐτὸ ἐπεπόνθει. 5 βοὴ τὸ ἐντεῦθεν, καὶ συνθέουσιν ἄνθρωποι· τοῦτο μὲν βάρβαροι, τοὺς σκευαγωγοὺς ἡμιόνους ἀφέντες, ὅσους ὁ καιρὸς πρὸς ἐξόδῳ κατείληφεν, ἤτοι μέλλοντες ἢ προεξελθόντες· ἀνέλυον γὰρ ὡς δι' ἐλαχίστου τοῖς οἰκείοις ἀρήξοντες· τοῦτο δὲ ὅμαδος δήμου πολὺς ὤν. ὁ μέν τις ἀποθνήσκει πληγείς, ὁ δὲ ἀποκτείνει Σκύθην, καὶ τὸν ἀποκτείναντα αὖ Σκύθης ἄλλος, καὶ ἀεί τις ἔπιπτε, καὶ ἀεί τις ἔκτεινεν ἀφ' ἑκατέρας μερίδος. τῷ γὰρ δήμῳ καὶ τὸ παρατυχὸν ἅπαν ὅπλον ἦν ἀναγκαῖον· ἦν δὲ αὐτῷ καὶ τοὺς κειμένους σκυλεύοντι [119] χρῆσθαι τοῖς ξίφεσι, καὶ ζώντων παραιρουμένῳ· πλήθει γὰρ περιῆν τῶν ἀλλοφύλων, τῶν μὲν ἐστρατοπεδευκότων ὡς πορρωτάτω τοῦ ἄστεος, ὡς ἂν ἥκιστα φοβοῖντο τὸν λόχον, ὃν οὐκ ὄντα αὐτοῖς ὁ θεὸς ἀνεσείσατο, τοῦ μεθεῖναι τὴν πόλιν, ἣν μέσην εἶχον ἐν ταῖν χεροῖν· οἱ δέ, μερὶς ἐλάττων ἀνὰ τὴν πόλιν τοῦ πλήθους, ἀμφὶ τὰ ἔπιπλα εἶχον τοῦ μηδὲν ἐγκαταλειφθῆναι. 6 πολλαπλάσιοι οὖν, ὡς εἶχον, ἐλάττοσιν αὐτῶν συνεφέροντο τοῖς παρατυχοῦσιν ἀγχοῦ τῶν πυλῶν καὶ τοῖς ἀεὶ προσγινομένοις ὡς ἐπὶ ἔξοδον. ἤρετό τε ἡ βοὴ μείζων, καὶ τὰ τῶν θεῶν ἐνταῦθα δὴ καὶ σαφῶς διάδηλα γίνεται. ἐπειδὴ γὰρ αἴσθησις τοῦ θορύβου τήν τε πόλιν, ὁπόση τὸ μέγεθος ἦν, ἐπέσχε, καὶ εἰς τὸ στράτευμα τῶν ἀλλοφύλων ἐξίκετο, ἑκάτεροι τοὺς ἑτέρους πάλαι δεδιότες ὡς ἐπιθησομένους, τοῦ δήμου μὲν ἀνὴρ ἕκαστος, ταύτην ἐκείνην οἰόμενοι τὴν κυρίαν ἡμέραν Αἰγύπτῳ, καθ' ἣν ἀπερυθριᾶσαι τοῖς βαρβάροις συνέκειτο, γνώμην ἐποιοῦντο δρῶντές τι καὶ παθεῖν καὶ σχεῖν ἐντάφιον ἀρετήν· ὡς τοῦ γε μὴ παθεῖν οὐδὲ θεὸς ἂν ἔδοξεν ἐγγυητὴς ἀξιόπιστος. διωθοῦντο οὖν ἅπαντες ἐπὶ τὸ ἀεὶ ταραττόμενον, αὐτός τις ἕκαστος εἶναι βουλόμενος, οἰόμενος κερδανεῖν, εἰ διακινδυνεύσειεν ὑπολειπομένων ἔτι μαρτύρων.

ihr euren Besitz zusammen und trefft diese Vorkehrungen? Gewiss werden die Götter gegen die Wohltäter nicht mit Undank entscheiden. Denn es gibt sie und sie werden kommen, auch wenn dies erst nach Thebens Fall geschieht."[99] Das sagte sie und warf sich auf ihr Antlitz nieder. 4 Neben ihr stellt sich ein Skythe mit gezücktem Schwert auf, um den Kopf der Frau abzuhauen, von der er vermutet, dass sie die Skythen schilt und ihr nächtliches Werk verrät. Denn noch glaubte er, sie würden dies unbemerkt tun, weil niemand aus der Zahl derjenigen, die es sahen, mutig genug war, es offen zu legen. So wäre sie dem Schwert zum Opfer gefallen. Doch es erschien jemand, vielleicht ein Gott, vielleicht nach dem Willen eines Gottes. Man sah jedenfalls einen Menschen, der sich offensichtlich ärgerte und den Skythen gegen sich aufbrachte. Als der auf ihn losgeht, tritt er ihm entgegen, kommt dessen Schlag zuvor, tötet ihn und wirft ihn zu Boden. Ein anderer Skythe greift ihn an und hat schnell dasselbe Schicksal erlitten. 5 Geschrei erhebt sich, Menschen laufen zusammen. Da sind zunächst Barbaren, die die beladenen Maultiere loslassen, und alle, die der günstige Augenblick zum Aufbruch versammelt hat, sie waren im Begriff aufzubrechen oder waren schon vorab aus der Stadt gegangen. Sie kehrten zurück, um so schnell wie möglich ihren Landsleuten zu helfen. Und da ist eine große Menge Volk. Der eine stirbt, getroffen, der nächste tötet einen Skythen, und den, der gerade getötet hat, bringt ein anderer Skythe um: so fiel und tötete man in einem fort auf beiden Seiten. Für das Volk konnte alles, was gerade zur Verfügung stand, als Waffe in der Notlage dienen. Es konnte jedoch auch die Gefallenen plündern [119] und deren Schwerter gebrauchen, oder sie Lebenden entreißen. Denn an Menge war es den Fremden überlegen. Die Skythen hatten nämlich zu einem Teil ihr Lager weit von der Stadt entfernt aufgeschlagen, um möglichst wenig Angst vor einem Hinterhalt haben zu müssen, den – es gab ihn in Wahrheit gar nicht – ihnen der Gott drohend vor Augen hatte erscheinen lassen, damit sie die Stadt verließen, die sie mit ihren Händen umklammert hatten. Die anderen Skythen, ein kleinerer Teil als die Menge in der Stadt, kümmerten sich um das Gepäck, damit nichts in der Stadt zurückgelassen werde. 6 So kämpfte also eine vielfache Übermacht, wie sie sich gerade gebildet hatte, mit einer kleineren Schar, mit denen, die zufällig nahe bei den Toren waren, zu denen aber beständig mehr kamen, die auch aus der Stadt ausziehen wollten. Das Geschrei wurde immer größer, und die Einwirkung der Götter zeigte sich nun recht deutlich. Denn als der Lärm die Stadt, so groß sie auch war, erfüllte und auch ins Feldlager der Fremden gelangte, da glaubten beide Parteien, die sich seit langem vor einem Angriff der jeweils anderen Partei gefürchtet hatten, aus dem Volk aber insbesondere jeder einzelne Mann, dass an eben diesem Tag der Tag gekommen sei, der über Ägypten

7 οἱ βάρβαροι δὲ τήν τε ἔξοδον ἐκεκλόφεσαν, καὶ πεφωρᾶσθαι νομίσαντες, τῶν μὲν ἐγκαταλελειμμένων ἠμέλουν· καίτοι πεμπτημόριά που μάλιστα τοῦ στρατεύματος ἦν· αὐτοὶ δὲ περὶ σφῶν αὐτῶν δείσαντες μὴ ἐπεξέλθοιεν οἱ πολέμιοι, φυγὴν ἐποιοῦντο καὶ πορρωτέρω στρατοπεδεύουσι, χάριν εἰδότες ὅτι τῷ πλείονι περιεσώθησαν, τῷ παντὶ κινδυνεῦσαι μελλήσαντες. τῶν δὲ ἐγκαταλειφθέντων οἱ μὲν ἐν ταῖς οἰκίαις, καὶ οὗτοι διὰ τὸ πάλαι θεοπληγεῖς τε εἶναι καὶ ὕποπτοι πείσεσθαι Σκύθας ὑπὸ Αἰγυπτίων κακὸν ἀνήκεστον, ἐπιδρομήν τε ἐπὶ τοὺς ἐξελθόντας ὡς ἐπὶ φυγάδας ᾤοντο γεγονέναι, καὶ αὐτίκα διαρπασθήσεσθαι τὸ στρατόπεδον, σφίσι δὲ ὄφελος ἂν γενέσθαι κατὰ χώραν αὐτοῦ μένουσιν, εἰ τά τε ὅπλα καταθεῖντο καὶ ἱκέται καθίζοιντο· δόξαι γὰρ ἂν διὰ τοῦτο καὶ μόνους ὑπολελεῖφθαι, τῷ μηδὲν κακὸν εἰργάσθαι [120] τὰ Αἰγυπτίων· ἐκείνους δέ, οἷς ἐδεδράκεσαν τὸ παθεῖν ἔνδικα φοβηθέντας, ἐκστῆναι τοῦ ἄστεος.

8 μόνοι δὲ ἄρα οἱ παρατυχόντες ταῖς πύλαις, καὶ περὶ οὓς ἦν τὸ δεινόν, ἠπίσταντο τἀληθές, ὅτι μηδὲν ἦν καρτερὸν Αἰγυπτίοις συντεταγμένον, οὐχ ὁπλίτης, οὐχ ὅπλον, οὐκ ἀκοντιστής, οὐκ ἀκόντιον. ποιοῦνται δὲ γνώμην ἐκ τῶν παρόντων, εἰ δύναιντο, κρατήσαντες τῶν πυλῶν εἰσκαλέσαι τοὺς μάτην πεφοβημένους· ἀναρπασθῆναι γὰρ ὅλην ὥσπερ νεοττιὰν τὴν πόλιν. καὶ συνίσταται μάχη περὶ αὐτῆς καρτερά, ἐν ᾗ κρατοῦσιν Αἰγύπτιοι καὶ ἐπινίκιον παιανίζουσι. δέος ἄλλο τοῦτο τοῖς τε εἴσω καὶ τοῖς ἔξω βαρβάροις· διαπεπρᾶχθαι γὰρ ᾤοντο τοῖς Αἰγυπτίοις τὸ ἔργον οὗτοί τε εἰς ἐκείνους καὶ εἰς τούτους ἐκεῖνοι, ὥστε ἀλλήλους ἐπῴμωζον· οὐδὲ φθάνουσιν οἱ κεκρατηκότες θύρας τε ἁπάσας ἐπιθέντες ἁπάσαις πύλαις (οὐ μικρὸν ἔργον ἐν Θήβαις· ἑκατομπύλους αὐτὰς Ἕλληνες ᾄδουσι)· 9 καί τις τῶν μετασχόντων τοῦ περὶ τὰς πύλας ἀγῶνος ἐπ' αὐτὸ τοῦτο διαδραμὼν ἐκ μέσων τῶν ὅπλων ἐξαγγέλλει τε καὶ ὑπισχνεῖ-

entscheide, an dem nämlich die Barbaren beschlossen hätten, alle Scham abzulegen. Da beschlossen sie, wenigstens nicht untätig zu bleiben, unterzugehen und als Grabschmuck ihre Tugend zu erhalten. Denn dass ihnen das Leiden erspart bliebe, dafür schien nicht einmal der Gott ein vertrauenswürdiger Bürge. Daher drängten sich alle in das dichteste Getümmel, jeder wollte sich bewähren, im Glauben, einen Gewinn davon zu haben, alles zu riskieren, solange es dafür noch Zeugen gäbe.

7 Die Barbaren schlichen sich heimlich davon, und weil sie glaubten, ertappt worden zu sein, kümmerten sie sich nicht mehr um die Zurückgelassenen, mochte es auch der ungefähr fünfte Teil des gesamten Heeres sein. Sie waren selbst voller Angst um sich, dass nämlich die Feinde ihnen nachsetzen würden, und so flohen sie und schlugen ihr Lager noch weiter entfernt auf, voll Dank, mit dem größeren Teil des Heeres gerettet worden zu sein, während sie mit dem gesamten Heer in der Gefahr gewesen seien. Von den zurückgebliebenen Barbaren waren die einen in den Häusern: Diese waren nämlich schon lange von Gott mit Verblendung geschlagen und hatten den Verdacht, dass den Skythen von den Ägyptern etwas Furchtbares[100] angetan werden würde. So glaubten sie, dass man die aus der Stadt ausziehenden Skythen (die sie für Fliehende hielten) angegriffen habe und dass die Plünderung des skythischen Lagers unmittelbar bevorstünde; da dürfte es für sie, die sie an Ort und Stelle blieben, nützlich sein, wenn sie die Waffen niederlegten und sich als Bittflehende präsentierten. Denn dann würde es so scheinen, dass sie als einzige zurückgeblieben seien, weil sie den Ägyptern nichts Schlimmes angetan hätten. [120] Die anderen Skythen seien aber aus der Stadt geflüchtet, weil sie fürchteten, für das, was sie begangen hätten, die verdiente Strafe zu erhalten.

8 Nur die Skythen, die sich gerade an den Toren befanden und mitten in der Gefahr des Kampfes waren, kannten die Wahrheit, dass die Ägypter über keine gerüsteten Truppen verfügten, dass sie weder Gepanzerte noch schwere Ausrüstung, weder Speerwerfer noch Speere hatten. Angesichts dieser Umstände fassten sie den Plan, sich, wenn möglich, zunächst der Tore zu bemächtigen und dann die, die ohne Grund in Schrecken geraten waren, in die Stadt hereinzurufen. Denn man könne die ganze Stadt plündern wie ein schutzloses Nest mit Jungvögeln. So kommt es zu einer erbitterten Schlacht um die Stadt, in der die Ägypter siegen und einen Siegesgesang anstimmen. Das lässt eine weitere Furcht in den Barbaren drinnen und draußen entstehen. Denn dass die Ägypter ihr Werk vollbracht haben gegen jene Skythen draußen, glauben die Skythen drinnen, jene aber draußen, dass es um die drinnen geschehen sei. Daher beklagen sie einander wechselseitig. Und noch waren die Ägypter, die die Kontrolle über alle Tore gewonnen hatten, nicht dazu gekommen, alle Torflügel zu schließen

ται τοῖς Σκύθαις τὴν πόλιν· οἱ δὲ μάτην παρῆσαν, ἑνὶ καιρῷ τὴν τύχην ἐπαινέσαντες καὶ μεμψάμενοι. τέως μὲν γὰρ ὡς ἔξω γεγονότες δικτύων, τό γε ἐφ' ἑαυτοῖς ὑπερήδοντο· ἔπειτα μέντοι καὶ διαρραγῆναι τοῦ τείχους ἠξίωσαν ὑπὲρ τοῦ πάλιν ἐπιβατεῦσαι τοῦ ἄστεος.

10 οὕτως ἄμαχον χρῆμα σοφία θεοῦ, καὶ οὔτε ὅπλον ἰσχυρὸν οὔτε νοῦς εὐμήχανος, ὅτῳ μὴ παρείη θεός· ὥστε ἤδη τινὲς ἐφ' ἑαυτοὺς ἐστρατήγησαν. καί μοι δοκεῖ παγκάλως εἰρῆσθαι θεοῦ παίγνιον ἄνθρωπον εἶναι, παίζοντος ἀεὶ τοῖς πράγμασι καὶ πεττεύοντος. 11 Ὅμηρόν τε οἶμαι τοῦτο πρῶτον Ἑλλήνων κατανοήσαντα, ποιῆσαι μὲν ἀγῶνα καὶ ἆθλα προθεῖναι παντοίας ἀγωνίας ἐπὶ Πατρόκλῳ κειμένῳ· ἐν ἅπαντι δὲ μειονεκτοῦσιν οἱ κρατήσειν ἐπιδοξότεροι. Τεῦκρος ἀσήμου τοξότου τὰ δευτερεῖα κομίζεται, καὶ

λοῖσθος ἀνὴρ ὥριστος ἐλαύνει μώνυχας ἵππους,

καὶ εἰς ποδῶν ἀρετὴν νέος ἡττᾶται πρεσβύτου, καὶ εἰς τὴν βαρεῖαν ἀγωνίαν Αἴας ἐλέγχεται. καίτοι τοῦτον αὐτὸς ἀνακηρύττει [121] τῶν εἰς Ἴλιον ἀθροισθέντων μακρῷ πάντων πλὴν Ἀχιλλέως τὸν ἄριστον. ἀλλὰ καὶ τέχνη, φησί, καὶ μελέτη, καὶ ἡλικία, καὶ τὸ φύσει διενεγκεῖν, μικρὰ πάντα πρὸς τὸ δαιμόνιον.

1 Αἰγύπτιοι δὲ ἐπειδὴ λαμπρῶς ἤδη τῶν πυλῶν ἐκράτουν 3
καὶ τὸ τεῖχος ἐπεποίηντο μέσον σφῶν καὶ τῶν πολεμίων, ἐπὶ τοὺς ἐγκαταλελειμμένους τρεπόμενοι χωρὶς ἑκάστους, ἅμα πολλοὺς ἔβαλλον, ἠκόντιζον, ἔπαιον, ἐκέντουν· τοὺς ἐρυμνόν τι καταλαβόντας ἔτυφον ὥσπερ σφῆκας, αὐτοῖς ἱεροῖς, αὐτοῖς ἱερεῦσι, δεινολογουμένου καὶ κεκραγότος Τυφῶνος, ἐπειδὴ καὶ τὰ ἀμφὶ τὴν τοῦ θείου δόξαν ἐσκύθιζεν, ἠξίου τε ἐπικηρυκεύεσθαι τοῖς βαρβάροις, καὶ αὖθις ἔπραττεν, ὡς ἂν εἰσφρήσοι τὸ στράτευμα τὸ πολέμιον, ὡς οὐδενὸς γεγονότος ἀνηκέστου δεινοῦ. οἱ δέ, ὁ δῆμος, αὐτοκέλευστοι πάντες, ἀστρατήγητοι, πλήν τά γε παρὰ θεῶν αὐτός τις ἕκαστος στρατηγός τε καὶ στρατιώτης, λοχαγὸς καὶ λοχίτης. τί δὲ οὐκ ἂν γένοιτο βουλομένου θεοῦ καὶ ἐνδόντος ὁρμὴν ἀνθρώποις εἰς τὸ πάσῃ μηχανῇ σῴζεσθαι; οὔτε οὖν τὰς πύλας ἐπέτρεπον ἔτι Τυφῶνι,

(das ist in Theben keine geringe Arbeit, besingen die Stadt doch als ‚hunderttorig' die Griechen), 9 da lief ein Skythe, der am Kampf um die Tore beteiligt war, mitten aus dem Waffengetümmel eilig eben zu diesem Zweck zu den Skythen, machte Meldung und versprach den Skythen die Stadt. Die waren jedoch zu spät da und konnten im selben Augenblick ihr Glück preisen und tadeln. Denn solange sie gleichsam außerhalb des Fangnetzes waren, freuten sie sich für sich selbst. Dann aber hielten sie sogar für wichtig, eine Bresche in die Mauer um die Stadt zu brechen, um wieder in sie eindringen zu können.

10 So unwiderstehlich ist die Weisheit Gottes, und weder ist eine Waffe stark noch ein Verstand erfolgreich, dem Gott nicht hilft. Daher haben manche schon gegen sich selbst Feldzüge geführt. Mir scheint überaus treffend, dass man[101] gesagt hat, Gottes Spielzeug sei der Mensch, eines Gottes, der beständig mit den Begebenheiten spielt und würfelt. 11 Homer, so glaube ich, hat dies als erster Grieche verstanden und deshalb einen Wettkampf erdichtet und die Aussetzung von Preisen für alle möglichen Disziplinen zu Ehren des toten Patroklos.[102] Und in jedem Wettkampf erreichen gerade die weniger, von denen man allgemein erwartete, sie würden siegen: Teukros erhält nur den zweiten Preis hinter einem unbekannten Bogenschützen[103] und

„Als letzter treibt der größte Held die einhufigen Rosse."[104]

Und im Wettlauf unterliegt ein Jüngerer einem Älteren,[105] und im schwerathletischen Wettkampf wird Aias besiegt.[106] Und doch verkündet Homer selbst, [121] dass gerade dieser Aias unter allen, die gegen Troja gezogen waren, der weitaus beste – abgesehen von Achill – gewesen sei.[107] „Aber auch Kunst," so heißt es, „Übung, Alter und herausragende natürliche Begabung: unbedeutend ist dies alles gegenüber dem Göttlichen."[108]

3 1 Nachdem die Ägypter mit großem Erfolg die Kontrolle über die Tore errungen und damit die Stadtmauer zwischen sich und ihre Feinde gelegt hatten, wandten sie sich gegen die in der Stadt verbliebenen Skythen, schossen, warfen Speere, schlugen und stachen auf einzelne wie auf ganze Gruppen ein; die, die sich in festen Plätzen verschanzt hatten, räucherten sie aus wie Wespen, mitsamt ihren Heiligtümern, mitsamt ihren Priestern – während Typhos schreckliche Drohungen ausstieß und schrie. Denn auch im Glauben an das Göttliche hielt er es mit den Skythen, und er verlangte, man sollte mit den Barbaren Waffenstillstandsverhandlungen führen, und versuchte es wieder dahin zu bringen, dass das Heer, das jetzt feindlich war, wieder in die Stadt komme, als wäre keine Katastrophe geschehen, die sich nicht rückgängig machen ließ. Jene aber, das Volk, handelten ohne Befehl, ohne einen Anführer – abgesehen natürlich von der göttlichen Einwirkung –, jeder war für sich selbst Feldherr und einfacher Sol-

καὶ τὰ ἄλλα ἡ τυραννὶς ἄψυχος ἦν, ἐπειδὴ τὸ συστῆσαν αὐτὴν ἐξεπεπτώκει τῆς πόλεως.

2 ἐκκλησία δὴ πρώτη περὶ τὸν ἱερέα τὸν μέγαν, καὶ πῦρ ἱερὸν ἥπτετο, καὶ εὐχαὶ χαριστήριοι μὲν ὑπὲρ τῶν διαπεπραγμένων, ἱκετήριοι δὲ ὑπὲρ τῶν πεπραξομένων. εἶτα Ὄσιριν ᾔτουν, ὡς οὐδὲν ἄλλο πρὸ τοῦ τῶν πραγμάτων σωτήριον· ὁ δὲ ἱερεὺς αὐτόν τε ὑπέσχετο τῶν θεῶν διδόντων, καὶ εἰ δή τινες αὐτῷ συνεπεπτώκεσαν, αἰτίαν ἔχοντες ὁμογνώμονες εἶναι· 3 Τυφῶνα δὲ ἔδοξε καιρόν τινα βουκολῆσαι. ὁ δὲ ἐπεὶ μὴ ταχὺ τὸ εἰκὸς ἐπεπόνθει· – τὸ δὲ εἰκὸς ἦν σφάγιόν τε καὶ πρόθυμα τοῦ πολέμου γενέσθαι τὸν αἰτιώτατον Αἰγυπτίοις τοῦ χρόνον τινὰ Σκύθαις δουλεῦσαι – · ἐπεὶ δ᾽ ἀνεβάλλετο αὐτὸν ἡ Δίκη σοφή τε οὖσα καὶ εἰδυῖα καιροὺς ταμιεύεσθαι, ὁ δὲ καὶ τὸ πᾶν ᾠήθη καταπροίξεσθαι τῶν θεῶν. 4 ὢν δ᾽ ἐπὶ τοῦ σχήματος ἔτι τῆς τυραννίδος, ἐπιμελέστερον ἠργυρολόγει καὶ αἴσχιον, ὥστε ἤδη τὸ δεύτερον καὶ παρὰ τῶν ὑπηρετῶν ἠρανίζετο, [122] νῦν μὲν ἀνατεινόμενος ὅτι δράσει κακὸν ἐξαίσιον, ἕως ἠδύνατο, νῦν δ᾽ αὖ πάλιν ταπεινός τε καὶ ἐλεεινολογούμενος, «Ἵνα» φησί, «μὴ τῆς τυραννίδος ἐκπέσοιμι». τοσοῦτον ἄρα ἀπόπληκτος ἦν καὶ τὸν νοῦν ὄντως ἐτετύφωτο, ὡς ἐλπίσαι θωπείᾳ καὶ χρήμασι τὸν ἱερέα περιελεύσεσθαι· τῷ δὲ οὐκ ἦν θέμις πρὸ τῶν πατρίων ἀργύριον τίθεσθαι. 5 ἀλλὰ καὶ ἀναζεύξαντας ἀνὰ κράτος τοὺς ἀλλοφύλους καὶ πορρωτάτω γενομένους Θηβῶν ἀποστόλοις καὶ ἱκέταις καὶ δώροις αὖθις ἐπανήγαγεν· ἅπαν τε ἔργον αὐτοῦ καὶ στρατήγημα κήρυγμα λαμπρὸν ἦν τοῦ πάλιν αὐτὸν προπιεῖσθαι τὰ Αἰγύπτια τοῖς βαρβάροις. δῆλός τε ἦν μάλιστα μὲν ἀδεὴς αὐτὸς ὢν τό γε ἐπὶ τοῖς φιλτάτοις Σκύθαις· εἰ δὲ μή, καὶ ἄσμενος ὑπὲρ τοῦ μὴ ζῶν Ὄσιριν ἐπιδεῖν τυχόντα καθόδου καὶ γενόμενον ἐν τοῖς πράγμασιν. 6 ἐπεὶ δ᾽ οὖν οἵ τε βάρβαροι σαφῶς οὐκ ἐπὶ τῷ μετασχηματίσαι τὰ Αἰγυπτίων, ὥσπερ πρότερον ἐδεδράκεσαν, ἀλλ᾽ ἐπὶ τῷ πρόρριζα ἀνελεῖν καὶ Σκυθικῶς πολιτεύσασθαι τῇ χώρᾳ προσέβαλον, καί, καθάπαξ εἰπεῖν, τὸ πραττόμενον πολέμου καὶ στάσεως δυοῖν κακῶν ἀμφοῖν εἶχε τὰ χαλεπώτατα – στάσεως μὲν τὰς οἴκοθεν ἐνδόσεις καὶ προδοσίας, ὧν ἥκιστα πόλεμος πειρᾶται· πολέμου δὲ τὸ κοινὸν ἁπάντων εἶναι τὸν κίνδυνον – ἐπεὶ αἵ γε στάσεις, τὸ κοινὸν ἀξιοῦσαι σῴζειν, τὴν ἡγεμονίαν ἀπὸ τῶν ἐχόντων ἑτέροις μνηστεύουσι, τότε δὲ ἀπ᾽ ἀμφοῖν περιῆν ἄμφω τὰ χεῖρω, Αἰ-

dat, Hauptmann und Gefreiter. Was könnte da unmöglich sein, wenn ein Gott es will und den Menschen den Antrieb eingibt, sich mit allen Mitteln zu retten? Also überließen sie weder die Tore nochmals dem Typhos. Und auch sonst war seine Tyrannis ohne Seele, weil das, was sie gestützt hatte, aus der Stadt vertrieben war.

2 Die erste Versammlung scharte sich um den Groß-Priester,[109] man entzündete das heilige Feuer und sprach Dankgebete für das Erreichte, Bittgebete für das, was man vollzogen wissen wollte. Dann baten sie um Osiris, da es keine andere Rettung für ihre Angelegenheiten gäbe. Der Priester versprach seine Rückkehr, mit Hilfe der Götter, wie auch die Rückkehr derjenigen, die mit ihm verbannt worden waren, einzig aufgrund der Anklage, seine Gesinnungsgenossen zu sein. 3 Man beschloss, Typhos eine bestimmte Zeit zu täuschen. Der nun glaubte sogar, er könne noch über die Götter spotten, weil er nicht unmittelbar erleiden musste, was eigentlich verdient gewesen wäre – nämlich Schlachttier und Voropfer des Krieges zu werden, da er der Hauptschuldige war, dass die Ägypter eine Zeit lang Sklaven der Skythen waren – und weil Dike, die Göttin der Gerechtigkeit, die weise ist und die rechten Zeiten zu verwalten versteht, seine Strafe aufschob. 4 Da er sich noch mit dem Schein der Tyrannis umgegeben konnte, trieb er noch pedantischer und schamloser Geld ein, so dass er zum zweiten Mal von seinen Untergebenen Abgaben einforderte, [122] bald unter der Drohung, er werde ihnen gewaltiges Unheil bereiten, solange er dazu die Macht habe, bald wiederum unter Selbsterniedrigung und mit flehenden Worten: „damit ich nicht," so sagte er, „von meiner Herrschaft abgesetzt werde." So sehr hatte er also den Verstand verloren und war im Sinn wahrhaftig so umnebelt, dass er hoffte, durch Schmeichelei und Geld den Priester umgarnen zu können. Doch dem war es nicht erlaubt, Geld den ererbten Bräuchen vorzuziehen. 5 Aber auch die Fremden, die ja unter Gewalt aus Theben fortgezogen waren und sich weit entfernt aufhielten, wollte er durch Gesandte, Bitten und Geschenke zur Rückkehr bewegen. Alle seine Werke und seine Strategie war eine überaus deutliche Ankündigung, dass er Ägypten wieder den Barbaren anbieten wollte. Es war offenkundig, dass er im Vertrauen auf die ihm so nahestehenden Skythen ohne Furcht war. Und selbst wenn dies nicht so war: in jedem Fall war es ihm lieb, nicht zu Lebzeiten mitansehen zu müssen, dass Osiris die Rückkehr gelänge und wieder an die Macht käme. 6 Als nun aber die Barbaren das Land angriffen (offensichtlich nicht, um die Verhältnisse in Ägypten umzugestalten, wie sie es früher betrieben hatten, sondern um sie bis in die Wurzeln zu zerstören und in skythischer Manier politisch zu herrschen und da, um es auf eine Formel zu bringen, die Lage durch die schlimmsten Auswüchse von zwei Übeln, Krieg und innerem Zwist, ge-

γυπτίων δὲ οὐδεὶς ὑπελείπετο, ᾧ μὴ νεμεσητὰ ὁ τύραννος καὶ φρονεῖν ἐδόκει καὶ πράττειν, καὶ ὅστις παμπόνηρος ἦν, ὑπὸ τοῦ δέους σωφρονιζόμενοι. τοῦτο δὲ ἦν, ὃ περιμένειν ἐδέδοκτο τοῖς θεοῖς, τοῦ μηδὲν ἐμπύρευμα τῆς ἐναντίας αἱρέσεως ἐν τῇ πολιτείᾳ λανθάνειν ὑποτρεφόμενον, ἔχον τινάς, εἰ μὴ δικαίας, ἀλλ' οὖν εὐπροσώπους τοῦ κακοῦ παραιτήσεις. 7 ὀψὲ δὴ τότε σύνοδος θεῶν καὶ γερόντων ἐπὶ Τυφῶνι γίνεται, καὶ ἀνακαλύπτεται τὰ πάλαι πᾶσι καθ' ἕνα θρυλούμενα, γυναῖκες ἀμφίγλωσσοι ταῖς μὴ συνιείσαις ἀλλήλων τὰς γνώμας ἐξερμηνεύουσαι τῇ τε Αἰγυπτίᾳ τὰ τῆς βαρβάρου, καὶ ἔμπαλιν θατέρᾳ τὰ τῆς θατέρας, καὶ ἀνδρόγυνοι καὶ ἀπογραφεῖς, [123] ἅπαντες οὗτοι τῶν ἐπ' Ὄσιριν Τυφῶνί τε καὶ τῇ γυναικὶ παρασκευασθέντων, καὶ αὐτῶν ἔναγχος ἐγχειρουμένων ἐπὶ δεινότατα τεκμήρια, καταλήψεις τε ἐπικαίρων χωρίων ἐνδόντος αὐτοῦ, καὶ μονονοὺ προσαγομένου τὴν πολιορκίαν, ἵνα περιστῇ τὰ δεινὰ τὴν πόλιν τὴν ἱεράν· σπουδή τε πᾶσα ἐφ' ᾧ διαβῆναι τοὺς Σκύθας καὶ τοῦ ῥεύματος ἐπὶ θάτερα, ἵνα μὴ ἐξ ἡμισείας τὰ Αἰγύπτια πράττοι κακῶς, πάντα δὲ πανταχόθεν αἴροιτο καὶ μὴ σχολάζοιεν ἐπιζητεῖν Ὄσιριν. 8 τούτων ἀναδειχθέντων, ἄνθρωποι μὲν εἰς τὸ αὐτὸ καταδικάζουσιν αὐτοῦ φρουράν τε καὶ περὶ τοῦ τί χρὴ παθεῖν ἢ ἀποτῖσαι, δεύτερον ἐπ' αὐτῷ καθεδεῖν δικαστήριον· θεοὶ δὲ τοὺς μὲν παρόντας συνέδρους ἐπήνεσαν, ὡς ἀποχρῶντα κατεγνωκότας· αὐτοὶ δέ, ἐπειδὰν ἀπολίπῃ τὸν βίον Τυφώς, ἐψηφίσαντο Ποιναῖς τε αὐτὸν παραδοῦναι καὶ ἐνεῖναι τῷ Κωκυτῷ, καὶ τελευτῶντα παλαμναῖον εἶναι καὶ Ταρτάριον δαίμονα, χρῆμα μετὰ τῶν ἀμφὶ Τιτᾶνας καὶ Γίγαντας· τὸ δὲ Ἠλύσιον μηδὲ ὄναρ ποτὲ ἰδεῖν, σχολῇ δὲ ἀνακύψαι ποτὲ καὶ ἐποπτεῦσαι φῶς ἱερόν, θέαμα ψυχῶν ἀγαθῶν καὶ θεῶν εὐδαιμόνων.

1 Τὰ μὲν ἀμφὶ Τυφῶνι ταῦτα· ῥητὰ γὰρ πάντα. τί γὰρ ἂν γένοιτο περὶ χθονίαν φύσιν ἱερὸν καὶ ἀπόρρητον; ἱερολογεῖται δὲ καὶ τεθείασται τὰ Ὀσίριδος, ὥστε κίνδυνος παραβάλ- 4

prägt war – Innerer Zwist bedeutet Auflösung der inneren Ordnung und Verrat, was den Krieg nicht kennzeichnet, Krieg hingegen bedeutet, dass alles in Gefahr ist – weil nun innere Zwistigkeiten, die ja den Anspruch haben, den Staat retten zu wollen, die Herrschaft von denen, die sie haben, auf andere übertragen, damals aber von beiden Erscheinungen jeweils das Schlechtere da war,) gab es keinen Ägypter, dem nicht der Tyrann Typhos Verabscheuungswürdiges zu planen und zu tun schien, und dies sahen selbst die größten Strolche so, die nur durch Furcht besonnen zu sein veranlaßt sind. Das war es, worauf die Götter zu warten beschlossen hatten, damit es nicht einmal mehr eine heimlich in der Asche schwelende Glut einer entgegengesetzten Partei im Staate gäbe, die wenn schon keine gerechten, so doch schönklingende Entschuldigungen für das Unheil hätte. 7 Spät kam es deshalb zu einer Versammlung von Göttern und Alten in Sachen Typhos, es wurde enthüllt, was schon lange jeder für sich geäußert hatte: die Existenz von Frauen, die beide Sprachen beherrschten und die denen, die jeweils die anderen nicht verstanden, ihre Pläne übersetzt hatten, Ägypten die des Barbarenvolks und umgekehrt die Ägyptens den Barbaren; dass es Eunuchen und berufsmäßig Anklage Führende gab, [123] die allesamt von Typhos und seiner Frau gegen Osiris installiert worden waren und jüngst zur Bezeugung schlimmster Vorwürfe instrumentalisiert worden waren; dass wichtige Plätze von den Barbaren eingenommen worden waren – die Typhos preisgegeben hatte, der sie beinahe zu einer Belagerung trieb, damit das Unheil die heilige Stadt umzingele. Ferner richtete sich alles Engagement darauf, die Skythen über den Fluss auf die andere Seite ziehen zu lassen, damit Ägypten nicht nur zur Hälfte in schlimmer Lage sei, sondern alles überall zerstört würde und man keine Zeit hätte, nach Osiris zu suchen. 8 Dies alles kam ans Licht, und die Menschen verurteilten in einhelliger Weise Typhos zu einer Haft und beschlossen, in der Frage, was er an körperlicher oder finanzieller Strafe erleiden müsse, solle ein zweites Gericht über ihn zusammentreten. Die Götter lobten die anwesende Ratsversammlung, da sie Typhos zu einer hinreichenden Strafte verurteilt hätte. Sie selbst beschlossen, sobald Typhos aus dem Leben geschieden sei, ihn den Strafgöttinnen zu übergeben und ihn in den Kokytos zu werfen; er solle schließlich verflucht und ein Dämon im Tartaros sein, eine Kreatur in der Schar um die Titanen und Giganten.[110] Das Elysion solle er nicht einmal im Traum sehen, geschweige denn jemals emporblicken und das heilige Licht schauen dürfen, einen Anblick, der guten Seelen und glückseligen Göttern vorbehalten ist.

4 1 Dies ist die Geschichte von Typhos. Denn über ihn darf man alles erzählen. Denn was könnte bei einer irdischen Natur heilig und unaussprechlich sein? Eine heilige Erzählung und eine göttliche Eingebung ist dagegen die

λεσθαι πρὸς τὴν διήγησιν. ἀλλὰ γένεσις μὲν αὐτοῦ, καὶ τροφαί καὶ προπαίδειαί τε καὶ παιδεῖαι καὶ ἡγεμονίαι μείζους, καὶ ὅπως ἀρχαιρεσιασάντων θεῶν τε καὶ θείων ἀνδρῶν ἐπὶ τὴν μεγάλην ἀρχὴν κατέστη καὶ ὡς ἐπῆρξεν αὐτῇ καὶ ὡς ἐπ' αὐτὸν ἡ συνωμοσία συνέστη καὶ εἰς ὅσον ἐκράτησε καὶ ὡς οὐκ εἰς ἅπαν ἐξίκετο, ταῦτα μὲν οὐκ ἀνάξια κοινολογίας, καὶ εἴρηται. 2 προσκείσθω δὲ ὅτι μηδὲ ἀνόνητος ἡ φυγὴ τῷ πάντα εὐδαίμονι· ἀλλ' ἐν ἐκείνῳ γὰρ τῷ καιρῷ τὰς τελεωτάτας τῶν ἄνω θεῶν τελετὰς ἐτελέσθη τε καὶ ἐπώπτευσε καὶ θεωρίᾳ προσανέσχε τὸν νοῦν, σχασάμενος πολιτείαν. 3 λεγέσθω δὲ αὐτοῦ καὶ κάθοδος ἱερά καὶ δῆμοι στεφανηφόροι συγκαταγαγόντες αὐτὸν τοῖς θεοῖς, [124] ἤπειρον ὅλην ἐπὶ τῷ προπομπεῦσαι κατιόντας ἀμείψασθαι καὶ παννυχίδες καὶ δᾳδουχίαι καὶ διανομαὶ γερῶν καὶ ἐπώνυμον ἔτος καὶ τοῦ δυσμενοῦς ἀδελφοῦ δευτέρα φειδώ, ὃν ὀργῆς ἠρεθισμένου τοῦ δήμου παρῃτεῖτο καὶ θεῶν ἐδεῖτο σῴζειν αὐτόν, ἐπιεικέστερα δρῶν μᾶλλον ἢ δικαιότερα.

1 Μέχρι τούτων ἀποτετολμήσθω τὰ Ὀσίριδος, τὰ δὲ ἐντεῦθεν «εὔστομα κείσθω», φησί τις, εὐλαβῶς ἱερολογίας ἁψάμενος. τὰ πρόσω θρασείας ἂν γένοιτο γνώμης καὶ γλώττης, ἃ εὔφημα ἀτρεμείτω, συγγραφαῖς ἀνέπαφα, μὴ καί τις οἷς

οὐ θέμις ὄμμα βάλῃσιν·

ὅ τε γὰρ ἐκφήνας ὅ τε ἰδὼν νεμεσᾶται παρὰ τοῦ θείου, καὶ λόγοι Βοιώτιοι τοὺς ἐναλλομένους καὶ ἐποπτεύοντας ὄργια Διονύσου σπαράττουσιν. ἀγνωσία σεμνότης ἐπὶ τελετῶν καὶ νὺξ διὰ τοῦτο πιστεύεται τὰ μυστήρια καὶ ἄβατα σπήλαια διὰ τοῦτο ὀρύττεται, καιροὶ καὶ τόποι κρύπτειν εἰδότες ἀρρητουργίαν ἔνθεον. 2 μόνον ἴσως ἐκεῖνο θέμις εἰπεῖν, καὶ λέγομεν, ᾗ δυνάμεθα παρακαλύπτοντες τὰ ἀβέβηλα, ὅτι γηρῶν τε Ὄσιρις κυδίων ἢ νέος, καὶ γέρας ἔσχε παρὰ θεῶν ἐπιστατῆσαι τῇ πολιτείᾳ μετὰ συνθήματος μείζονος, ὡς κρείττων ἀποδειχθῆναι τοῦ παρὰ ἀνθρώπων τι πάσχειν· καὶ τὴν εὐδαιμονίαν, ἣν παραδοὺς Αἰγυπτίοις ἐξίτηλον εὗρεν ὑπὸ τῶν Τυφονίων καιρῶν, οὐκ ἀνεκτήσατο μόνον, ἀλλὰ καὶ ἀσύμβλητον τῇ προσθήκῃ πρὸς τὴν προτέραν ἐποίησεν, ὡς δοκεῖν ἐκείνην προοίμιον γεγονέναι τῆς ἐσομένης καὶ μόνην ὑπόσχεσιν, ποτὲ θρυλούμενον ποιηταῖς Ἑλλήνων, ὡς ἡ παρθένος ἡ νῦν ἀστρῴα, Δίκην,

Geschichte des Osiris, so dass es gefährlich ist, sie zu erzählen. Aber seine Geburt, sein Aufwachsen, seine erste Bildung und deren Vollendung, seine höheren Ämter und wie er durch die Wahl der Götter und göttlicher Menschen zur großen Herrschaft gelangte, wie er mit ihr umging und wie sich die Verschwörung gegen ihn bildete, wie lange diese währte und wie sie sich nicht auf Dauer durchsetzen konnte, dies verdient, öffentlich gesagt zu werden, und es ist erzählt. 2 Dazu soll angefügt werden, dass die Verbannung für den, der in allem glücklich ist, nichts Sinnloses ist. Vielmehr wurde er nämlich in eben dieser Zeit in die geheimen Weihen der oberen Götter eingeweiht und gelangte zu ihrer Schau und konnte seinen Verstand auf die Betrachtung konzentrieren, nachdem er die Sorge um den Staat aufgegeben hatte. 3 Gesprochen werden soll auch über seine heilige Rückkehr und wie ihn die Völker kranztragend gemeinsam mit den Göttern bei der Rückkehr begleiteten und das ganze Festland durchquerten, um sich mit denen, die ihn bei der Rückkehr begleiteten, abwechseln zu können, ferner muss man sprechen von den Nachtfeiern, den Fackeln, die dabei entzündet waren, den Geschenk-Verteilungen und dem Umstand, dass man das Jahr nach ihm benannte, von der zweiten Schonung des feindseligen Bruders, den er dem Zorn des aufgebrachten Volks entzog und um dessen Rettung er die Götter bat, wobei eher milde als gerecht handelte.

5 1 Bis zu diesem Punkt darf man den Wagemut haben, die Geschichte des Osiris zu erzählen. Für das Folgende gilt: „Man halte frommes Schweigen!“,[111] wie jemand sagt, der sich vorsichtig mit heiliger Rede befasste. Was darauf folgt, bedürfte wohl kühneren Sinns und Sprache, es soll unter heiligem Schweigen unberührt bleiben, unverletzt von Schriften, damit nicht jemand sogar

„wohin es nicht erlaubt ist, sein Auge richtet.“[112]

Denn der Enthüllende wie auch der Sehende erregt den Zorn der Gottheit, und die Erzählungen aus Boiotien zerreißen die, die sich in den geheimen Weihen des Dionysos drängen und sie schauen. Unkenntnis sichert die Erhabenheit der Weihen, deshalb vertraut man die Mysterien der Nacht an, deshalb vergräbt man sie in unzugänglichen Höhlen, deswegen finden sie zu Zeiten und an Orten statt, die sich darauf verstehen, die göttlich inspirierten unsagbaren Handlungen zu verbergen. 2 Nur Folgendes ist zu sagen gestattet – und wir teilen es auch mit, wobei wir so gut wie möglich das Heilige darin verhüllen –, dass Osiris als alter Mann mehr Ruhm besaß als als junger, und dass er von den Götter die Ehrengabe bekam, den Staat mit großer Autorität zu regieren, so dass er sich als stärker erwies als dass Menschen ihm etwas antun konnten. Den Wohlstand, den er den Ägyptern verschafft hatte, fand er infolge der Regierungszeit des Typhos

οἶμαι, καλοῦμεν αὐτήν,
ἐπιχθονίη πάρος ἦεν,
ἤρχετο δ' ἀνθρώπων κατεναντίη· οὐδέποτ' ἀνδρῶν,
οὐδέποτ' ἀρχαίων ἠνήνατο φῦλα γυναικῶν,
ἀλλ' ἀναμὶξ ἐκάθητο, καὶ ἀθανάτη περ ἐοῦσα·
ὁμωρόφιος ἀνθρώποις ἐγίνετο.
οὐ γὰρ λευγαλέου τότε νείκεος ἠπίσταντο,
οὐδὲ διακρίσιος περιμεμφέος, οὐδὲ κυδοιμοῦ· [125]
αὔτως δ' ἔζωον· χαλεπὴ δ' ἀπέκειτο θάλασσα,
καὶ βίον οὔπω νῆες ἀπόπροθεν ἠγίνεσκον·
ἀλλὰ βόες καὶ ἄροτρα καὶ αὐτὴν πότνια λαῶν
μυρία πάντα παρεῖχε Δίκη, δώτειρα δικαίων.
τόφρ' ἦν, ὄφρ' ἔτι γαῖα γένος χρύσειον ἔφερβεν.

3 ὡς, φησίν, οὐκ ἐχρῶντο θαλάσσῃ, χρυσοῖ δὲ ἦσαν ἄνθρωποι, καὶ θεῶν ἐπιμιξίας ἐτύγχανον. πλοίων δὲ εἰσελθόντων ἐνεργοῦς εἰς χρῆσιν βίου, τοσοῦτον ἀπεφοίτησεν ἡ Δίκη τῆς γῆς, ὡς μόλις ὁρᾶσθαι νυκτὸς αἰθρίας. καὶ μέντοι καὶ νῦν ὁρωμένη στάχυν ἡμῖν προτείνει, καὶ οὐ πηδάλιον. τάχα νῦν καταβαίη, καὶ πάλιν ἡμῖν αὐτοπρόσωπος διαλέξεται, [καὶ] σπουδασθείσης μὲν γεωργίας, ναυτιλίας δὲ ἀποσπουδασθείσης. 4 τάδε οὖν πάλαι περὶ αὐτῆς ᾀδόμενα ποιηταῖς οὐχ ἕτερος ἔσχε χρόνος, ἀλλ' ὁ τῆς ἐπικυδεστέρας βασιλείας Ὀσίριδος. εἰ δὲ οὐκ εὐθὺ κατάγοντες αὐτὸν ἐκ τῆς μεταστάσεως, ἅμα πάντα ἐν χερσὶν ἔθεσαν οἱ θεοί, μηδὲν παρὰ τοῦτο ποιώμεθα. οὐ χωρεῖ πολιτείας φύσις ἀθρόαν μεταβολήν, ὥσπερ ἐπὶ τὸ χεῖρον, οὕτως ἐπὶ τὸ ἄριστον. κακία μὲν γὰρ αὐτοδίδακτον, ἀρετὴ δὲ σὺν πόνῳ κτᾶται. ἔδει δὴ μεσεῦσαι τοὺς προκαθαίροντας, τὸ θεῖον σχολῇ καὶ τάξει βαδίζειν· τὸν δὲ ἔδει, πρὶν ἄσχολον εἶναι, πολλὰ μὲν ἰδεῖν, πολλὰ δὲ ἀκοῦσαι· συχνά τοι βασιλέως ἀκοὴ κλέπτεται.

1 Ἀλλ' εὐλαβητέον γὰρ ἤδη, μή τι καὶ τῶν ἀρρήτων ἐξορ- 6
χησώμεθα. τὰ μὲν ἵλήκοι τὰ ἱερά· ἡμῖν δὲ τά τε πάλαι μαθοῦσι

ausgelöscht vor; doch er stellte ihn nicht nur wieder her, sondern steigerte ihn durch Zugaben gegenüber dem früheren noch, so dass jener vorhergehende Wohlstand nur eine Vorankündigung und nur ein Versprechen des künftigen Wohlstands gewesen zu sein schien, ein Zusammenhang, der einst von den Dichtern[113] der Griechen beschrieben worden ist, dass nämlich die Jungfrau, die jetzt unter den Sternen weilt (wir nennen sie, glaube ich, Dike):

„auf Erden habe sie
Voreinst gelebt mit uns, sie habe denn auch nie
In jener Urzeit sich versagt der Menschenschar –
Sie saß bei Mann und Weib, sie, die unsterblich war."[114]

Sie wohnte unter einem Dach mit den Menschen.

„Von arger Zwietracht hat noch damals jede Ahnung
Gefehlt; nicht Grenzstreit gab's und kein Geschrei der Schlachten, [125]
Man lebte schlicht; zu Schiff das Meer zu zwingen dachten
Die Leute damals nicht um fremder Ware willen.
Mit Pflug und Stiergespann war der Bedarf zu stillen,
Da Dike heilges Recht und reiches Gut gewährte,
Und sich auf Erden noch die goldne Zeit ernährte."[115]

3 Als die Menschen, so sagt der Dichter, noch nicht das Meer nutzen, und ‚golden' waren, hatten sie mit den Göttern Umgang. Als aber die Schiffe zum Gebrauch in einem tätigen Leben eingeführt wurden, da entfernte sich Dike so weit von der Erde, dass man sie kaum noch an einem freien Nachthimmel sehen kann. Und wenn man sie jetzt überhaupt noch sieht, streckt sie uns eine Ähre, nicht ein Steuerruder hin. Gewiss könnte sie auch jetzt rasch herabsteigen und wieder mit uns von Angesicht zu Angesicht sprechen, wenn man Landwirtschaft mit großem Eifer betriebe[116] und sich von der Seefahrt freimachte. 4 Dies, was von den Dichtern in alter Zeit über sie gesungen wurde, galt für keine andere Zeit als für die überaus ruhmvolle Herrschaft des Osiris. Wenn ihn die Götter nicht sofort aus der Verbannung zurückführten und alles in seine Hände legten, wollen wir dagegen nichts einwenden: Die Beschaffenheit des Staates lässt keine komplette Änderung zu, ebensowenig wie zum Schlechteren so auch nicht zum Besten hin. Schlechtigkeit lernt sich von selbst; Tugend lässt sich jedoch nur mit mühevoller Arbeit erwerben. Daher war es erforderlich, dass zunächst solche dazwischen traten, die den Staat vorab säuberten, dann konnte das Göttliche in Ruhe und Ordnung kommen. Osiris musste, bevor er tätig werden konnte, vieles sehen, vieles hören. Oft werden ja die Ohren eines Königs betrogen.

6 1 Doch gilt es auf der Hut zu sein, damit wir nicht noch etwas preisgeben, das unsagbar ist.[117] Da möge uns das, was heilig ist, gnädig sein. Gleich-

περὶ ἀδελφοῦ γενόμενα καὶ γινόμενα θαυμαστόν τι φαίνεται καὶ ἄξιον φροντισθῆναι, τί ποτε ἄρα, ὅταν πού τις γένηται διαφέρουσα φύσις, οὐ κατὰ μικρόν, ἀλλὰ παρὰ πλεῖστον ἢ βελτίων ἢ χείρων – οἷον ἀμιγής τις ἀρετὴ πρὸς κακίαν ἢ κακία πρὸς ἀρετήν –, ἐγγύς που παραφύεται καὶ τὸ ἀντικείμενον ἄκρατον, ὡς ἐκ μιᾶς ἑστίας προιέναι τὰ τοσοῦτον ἀπῳκισμένα καὶ μίαν εἶναι ταῖν δυεῖν βλάσταιν τὴν ῥίζαν. 2 πυθώμεθα οὖν φιλοσοφίας, τί ποτε ἄρα αἰτιάσεται τοῦ παραδόξου πράγματος· [126] ἡ δὲ ἴσως ἀποκρινεῖται, δανεισαμένη τι καὶ παρὰ ποιήσεως, ὅτι, «Ὦ ἄνθρωποι,

δοιοὶ γάρ τε πίθοι κατακείαται ἐν Διὸς οὔδει,
δώρων, οἷα δίδωσι, κακῶν, ἕτερος δὲ ἐάων.

τὸ μὲν οὖν πολὺ κατ' ἴσον, ἢ παρὰ μικρὸν ἧσσον ἀφ' ἑκατέρων ἐγχεῖ καὶ κίρνησιν, ὥστε ἔχειν τῇ φύσει συμμέτρως. ὅταν δέ ποτε ἀπλήστως ἐγχέῃ θατέρας μερίδος καὶ γένηταί τις πατὴρ ἐπὶ τῷ φθάσαντι τῶν παίδων ἀκριβῶς εὐδαίμων ἢ κακοδαίμων, ἐπὶ τὸ λοιπὸν θάτερον ἀκριβῶς ἐστι τὸ λειπόμενον. ὁ γὰρ θεὸς ὁ διανομεὺς ἀντανισώσει τὸ ἐνδεές, ἐπειδὴ δεῖ τὴν δαπάνην ἴσην εἶναι τοῖν πίθοιν, ᾗ καὶ τὴν ἀρχήν ἐστιν ἐν τοῖς γένεσι σπέρματα ἀπ' ἀμφοῖν ἴσα καὶ ἓν ἄμφω γινόμενα τῷ λόγῳ τῆς κοινῆς φύσεως. ὅταν δὲ ὁπωσοῦν καταχωρισθὲν προδαπανήσῃ τις θάτερον, ἀνεπίμικτον ἔχει τὸ λεῖπον».

3 ταῦτα εἰποῦσα πείσειεν ἂν ἡμᾶς, ἐπειδὴ καὶ τῆς συκῆς ὁρῶμεν γλυκύτατον μὲν τὸν καρπόν, φύλλα δὲ καὶ φλοιὸν καὶ ῥίζαν καὶ πρέμνον, ἅπαντα ὀπωδέστατα. δόξειεν γὰρ ἄν, ὅσον ἔχει χεῖρον ἡ φύσις τοῦ δένδρου, τοῦτο ἐν τοῖς οὐκ ἐδωδίμοις ὅλον ἐξαναλώσασα, ἀκραιφνὲς καταλιπεῖν ἐν τοῖς ἀκροδρύοις τὸ ἄριστον. 4 ταῦτ' ἄρα γεωργῶν παῖδες· (ἀνασχώμεθα γὰρ καὶ φαύλων εἰκόνων, εἰ μέλλοιμεν πλέον ποιήσειν εἰς παραδοχὴν ἀληθείας·) ἐκεῖνοι τοίνυν ὑπὸ τῆς φύσεως ἴσως αὐτοδιδαχθέντες, δύσοσμά τε εὐώδεσι καὶ γλυκέα δριμέσι παραφυτεύουσιν, ἵνα τὸ ὅσον ἡ γῆ μοχθηρὸν ἔχῃ συμπεπλεγμένον, τοῦτο τῇ συγγενείᾳ πρὸς ἑαυτὰ σπῶντα, μόνον ἐάσῃ καὶ ἀπειλικρινημένον ἐν ταῖς βελτίοσι ῥίζαις τὸν χυμόν τε καὶ τὸν ἀτμὸν τὸν ἀμείνονα. καὶ ἔστι τοῦτο πρασιᾶς καθαρτήριον.

1 Ἐκ δὴ τοῦ λόγου συμβαίνει τρόπῳ γεωμετρικοῦ πορίσματος ἑτέρῳ συνανακύψαντος, παμπονήρους παίδων πρεσβυτέρους ἐν τοῖς γένεσι τίκτεσθαι. καὶ τοῦτο σπερμάτων ἐν συγ- 7

wohl: Uns erscheint das, was wir an Geschehnissen und Vorgängen bezüglich des Bruders schon lange kennen, wundersam und denkwürdig: Warum nur ist eine herausragende Natur, wenn sie irgendwo hervortritt, nicht in geringem Umfang, sondern bei weitem entweder besser oder schlechter – gerade wie eine Tugend, die ohne Beimischung des Lasters oder ein Laster, das ohne Beimischung von Tugend ist –, warum also wächst nahe daneben auch das reine Gegenteil, so dass aus einem einzigen Herd hervorgeht, was soweit von einander entfernt ist, und es für zwei Gewächse eine einzige Wurzel gibt? 2 So wollen wir von der Philosophie wissen, was die Ursache dieses paradoxen Umstandes ist. [126] Die wird wohl antworten, indem sie eine Anleihe bei der Dichtung vornimmt: „Ihr Menschen,

Zwei Gefäße sind aufgestellt im Saale Kronions,
Voll mit Gaben: mit bösen das eine, das andre mit guten.[118]

Zumeist schenkt Zeus gleichmäßig oder nur geringfügig weniger von einem der beiden ein und mischt so, dass es sich der Natur angemessen verhält. Sooft er aber einmal zuviel von dem einen Teil einschenkt und ein Vater durch den ersten Sohn vollkommen glücklich oder unglücklich wird, verhält sich das, was übrig bleibt, in der Folge in vollkommener Weise umgekehrt. Denn der Gott, der als Verteiler waltet, wird das, was fehlt, ausgleichen, da der Verbrauch aus beiden Gefäßen gleich sein muss, wie[119] auch von Anfang an in den Geschlechtern die Samen von beiden gleich sind und beide eins werden nach dem Verhältnis der gemeinsamen Natur. Sobald jemand eins von beiden getrennt im Voraus verbraucht hat, so ist das, was übrig bleibt, ohne Mischung."

3 Mit dieser Erklärung dürfte die Philosophie uns überzeugen, da wir sehen, dass etwa bei der Feige die Frucht sehr süß ist, die Blätter, Rinde, Wurzel und der Stamm hingegen allesamt so, dass sie Milch gerinnen lassen.[120] So scheint es in der Natur des Baumes zu liegen, das, was sie an Schlechtem enthält, ganz in den nicht essbaren Teilen aufzuwenden, dagegen rein das Beste in den Früchten zu hinterlassen. 4 In diesem Sinn handeln daher die Bauern.[121] (Wir wollen nämlich auch Bilder aus dem Alltagsleben niederer Schichten gebrauchen, wenn wir damit besser auf eine Aufnahme der Wahrheit hinwirken.) Jene also lassen sich von der Natur belehren und pflanzen Übelriechendes neben Wohlduftendes, Süßes neben Bitteres, damit jene Gewächse all das Schlechte, das die Erde in sich verbunden enthält, aufgrund der Verwandtschaft an sich ziehen und den besseren Saft und Dunst allein und gereinigt in den besseren Wurzeln belassen. Und das kann man ein Reinigungsmittel des Gartenbeets[122] nennen.

7 1 Aus diesem Argument ergibt sich nach Art eines mathematischen Schlusses, der sich zugleich mit einem anderen ableiten lässt, dass in den Familien die älteren Kinder als die grundübeln geboren werden. Und dies

γενείᾳ γίνεται καθαρτήριον, ὅταν γένεσιν ἀμολύντου καὶ εἰλικρινοῦς ἀρετῆς εὐτρεπίζῃ θεός· κᾆθ' οὕτως περιίσταται τὸ οἰκειότατον δόξῃ πάντων ἀλλοτριώτατον εἶναι· [127] ὅπερ ἐν μὲν τοῖς κατὰ φύσιν ἔχουσιν οὐ μάλα ἐθέλει συμβαίνειν τοῖς ἡμιμοχθήροις τε καὶ ἐξ ἡμισείας χρηστοῖς· ἐν δὲ τοῖς τὴν φύσιν ὑπερφρονήσασι καὶ νεμηθεῖσι διακεκριμένας τὰς μερίδας αὐτῆς, ἃς ἐκείνη συμπεπλεγμένας ἔχει καὶ δίδωσιν, ἐν δὲ τούτοις θαυμαστὸν ἦν, εἰ μὴ τοῦτο ἐγίνετο. Τοῦτο μὲν ἅλις ἔχει παρὰ τοῦ λόγου· σκέμμα δὲ ἕτερον εἰσκυκλούμενον ἐπιζητεῖν ἔοικεν ἕτερον λόγον. 2 Τὸ δὲ ἐν διαφόροις τόποις καὶ χρόνοις ταὐτὰ πολλάκις συμβῆναι, καὶ γενέσθαι θεατὰς γηρῶντας ἀνθρώπους, ὧν ἀκροαταὶ παῖδες ἐγένοντο, βιβλίων λεγόντων ἢ πάππων, τοῦτό μοι δοκεῖ τὸ παραδοξότατον εἶναι· καὶ εἰ μὴ μέλλοι μένειν παράδοξον, ἄξιον αἰτιολογηθῆναι. λέγωμεν οὖν ἀρχὴν οἰκείαν εὑρόντες· μὴ γὰρ οὔτε σμικρὸν οὔτε ῥᾷστον ᾖ φιλοσόφημα.

3 τὸν κόσμον ἓν ὅλον ἡγώμεθα τοῖς μέρεσι συμπληρούμενον· σύρρουν τε οὖν καὶ σύμπνουν αὐτὸν οἰησόμεθα· τὸ γὰρ ἓν οὕτως ἂν σῴζοι, καὶ οὐκ ἀσυμπαθῆ πρὸς ἄλληλα τὰ μέρη θησόμεθα. πῶς γὰρ ἂν ἓν ὦσιν, εἰ μή τοι φύσει συνηρτημένα; καὶ ποιήσει δὴ καὶ πείσεται παρ' ἀλλήλων τε καὶ εἰς ἄλληλα· καὶ τὰ μὲν μόνον ποιήσει, τὰ δὲ μόνον πείσεται. 4 μετὰ τῆσδε τῆς ὑποθέσεως ἐπὶ τὸ σκέμμα βαδίζοντες, κατὰ λόγον ἂν αἰτιασόμεθα τῶν περὶ τὰ τῇδε τὸ μακάριον σῶμα τὸ κύκλῳ κινούμενον. μέρη γὰρ ἄμφω, καὶ ἔστιν αὐτοῖς τι πρὸς ἄλληλα. εἰ δὴ γένεσις ἐν τοῖς περὶ ἡμᾶς, αἰτία γενέσεως ἐν τοῖς ὑπὲρ ἡμᾶς, κἀκεῖθεν ἐνταῦθα καθήκει τὰ τῶν συμβαινόντων σπέρματα. εἰ δή τις τοῦτο προσβάλοι χορηγούσης ἀστρονομίας, τὰς πίστεις ἀποκαταστατικὰς εἶναι περιόδοις ἀστέρων τε καὶ σφαιρῶν, τὰς μὲν ἁπλᾶς, τὰς δὲ συνθέτους, οὗτος τῇ μὲν ἂν αἰγυπτιάζοι, τῇ δὲ ἑλληνίζοι, καὶ σοφὸς ἂν εἴη τέλεος ἐξ ἀμφοῖν, νοῦν ἐπιστήμῃ συνάπτων. 5 ὁ τοιοῦτος οὖν οὐκ ἂν ἀπογνοίη τῶν αὐτῶν κινημάτων ἐπανιόντων συνεπανιέναι τὰ αἰτιατὰ τοῖς αἰτίοις, καὶ βίους ἐν γῇ τοὺς αὐτοὺς εἶναι τοῖς πάλαι καὶ γενέσεις καὶ τροφὰς καὶ γνώμας καὶ τύχας. [128] οὐκ ἂν οὖν θαυμάζοιμεν, εἰ παμπάλαιον ἱστορίαν ἔμβιον τεθεάμεθα, καὶ ἐθεασάμεθά γε, εἰς ἅπαν ἐφαρμοσάντων τῶν προεξηνθηκότων τε ἤδη, καὶ εἰς τοὺς συνεχεῖς μῆνας ἐξανθησάντων τοῖς ἐκφανθεῖσιν ὑπὸ τοῦ λόγου, ἐφαρμοσάντων δὲ τῶν ἐγκεκρυμμέ-

dient als Reinigung der Samen in einer Verwandtschaftslinie, wenn der Gott die Geburt unbefleckter und reiner Tugend verleiht.[123] Und auf diese Weise kommt es dazu, dass das, was nach Meinung aller das Eigenste zu sein scheint, von allem das Fremdeste ist. [127] Das freilich will sich in den Dingen, die sich naturgemäß verhalten, überhaupt nicht einstellen, da diese Dinge zur Hälfte schlecht, zur anderen Hälfte edel sind.[124] In den Dingen allerdings, die sich höher als die Natur dünken und den getrennten Teilen der Natur unterworfen sind, die jene sonst verflochten enthält und gibt, in diesen Dingen wäre es verwunderlich, wenn dies nicht geschähe. Aber das ist ja genügend von der Erzählung her deutlich geworden. Eine weitere Frage, die sich daran anschließend aufdrängt, scheint eine andere Erzählung zu erfordern. 2 Der Umstand, dass an unterschiedlichen Orten und zu unterschiedlichen Zeiten oft dasselbe geschieht und dass man als alter Mann zum Augenzeugen dessen wird, wovon man als Kind gehört hat, weil es Bücher oder Großväter erzählten, scheint mir überaus paradox zu sein. Und wenn es nicht paradox bleiben soll, dann lohnt es, den Grund hierfür zu erforschen. Darüber wollen wir also sprechen, nachdem wir die Ursache herausgefunden haben. Denn wohl ist dieses philosophische Problem weder klein noch besonders leicht.

3 Den Kosmos wollen wir für eine Einheit und ein Ganzes halten, das mit seinen Teilen erfüllt ist. So werden wir glauben, dass er etwas Zusammenfließendes und gemeinsam Atmendes ist. Denn so dürfte er die Einheit bewahren, und wir werden davon ausgehen, dass seine Teile sich nicht gegeneinander gefühllos verhalten. Wie könnten sie sonst eins sein, wenn sie nicht von Natur aus mit einander verbunden sind? Und so bewirken und erleiden sie von einander und gegeneinander; die einen wirken nur, die anderen erleiden nur. 4 Gemäß dieser Annahme gehen wir an die Frage, und logischerweise werden wir die Ursache für die Erscheinungen hier in dem seligen Körper ansiedeln, der sich im Kreis bewegt. Denn Teile sind beide, das aktive wie das passive Element, und es besteht eine gewisse Wechselwirkung zwischen ihnen. Wenn es in dem, was um uns ist, Zeugung gibt, so liegt die Ursache der Zeugung in dem, was über uns ist, und von dort kommen die Samen der Ereignisse hierher. Und wenn man Folgendes dazu nimmt (die Astronomie kann dabei eine Führungsstellung einnehmen), dass nämlich sich die Nachweise für die Umläufe der Sterne und Sphären wiederholt führen lassen, wobei die einen einfache, die anderen zusammengesetzte sind, so wird man es einerseits mit den Ägyptern halten, andererseits mit den Griechen, und ein vollendeter Weiser dürfte aus beiden Bereichen belehrt sein, der seinen Verstand mit Wissenschaft verbindet. 5 Ein solcher Weiser dürfte daher nicht verkennen, dass, wenn dieselben Bewegungen der Gestirne sich wiederholen, zugleich mit den Ursachen sich auch das Bewirkte wiederholt, und daher die Leben auf der

νων εἰδῶν εἰς τὴν ὕλην τοῖς ἀπορρήτοις τοῦ μύθου. 6 ὁποῖα ἄττα δ' ἐστίν, ἐμοὶ μὲν οὔπω θέμις ἐξαγορεύειν αὐτά· εἰκάσει δὲ ἄλλος ἄλλο, καὶ συγκύψουσιν ἐπὶ τὰ Αἰγύπτια συγγράμματα ἄνθρωποι λιχνείᾳ τοῦ μέλλοντος, ὧν ἂν ὁ μῦθος περισαλπίσῃ τὰ ὦτα, ἕλκοντες ἐκεῖθεν ἐπὶ τὰ παρόντα τὴν ᾐνιγμένην ἐμφέρειαν. τὰ δ' οὔτ' ἀλλήλοις ὁμοφωνεῖ πρὸς ἀλήθειαν· ἴστων μὴ οὐδὲ εὐσεβοῦντες οἷς ἐπιχειρήσουσι, προαναχωννύντες ὃ δεῖ τέως κατορωρύχθαι·

κρύψαντες γὰρ ἔχουσι θεοὶ βίον ἀνθρώποισιν.

1 Ὅ τοι Σάμιος Πυθαγόρας τὸν σοφὸν ἀλλ' οὐδὲ<ν ἢ> θεάμονά φησιν εἶναι τῶν τε ὄντων καὶ γινομένων· παραγγεῖλαι γὰρ αὐτὸν εἰς τὸν κόσμον, ὥσπερ εἰς ἀγῶνα ἱερόν, ἐφ' ᾧ θεάσασθαι τὰ γινόμενα. ἡμεῖς οὖν τὸ ἐνθένδε συλλογισώμεθα, ποῖος ἂν ὁ τεταγμένος γένοιτο θεατής· ἦ σαφές τι δεῖ καὶ προὖπτον εἰπεῖν, ὡς ἐκεῖνος, ὅστις ἐν τῇ χώρᾳ περιμένει τὰ δεικνύμενα καθ' ἕκαστον ἐν τάξει προκύπτοντα τοῦ παραπετάσματος; 2 εἰ δέ τις εἰς τὴν σκηνὴν εἰσβιάζοιτο καί, τὸ λεγόμενον, εἰς τοῦτο κυνοφθαλμίζοιτο, διὰ τοῦ προσκηνίου τὴν παρασκευὴν ἀθρόαν ἅπασαν ἀξιῶν ἐποπτεῦσαι, ἐπὶ τοῦτον Ἑλλανοδίκαι τοὺς μαστιγοφόρους ὁπλίζουσι· καὶ λαθὼν δέ, οὐδὲν σαφὲς εἰδείη, μόλις γε ἰδὼν καὶ συγκεχυμένα καὶ ἀδιάκριτα. 3 ἔστι μὴν ἅττα καὶ προαναφωνεῖσθαι νόμος ἐν τοῖς θεάτροις, καὶ δεῖ τινα προεξελθόντα διαλεχθῆναι τῷ δήμῳ τί μετὰ μικρὸν ὄψεται. οὗτος οὐ πλημμελεῖ· τῷ γὰρ ἀγωνοθέτῃ διακονεῖται, παρ' οὗ καὶ μαθὼν οἶδεν, οὐ πολυπραγμονήσας εἰδέναι οὐδὲ διὰ τοῦτο κινήσας τὰ ἀκίνητα, καὶ μαθόντα γε σιγᾶν δεῖ, πρὶν ἐπειχθῆναι δημοσιεῦσαι, ὅτε γε οὐδὲ ἀεὶ τοὺς ἀγωνιστὰς εἰδέναι τὸν καιρὸν τῆς ἀγωνίας ὁ νόμος ἐφίησιν, ἀλλὰ περιμένειν δεῖ καταπεμπόμενον τῆς προόδου τὸ σύνθημα. [129] 4 οὕτως, ᾧ μὴν κοινοῦται θεὸς τὰς παρασκευὰς τῶν ἀποκειμένων ἐμβίων τῇ φύσει, προσκυνήσας τὴν τιμήν, μηδὲν ἧττον, εἰ μὴ καὶ μᾶλλον, τῶν ἀνηκόων ἐχεμυθείτω. ὃ γὰρ ἐν ἀγνοίᾳ, στοχάζεται· τὸ δὲ εἰκὸς ἐπὶ πλεῖον χωροῦν, ἀσταθμητότατόν ἐστιν, καὶ πε- 8

Erde die selben sind wie die Leben in alter Zeit, und ebenso die Zeugungen, das Aufwachsen, der Sinn der Menschen und ihre Schicksale. [128] Daher dürfte es uns auch nicht erstaunen, wenn wir eine uralte Geschichte lebendig vor uns sehen und wir haben freilich auch schon gesehen; denn in allem passt das, was zuvor geblüht hat, und das, was über Monate hin blüht, zu dem, was von unserer Erzählung vorgebracht worden ist; es passen auch die in der Materie verborgenen Formen zu den Dingen, die in unserem Mythos unsagbar sind. 6 Wie beschaffen einiges davon ist, das darf ich nicht aussprechen. Der eine wird dies, der andere das vermuten, und es werden sich Menschen in ägyptische Schriften vertiefen auf der gierigen Suche nach der Zukunft, in deren Ohren der Mythos wie ein Trompetenklang hallt, wobei sie vom Mythos aus verrätselte Ähnlichkeiten auf die Gegenwart beziehen werden. Freilich sind Mythos und Gegenwart in Bezug auf die Wahrheit nicht kongruent. Man muss wissen, dass man nicht fromm handelt, wenn man ausgräbt und ans Licht bringt, was solange vergraben sein muss.
„Verborgen halten nämlich die Götter den Menschen ihren Lebensunterhalt."[125]
8 1 Pythagoras von Samos sagt,[126] dass der Weise nichts anderes sei als[127] ein Betrachter des Seienden und des Werdenden. Er sei in die Welt bestellt wie in einen heiligen Wettkampf, damit er das Werdende als Zuschauer verfolgt. Wir wollen die Konsequenzen[128] bedenken, zu welcher Art Zuschauer der so eingesetzte Mensch wohl wird. Ist es nötig, etwas Klares und auf der Hand Liegendes zu sagen, dass es jener ist, der auf seinem Platz das Dargebotene erwartet, das nach einander gemäß der Ordnung vor den Vorhang gebracht wird? 2 Wenn sich aber jemand gewaltsam auf die Bühne drängt und, wie man sagt, ‚ein gieriges Hundeauge darauf richtet',[129] dabei für sich beansprucht, durch die Vorbühne hindurch die gesamte Einrichtung zu betrachten, werden gegen diesen die Wettkampfrichter die Peitschenträger ausrüsten. Tut er es heimlich, dürfte er nichts deutlich erkennen, weil er nur mit Mühe Vermischtes und Nicht-Unterschiedenes sieht. 3 Es gibt das Gesetz, im Theater[130] bestimmte Dinge vorab zu verkünden, und so muss jemand auftreten und dem Volk mitteilen, was es binnen Kurzem sehen wird. Dieser macht keinen Fehler. Denn er hilft dem Wettkampfrichter, er hat seine Kenntnisse von ihm, war aber nicht ungebührlich neugierig nach diesem Wissen, hat auch nicht deswegen ‚das, was man nicht bewegen darf, bewegt,'[131] und es ist erforderlich, dass er sein Wissen solange verschweigt, bis er den Auftrag bekommt, es öffentlich zu machen, da ja das Gesetz nicht einmal zulässt, dass die Schauspieler den Zeitpunkt ihres Auftritts kennen, sondern auch sie auf das Signal zum Auftritt, das zu ihnen geschickt wird, warten müssen. [129] 4 So hat auch der, dem ein Gott die Einrichtungen der Dinge, die zum Leben

ρὶ αὐτὸ πλείους οἱ λόγοι· τοῦ δὲ ἀληθοῦς ὥρισται μὲν ἡ γνῶσις, ὥρισται δὲ ὁ λόγος. ἀλλά τοι καὶ οὗτος ὑπὸ τοῦ σοφοῦ κεκρύψεται, πίστιν τινὰ ταύτην παρακατατιθεμένου θεοῦ. 5 καὶ γὰρ ἄνθρωποι τοὺς ῥεολόγους μισοῦσιν· ὃν δὲ οὐκ ἀξιοῖ ὁ θεὸς εἶναι μύστην, μήτε προεξαλλέσθω, μήτε ὠτακουστείτω. καὶ γὰρ ἄνθρωποι μισοῦσι τοὺς φιλοπράγμονας· ἀλλ' οὐδὲ τὸ ἀσχάλλειν εὔλογον τὸν μετὰ μικρὸν τῶν ἴσων τευξόμενον. βραχύς τοι χρόνος ἀνθρώποις τὴν ἀξίαν μερίζει, καὶ τελευτῶντα τὰ πράγματα κοινὰ γίνεται θεάματά τε καὶ ἀκροάματα·

ἁμέραι δ' ἐπίλοιποι
μάρτυρες σοφώτατοι.

gehören, aber separat verwahrt werden, aufgrund der Natur mitteilt, weil er für diese Ehre tiefdankbar sein muss, nicht weniger, wenn nicht sogar mehr, als die, die nichts gehört haben, zu schweigen. Denn man stellt über das, was man nicht weiß, Vermutungen an. Dehnt sich die Wahrscheinlichkeit aus, so wird sie unzuverlässig, und mit ihr verbinden sich sehr viele Denkmöglichkeiten. Die Kenntnis der Wahrheit dagegen ist genau bestimmt, genau bestimmt auch die Rede über sie. Doch auch diese Rede wird der Weise im Verborgenen halten, da sie bei ihm der Gott als eine Art Pfand hinterlegte. 5 Und so hassen die Menschen die Schwätzer. Wen der Gott nicht für würdig befindet, eingeweiht zu sein, der soll sich auch nicht in den Vordergrund drängen und auch nicht als Lauscher agieren. Denn die Menschen hassen die Vielgeschäftig-Neugierigen. Und auch ist es nicht angemessen ungehalten zu sein, wenn man nach kurzer Zeit das Gleiche erhält. Denn eine nur kurze Zeit teilt den Menschen ihren Lohn zu, und am Ende werden alle Dinge als Gegenstände von Schau und Hören Gemeingut.

„Die Tage, die noch übrig sind,
Sind die klügsten Zeugen."[132]

Anmerkungen

1 ἐπὶ τοῖς: Nicht temporal (wofür der Genitiv stehen sollte), sondern „auf"/„gegen", GRÜTZMACHER 1913, 56.

2 Söhne des Tauros: Aurelian und Caesarius (ein dritter Sohn, Harmonius, war um 391 getötet worden, Joh. Antioch. Frg. 187 MUELLER = 212 MARIEV).

3 Der Text ist nicht eindeutig. Angesichts der im weiteren genannten Tiere Löwe und Wolf ist es möglich, dass hier mit den Söhnen des Stieres eine Einleitung im Fabel-Stil gegeben wird (Vorschlag von Christian ZGOLL), es ist aber auch denkbar, dass hier der konkrete Name Tauros als Schlüssel für die Allegorie mitgeteilt wird. Mit diesem Tauros wäre dann bezeichnet: Flavius Palladius Rutilius Taurus Aemilianus (*PLRE* I.879; *RE* s.v. Taurus [7]), Praefectus praetorio Italiae 355; Gefolgsmann Constantius' II., von niedriger Abkunft (so Libanios *or.* 42 [Bd. III, p. 319,2 FOERSTER]), leitete in dessen Auftrag das Konzil von Ariminum 359, wofür er das Konsulat 361 erhielt, jedoch im Dezember 361 auf Veranlassung Julians durch ein Sondergericht in Chalkedon zur Verbannung in Vercellae verurteilt wurde (Amm. Marc. XXII 3,4).

4 I 18,8: Dieser Abschnitt beendet zugleich das 1. Buch.

5 Der Text lautet wörtlich übersetzt: „wurde vorgelesen"; Synesios bezeichnet mit dem Terminus ‚lesen' die in der Antike übliche Form einer Veröffentlichung eines Textes durch eine Rezitation, die der Verbreitung in Buchform vorausging. Siehe dazu ROHDE 1882/1901, 446.

6 μὴ κολοβὸν [...] μεῖναι TERZAGHI vergleicht zwar Xenophon, *Ages.* 8,5 für die Infinitiv-Konstruktion, doch ist es einfacher, hier einen Konsekutivsatz anzunehmen.

7 Zu den hier verwendeten Begriffen der neuplatonischen Philosophie siehe den Beitrag von Wolfgang BERNARD, S. 157–169.

8 Synesios hebt hiermit heraus, dass sein Text im Sinne der rhetorischen Theorie besondere Vorzüge aufweist, da er verschiedene Themen (‚Hypothesen') zugleich durchführt; s. VOLKMANN 1869, 70 bzw. die Einführung in diesem Band, S. 8–11.

9 Ähnlich Synesios in *Calv.* 10: Αἰγύπτιοι δὲ καὶ τοῦτο σοφοί κτλ. Die besondere, den Griechen überlegene Weisheit der Ägypter ist in der griechischen Literatur immer wieder thematisiert und zum Topos, den Synesios hier aufrufen kann, geworden. Siehe etwa Herodot Buch 2 (besonders Kap. 143), Platon, *Tim.* 22c–23b, Aristoteles, *Met.* A 1, 981b23–25. Dass die ägyptische Kultur ihre Weisheit bzw. ‚Philosophie' in Mythen verborgen habe, stellt Plutarch, *De Is. et Os.*, cap. 9,354B/C fest.

10 Synesios gebraucht hier nicht den Begriff der Allegorie (während Plutarch, *De Is. et Os.* cap. 32,363D, ihn verwendet), sondern den als allgemeiner verstandenen Ausdruck der Verrätselung (αἰνίττεσθαι). Dies schließt durchaus an in der Antike gebräuchliche Denkmodelle an, nach denen die ‚Alten' ihre Weisheit in einer Rätselsprache formuliert hätten. Vgl. etwa Simplikios, *In phys.* 36,30/31: αἰνιγματωδῶς εἰωθότων τῶν παλαιῶν τὰς ἑαυτῶν ἀποφαίνεσθαι γνώμας.

11 Synesios' Unterscheidung zwischen Mythos und Heiliger Rede (ἱερὸς λόγος) bezeichnet unterschiedliche Grade der Verbindlichkeit des Textes. Würde mit Mythos (lediglich) eine Erzählung mit Relevanz für eine Gruppe impliziert, bedeutet Heilige Rede, dass dem Text etwas für die Gruppe Normatives eigen ist, zumal er diese Gruppe mit dem Göttlichen in Verbindung setzt. Siehe hierzu insgesamt BAUMGARTEN 1988. Auch Plutarch bezeichnet in *De Is. et Os.* den Mythos als Heilige Rede (so etwa cap. 3,352B). In *De Is. et Os.* cap. 67,378A, stellt er darüber hinaus den Osiris-Mythos als ‚Hieros

Logos' ebenfalls in einen Zusammenhang mit der Vorsehung, vgl. Burkert 1991, 61 mit Anm. 32.

12 Reminiszenz an Xenophon, *Anabasis* I 1,1.

13 Zugrunde liegt hier der vom Platonismus angenommene Dualismus, den auch Plutarch, *De Is. et Os.* cap. 48/49 (370E–371C) referiert und dabei Osiris mit den Seelenbestandteilen Vernunft und Denken, Typhon mit Leidenschaften, Unvernunft und Sprunghaftigkeit identifiziert.

14 Synesios gebraucht hier das Wort ἀειδής, vielleicht in Anlehnung an Arist. *De caelo* 3, 8, 306b17.

15 Dass Synesios hier explizit Höhlungen anführt, fügt sich zu Geburtslegenden des Typhon, der nach Schol. *Il.* 2,783a in einer Höhle Kilikiens (aus dem Samen des Kronos) geboren wurde.

16 Diese an sich merkwürdige Vorstellung ist aus Platon, *Phaidros* 247c gewonnen, wo die ‚unsterblichen Seelen' als auf dem Rücken des Himmels stehend beschrieben sind.

17 ἔνθα Φθόνος τε [...] Synesios zitiert Empedokles, Frg. 121,2 + 4 (D), in *ep.* 147 nur 121,4. Da (Teile) dieses Fragments von Hierokles, *In carm.* 24,2 (V. 1, 2, 4), Proklos, *In RemP.* II, 157,24 Kroll (V. 2, 4) bzw. *In Crat.* 103 Boiss. (V. 2, 3), Julian, *or.* 7, 226B (V. 4), und Joh. Lyd., *De mens.* 4, 159 p. 176 Wünsch (V. 2) zitiert werden, vermuten Cameron / Long 1993, 339 Anm. 14 eine gemeinsame Quelle. Während Hierokles, Proklos und Joh. Lyd. φόνος (Proklos indes in der Abfolge κότος τε φόνος) bieten, gibt Synesios mit Φθόνος eine offensichtlich unmetrische Form.

18 Platon, *Rep.* X 618d.

19 Dass gerade ein Libyer und ein Parther genannt sind, dürfte dem Wunsch, zwei möglichst entfernte Länder zu bezeichnen und damit eine Art der polaren Ausdrucksweise zu erzeugen, geschuldet sein.

20 Synesios' auf starke Kontraste abgestellte Charakterisierung der beiden Brüder basiert auf einer Konzeption, die in Osiris und Typhos (bzw. Typhon) entgegengesetzte Weltprinzipien oder entgegengesetzte Seelenvermögen sieht, so etwa Plutarch, *De Is. et Os.* cap. 49,371A.

21 Der Umstand, dass kleinen Kindern Fabeln bzw. Mythen erzählt werden, gehört zu den kulturhistorischen Konstanten und hat in der antiken Literatur reichen Niederschlag gefunden (etwa Horaz, *carmen* III 4,9: *fabulosa nutrix*). In der Erziehungstheorie, etwa bei Platon, *Rep.* II 377a, wurde dies gebilligt und in der Bildungspraxis der Kaiserzeit dahingehend instrumentalisiert, dass im Anfangsunterricht der Rhetorik Mythennacherzählungen (nach Dichtertexten) gebräuchlich waren. Seit Aristoteles (*Metaphysik* I 982b18) ist der Mythos Beginn der Philosophie. Plutarch (*De Is. et Os.* cap. 9,354B) schreibt, dass die ägyptische Philosophie, deren Träger die Priesterschaft ist, ‚zum größten Teil in Mythenerzählungen verborgen sei, die die Wahrheit undeutlich spiegelten'. Synesios selbst schreibt im *Dion* 4,3 (p. 245,12), dass eine Vorliebe für Mythen bei Kindern ein Versprechen für eine spätere philosophische Neigung bedeute. S. dazu Treu 1958, 54.

22 Synesios orientiert seine Zeichnung des Osiris an Xenophons Bild des (älteren) Kyros als eines idealen Herrschers (s. *Cyr.* I 4,3).

23 Da die einschlägigen antiken Fachbücher zu Hunden (Ps.-Xenophon, *Kyneg.*, Artemidor, *Kyneg.*, Columella VII 12) nichts über derartige Prognosen bei jungen Hunden mitteilen, scheint Synesios hier auf Alltagsweisheit zurückzugreifen – oder auch auf seinen eigenen (verlorenen) *Kynegetikos* (bezeugt in *ep.* 105 u. 154).

24 Merkwürdigerweise setzt Synesios hier ausdrücklich ein εὖ γεγονότος hinzu: Will er damit den hier imaginierten Alten vom ‚zürnenden Greis' der Komödie abgrenzen?

25 Wiederum nach Xenophons Bild des Kyros (*Cyr.* I 4,4).

26 Dieses Verhalten entspricht dem von Herodot II 80 entworfenen Bild vom (als vorbildlich gedeuteten) Verhalten junger Ägypter.

27 Vgl. dazu Plutarch, *De Is. et Os.* 49,371A/B: „Typhon auf der anderen Seite ist in der Seele das Leidenschaftliche, Titanische, Unvernünftige und Sprunghafte [...]."

28 Synesios gebraucht hier das Verbum φοιτᾶν, das den Gang (zur Schule) bezeichnen kann, vgl. Demosthenes 18,265; Platon, *Leg.* VII 804d. S. *LSJ* s.v. I.5.

29 Vielleicht eine Reminiszenz an Gregor von Nazianz, *or.* 19,35, 689.

30 οὐδὲ χανδόν ποτε Ὄσιρις ἔπιεν Synesios zitiert aus Homer, *Od.* XXI 294, einer Rede des Freiers Antinoos, der soeben bei der Bogenprobe versagt hat und auf den Vorschlag des noch unerkannten Odysseus, er wolle sich an der Aufgabe versuchen, ungehalten reagiert: „Es quält dich sicher der Wein, der süß ist wie Honig und der ja auch andere schädigt, säuft man mit offenen Mund (ὅς ἄν μιν χανδὸν ἕλῃ), statt gebührlich zu trinken." οὔτε ἐξεκάγχασεν: wohl Reminiszenz aus Xenophon, *Symposion* 1,16 – Kritobulos lacht laut über den jammernden Spaßmacher Philippos, der sich grämt, weil den Menschen das Lachen abhanden gekommen und er deswegen erwerbslos geworden sei.

31 Während in der ägyptischen Kultur das Lachen positiv aufgefasst wurde (s. B. van de Walle, *L' humor dans la littérature et dans l'art ancienne Égypte* [Leiden 1969]), formuliert der Text hier die für die Spätantike typische Abwertung des Lachens, die sich sowohl in der christlichen Tradition (Clemens v. Alex., *Paed.* 2,5,45–48) als auch im Platonismus (nach Aelian, *VH* 3,35 war das Lachen in der Akademie verboten) findet. Siehe dazu insgesamt G. Luck, s.v. Humor, *RAC* 16, 1994, 753–773.

32 Zitat aus *Il.* XVIII 104: Achill bezichtigt sich nach Patroklos' Tod vor Thetis mit diesen Worten der Nutzlosigkeit.

33 Das Einschlagen von Türen hat eine doppelte Konnotation. Zum einen hat es etwas Heroisches an sich: ein Herakles kann als ‚Türzertrümmerer' apostrophiert werden (Bakchylides 5,56). Zum anderen ist es ein Motiv aus dem Symposions-Bereich: Der (in der Regel angetrunkene) Liebende versucht sich gewaltsam Eintritt ins Haus der Geliebten zu verschaffen (Theokrit 2,127/8; Terenz, *Adelph.* 102; Tibull I 1,73/74; Properz II 5,22; Ovid, *Am.* I 9,20; Horaz *carm.* III 26,6). Typhos' Türeneinschlagen ist dagegen ein Akt roher Gewalt und sinnloser Kraftentfaltung, durch die die Tür, d.h. die Grenze zwischen dem Oikos/dem Privaten und dem öffentlichen Raum, zerstört wird. Diese Zerstörung weist damit voraus auf den Charakter auch der Regierung des Typhos, die die natürlichen Grenzen zerstören wird.

34 Das Werfen mit Erdklumpen kann als Reminiszenz an persische Bräuche in der Militärausbildung begriffen werden (so Xenophon, *Cyr.* II 17 bzw. VIII 26), oder als Verweis auf die Komödie: Menander, *Dyskolos* 83. 365.

35 Aus Xenophon, *Cyr.* I 4,25 übernommen.

36 Hier folgt unser Text mit ὠνήσασθαι Lamoureux / Aujoulat 2008 (nach Turnebus, Petau und Krabinger), die Terzaghis Konjektur ἐωνῆσθαι für das überlieferte ἐωνήσασθαι mit Hinweis auf den Gebrauch des Perfekts in Synesios' Briefen zurückweisen.

37 Das Versagen des Typhos entspricht den Vorwürfen, die Aischines (2,164 u. 3,214) gegen Demosthenes erhebt.

38 Als besonders ausschweifend geltender Tanz, s. Aristophanes, *Nub.* 540 (mit K. J. Dover [ed.], *Aristophanes, Clouds* [Oxford 1968] 169 *ad loc.*). Das hier gebrauchte (selten bezeugte) Verbum κορδακίζειν wird auch von Dion Chrys. 33,9 und Julian, *Mis.* cap. 20, 350b gebraucht. Synesios nennt in *ep.* 45 den Kordax als Merkmal eines besonders frechen Sklaven.

39 So nach Lamoureux / Aujoulat 2008 mit den Mss SACVMB: τοῦ κακοῦ Terzaghi 1944 mit Ms O.

40 Vgl. Plat. *Phaedr.* 238d: Sokrates imaginiert die Möglichkeit, er sei von den Nymphen in einen Rauschzustand versetzt worden und habe in diesem seine Rede gesprochen.

41 Hier liegt eine sprichwörtliche Redensart vor, die auch im Bild des Streits um eines Esels Schatten gefasst ist (siehe Zenob. *vulg.* 6,28 [mit Erklärung und Verweis auf ‚den Schatten zu Delphi'], gebraucht von Plat. *Phaedr.* 260c), Demosth. 5,25 verwendet sie.

42 Der hier gebrauchte Begriff χοῦς bezeichnet ein Hohlmaß von 3,25 l; die kleinere Maßeinheit ‚Becher', κοτύλη, wird mit 0,273 l angesetzt; dementsprechend enthält eine ‚Kanne' zwölf ‚Becher' – dass Typhos über diese Trivialität nachsinnen muss, charakterisiert seinen Intellekt.

43 Herodot (II 143) berichtet von seinem Besuch im ägyptischen Theben: „Vormals aber haben mit dem logos-Macher Hekataios, der in Theben seine Abstammung aufzählte und im 16. Glied sein väterliches Geschlecht an einen Gott anknüpfte, die Priester dasselbe gemacht wie mit mir, der ich meine Abstammung nicht aufzählte. Sie führten ihn in die Tempelhalle hinein, die sehr groß ist, zeigten dort auf die Figuren aus Holz, die so groß sind, wie ich gesagt habe, und zählten die auf. Jeder Oberpriester dort stellt zu Lebzeiten ein Bild von sich auf. Es zählten also diese Priester, zeigten und erläuterten mir, dass jeder von ihnen jeweils Sohn und Vater sei, wobei sie von dem Bild des jüngst Gestorbenen ausgingen, bis sie alle gezeigt hatten. Dem Hekataios, der seine Vorfahren herzählte und sie im 16. Glied an einen Gott anknüpfte, zählten sie ihrerseits die Abstammung anhand der Zahlenreihe her und ließen seine Auffassung nicht zu, dass ein Mensch von einem Gott abstammt. Die Gegenrechnung der Abstammung machten sie, indem sie sagten, jede der Figuren sei ein ‚Piromis', der von einem ‚Piromis' abstamme, bis sie 345 Figuren gezeigt hatten, die jeweils ‚Piromis' von ‚Piromis' waren, und nicht an einen Gott oder einen Heros knüpften sie sich an. ‚Piromis' aber bedeutet in griechischer Sprache ein ‚Adliger'."

44 Wohl nach Herodot II 47, der notiert, dass die Schweinehirten in Ägypten bei heiligen Handlungen nicht zugelassen waren.

45 Das Präsens bieten die Mss und Terzaghi 1944; Lamoureux / Aujoulat 2008 folgen dem Vat. Urb. gr. 129 mit dem Imperfekt ὡπλοφορεῖ.

46 Synesios' Schilderung verbreitert und modifiziert Plutarchs kurzes Referat der ägyptischen Königswahl (*De Is. et Os.* cap. 9,354B): „Die Könige wurden aus der Klasse der Priester oder der Krieger ausgewählt; die eine besaß durch Tapferkeit, die andere durch Weisheit Ansehen und Rang. Wer aus den Kriegern zum König bestimmt war, wurde sogleich Mitglied der Priesterklasse und erhielt Kenntnis von deren Philosophie." (Übers. Görgemanns 2003).

47 Die Szenerie – auch wenn es im Tal der Könige einen Berg mit der erforderlichen Form der Bergspitze gibt – ist Synesios' Erfindung (H.-G. Nesselrath weist auf die mögliche Quelle: Herodot II 28 hin); sie könnte an Dion Chrys., *or.* 1,66/67, angelehnt sein, der in einer Herakles-Allegorie einen Berg des Königtums und einen der Tyrannis nennt. Siehe dazu Cameron / Long 1993, 346 Anm. 61.

48 Die Schilderung der Aufstellung von König, Priestern, Würdenträgern und Soldaten und die explizite Hierarchie der jeweiligen Lokalisierung entspricht, wie Pizzone 2001 zeigt, der Darstellung von kaiserlichen Repräsentation in Relief-Szenen.

49 Diese Ausgabe folgt Lamoureux / Aujoulat 2008, die mit den Mss und Krabinger die durch Septuaginta und stilistisch nicht ausgefeilte Texte bezeugte Schreibweise μασθός bewahren, während Terzaghi 1944 nach Turnebus und Petau die epischtragische Schreibweise μαστός bevorzugt.

50 Ζάκορος/Zakore ist ein *terminus technicus* für einen Tempeldiener (allerdings in gehobener Stellung). Synesios scheint mit Zakoren und Propheten zwei Klassen von im Götterdienst Stehenden bezeichnen zu wollen.

51 Synesios gebraucht hier die nur noch bei Herodot I 46 bezeugte Form βαρυσυμφορώτατον.

52 Synesios gebraucht hier den von Herodot II 96 geborgten *terminus technicus* βᾶρις.

53 Terzaghi 1944 und Lamoureux / Aujoulat 2008 (mit Anm. 60, S. 217) folgen dem von den Mss SC gebotenen ἐρᾶν mit Bezug auf Hesych ε 5630: ἐρᾶσαι· κενῶσαι und

Aesch. *Ag*. 1599: ἀπὸ σφαγὰς ἐρῶν, dort allerdings in Tmesis. Synesios würde damit hier das sonst nicht bezeugte Simplex verwenden (ἐξεράω könnte Synesios nach einigen Mss in *ep*. 130 gebraucht haben). Krabinger 1835, 190 (der im Text mit Turnebus, Petau und dem Vratisl. Rehd. 34 ἐρρεῖν verwendet) zeigt Sympathie für diese Textherstellung. Denkbar wäre freilich auch, dass – wie das Ms b (*in ras*.) tatsächlich bezeugt – eine Korruptel vorliegt, der das Nichtverständnis der poetischen Form ἐλᾶν zugrunde liegt.

54 Die hier konstruierte neuplatonische Trias erfordert die Identifikation des „überweltlichen Göttergeschlechts" mit dem Nus, den Synesios im *De insomniis* 3,1 (133b) fast wortgleich bestimmt: Ἡ γὰρ νοῦ φύσις ἀμείλικτος.

55 Hiermit scheint bezeichnet zu werden, dass es im Kosmos sowohl ‚natürliche' Götter gibt als auch Wesen, die göttergleich werden können. Siehe Lamoureux / Aujoulat 2008, 217 Anm. 63 mit Verweis auf Hierokles, der bei den Dämonen ähnlich unterscheidet. Im Text selbst ist der Vater des Osiris ein Beispiel für einen Menschen, der zum Gott wird (also nicht ‚von Natur aus' ist), s. I 5,2.

56 Vollenweider 1985, 164 Anm. 271, weist darauf hin, dass sich der „Weltdurchwaltungsterminus ἐπιτροπεύειν" auch bei Julian, *Matr. deor*. 19, 179b, und Proklos, *In Tim*. 1,153,6 findet.

57 Hier wird im Rahmen des neuplatonischen Weltmodells die Position des Himmels in der Welt des Werdens mit der der Seele in der Welt des Seins in Analogie gestellt.

58 Die Marionette wird in der Bildersprache der Philosophie gern als Chiffre für die Abhängigkeit des Menschen verwendet, s. etwa M. Aur., *In se ipsum* 2,2. Vgl. auch Favorin Frg. 3,23 Barigazzi (bei Gellius XIV 1,23), der in seiner Kritik an den ‚Chaldäern' ausführt, dass die Menschen bei der Annahme einer Bestimmung ihrer Geschicke durch die Gestirne lächerliche „neurospasta", Marionetten, wären.

59 Die Vorstellung der zeitweisen Intervention der Götter in den Gang der Welt geht zurück auf Platon, *Pol*. 269c–273d. Bereits Petavius (s. Krabinger 1835, 204) hat Ps.-Aristot. *De mundo* 298b verglichen.

60 Siehe dazu oben S. 27.

61 Zum hier gebrauchten προηγούμενον vgl. etwa Plotin IV 4 [28],8.

62 Floskelhafte Wendung, die aus Platon, *Menon* 76d – nach Pindar – genommen ist.

63 Gegenüber dem hinsichtlich seiner Ausstattung mit ‚Maschinen' (d.h in der Hauptsache: dem Ekkyklema, einer herausfahrbaren kleinen Rollbühne, und dem Geranos, einem Kran, an dem ein Korb für Flugszenen hing) ausgestatteten klassischen griechischen Theater nimmt die Bedeutung der Bühnentechnik in Hellenismus und Kaiserzeit zu: bezeugt sind Vorrichtungen, die Donner und Blitz nachahmten (‚Bronteion' [tonitrua], ‚Keraunoskopeion': Pollux 4,130; Festus 57, 10), sowie schließlich ‚Versenkungsmaschinen', die ganze Berge (als Szenerie) wachsen und verschwinden lassen konnten (Seneca, *ep*. 88; Plinius, *NH* XXXIII 53; Martial, *Lib. spect*. 21).

64 Vgl. dazu die Beschreibung in *De regno* 27.

65 Die Heroen als mittlere Instanz zwischen Menschen/Seelen und Dämonen beschreibt Iambl. *De myst*. 1,5, fußend auf Platon *Rep*. VI 486e. Synesios erwähnt sie in *Hymn*. 1,291–95 u. *Hymn*. 5,55.

66 Ich folge hier gegen Terzaghi 1944, der durch die Einfügung von οἵ einen Relativsatz herstellt (übernommen von Lamoreux / Aujoulat 2008), der Herstellung durch Turnebus, Petau und Krabinger 1835, die nach Ms l eine Parenthese annehmen.

67 Diese abstrakte Darlegung der Kämpfe um die Seele erinnert an die bilderreiche Schilderung von Prudentius' Psychomachie.

68 Die Partie von „Was Hermes betrifft [...]" an bis zum Ende von § 2 entspricht nahezu wortgleich *De regno* cap. 7.

69 Eine solche doppelte Darstellung des Hermes (oder Toth) ist bislang nicht belegt. Vielleicht liegt hier eine Vorstellung zugrunde, wie sie sich auch im *Corpus Hermeticum* findet, wo im *Asclepius* § 37 ‚Hermes Trismegistus' sich als Erbe des Namens des Her-

mes versteht (und man daher von einem ‚doppelten Hermes' sprechen kann); s. auch Ps.-Manetho (bei Georgios Synkellos p. 72 [= WADDEL 1940, 208/9]). Siehe dazu auch CAMERON / LONG 1993, 357 Anm. 120.

70 Dass die Sphinx als Symbol zu verstehen sei, betont bereits Plutarch, *De Is. et Os.* 9,354C. Siehe dazu J. HERRMANN / A. VAN DEN HOEK, „The Sphinx: Sculpture as a theological symbol in Plutarch and Clement of Alexandria", in. A. HILHORST / G. H. VAN KOOTEN (eds.), The Wisdom of Egypt (Leiden / Boston 2005) 285–310.

71 Hier liegt eine Reminiszenz an die berühmte Formulierung des Thukydides (II 41,1) vor, die dieser im Epitaphios Perikles formulieren lässt: Athen sei die Bildungsstätte für ganz Griechenland.

72 Synesios entwirft hier ein Bild idealer Königsherrschaft, wie er sie auch in *De regno* 27D zeichnet.

73 Zu den hier entworfenen Maßnahmen einer idealen Herrschaft gehört auch die gebührende Achtung der ‚Intellektuellen'. Das Vertieft-Sein-in-Bücher ist hier Chiffre für den Philosophen oder Philologen (s. dazu KASSEL 1973/1991). Die Speisung im Prytaneion (Rathaus) gehört zu den höchsten Ehrungen, die in der griechischen Polis des Hellenismus und der Kaiserzeit an verdiente Bürger verliehen werden können. Gleichzeitig und hier im Kontext mit dem Intellektuellen unüberhörbar, gemahnt diese Ehrung an (den Platonischen) Sokrates, der (siehe Platon, *Apologie* 36c/d) nach dem Schuldspruch die Speisung im Prytaneion als ‚Strafe' angesichts seiner Verdienste um Athen für sich beantragt (s. HEITSCH 2002, 147/8 mit Anm. 303– 305). Wenn Osiris diese Ehrung an Intellektuelle verleiht, ist dies Ausdruck einer im Platonischen Sinne gerechten Herrschaft.

74 Im griechischen Text schwankt die Schreibweise für Horus zwischen aspirierten und nicht aspirierten Formen. LAMOREUX / AUJOULAT 2008 setzen hier – gegen die Mss – Ὧρος in den Text mit Verweis auf I 18,8, wo diese aspirierte Form durch AO^3 belegt wird.

75 Die Rolle des Kreon in der *Antigone* des Sophokles (oder in der *Medea* des Euripides) war die Rolle des Tritagonisten (so jedenfalls nach Demosthenes 18,180 bzw. 19,246), die des *Telephos* in Euripides' gleichnamigem Stück, in dem der Titelheld als Bettler ins Lager der Griechen kommt, um von seiner Wunde geheilt zu werden, die des Protagonisten (so erscheint sie jedenfalls nach Ar. *Ach.*), was bedeutet, dass der Tyrann (Kreon) weniger Gewicht als der Bettler (Telephos) in einer Inszenierung haben konnte.

76 πάθει πάθος ἐκκρούειν scheint eine sprichwörtliche Redensart zu sein, vgl. Aristoteles, *EN* 1154a27, *Rhet*. 1418a13. Synesios gebraucht sie in *ep*. 41 und 143.

77 Reminiszenz an Platon, *Alc. min.* 150e.

78 Synesios greift hier eine Formulierung des Aischines, *De falsa leg.* 40, auf, mit der dieser über Demosthenes spottet: παιπάλημα bezeichnet ‚fein Geriebenes', oft mit Bezug auf Zungenfertigkeit [e.g. Ar. *Nub*. 260], κερκώπειον – ‚kerkopisch' verweist auf die Kerkopen, Kobolde, die, so etwa Suda s.v. (K 1406), Menschen Streiche spielen (s. ferner ADLER, s.v. Kerkopen, *RE* XI.1, 1921, 309–313).

79 Erzähltechnisch bedient sich Synesios damit der ‚Abbruchsformel', die in der Lyrik seit der Archaik gebraucht wird und Kennzeichen einer ‚selektiven' Erzählweise ist (vgl. etwa Pindar, *Pythie* 4,247). Hier soll über sie auf eine Schilderung der ‚Leiden des Osiris' verzichtet werden (der Abbruch an dieser Stelle korrespondiert mit dem Abbruch in II 5.1, durch den auf eine Schilderung der guten Taten des Osiris verzichtet wird). Interessanterweise macht Synesios den Mythos selbst zum ‚Erzähler', der über die Auswahl des Mitgeteilten entscheidet. Er geht damit noch einen Schritt weiter als etwa ein Ovid, der über Prosopopoiie das Buch zur Person macht (*Trist*. III 1).

80 Synesios gebraucht hier nicht die klassische Form πολλαπλάσιοι, sondern – in kontrahierter Gestalt – die in der Kaiserzeit gut belegte Form πολλαπλασίων, -ονος.

81 Nach Xenophon, *Cyr*. IV 1,20.

82 Die Herkunft ,vom Land' gehört zu Synesios' literarischen Stilisierungen, s. *Calv*. cap. 4; *ep*. 148; *Hymn*. 1,51–71.

83 Das Bild des Philosophen ist nach dem Modell des kynischen Philosophen in Dion Chrys., *or*.1, gestaltet. Auch in Dion *or*. 30, 25, wird ein philosophierender Landmann eingeführt, der – wie der bei Synesios gezeichnete Philosoph – als Vertreter des Typs „philosophus rusticus" gelten kann (s. dazu Wilhelm 1918, 367 Anm. 15 bzw. Wilhelm 1924, 471). Zu Synesios und Dion siehe Treu 1958, 16–21, Seng 2006 mit weiterer Literatur.

84 Die dorische Tonart (vgl. Platon, *Rep*. III 398e-399c; Aristoteles, *Pol*. VIII 5, 1340b3–5 u. VIII 7, 1343b11) repräsentiert die ernste, erhabene Form des lyrischen Ausdrucks, vgl. auch Synesios, *Calv*. cap. 4 [67A].

85 Vielleicht liegt hier eine Reminiszenz an Platon, *Laches* 188d vor.

86 Die besondere Bedeutung, die mit diesem Kapitel göttlichen Voraussagen zugewiesen wird, könnte ein Echo der Prophezeiungen sein, die sich gerade in demotischen Texten der Ptolemäerzeit finden und dezidiert politisch sind, siehe dazu Hoffmann 2000, 176–194.

87 D.h. Typhos und die Barbaren halten die Szepter (= Macht) in Händen.

88 Wahrscheinlich sollen hier unter den ,heiligen Vögeln' die im ägyptischen Kult wichtigen heiligen Falken verstanden werden. Dass ihre Köpfe nach unten zeigen, symbolisiert die Erniedrigung, die der rechtmäßigen Herrschaft widerfährt.

89 Für das späte Ägypten charakteristisch ist das Nebeneinander mehrere Schriftarten (wenn nicht in Gebrauch, so doch als Phänomen der Präsenz): Die Hieroglyphenschrift (die der Gott eigens erklären muss, weil sie unverständlich geworden ist), das Hieratische (das der ,Philosoph' als Inschrift liest), die demotische Schrift, s. dazu Hoffmann 2000, 13–19.

90 Hiermit könnte das von Theodoret, *HE* V 32,1 berichtete Streben des Gainas nach einer arianischen Kirche in Konstantinopel bedeutet sein, so Cameron / Long 1993, 377 Anm. 218.

91 Da die Giganten in der traditionellen griechischen Mythologie als Chiffre für das Barbarische gebraucht zu werden pflegen, ist die Gleichsetzung von ,Barbaren' und Giganten im Text naheliegend. Dass Gigantomachien in der Literatur des späten 4 und frühen 5. Jhs. ein beliebtes Thema sind, heben Cameron / Long 1993, 377 Anm. 219 hervor.

92 Zu Horos S. 32–34.

93 Zum Wolfsrätsel S. 32–34.

94 Korybanten sind im eigentlichen Sinn Anhänger der Kybele, die ihr zu Ehren in ekstatischem Zustand orgiastische Tänze aufführen; seit Platon ist ,korybantisch' zugleich zur Chiffre für Wahnzustände geworden, siehe W. Burkert, Griechische Religion der archaischen und klassischen Epoche (^{2}Stuttgart 2011) 128.

95 <τοῖς> παρεσκευασμένοις ergänzt Terzaghi 1944.

96 Ein insgesamt schwieriger Satz. Cameron / Long 1993, 380 übersetzen: „But if no one intervenes to produce the result, and the invisible alone is the cause of victory, we have an unimpeachable refutation of those who do not believe that the gods care for mankind." (Lamoureux / Aujoulat 2008: „Mais si cet événement survient sans notre intermédiaire, et si l' invisible seul en est la cause, nous n' avons rien d' autre qu' une preuve évidente de l' intervention divine dans les affaires des hommes incrédules, et non pas une simple réfutation verbale."

97 Ein doppelter Anachronismus: Die griechische Obole war weder im ,alten' Ägypten noch im Konstantinopel des späten 4. Jhs. n. Chr. in Gebrauch.

98 Synesios gebraucht hier den seltenen Begriff κώθωνα, der nach Athenaios 483c-484c *terminus technicus* für einen lakonischen Soldatenbecher ist. Ob man im Gebrauch dieses Wortes mit Cameron / Long 1993, 381, ein Zeichen für einen dorischen Chauvinismus des Synesios sehen kann, ist mir zweifelhaft.

99 Cameron / Long 1993,382 weisen darauf hin, dass in dieser Rede Gedanken aus Synesios' *De regno* paraphrasiert werden.

100 Synesios gebraucht hier den Begriff des ἀνήκεστον, des „Unheilbaren", mit dem Aristoteles in der *Poetik*, Kap. 14, 1453b35, das spezifische, nicht wiedergutzumachende Unheil der Tragödie bezeichnet.

101 Synesios führt hier Heraklit – in freier Umschreibung (wie auch in *De insomn.* 2,2[133A]) – an, wohl in Brechung durch Lukian, *Vit. auct.* 14, *DK* 22 B 52 (Frg. 52 Walzer)

102 Synesios benutzt im Folgenden eingehend *Ilias* XXIII. Siehe hierzu insgesamt M. Paizi-Apostolopoulou / A. Rengakos / C. Tsagalis (Hrsgg.), *Contests and Rewards in the Homeric Epics - ΑΘΛΑ ΚΑΙ ΕΠΑΘΛΑ ΣΤΑ ΟΜΗΡΙΚΑ ΕΠΗ* (Ithaca 2007). Instruktiv dazu G. Lohmann, „Homer als Erzähler. Die Athla im 23. Buch der Ilias", *Gymnasium* 99 (1992), 289–319.

103 *Ilias* XXIII 859–883: Teukros unterliegt Meriones.

104 *Ilias* XXIII 536.

105 *Ilias* XXIII 785: Antilochos wird letzter im Wettlauf.

106 *Ilias* XXIII 836–849: Aias unterliegt im Diskuswurf.

107 *Ilias* II 768/9; *Odyssee* XI 551.

108 Synesios scheint hier Odysseus' Rede an Aias in der *Nekyia*, *Od.* XI 553–62, zusammenzufassen.

109 Angesichts der Bedeutung der Priesterschaft in Ägypten ist es nicht verwunderlich, dass hier ein ‚Groß- Priester' eingeführt wird; bei einer Projektion in die Verhältnisse von Konstantinopel wäre damit der Bischof bedeutet. Ob dann konkret Johannes Chrysostomos hinter diesem Groß-Priester zu sehen ist, der nach Theodoret, *HE* V 32f., eine Vermittlerrolle nach Abzug der Goten einnahm (s. dazu Hagl 1997, 157), hängt von Vorannahmen über die Auflösbarkeit der Synesianischen Allegorie ab. Abwegig erscheint es, hinter dem Groß-Priester den Kaiser zu sehen, s. dazu Hagl 1997, 156 mit weiterer Literatur.

110 Typhos wird also – nach seinem Tod! – in die Reihe der Frevler des griechischen Mythos eingereiht, die im Hades schrecklich für ihre Vergehen büßen. Dass Synesios hier dezidiert auf griechische Mythologeme zurückgreift, betont noch einmal das mit Typhos verbundene Chaos, über das die – olympischen – Götter wie in der traditionellen Gigantomachie siegen und damit die Ordnung der Welt herstellen. Merkwürdigerweise beschreibt (wohl 397, s. Cameron 1970, 63–92) Claudian die postmortale Strafe, die der 395 ermordete einflussreiche oströmische Politiker Rufinus erleiden würde, in einer ähnlichen Phantasmagorie des Hades (*In Rufinum* 2,466–527.).

111 Zum Gebrauch der Mysterien-Terminologie bei Thematisierung kosmolog. Zusammenhänge vgl. auch Synesios, *Calv.* cap. 6 [69C]. Zum ‚frommen Schweigen' s. jetzt S. Gödde, *euphemia. Die gute Rede in Kult und Literatur der griechischen Antike* (Heidelberg 2011).

112 Nicht identifizierbarer Vers, vielleicht ein Empedokles-Fragment, vgl. etwa das Empedokles-Zitat in I 1,4, zu dem von dieser Stelle der Bogen zurück geschlagen werden könnte.

113 Synesios zitiert hier ausführlich Arat, dessen *Phainomena* Theon von Alexandria (der Vater von Synesios' Lehrerin Hypatia) kommentiert hatte, s. E. Maas (coll.), *Commentariorum in Aratum reliquiae* (Berlin 1898) p. XXXI/XXXII.

114 Arat, *Phainomena* 101–105. Hier wie im Folgenden wird die Übersetzung zitiert von A. Schott, *Aratos. Sternbilder und Wetterzeichen. Übersetzt und eingeleitet, mit Anmerkungen von* R. Böker (München 1958).

115 Arat, *Phainomena* 108–114.

116 [καὶ] σπουδασθείσης μὲν γεωργίας: Von den Herausgebern (mit Ausnahme von Turnebus) einhellig gestrichen. Terzaghi 1944 vermutet „e male intellecto compendio ortum esse potest."

117 Wörtlich: „heraustanzen", Synesios bedient sich hier, wie Lukian, *De salt.* 15 nahelegt, einer sprichwörtlichen Redensart. Zum Motiv des sprichwörtlichen Vertanzens siehe die Geschichte des Hippokleides, Herodot VI 130.
118 *Ilias* XXIV 527f.
119 ἦ καὶ τὴν ἀρχήν ἐστιν: So Terzaghi 1944, gefolgt von Lamoureux / Aujoulat 2008, der statt des überlieferten εἰ das nur im Ambros. L 44 sup. bezeugte ἦ übernimmt.
120 Synesios führt hier ein in der Antike immer wieder als *paradox* betrachtetes Phänomen an, den Gegensatz zwischen der Süße der Feige und der Bitterkeit des Feigenholzes, was zu der hier auch von Synesios verwendeten Erklärung Anlass gab. Siehe Ps.-Aristoteles, *Probl.* XX 18, 924b/925a; Plutarch, *Quaest. conv.* V 9,684B.
121 Wörtlich: „die Kinder der Bauern" – hier liegt ein Semitismus vor.
122 Zur Bedeutung der Analogie des Gartens vgl. auch Synesios, *Calv.* cap. 4 [66D]
123 Hiermit soll – in einem gewissen Widerspruch zu I 1,2/3 – der Gegensatz zwischen dem grundschlechten und dem besonders trefflichen Bruder gleichsam biologisch hergeleitet werden.
124 Synesios abstrahiert hier Platons Ausführung über ‚Halbschlechte', *Rep.* I 359c.
125 Hesiod, *Op.* V. 42.
126 Zu dieser traditionell Pythagoras zugeschriebenen Position siehe Cicero, *Tusc.* V 9.
127 ἀλλ' οὐδὲ<ν ἢ> θεάμονά φησιν: Diese Konjektur Petaus wird von allen Ausgaben übernommen, vgl. Terzaghi 1944, p. cvi.
128 In diesem neuerlichen Vergleich zwischen Theater und Welt entwickelt Synesios das pythagoreische Bild vom Weisen als Zuschauer eines Agons (worunter auch der Theateragon fallen kann) weiter: Der Weise hat das Geschehen der Welt – passiv – als Zuschauer zu verfolgen und abzuwarten, was auf der Bühne gezeigt wird, darf aber nicht selbst auf die Bühne (unter Bruch der Konvention, die die Bestrafung durch die Wettkampfrichter nach sich zieht) drängen. ‚Vorwissen' kann ein Zuschauer nur durch eine entsprechende Ankündigung vor der Aufführung erwerben (im Athen des 5. und 4. Jhdts. v. Chr. informierte der sog. Proagon über die Stücke). Synesios' Formulierung in § 3 lässt indes eher an die Einrichtung eines Prologsprechers denken, wie ihn gerade die Neue Komödie ausgebildet hat.
129 Synesios gebraucht hier einen Ausdruck, der (so nach Kusters brillanter Korrektur in Albertis Hesych-Ausgabe, Bd.1 [Leiden 1746] 382) aus der Komödiensprache kommt und dort den gierigen Blick des Kupplers zu charakterisieren scheint, s. Frg. adesp. 187 *PCG*.
130 Synesios scheint hier Plotins Bühnengleichnis (*Enn.* III 2,17) aufzugreifen und von der Position des Zuschauers her zu denken.
131 Platon, *Leges* III 684e.
132 Pindar, *Ol.* 1,33f.: Synesios gibt dem Text einen feierlichen Schluss, der zugleich durch den Verweis auf die Zukunft offen ist.

C. Essays

Synesios von Kyrene, Die *Ägyptischen Erzählungen*. Der historische Kontext

Monika Schuol

Synesios selbst definiert den Text gleich am Beginn der gesamten Erzählung als Mythos: ὁ μῦθος Αἰγύπτιος (I 1,1). Der Terminus μῦθος kann im Griechischen eine fiktionale Erzählung bezeichnen, die im Gegensatz zum historisch zuverlässigen λόγος steht. Die Handlung der *Ägyptischen Erzählungen* (Αἰγύπτιοι λόγοι) folgt in freier Variation dem Osirismythos. Daher scheint die Charakterisierung als μῦθος gerechtfertigt; auch die unübersehbaren Bezüge auf die Zeitgeschichte fügen sich durchaus in das Bedeutungsspektrum des Begriffes ein, denn ein Mythos soll dem Zuhörer Denkanreize bieten und ihn zur Entschlüsselung des Inhalts anregen. Synesios' Gegenüber soll die in den Mythos eingekleidete Wahrheit selbst erkennen und durch eigene geistige Tätigkeit zu höherer Einsicht gelangen. Diese literarische Gattung beansprucht also eine didaktische Funktion.[1] Nicht nur für die philologische Untersuchung, sondern auch für die Erläuterung des historischen Kontextes der *Ägyptischen Erzählungen* sind die verschiedenen Bedeutungsnuancen des Begriffes μῦθος von großem Interesse: Seine Erlebnisse in Konstantinopel in Form eines Mythos einer größeren Öffentlichkeit mitzuteilen, ermöglicht es Synesios, politische Rücksichtnahme walten zu lassen und vor allem für den Schutz der eigenen Person zu sorgen; er kann seine „Botschaft" in verschlüsselter Form veröffentlichen, setzt sich also nicht wegen allzu unverblümter Kritik an einzelnen Mitgliedern des Hofstaates dem Vorwurf der Majestätsbeleidigung und kaiserlicher Verfolgung aus. Für die Interpretation der *Ägyptischen Erzählungen* aus althistorischer Sicht ist zu berücksichtigen, dass die Einkleidung des Berichts über die Geschehnisse in Konstantinopel in einen Mythos den Verzicht auf eine klare Trennungslinie zwischen historischen Fakten und mythologischen Deutungen ermöglicht: Das Ineinanderfließen von Historiographie und Mythologie, das Nebeneinander von Erinnerung an die Vergangenheit und der Aufstellung allgemeingültiger Regeln und Normen erfordern sowohl die Analyse philosophischer und mythologischer Elemente als auch eine Untersuchung des historischen Kontextes, um die Funktionsweise der als μῦθος bezeichneten *Ägyptischen Erzählun-*

[1] Zur literarischen Form der *Ägyptischen Erzählungen* vgl. ausführlich die Beiträge von M. Hose und W. Bernard in diesem Band.

gen verständlich zu machen. Welcher Art diese unausgesprochenen Wahrheiten sind und auf welche Ereignisse Synesios anspielt, soll Gegenstand der nachfolgenden Erläuterungen sein.

In seiner Vorrede nennt Synesios die wichtigsten Akteure seines Werkes, die (hier noch nicht namentlich genannten) Söhne des Tauros und den Wolf. Synesios bietet einen Anhaltspunkt für die Entstehungszeit seines Werkes (pr. 1: „Während also der Tyrannensturz betrieben wurde ...“), das er demnach kurz vor 400 noch während seines Aufenthalts in Konstantinopel begonnen haben dürfte.[2]

Bestimmendes Motiv ist der Antagonismus zwischen den beiden Brüdern Osiris und Typhos, die in I 1,2 erstmals mit ihren Namen genannt werden: Die zwei um die kaiserliche Herrschaft konkurrierenden Brüder könnten in ihren körperlichen und charakterlichen Eigenschaften kaum unterschiedlicher sein – Osiris, der seine Emotionen jederzeit zu kontrollieren vermag und den Weisungen seines Vaters folgt, und Typhos als der Unbeherrschte und Unzuverlässige (I 2–3). Bereits hier werden Anforderungen an den Thronfolger formuliert und ein Herrscherideal konstruiert – mit dem Ziel, sich der Gültigkeit der althergebrachten Kaisertugenden vor dem unmittelbar bevorstehenden Herrscherwechsel zu vergewissern.

Den historischen Hintergrund für die *Ägyptischen Erzählungen* gibt die Zeitspanne zwischen 395 und 402 ab, als Theodosius I. (379–395) seine beiden halbwüchsigen Söhne Arcadius (383–408) und Honorius (393–423) als Thronerben hinterließ und letzterer bereits 402 seinen einjährigen Sohn Theodosius (II.) zum *Augustus* erhoben hatte. Kennzeichen der beiden Jahrzehnte um die Wende vom 4. zum 5. Jahrhundert waren die Einbrüche der Germanen ins Römische Reich und deren zunehmende Präsenz auch im Zentrum des Imperiums, der wachsende Einfluss der germanischen Truppenkommandeure auf die Reichspolitik, die Machtkämpfe unter den hohen Funktionären am Kaiserhof und die häufig wechselnden Personenkonstellationen im kaiserlichen Hofstaat.

Im folgenden werden, dem Schauplatz von Synesios' *Ägyptischen Erzählungen* entsprechend, die politischen Verhältnisse im östlichen Reichsteil, insbesondere Konstantinopel in der Regierungszeit des Kaisers Arcadius,[3] im Vordergrund stehen. Eine zumindest punktuell ausführlichere Betrachtung des Westreiches erweist sich insofern als unabdingbar, als das Machtstreben des westlichen *magister utriusque militiae* Stilicho und seine

---

[2] Zum Zeitpunkt von Synesios' Aufenthalt in Konstantinopel vgl. unten, Abschnitt 4.1., S. 144–147.

[3] Überblicke über die Regierungszeit des Kaisers Arcadius finden sich z.B. bei Liebeschuetz 1990; H. Leppin, *Von Constantin dem Großen zu Theodosius II. Das christliche Kaisertum bei den Kirchenhistorikern Socrates, Sozomenos und Theodoret.* Hypomnemata 110 (Göttingen 1996) 122–131; Hagl 1997; Demandt 2007, 191–195; J. Hahn, „Arcadius“, in: M. Clauss (Hrsg.), *Die römischen Kaiser. 55 historische Portraits von Caesar bis Iustinian* (München ^{4}2010) 374–380.

militärischen Interventionen im Osten folgenreich waren für eine Reihe von Entwicklungen und Ereignissen in den beiden Reichsteilen, die sich wechselseitig bedingten.

1. Die Machtverhältnisse am Kaiserhof

Am 17. Januar 395 starb Theodosius I. in Mailand. Er hatte fast auf den Tag genau 16 Jahre regiert und war 47 Jahre alt geworden. Die Leichenrede hielt Ambrosius: Er feierte den Kaiser als die Verkörperung des wahrhaftigen christlichen Kaisertums, der den falschen Glauben bekämpft, das Heidentum unterdrückt und seinen Feinden Verzeihung gewährt habe. Aber bei dieser Gelegenheit spielte Ambrosius auch die Macht aus, die ihm sein Bischofssitz gewährte: Er rief die Söhne des Verstorbenen dazu auf, nach dem Vorbild ihres Vaters Gnade walten zu lassen. Und ebenso appellierte er an Arcadius und Honorius, die Steuererleichterungen, die Theodosius in Aussicht gestellt hatte, tatsächlich zu gewähren (Ambr., *De obit. Theod.* 5, 1–8 [*CSEL* 73, 373f.]).[4] Auf diese Weise setzte der Bischof die Nachfolger auf dem Kaiserthron unter Druck. Denn jetzt, wo diese populären Ziele des Theodosius in aller Öffentlichkeit angesprochen worden waren, konnte man sie schwerlich aufgeben. Dass Ambrosius die Fortführung der humanen Steuerpolitik des *clementissimus imperator* Theodosius als Erwartung an Arcadius und Honorius formuliert, lässt allerdings auch die Absicht des Predigers erkennen, die Kaisersöhne am Lob ihres Vaters teilhaben zu lassen und einen Beitrag zur Sicherung ihrer Herrschaft zu leisten, denn der Text ist – der Prominenz des Verstorbenen, der versammelten hochrangigen Zuhörerschaft und einer insgesamt großen Öffentlichkeit entsprechend – nicht nur eine Trauerpredigt, sondern zugleich eine *laudatio funebris* mit Rekurs auf die althergebrachten Konventionen der römischen Leichenpredigt und auch ein Fürstenspiegel.[5] Diese Predigt, gehalten in der Mailänder Hauptkirche vor etwa 3.000 Zuhörern, darunter den wichtigsten Repräsentanten des Reiches, war der letzte große Auftritt des Ambrosius; während der folgenden Jahre trat er in den Hintergrund. Der einbalsamierte Leichnam des Theodosius wurde nach Konstantinopel

---

[4] Zu Ambrosius' Leichenrede auf Theodosius I. vgl. M. Biermann, *Die Leichenreden des Ambrosius von Mailand. Rhetorik, Predigt, Politik.* Hermes E. 70 (Stuttgart 1995) 103–120. 178–191; Groß-Albenhausen 1999, 131–133; E. Dassmann, *Ambrosius von Mailand. Leben und Werk* (Stuttgart 2004), passim; Janßen 2004, 29f. – Zur antiken *laudatio funebris* vgl. W. Kierdorf, *Laudatio funebris. Interpretationen und Untersuchungen zur Entwicklung der römischen Leichenrede.* BKP 106 (Meisenheim am Glan 1980); St. Schrumpf, *Bestattung und Bestattungswesen im Römischen Reich. Ablauf, soziale Dimension und ökonomische Bedeutung der Totenfürsorge im lateinischen Westen* (Göttingen 2006) 59–63.

[5] Ernesti 1998, 202.

überführt und am 8. November 395, elf Monate nach seinem Tod, in der Apostelkirche, der Grabstätte der römischen Kaiser, beigesetzt.[6]

Eines schien Theodosius besonders umsichtig geregelt zu haben, seine Nachfolge: Seine zwei Söhne mit der Würde eines *Augustus* standen bereit; es gab keinen Versuch, deren Thronfolgerecht zu bestreiten, keine Machtkämpfe und keine Usurpationen.

Mit der Aufteilung des Reiches in ein Ost- und ein Westreich entstanden jedoch nicht zwei voneinander unabhängige, souveräne Staaten. Vielmehr ist dieser Vorgang mit der von Diokletian gegründeten Tetrarchie vergleichbar, die mehreren gleichzeitig regierenden Kaisern Aufgabenbereiche zuweist, aber einen ranghöchsten Augustus und einen Mitaugustus kannte. Die ideologische Reichseinheit blieb gewahrt, wie sich besonders gut an der gemeinsamen Gesetzgebung und der reichsweiten Gültigkeit der meisten kaiserlichen Erlasse erkennen lässt; in der realen Entwicklung klafften beide Reichsteile jedoch immer mehr auseinander – bis hin zum Verlust des Westens.

Arcadius als der älteste Kaisersohn, zum Zeitpunkt der Reichsteilung 17 Jahre alt, war zu diesem Zeitpunkt *senior Augustus* und Kaiser des Ostens. Der elfjährige Honorius herrschte im Westreich.

Theodosius war sich aber darüber im Klaren, dass seine Söhne nicht in der Lage waren, eigenständig zu regieren. Und dies war die große Stunde der Heermeister und hoher ziviler Palastbeamten, von denen nicht wenige gotischer oder vandalischer Abstammung waren – zunächst war dies Stilicho im römischen Westen,[7] der oberste Heermeister und zugleich Inhaber des höchsten militärischen Amtes (*magister utriusque militiae*). Ihn bestimmte Theodosius zum Vormund des Honorius.[8] Durch seine Heirat mit Serena, der Adoptivtochter des Theodosius, war er auch familiär mit dem Kaiserhaus verbunden. Am Kaiserhof in Konstantinopel war Rufinus, seit 393 *praefectus praetorio Orientis* , die zentrale Figur in der engsten Umgebung des jungen Thronfolgers.[9] Nach dessen Ermordung im November 395 (Zos. V 8,1f.) rückte der Eunuch Eutropius als Oberkämmerer (*praepositus sacri cubiculi*) und Konsul des Jahres 399 zum wichtigsten kaiserlichen Ratgeber auf (Philostorg. *HE* X 4; Eunap. *fr*. 66), bis er 399 selbst auf Betreiben der Kaisergattin Aelia Eudoxia aus seinem Amt entfernt wurde (*Cod. Theod.* IX 40, 17 vom 17.1. [?] 399; Philostorg. *HE* XI 6).[10]

---

[6] Zu Theodosius I. und zur Reichsteilung vgl. z.B. Ernesti 1998; H. Leppin, *Theodosius der Große. Auf dem Weg zum christlichen Imperium.* Gestalten der Antike (Darmstadt 2003).

[7] Zu Stilicho: *PLRE* 1, 853–858 s.v. Fl. Stilicho; Janßen 2004.

[8] Oros. VII 37, 1. – Zur angeblichen Übertragung der Regentschaft für beide Kaisersöhne an Stilicho durch Theodosius vgl. Claud. *de III cons. Hon.* 142–159; *de VI cons. Hon.* 582f. – Janßen 2004, 27–33.

[9] Zu Rufinus (seit 388 *magister officiorum*, cos. 392): *PLRE* 1, 778–781.

[10] Zu Eutropius (*praepositus sacri cubiculi* 395–399, cos. 399): *PLRE* II 440–444 s.v. Eutropius 1; Albert 1984, 38–46. 114–116. 121f.; Liebeschuetz 1990, 96–103; Scholten 1995,

Im Jahr 395 hatte Rufinus gegenüber Arcadius eine ähnliche Stellung wie Stilicho gegenüber Honorius. Nicht mit dem Kaiserhaus verwandt und ohne militärische Macht, besaß Rufinus allerdings eine erheblich schwächere Position als Stilicho. Beide standen sich als Rivalen gegenüber, denn Stilicho bemühte sich bereits seit 395 ohne Erfolg darum, auch für Arcadius in der östlichen Reichshälfte die Regierungsgeschäfte zu führen. Zudem blieb ihm die Anerkennung als Regent des Westens durch den *senior Augustus* versagt: Von Konstantinopel aus betrachtet hatte Stilicho seine Befugnisse als Heermeister (*magister militum*) überschritten und sich mit der Übernahme der Regentschaft im Westen zum Usurpator aufgeschwungen.[11] Auch den weiblichen Mitgliedern der Kaiserfamilie hatten sich nach dem Tod Theodosius' I. neue Einflussmöglichkeiten eröffnet: Im Westen gehörte Galla Placidia zu den herausragenden Frauengestalten, der ihr Bruder Honorius und dann ihr Sohn Valentinian III. (425–455) gehorchten; Arcadius stand vor allem in religionspolitischen Fragen unter starkem Einfluss seiner Frau Aelia Eudoxia, am Hof Theodosius' II. (408–450) waren seine Schwester Pulcheria und seine Gattin Eudokia in beachtlichem Ausmaß an politischen Entscheidungsprozessen beteiligt.[12]

An den Kaiserhöfen in West und Ost bestanden strukturell ähnliche Verhältnisse: Mit dem Herrschaftsantritt der beiden Theodosius-Söhne wurde die Reihe der spätantiken Kinderkaiser (Sidon. *carm.* 5,358: *principes clausi*, SHA *Tac.* 6,5: *principes pueri*) eröffnet, die selten den Palast verließen, nicht persönlich ins Feld zogen und sich mit einem permanent wechselnden Beraterstab umgaben. Daher war der aktive Anteil dieser Purpurträger an den Regierungsgeschäften oftmals schon für die Zeitgenossen schwer einschätzbar, und dementsprechend wenig erstaunt das

223–227; Schlinkert 1996, 266–270; Tiersch 2002, 37–40. 265–280. – Zu Eunuchen in hohen Hofämtern vgl. Scholten 1995; H. Scholten, „Der oberste Hofeunuch. Die politische Effizienz eines gesellschaftlich Diskriminierten", in: Winterling 1998, 51–73.

[11] Zu der Situation nach dem Tod Theodosius' I. vgl. Hagl 1997, 36–46; Janßen 2004, 22–46. – Zu den Heermeistern des 4. und 5. Jahrhundert vgl. z.B. Demandt 1970, 553–790; T. Stickler, *Aëtius. Gestaltungsspielräume eines Heermeisters im ausgehenden Weströmischen Reich.* Vestigia 54 (München 2002); Janßen 2004; F. Anders, *Flavius Ricimer. Macht und Ohnmacht des weströmischen Heermeisters in der zweiten Hälfte des 5. Jahrhunderts* (Frankfurt am Main 2010).

[12] St. I. Oost, *Galla Placidia Augusta. A Biographical Essay* (Chicago 1968); Holum 1982; J. Burman, „The Athenian Empress Eudocia", in: P. Castrén (ed.), *Post-Herulian Athens. Aspects of Life and Culture in Athens A.D. 267–529* (Helsinki 1994) 63–87; R. Günther, *Römische Kaiserinnen. Zwischen Liebe, Macht und Religion* (Leipzig 1995) 132–155; V. A. Sirago, *Galla Placidia. La nobilissima (392–450)* (Milano 1996); Chr. Angelidi, *Pulcheria. La castità al potere (c. 399–c. 455)* (Milano 1998); M. Clauss, „Die Frauen der theodosianischen Familie", in: H. Temporini-Vitzthum (ed.), *Die Kaiserinnen Roms. Von Livia bis Theodora* (München 2002) 370–436; A. Payer, *Kaiserinnen machten Kirchengeschichte. Helena, Pulcheria, Eudokia, Theodora I., Eirene, Theodora II., Theophanu*. Frühes Christentum. Forschungen und Perspektiven 7 (Thaur bei Innsbruck 2002) 37–76; H. Sivan, *Galla Placidia. The Last Roman Empress* (Oxford 2011).

mitunter schlechte Image etwa von Arcadius und Theodosius II. in der antiken Überlieferung.[13]

2. Konstantinopel an der Wende vom 4. zum 5. Jahrhundert

Der Zeitraum zwischen 395 und 400 ist gekennzeichnet durch eine Reihe schwerer Krisen – die Konflikte zwischen West- und Ostreich, die verheerenden Plünderungszüge der Goten und Hunnen, zahlreiche Naturkatastrophen und schließlich die Aufstände von Gainas[14] und Tribigild.[15] Prägend für die Jahre, in denen Synesios in Konstantinopel weilte, ist also eine ungeheure Ereignisdichte. Kennzeichen dieser Zeit sind nicht nur die inner-römischen Konflikte, Spannungen zwischen dem römischen Westen und dem Osten und an den Kaiserhöfen selbst, sondern auch die Kriegs- und Plünderungszüge verschiedener ethnisch denominierter Großgruppen wie den Goten, Vandalen und Hunnen.

Epoche machend für die römisch-germanischen Beziehungen war der von Theodosius I. mit den Westgoten abgeschlossene Vertrag von 382 („Gotenfoedus"): Erstmals wurde ein größerer Stammesverband auf römischem Territorium als völkerrechtliches Subjekt behandelt. Dabei spielten die Goten keineswegs die Rolle besiegter und bedingungslos kapitulierender Verlierer (*laeti, dediticii*) in schwacher Verhandlungsposition, sondern bekamen als freie Vertragspartner steuerfreies Siedlungsland auf römischem Reichsgebiet und erhielten Jahrgelder. Sie durften autonom nach ihren Gesetzen und unter selbstbestimmter Führung leben, und ihre gegen Bezahlung im Heeresdienst für Rom stehenden Einheiten standen unter einem eigenen Kommando.[16]

---

[13] Negative Aussagen über Arcadius: z.B. Eunap. (*FGH* VI 62–83 [Müller 42–51]; 62–83 [Paschoud, Zosime III 319–334]; 62–69, 2 [R. C. Blockley (ed.), *The Fragmentary Classicising Historians of the Later Roman Empire. Eunapius, Olympiodorus, Priscus and Malchus*, Volume 2: *Text, Translation and Historiographical Notes*. ARCA Classical and Medieval Texts, Papers and Monographs 10 (Liverpool 1983) 90–114]); Zos. V 1–23. 12,1. 14,1. 22,3. 24,2; Philostorg. *HE* Xi 3; Prok. *BP* 1,2: „Das höchste Amt war nun auf Arcadius und Honorius übergegangen, doch schienen beide nur dem Namen nach die Gewalt zu besitzen; in Wirklichkeit lag die ganze Macht der Regierung, was den Osten anbelangte, bei Rufinus, während über den Westen Stilicho entschied." (Zos. V 1,1). – Hagl 1997, 34–46; D. Buck, „The Reign of Arcadius in Eunapius' Histories", *Byz.* 68 (1998) 15–46.

[14] Zu Gainas: *PLRE* 1, 379f.; Albert 1984, 87–149; Liebeschuetz 1990, 111–125; Cameron / Long 1993, 223–233; Hagl 1997, 48–59; Wolfram 2001, 154–158; Tiersch 2002, 265–308.

[15] Zu Tribigild: *PLRE* 2, 1125f.; Albert 1984, 87–149; Liebeschuetz 1990, 100–103; Cameron / Long 1993, 223–233; Wolfram 2001, 155f.

[16] Zur Gotenpolitik an der Wende vom 4. zum 5. Jh. vgl. Albert 1984, 91–98; Liebeschuetz 1990, 11–31; Heather 1991, 158–165 (zum Föderatenvertrag von 382). 181–208 (zu den gotisch-römischen Beziehungen zwischen 382 und 401); R. M. Errington, „Theo-

Die Schlagkraft „barbarischer" Truppenkontingente wurde für das Römische Reich unentbehrlich, ihre Bedeutung überstieg bald die ihnen ursprünglich zugedachte Funktion als Aufstockung der kaiserlichen militärischen Ressourcen. Als Theodosius I. 394 beschloss, den Usurpator Eugenius im Westreich zu bekämpfen, integrierte er Alarich und seine Leute in sein militärisches Aufgebot. Die Goten hatten in der siegreichen Schlacht am Frigidus (September 394) den Hauptangriff gegen den illegalen Westkaiser getragen. Stilicho hatte sie nach dem Tod des Theodosius in den Osten zurückgeschickt; die Föderatenzahlungen und Entschädigungen, die den Goten noch von Theodosius vertraglich zugesichert worden waren, blieben jedoch aus (Iord. *Get*. 146; Zos. V 4–7; Hier. *ep*. 60,16). Daraufhin und sicherlich auch unter dem Druck der westwärts drängenden Hunnen (Claud. *In Ruf*. 2,22–30; Sokr. VI 1; Hier. *ep*. 60,4. 77,8) hielten sich Alarichs Goten in Griechenland und den Balkanprovinzen schadlos, zogen 395 bis vor die Tore Konstantinopels und belagerten im Frühsommer 395 die Stadt (Claud. *In Ruf*. 2,41–100). Eutropius hielt es für aussichtslos, Alarich militärisch zu schlagen. Der *praepositus sacri cubiculi* setzte daher auf einen Vergleich mit dem Gotenführer und ernannte ihn zum *magister militum per Illyricum*; damit war Alarichs usurpierte Stellung legalisiert.[17]

Die Bedrohung des Ostens und des Kaiserhofes durch diesen gotischen Föderatenaufstand bot Stilicho den willkommenen Vorwand für eine militärische Intervention im Osten, um das westliche Heer als Unruhefaktor auszuschalten, mit den Truppenverlegungen in die Kriegsgebiete Italien zu entmilitarisieren, im Osten den Rückhalt des Heeres zu gewinnen und den Widerstand gegen seinen Konkurrenten Rufinus zu schüren. Die formale Anerkennung als Regent im Westen durch Arcadius erlangte er jedoch auch mit dieser ungebetenen Hilfsaktion nicht, zumal der *praefectus praetorio* Rufinus auf dem Verhandlungsweg Alarich zum Abzug bewegen konnte (Claud. *In Ruf*. 2,73–85). Nach ihrem Rückzug aus der Umgebung Konstantinopels hatten sich die Goten im mittelgriechischen Thessalien festgesetzt, wo Stilicho im Herbst des Jahres 395 mit seinen Truppen eintraf. Einer Entscheidungsschlacht kam jedoch – so die Version Claudians (Claud. *In Ruf*. 2, 28–36. 171–185) – die vorzeitige Rückforderung des Ostheeres unter dem *comes* Gainas durch Rufinus zuvor.[18] Das entmilitarisierte Griechenland war jetzt schutzlos den Goten Alarichs ausgeliefert.

---

dosius I and the Goths", *Chiron* 26 (1996) [1–27] 1–17; Hagl 1997, 39–50; Wolfram 2001, 138–154.

[17] Heather 1991, 199–208; Janßen 2004, 46–50; Demandt 2007, 167–169; A. R. Brown, „Banditry or Catastrophe?: History, Archaeology, and Barbarian Raids on Roman Greece", in: R. W. Mathisen / D. Shanzer (eds.), *Romans, Barbarians, and the Transformation of the Roman World. Cultural Interaction and the Creation of Identity in Late Antiquity* (Aldershot 2011) [79–96] 87–96.

[18] Ein denkbarer Grund für Stilichos Abbruch des Feldzuges sind Rivalitäten zwischen West- und Osttrupen; vgl. Cameron 1970, 164f. 167.

Sein gescheiterter Feldzug und die Rolle des Rufinus in diesem Fiasko ließen Stilicho zu dem Schluss gelangen, dass er die Anerkennung seiner Vormundschaft über Honorius nur über den Sturz des *praefectus praetorio* erreichen könne (Zos. V 5, 2f.). Rufinus' Ermordung am 27.11.395 wurde mit dessen angeblichem Verrat an Arcadius gerechtfertigt.[19] In Rufinus' mächtige Position in Kaisernähe rückte sein Konkurrent Eutropius, der *praepositus sacri cubiculi*, nach (Philostorg. *HE* XI 4; Eunap. *fr*. 66). Er konnte bereits im April 395 Arcadius' Eheschließung mit Aelia Eudoxia arrangieren; seine eigene Tochter mit Arcadius zu verheiraten, war Rufinus also nicht gelungen.[20]

Der Kampf zwischen Rufinus und Eutropius um die Vormachtstellung im Staat beschwor offenbar eine Hegemoniekrise in Konstantinopel herauf, die den römischen Osten paralysierte. Diese Situation erklärt den Verzicht auf direkte Gegenmaßnahmen, um weitere hunnische und gotische Plünderungszüge abzuwehren oder der zweiten Intervention Stilichos, seinem Griechenlandfeldzug im Hochsommer 395, entgegen zu treten. Schon bald, im Frühjahr oder Sommer 397, führte Stilicho seinen zweiten Feldzug gegen Alarich in Griechenland, der wieder ohne eine Entscheidung blieb. Stilicho ließ die Goten nach Epirus entkommen und setzte sich damit dem nahe liegenden Verdacht aus, an einer militärischem Lösung des Gotenproblems zur Sicherung des östlichen Reichsteils nicht interessiert zu sein, sondern mit einer gezielten Lenkung von Alarichs Plünderungszügen dem Osten größtmöglichen Schaden zufügen zu wollen. Um die Gefahr einer neuen gotischen Belagerung von Konstantinopel abzuwenden, sah Eutropius keine andere Möglichkeit, als (wohl im Spätsommer oder Herbst 397) mit den bisherigen Reichsfeinden ein Föderatenverhältnis zu begründen: Er ernannte Alarich zum Heermeister in Illyrien (*magister militum per Illyricum*) und bot ihm Siedlungsgebiete in Makedonien an (Claud. *In Eutr*. 2,214–218; *De bell. Goth*. 496f. 535–539). Damit war Alarich mit der Kampfkraft seiner Goten in die militärische Hierarchie des Römischen Reiches eingebunden, behielt als Föderat und Stammesführer aber faktisch seine Unabhängigkeit.[21]

Die immer aggressiver formulierten Ansprüche Stilichos gegenüber Arcadius – erst auf die Regentschaft im Westen und seit 396 über beide Kaiser – waren für die diplomatischen Beziehungen zwischen den Höfen Mailands und Konstantinopels bereits eine schwere Bewährungsprobe. Arca-

---

[19] Zos. V 8,1f. – Zur Ermordung des Rufinus vgl. Liebeschuetz 1990, 89–95; Janßen 2004, 57.

[20] Holum 1982, 52f.; Janßen 2004, 37. 42f.

[21] Zu Alarich vgl. Liebeschuetz 1990, 48–85; Heather 1991, 193–224; Wolfram 2001, 145–177; Demandt 2007, 172–176; W. Giese, *Die Goten* (Stuttgart 2004) 27–37; Janßen 2004, 40–58 (Stilichos erster Griechenland-Feldzug). 65–69 (Stilichos zweiter Griechenland-Feldzug); Mitchell 2007, 89–95.

dius ließ den Ost-West-Konflikt im Herbst 397 dann aufs neue eskalieren: Den aus Griechenland abgezogenen Stilicho erklärte er zum Staatsfeind (*hostis*), der nun vogelfrei war und ungestraft von jedem getötet werden durfte; mit Gildo, dem Heermeister der afrikanischen Provinzen (*magister militum Africae*),[22] ging der *senior Augustus* eine Allianz ein und stachelte ihn zum offenen Aufstand gegen Honorius an (Zos. V 11,1f.), um Stilicho zur Konzentrierung seiner militärischen Kräfte auf weströmisches Gebiet zu zwingen. Rom hingegen war nach Stilichos Sieg über den afrikanischen Rebellen und dessen Hinrichtung im Sommer 398 ganz offensichtlich an der Aufdeckung dieser oströmisch-gildonischen Machenschaften interessiert (Claud. *De bell. Gild.* 1,320–324; *De cons. Stil.* 3,99f.). Damit stand das Römische Reich de facto am Rand eines Bürgerkrieges, wenngleich die westliche Propaganda diesen Eindruck zu vermeiden suchte (vgl. z.B. Claud. *Paneg. Mall. Theod.* 167–172; *De cons. Stil.* 2,79–85; *ILS* 794. 795). Eine Verbesserung der west-östlichen Beziehungen trat Ende 400 oder spätestens im Jahr 401 ein, als der Gainas-Aufstand mit dem Sturz des Eutropius und der Verbannung des Aurelianus (s.u.) eine Veränderung in der politischen Führung herbeigeführt hatte.

Ebenso wie Alarich hatte sich auch Gainas als einer der Oberkommandierenden der germanischen Heeresteile in der Schlacht am Frigidus (394) gegen den Usurpator Eugenius bewährt und nach dem Tod Theodosius' I. dessen Truppen nach Konstantinopel zurückgeführt. An der Ermordung des Rufinus beteiligt, hatte Gainas maßgeblichen Anteil am Aufstieg des Eutropius zum *praepositus sacri cubiculi* und erhoffte sich die Ernennung zum *magister militum*. Aber nicht er, sondern ein Mitglied des kaiserlichen Konsistoriums erhielt den militärischen Oberbefehl für die Niederschlagung des Aufstandes der Ostgoten unter der Führung des Tribigild. Daraufhin machte Gainas mit Tribigild gemeinsame Sache und zwang den Kaiser zu Verhandlungen. Gainas, zu diesem Zeitpunkt im Rang eines *comes militaris*, erhielt das höchste militärische Amt (*magister utriusque militiae*) und konnte 399 bei Arcadius die Absetzung des Eutropius erpressen (Zos. V 17,5); wenig später, im Frühjahr 400, musste der Kaiser den amtierenden Konsul und *praefectus praetorio Orientis* Aurelianus,[23] den früheren *magister militum* Saturninus[24] und den *comes sacrarum largitionum* Johannes[25] auf Leben und Tod an Gainas ausliefern, da sie sich für eine den Ambitionen des Goten zuwiderlaufende Politik ausgesprochen hatten (Zos. V 7–9; Sokr. VI 6,9). Daraufhin räumten die Goten zwar die Provinz *Asia*;

---

[22] Zu Gildo: *PLRE* 1, 395f.; Cameron 1970, 93–123; Hagl 1997, 43f.; Janßen 2004, 78–88 (zum Bündnis zwischen Gildo und Arcadius).

[23] Zu Aurelianus: *PLRE* 1, 128f. s.v. Aurelianus 3; Albert 1984, 33–38; Heather 1991, 206f.; Hagl 1997, 50–56. 134–142. 145–151; Schmitt 2001, 254–261. 354–360 u.ö.

[24] Zu Saturninus: *PLRE* 1, 807f. s.v. Fl. Saturninus 10.

[25] Zu Johannes: *PLRE* 2, 593f. s.v. Ioannes 1.

Gainas aber besetzte vermutlich Ende April des Jahres 400 mit ungefähr 35.000 Mann die Hauptstadt Konstantinopel und verlangte eine Kirche für den arianischen Gottesdienst innerhalb der Stadtmauern.[26] Über die Freilassung des Aurelianus und der zwei anderen staatstragenden Männer trat der konstantinopolitanische Bischof Johannes Chrysostomos mit dem gotischen General in Verhandlungen, widersetzte sich aber energisch Gainas' Forderungen nach Überlassung eines Gotteshauses für seine Goten.[27] Was nun folgte, war eine Zeit der Unsicherheit und der gewalttätigen Übergriffe auch gegenüber der einfachen hauptstädtischen Bevölkerung.

Nach etwa zweieinhalb Monaten fand die Besetzung von Konstantinopel ein überraschendes und blutiges Ende (Chronik des Marcellinus s. a. 402 [*MGH* AA XI 66]): Gainas schätzte den Erfolg seines Unternehmens offenbar gering ein und hielt es für ratsam, sich aus der östlichen Reichshauptstadt zurückzuziehen. Die schwindende militärische Präsenz der Goten in Konstantinopel nutzte Arcadius, um Gainas zum *hostis publicus* (φανερὸς πολέμιος) zu erklären und über 7.000 in der Stadt zurückgebliebene Truppenangehörige mit ihren Frauen und Kindern in einem Massaker am 12. Juli 400 töten zu lassen (Zos. V 19,1–5; Sokr. VI 6,27; Soz. VIII 4,14–17).[28]

Mit der Führung der militärischen Operationen gegen Gainas und die überlebenden Goten hatten Kaiser und Senat in geheimer Wahl Flavius Fravitta, selbst gotischer Abstammung, zum neuen Feldherrn (*magister militum praesentalis*) bestimmt; dieser konnte zwar im Oktober 400 eine der Etablierung des Gainas in Thrakien und Kleinasien dienende Militäroperation vereiteln, ihn aber nicht gefangen setzen.[29] Gainas floh mit den Resten seiner Truppen und wurde im transdanubischen Raum auf Geheiß des Hunnenführers Uldin am 23. Dezember 400 getötet; sein Haupt wurde nach Konstantinopel geschickt und dort wie das eines Rebellen im Januar 401 öffentlich zur Schau gestellt.[30]

Die Niederschlagung der gotischen Rebellion und die Vernichtung des Gainas nahm Arcadius für sich in Anspruch: Auf einer Inschrift aus dem Jahr 402 ließ er sich als *felix victor ac triumphator semper Augustus* titulieren

---

[26] Zu den Ereignissen in Konstantinopel im Jahr 400 n. Chr. vgl. G. Albert, „Zur Chronologie der Empörung des Gainas im Jahre 400 n.Chr.", *Historia* 29 (1980) 504–508; Albert 1984, 66–70. 113–149; Cameron / Long 1993, 161–170; Hagl 1997, 55–59; Groß-Albenhausen 1999, 146–148. 187–189; Demandt 2007, 192–194.

[27] Zu dem Streit um die arianische Kirche vgl. Sokr. VI 5,8; Soz. VIII 4,6–10; Theod. *HE* V 32. – Albert 1984, 156–162; Liebeschuetz 1990, 189–194; Tiersch 2002, 281–295.

[28] Albert 1984, 128–139; Cameron / Long 1993, 199–223; Tiersch 2002, 295f.; Demandt 2007, 193; P. J. Heather, *Der Untergang des Römischen Weltreiches* (Stuttgart 42009) 254f.

[29] Zu Fravitta: *PLRE* 1, 372f. s.v. Fl. Fravitta; Cameron / Long 1993, 236–252; Hagl 1997, 58–61.

[30] Zos. V 22, 1–3; Chronik des Marcellinus (s. a. 400 [*MGH* AA XI 66]); Philostorg. *HE* XI 8

(*ILS* 796). An exponierter Stelle, auf dem Arcadius-Forum in Konstantinopel (auf dem Hügel Xerolophos) an der Triumphalstraße in der Verlängerung des Konstantin-Forums und des Forum Tauri, ließ Arcadius als Siegesmonument die Gotensäule errichten (Sokr. VII 5; Theoph. *chron.* 5895 Mango/Scott), deren Reliefschmuck die siegreichen Kämpfe gegen Gainas und den anschließenden Triumph des Kaisers über Gainas darstellt.[31] Der Historiker Eunapios, der zeitgleich mit der Gesandtschaft des Synesios in Konstantinopel weilte, berichtet über Siegesfeiern im Zirkus (Eunap. *fr.* 78 = *FGH* IV 49).[32] Zumindest die von Gainas ins Exil gezwungenen kaiserlichen Ratgeber Aurelianus und Johannes konnten wieder in die Hauptstadt zurückkehren; Saturninus starb möglicherweise noch in der Verbannung oder kurz nach seiner Ankunft in Konstantinopel.[33]

Fravitta wurde 401 für seine Militäroperation gegen Gainas von Arcadius mit großen Ehren (z.B. Übertragung des Konsulats) belohnt, überlebte diesen Erfolg aber nur kurz: Möglichweise noch im gleichen Jahr wurde er hingerichtet. Ob die Ermordung Fravittas als Ausdruck einer gotenfeindlichen Wende in Konstantinopel, gewissermaßen als antibarbarische Reaktion auf Gainas' erzwungene Ansiedlung einer großen Menge von Goten in der Stadt, bewertet werden muss oder einer Reorganisation des kaiserlichen Heeres unter Ausschaltung der Barbaren zuzuschreiben ist, lässt sich auf der Basis der verfügbaren Quellen nicht entscheiden. Für Fravittas Tod verantwortlich war aber zweifellos auch das Bestreben neuer, nach dem Sieg über Gainas oder nach dem Tod der Kaiserin Eudoxia am Kaiserhof zu großem Einfluss gelangten Persönlichkeiten (z.B. der *comes sacrarum largitionum* Johannes), die Schlüsselpositionen in der Ziviladministration und im Militär mit eigenen Parteigängern zu besetzen.[34]

Ein entschiedener Verfechter dieses Politikwechsels war Synesios. Gewiss hat er nicht diesen politischen Schwenk bewirkt, aber zumindest dürften seine überraschend freigeistigen Ausführungen in seiner Rede *Über das Königtum* (*De regno*) aktuelle Stimmungen aufgegriffen, reflektiert und bestärkt haben. Im Klartext forderte Synesios eine Rückbesinnung auf altrömische Traditionen und Tugenden:

---

[31] Zum Arcadius-Forum mit der Triumphalsäule des Kaisers vgl. J. Kollwitz, *Oströmische Plastik der theodosianischen Zeit* (Berlin 1941, ND 1978) 17–62; C. Mango, *Le développement urbain de Constantinople, IVe–VIIe siècles* (Paris ^{2}1990) 28; F. A. Bauer, *Stadt, Platz und Denkmal in der Spätantike. Untersuchungen zur Ausstattung des öffentlichen Raumes in den spätantiken Städten Rom, Konstantinopel und Ephesus* (Mainz 1996) 203–212; Hagl 1997, 172–174; Chr. B. Konrad, „Beobachtungen zur Architektur und Aufstellung des Säulenmonuments in Istanbul-Cerranpahşa – ‚Arkadiossäule'", *IM* 51 (2001) 319–401; Schmitt 2001, 350–352.

[32] Hagl 1997, 59f. (hier auch zu anderen literarischen Zeugnissen zur Überwältigung des Gainas).

[33] Cameron / Long 1993, 233–236.

[34] Hagl 1997, 58–61; Wolfram 2001, 154f. – Zu einer späteren Datierung der Ermordung Fravittas (404 oder 405) vgl. Albert 1984, 77. 193; Liebeschuetz 1990, 123–125; Cameron / Long 1993, 236–252. 323–333; Janßen 2004, 177f.

> „Wir müssen den Römergeist wecken und uns angewöhnen, Siege selbst zu erringen, indem wir keine Gemeinschaft zulassen, sondern die Barbaren von allen Stellen entfernen." (Syn. *De regn.* 23B)

In seiner Rede forderte Synesios jedoch nicht nur tagespolitische Korrekturen. Es ging ihm um viel mehr: Er stellte das spätantike Kaisertum grundsätzlich an den Pranger und beklagte das, was wir noch heute sprichwörtlich als „byzantinisch" bezeichnen, nämlich dass der Kaiser nur noch ein hinter nutzlosem Luxus verschanzter Herrscher sei, abgeschlossen von der Welt und umgeben von Hofschranzen und Prunk. Wünschenswert sei es, den Kaiser im Heerlager anstatt am moralisch heruntergekommenen Kaiserhof zu sehen.

Zusammenfassend lässt sich also festhalten: Die Situation im kaiserlichen Palast in Konstantinopel war durch Intrigen, Korruption und Machtkämpfe um die einflussreichsten Posten bestimmt. In der Regierungszeit des Arcadius wurden die Schwachpunkte der oströmischen Kaiserherrschaft sichtbar, die bis weit ins 5. Jh. hinein bestimmend bleiben sollten: Arcadius wurde von seinem Vater bereits als sechsjähriges Kind zum Mitregenten ernannt. Von Anfang an stand er unter der Aufsicht von Beratern und hatte nur geringen Spielraum, denn federführend waren die Prätorianerpräfekten und Heermeister.

Später stand er vor allem in religionspolitischen Entscheidungen unter starkem Einfluss seiner Frau Aelia Eudoxia; und nach ihrem Tod 404 trat Anthemius als Berater des Arcadius hervor, der als langjähriger Prätorianerpräfekt (405–414) noch bis 414 für Theodosius II. die Amtsgeschäfte führte und damit die Geschicke Ostroms bestimmte und wesentlich dazu beitrug, die äußere Lage des Reiches zu stabilisieren.[35] Trotz wechselnder Koalitionen am Kaiserhof, häufigen und gewaltsamen Wechseln von Persönlichkeiten in der engsten Umgebung des Kaisers überstand das oströmische Reich diese Zeit relativ sicher, während das Westreich unter Honorius bereits die ersten Auflösungserscheinungen zeigte.

3. Die Identifizierung von Osiris, Typhos, dem Wolf und dem Oberpriester

Das negative Image des jungen, in der ausgesprochen tendenziösen zeitgenössischen Geschichtsschreibung häufig als Marionette diskreditierten Arcadius,[36] das Hervortreten der nahezu allmächtigen Prätorianerpräfekten als zentrale Figuren auf der höchsten reichspolitischen Ebene, die häufigen Neubesetzungen der höchsten zivilen und militärischen Ämter und der ständig wechselnde kaiserliche Beraterkreis waren Synesios zweifellos

[35] Zu Anthemius (cos. 405): *PLRE* 2, 93–95 s.v. Anthemius 1; Liebeschuetz 1990, 126–131.
[36] Vgl. z.B. Zos. V 12,1. 14,1. 22,3. 24,2; Philostorg. *HE* XI 3; Prok. *BP* I 2.

bereits vor Antritt seiner Gesandtschaftsreise bekannt. Die Machtstrukturen am Kaiserhof in Konstantinopel finden zweifellos ihren Niederschlag in den *Ägyptischen Erzählungen*; ebenso verarbeitete Synesios sicherlich seine eigenen Eindrücke in einer Zeit der dichten Ereignisfolge und innenpolitischer Krisen während seines Aufenthaltes in Konstantinopel. Mit einem Blick auf die Amtsinhaber, mit denen Synesios als Gesandter zwangsläufig und im eigenen Interesse Kontakt aufnahm sowie einer Fokussierung auf die Hauptakteure im politischen und kirchlichen Leben Konstantinopels sollen im folgenden die Möglichkeiten ausgelotet werden, inwieweit die Protagonisten in den *Ägyptischen Erzählungen* mit historischen Persönlichkeiten identifiziert werden können.

Eine Identifizierung von Osiris und Typhos mit realen Persönlichkeiten aus der Kaiserfamilie oder des spätantiken Beamtenapparates erweist sich als schwierig: Die Laufbahnen der beiden Kontrahenten werden nicht präzise beschrieben und die von ihnen oder ihnen nahestehenden Personen bekleideten Ämter und Kompetenzen nicht immer exakt benannt (vgl. in I 2,3: μεγάλη ἀρχή „große Macht"). Typhos, der sich als Widersacher des rechtmäßig herrschenden Osiris schließlich zum Usurpator aufschwingt, ist wohl am ehesten als Abbild eines der damaligen mächtigsten Männer in Kaisernähe zu suchen; in Frage kämen also die Prätorianerpräfekten unter Theodosius I. und Arcadius mit informellem Zugang zum Kaiserhaus, die demzufolge immensen Einfluss am oströmischen Kaiserhof ausübten. So sagt Zosimos dem Flavius Rufinus kaisergleiche Machtfülle nach (Zos. IV 57,4). Aber auch weitere herausragende Persönlichkeiten in der Umgebung des Kaisers in besonderer Vertrauensposition könnten für Synesios' Antithese vom guten (idealen) und schlechten Herrscher Pate gestanden haben, so z.B. Tatianus, der später wegen Unregelmäßigkeiten bei der Steuereintreibung gerichtlich belangt wurde und daraufhin (391 oder 392) vollends in Verruf geriet;[37] auch Eutropius, der 396 für die Absetzung der drei Heermeister gesorgt hatte und 399 selbst auf Initiative Eudoxias aus den kaiserlichen Diensten entlassen worden war (vgl. oben S. 127–130), könnte Synesios als Vorbild für die Figur des Typhos gedient haben. Zum Zeitpunkt der Gesandtschaftsreise des späteren kyrenischen Bischofs hatte Aurelianus als Prätorianerpräfekt und designierter Konsul für das Jahr 400 eine Schlüsselstellung in Konstantinopel inne.[38]

---

[37] Zu Tatianus (*praefectus praetorio Orientis* 388–392; cos. 391): *PLRE* 1, 876–878 s.v. Fl. Eutolmius Tatianus 5; zu seiner Ämterlaufbahn: *IGC* 2932 = *ILS* 8844 (Sidyma).

[38] Zu den hohen Amtsträgern in Kaisernähe CLAUSS 1980; LIEBESCHUETZ 1990, 132–145; CAMERON / LONG 1993, 143–197; SCHOLTEN 1995 (bes. 76–88); SCHLINKERT 1996, 237–284; HAGL 1997, 36–46. 51–55; A. GUTSFELD, „Der Prätorianerpräfekt und der kaiserliche Hof im 4. Jahrhundert n.Chr.", in: WINTERLING 1998, 75–102; K. L. NOETHLICHS, „Strukturen und Funktionen des spätantiken Kaiserhofes", in: WINTERLING 1998, 13–49; JANßEN 2004, 22–46; DEMANDT 2007, 292–304 (Hof, Reichsverwaltung). 311–313 (Heermeister); MITCHELL 2007, 95f.

In der Frage der Identifikation der beiden feindlichen Brüder Osiris und Typhos haben diese mächtigen Personen in engster Umgebung des Herrschers schon seit mehr als 100 Jahren die Aufmerksamkeit der althistorischen Forschung auf sich gezogen.[39]

Welche konkreten historischen Persönlichkeiten man in den *Ägyptischen Erzählungen* erkennen und wie man die dort geschilderten politischen Geschehnisse in Konstantinopel rekonstruieren will, hängt von der jeweils zugrunde gelegten Datierung von Synesios' Gesandtschaftsreise ab. Der Seeckschen Chronologie zufolge fällt die Reise in die Jahre 399 bis 402, Cameron und Long hingegen verlegen Synesios' Konstantinopel-Aufenthalt in den Zeitraum von 397–400 (vgl. unten S. 144–147). Die bereits in der ersten Hälfte des 19. Jahrhunderts verfochtene Gleichsetzung des Osiris mit Aurelianus hat insofern eine gewisse Wahrscheinlichkeit für sich, als Synesios während seiner diplomatischen Aktivitäten den Prätorianerpräfekten kennen gelernt und als eine Schlüsselfigur im Beziehungsgeflecht in der Kaiserresidenz wahrgenommen haben muss. Wie Osiris bekleidete Aurelianus nicht nur das Amt des Prätorianerpräfekten, sondern auch (im Jahr 393/4) die Stadtpräfektur (*praefectus urbis Constantinopolitanae*; I 3,2: πολιαρχήσας καὶ βουλῆς ἄρξας); nicht für Aurelianus belegt sind die Ämter des *magister officiorum* und des *quaestor sacri palatii*, die mit den Tätigkeiten des Osiris als Befehlshaber der Leibwache (I 3,2: ἐπιστάτης δορυφόρων) und Leiter von Audienzen (I 3,2: ἀκοὰς πιστευθείς) in Einklang gebracht werden könnten. Für Aurelianus spricht nach Ansicht einiger Altertumswissenschaftler aber auch sein von Gainas erzwungener Rückzug aus dem öffentlich-politischen Leben und seine feierliche Rückkehr aus der Verbannung; dass er Eponym dieses Jahres war (II 4,3), wird als Anspielung auf den auch im Westen verkündeten Konsulat des Aurelianus im Jahr 402 (Zos. V 23,2) bewertet und als weiterer Anhaltspunkt für diese Identifikation der Hauptfigur der *Ägyptischen Erzählungen* angesehen, auch wenn die Reihenfolge der erlangten Ämter und Ehrenstellungen bei Aurelianus und Osiris nicht übereinstimmt.[40] Eine Steigerung von Osiris' Ruhm hätten zwei weitere Präfekturen in den Jahren 401 und 414–416 bewirkt, die Liebeschuetz zu einer (in der Forschung ohne Resonanz gebliebenen) Spätdatierung der *Ägyptischen Erzählungen* nach 414 bewogen haben;[41] beide Amtsperioden sind aber nicht zweifelsfrei durch literarische oder epigraphische Zeugnisse nachweisbar.

---

[39] Die Forschungskontroverse über die Identifikation von Osiris und Typhos wird nachgezeichnet bei Hagl 1997, 129–151; Schmitt 2001, 315–341.

[40] A. Neander, *Der heilige Johannes Chrysostomus und die Kirche, besonders des Orients, in dessen Zeitalter*, Band 2 (Berlin 1822) 149; Krabinger 1835, 132; ebenso die neuere Forschung, z.B. von Haehling 1978, 79 (Nr. 30); Albert 1984, 72. – Vgl. dagegen Hagl 1997, 149–151, der den Kaiser Arcadius als Eponym des Jahres 402 ausmacht.

[41] Liebeschuetz 1984, 40; 1986, 195. – Skeptisch Hagl 1997, 139f.

Als Sohn des ehemaligen *praefectus praetorio Italiae et Africae* Flavius Taurus (355–361, cos. 361)[42] gehörte Aurelianus einer der mächtigsten und eng mit der Theodosianischen Dynastie verbundenen Familien an, aus der fünf Konsuln und vier Prätorianerpräfekten hervorgingen;[43] so erklären sich Synesios' Angaben, dass der Vater der beiden Konkurrenten im Kampf um die höchste Machtposition im oströmischen Reich den Namen Taurus getragen habe (I 1,2) und die zwei Brüder auf eine vergleichbare Karriere zurückblicken konnten (I 3, 2f.). Skepsis an dieser Identifikation von Osiris und Typhos mit den Söhnen des Taurus weckt der Ablauf der Übertragung der „Königs"-Würde, also eines herausgehobenen oder sogar des höchsten Amtes, an Osiris: Dieser Amts- bzw. Herrscherwechsel, von Synesios als Wahlakt zur Thronerhebung des Osiris dargestellt, bleibt unverständlich (I 6): Die hohen Beamten wurden nicht gewählt, sondern vom Kaiser ernannt; und die Übertragung kaiserlicher Macht oblag nicht einen Wahlgremium, vielmehr folgte die Herrschaftsübergabe vom Vater an den Sohn dem dynastischen Prinzip.

Daher will Hagl in Osiris den Kaiser Arcadius erkennen, der sich – so sicherlich auch der Tenor der öffentlichen Wahrnehmung – mit der Auslieferung seiner wichtigsten Ratgeber an Gainas gewissermaßen selbst preisgab; nach der Niederschlagung der Gainas-Revolte habe er mit der Veranstaltung von Triumphalfeierlichkeiten und seiner Bekränzung als siegreicher Feldherr seine Rückkehr auf den Kaiserthron inszeniert, in einem Akt kaiserlicher *clementia* die Verbannten nach Konstantinopel zurückkehren lassen und 402 als Konsul mit der Benennung des Jahres seinen Namen verewigt. Er habe also wieder unangefochten und mit noch größerer Autorität und Popularität als zuvor die „höchste Herrschaft" ausgeübt.[44] Hagl löst sich damit von der gängigen Identifikation Osiris/Aurelianus und vermittelt anders als die ältere Forschung nicht das Bild eines schwachen, vollkommen von seinen Beratern abhängigen und leicht beeinflussbaren Kaisers; vielmehr zeichnet er das Bild einer Herrscherpersönlichkeit, die die Fäden auch in Zeiten großer Machtfülle der Prätorianerpräfekten fest in der Hand hält.

Sehr viel schwieriger als im Fall des Osiris ist die Bestimmung der Identität seines Rivalen Typhos. Als mögliche Kandidaten wurden Gainas,[45] einer der Söhne des Prätorianerpräfekten Flavius Taurus (s. o.), Caesarius als *magister officiorum* des Jahres 386/7 und späterer Prätorianerpräfekt[46]

[42] Zu Flavius Taurus: *PLRE* 1, 879f. s.v. Flavius Taurus 3.

[43] Schmitt 2001, 374f. mit Anm. 401. 520f. – Vgl. dagegen Hagl 1997, 134–138, der die Gleichsetzung des Flavius Taurus mit dem Vater von Osiris und Typhos als nicht haltbar ablehnt.

[44] Hagl 1997, 146.

[45] So z.B. Druon 1859a, 191–196; Gaiser 1886, 22; S. Nicolosi, *Il „De providentia" di Sinesio de Cirene. Studio critico e traduzione* (Padova 1959) 62–65.

[46] Zu Caesarius: *PLRE* 1, 171 s.v. Fl. Caesarius 6.

sowie der im Frühjahr 400 zum zweiten Mal ins Amt des *praefectus praetorio Orientis* gelangte Eutychianos[47] angenommen.[48] Die Reihe der Männer, die zwischen 395 und 405 in der *praefectura praetorio Orientis* amtierten, ist jedoch nicht lückenlos rekonstruierbar: Einige von ihnen bekleideten in dieser Zeit der Machtkämpfe offenbar mehrfach und jeweils nur für kurze Zeit die Prätorianerpräfektur.[49] Nicht auszuschließen ist, dass Synesios mit seinem Typhos eine Kompositgestalt aus mehreren dieser politisch kurzlebigen Amtsinhaber geschaffen hat.

Ähnliche Schwierigkeiten wie die Identifizierung des Typhos bereitet auch die Auflösung des Wolfsrätsels: Der Wolf, in der älteren Forschung mit den Hunnen geglichen[50] , wird in jüngeren Publikationen ebensowenig wie Typhos als Verkörperung einer konkreten historischen Person im Konstantinopel um 400 gedacht, sondern allgemeiner auf die Konstellationen einer größeren Zeitspanne im gesamten (Ost-)Reich bezogen (Raubzüge Alarichs).[51] Der Löwe, von Synesios dem Wolf gegenüber gestellt und eine weitere für die Gestaltung des Wolfsrätsels aus dem Osiris-Mythos entlehnte Tierfigur,[52] ist möglicherweise auf Gainas und seine Goten[53] oder den *comes rei militaris* Leo[54] und Fravitta zu beziehen.[55] Dass im Wolfsrätsel nicht der Löwe, sondern der Wolf als hilfreicher Verbündeter des Osiris-Sohnes Horus im Kampf gegen den Usurpator Typhos gilt, heißt nichts anderes, als dass sich Aurelianus' Sohn Tauros[56] bei der Rückgewinnung der Macht auf seinen Vater stützen wird anstatt auf die militärische Stärke der Föderaten und hoher Militärs mit ihren eigenen, den Interessen der von Aurelianus begründeten Herrscherdynastie entgegenstehenden Machtansprüchen zu vertrauen.

[47] Zu Eutychianos: *PLRE* 1, 319–321 s.v. Fl. Eutychianus 5.

[48] Zur Identifizierung des Typhos mit Caesarius vgl. Seeck 1914, 1–14; von Haehling 1978, 74–78 mit Rekurs auf Seeck 1894, 450–455; Cameron / Long 1993, 175–182; Tiersch 2002, 301; zur Gleichsetzung des Typhos mit Eutychianos, wobei mit einer teilweise topischen Charakterisierung gerechnet wird: Schmitt 2001, 339f. – Skeptisch Hagl 1997, 142–145 (hier auch Zusammenfassung der Argumentation von R. von Haehling).

[49] Schmitt 2001, 315–341 (hier der Versuch, anhand der im *Codex Theodosianus* und im *Codex Justinianus* überlieferten Gesetze die Amtszeiten der fraglichen Prätorianerpräfekten zu rekonstruieren und auf dieser Grundlage mögliche Kandidaten für die Identifizierung mit Typhos namhaft zu machen); vgl. dazu auch Albert 1984, 183–195.

[50] Grützmacher 1913, 58 und darauf basierend Lacombrade 1946.

[51] Long 1987; Cameron / Long 1993, 313f. – Zum Wolfsrätsel vgl. auch oben die Einführung von M. Hose, S. 32–34.

[52] Zu den literarischen Vorbildern des Wolfsrätsels vgl. Long 1987; Cameron / Long 1993, 290–300; Hagl 1997, 120–124.

[53] Cameron / Long 1993, 313f.

[54] Zu Leo: *PLRE* 2, 661f. s.v. Leo 2.

[55] Hagl 1997, 153–155.

[56] Aurelianus' Sohn Tauros ist Flavius Taurus (cos. 428); vgl. *PLRE* 2. 1056f. s.v. Fl. Taurus 4.

Gegen Ende von Typhos' Gewaltherrschaft lässt Synesios einen ἱερεύς μέγας („Groß-Priester") auftreten (II 3,2), dem er allerdings nur wenige Zeilen widmet: Er stellt einen Ort als Versammlungsraum zur Verfügung, an dem eine rituelle Handlung und Gebete verrichtet werden. Dementsprechend schwierig gestaltet sich die Suche nach einer historischen Entsprechung zu dieser Figur: Die in der Forschung kontrovers diskutierte Gleichsetzung des Groß-Priesters mit Johannes Chrysostomos wird von Cameron / Long zurückgewiesen,[57] von Albert und Liebeschuetz vorausgesetzt[58] und von Schmitt offen gelassen.[59]

Akzeptiert man die Einordnung von Synesios' Gesandtschaftsreise in den Zeitraum von 399–402, könnte man das Wirken des Groß-Priesters in den *Ägyptischen Erzählungen* als Anspielung auf einen Gottesdienst nach dem Massaker an den Goten in Konstantinopel deuten, in dem es zu spontanen Meinungsäußerungen zu den tagespolitischen Geschehnissen kam. Der Groß-Priester ließ sich nicht zu Versprechungen hinreißen, dass Osiris bald zurückkommen werde; vielmehr reagierte er auf entsprechende Forderungen mit Zurückhaltung, indem er die Entscheidung über dessen Rückkehr und den konkreten Zeitpunkt den Göttern anheim stellte. Er vermied also jegliche politische Positionierung zu Ungunsten des Typhos und agierte im Sinne einer friedlichen Konfliktlösung, wie man es von Johannes Chrysostomos, der sich nach dem Abzug der Goten aus Konstantinopel als Vermittler in der Gainas-Krise engagierte, angesichts der aktuellen Situation erwarten würde. Der zeitliche Ablauf der von Synesios angedeuteten Ereignisse spricht dafür, dass mit dem ἱερεύς μέγας durchaus auf den konstantinopolitanischen Bischof angespielt wird.

Die kurzgefasste, vage Darstellung des Groß-Priesters könnte darauf zurückgeführt werden, dass das Verhalten von Johannes Chrysostomos gegenüber den Goten und den an Gainas ausgelieferten hochrangigen Männern des kaiserlichen Hofstaates keineswegs unumstritten war; zudem ist nicht auszuschließen, dass sich zur Zeit der Abfassung der *Ägyptischen Erzählungen* der Konflikt zwischen dem Bischof und der Kaiserin Eudoxia bereits anbahnte. Demzufolge konnte es Synesios im eigenen Interesse nicht opportun erscheinen, dem Bischof eine prominente Rolle in der Reichspolitik zuzuschreiben und ihn damit in allzu vorteilhaftem Licht erscheinen zu lassen.[60]

Der Kontext, in den Synesios das Handeln des Groß-Priesters einbettet, verweist auf die Ausschreitungen gegen die in Konstantinopel verblie-

---

[57] Cameron / Long 1993, 192f.

[58] Albert 1984, 160f.; Liebeschuetz 1990, 110. 192; vgl. z.B. auch Hagl 1997, 156f.; Tiersch 2002, 281–308.

[59] Schmitt 2001, 312–314 Anm. 207 (hier auch zur Forschungskontroverse über die Identität des Oberpriesters).

[60] Hagl 1997, 157.

benen Goten, nachdem sich Gainas mit einem Großteil seines Heeres aus der Hauptstadt zurückgezogen hatte; auch auf das Goten-Massaker am 12. Juli 400 spielt Synesios an. Die Initiative des Johannes Chrysostomos, im Sinne der in Machtlosigkeit verfallenen kaiserlichen Zentrale als eigenständig Handelnder Gainas gegenüber zu treten und mit ihm über Aurelianus' Freilassung zu verhandeln, wird mit der Wahl des Schauplatzes dieser Szene – ein kirchenartiger Raum – schemenhaft angedeutet. Die an diesem Ort um den Groß-Priester versammelten Personen sind möglicherweise als die in der Hauptstadt weilenden Bischöfe anzusprechen, die der konstantinopolitanische Bischof nach Sozomenos (VIII 4,8) angesichts der bevorstehenden Verhandlungen mit Gainas zusammen gerufen hatte.[61]

In Analogie zu den übrigen Akteuren in Synesios' *Ägyptischen Erzählungen* liegt es nahe, auch den ἱερεύς μέγας als eine idealtypische, von Synesios der Aussageabsicht seines Textes entsprechend konzipierte Figur zu sehen, [62] die ebenso wie Osiris beste Eigenschaften in sich vereint und in krassem Gegensatz zu dem unbeherrschten Typhos besonnen handelt. Dem Groß-Priester kommt sicherlich weniger die Funktion zu, die Erinnerung an das verdienstvolle Wirken des Johannes Chrysostomos in Konstantinopel bewahren; vielmehr soll er als *exemplum* angemessenen Agierens in einer äußerst brisanten Situation dienen und dem Lesepublikum der *Ägyptischen Erzählungen* Verhaltensmuster vor Augen führen, die man beim konstantinopolitanischen Bischof während der Goten-Krise vermisst hatte.

Tatsächlich dürfte dem Auftreten des Johannes Chrysostomos während des Gainas-Aufstandes die ungeteilte positive Resonanz der konstantinopolitanischen Öffentlichkeit und des Kaiserhofes versagt geblieben sein: So nimmt er zwar in einer seiner Predigten für sich in Anspruch, erfolgreich zu Gunsten der von Arcadius an Gainas überstellten Geiseln Aurelianus, Saturninus und Johannes interveniert zu haben und begründet mit dieser Mission seine längere Abwesenheit von seiner Gemeinde.[63] Allerdings vermitteln die Berichte von Zosimos, Sokrates, Sozomenos und auch von Synesios selbst den Eindruck, dass Gainas von vornherein der

[61] Vgl. z.B. Pall. *Dial.* passim; Sokr. VI 4,5–9; 5, 1f.; Soz. VIII 6,9: Kritik der Bischöfe; Phot. *Bibl.* 59 (*SC* 342, 102–104, 13–67; 108–110, 82–116): Anklagepunkte gegen Johannes auf der Eichensynode im Jahr 403; Zos. V 23, 2: Feindschaft der Kaiserin; Pall. *Dial.* 8,256–258; Sokr. VI 15,18–21; Soz. VIII 17,10–18, 2: Absetzung und Exilierung des Johannes. – F. van Ommeslaeghe, „Jean Chrysostome en conflit avec l'impératrice Eudoxie. Le dossier et les origines d'une legende", *AB* 97 (1979) 131–159; Holum 1982, 70–78; Albert 1984, 153–156; Vielberg 1996 = M. Vielberg, Untertanentopik. *Zur Darstellung der Führungsschichten in der kaiserzeitlichen Geschichtsschreibung*. Zetemata 95 (München 1996) 108–110; Tiersch 2002, 297–305. 327–353.

[62] Cameron / Long 1993, 386 Anm. 260: Deutung des Groß-Priesters als einen nicht exakt identifizierbaren „imaginary, composite character".

[63] *PG* 52, 413–420: *Hom. Cum Aurelianus et Saturnimus essent in exilium.*

Exilierung der drei hochrangigen Staatsmänner gegenüber ihrem Tod den Vorzug gegeben hätte.[64] Offenbar waren also weder ein eigenmächtiger Vorstoß des Bischofs zur Rettung der Geiseln noch eine dahingehende Beauftragung des Kaiserhofes notwendig, um ihr Leben zu retten. Die antike Überlieferung bezeugt aber eine Begegnung des Johannes Chrysostomos als Gesandtschaftsführer mit Gainas zu einem späteren Zeitpunkt, als der Gote bereits Konstantinopel verlassen hatte und vergeblich versuchte, in Thrakien Fuß zu fassen. Dieser Mission ist möglicherweise eine Doppelfunktion zuzuschreiben, nämlich auf diplomatischem Wege eine Übereinkunft mit Gainas zu erzielen und die Freilassung der Geiseln zu erwirken.[65] Die Gefangenen wurden zwar freigelassen und kehrten nach Konstantinopel zurück; ob diese positive Wendung allerdings der Bischof als Erfolg für sich verbuchen konnte oder dem Zusammenbruch des Gainas-Aufstandes geschuldet war, muss offen bleiben.[66] Die negativen Reaktionen auf das Gebaren des Johannes Chrysostomos, der gegenüber dem Kaiser und der politischen Führungsschicht des Oströmischen Reiches zu einem konkurrierenden, nicht integrierbaren Machtfaktor geworden war, finden bei Synesios ebenso wenig Erwähnung wie Johannes' Zerwürfnis mit der Kaisergattin Eudoxia und seine Ausweisung aus Konstantinopel.[67]

Die Konstruktion der Hauptakteure in den *Ägyptischen Erzählungen* spricht dafür, dass Synesios seinem Lesepublikum keinen historiographisch zuverlässigen Abriss und erst recht keine lückenlose Dokumentation der Entwicklungen und Ereignisse in Konstantinopel um 400 präsentieren wollte. Viel näher liegt es, dass Synesios der Gattung und der Intention seines Textes entsprechend typologisierte Charakterisierungen der Protagonisten als nachahmenswerte Beispiele oder tadelnswerte Exempel schuf, um in einem mythisch verbrämten Gleichnis über die richtige und falsche Herrschaftspraxis und ethische Grundhaltung des Herrschers zu belehren.[68]

4. Die Gesandtschaftsreise: Der Aufenthalt des Synesios in Konstantinopel

Während seiner Gesandtschaftsreise nach Konstantinopel wurde Synesios Zeuge einer politischen und militärischen Krise des oströmischen Reiches; insbesondere die Besetzung Konstantinopels für ein halbes Jahr durch „skythische" Truppenkontingente spielte sich direkt vor den Augen des

[64] Zos. V 18,9; Sokr. VI 6,9–11; Soz. VIII 4,5.

[65] Zos. V 19,6–22,3; Theod. *HE*. V 32,8–33,2. – Liebeschuetz 1990, 110; Hagl 1997, 58 mit Anm. 212; Tiersch 2002, 300–302.

[66] Zos. V 23, 1f. – Tiersch 2002, 302–304.

[67] Zu den Vorwürfen an Johannes Chrysostomos vgl. Tiersch 2002, 304–308.

[68] Grützmacher 1913, 56; Cameron / Long 1993, 271–281.

kyrenischen Gesandten ab. Sein mehrjähriger Aufenthalt in der Hauptstadt eröffnete ihm die Möglichkeit, die politischen Entwicklungen im Ostreich über einen längeren Zeitraum hinweg zu verfolgen. Seine Aufgabe, als Gesandter am Hof des Arcadius für die Interessen der Pentapolis (d.h. der fünf wichtigsten Städte der Kyrenaika, Kyrene, Ptolemais, Apollonia, Taucheira und Euhesperides) und der gesamten Provinz *Libya superior* einzutreten, führte ihn mit den einflussreichsten Persönlichkeiten in Kaisernähe zusammen. Er stand also zwangsläufig in Kontakt mit den Protagonisten der Vorgänge in Konstantinopel und war damit in ein Kommunikationsnetzwerk auf höchster Ebene der oströmischen Ämterhierachie integriert. Aus dieser für den Erfolg seiner diplomatischen Mission vielversprechenden Konstellation erwuchs für Synesios freilich die Schwierigkeit, zum einen durch Zurückhaltung gegenüber den Konfliktparteien die Machtkämpfe und Intrigen am Kaiserhof ohne Gefahr für Leib und Leben zu überstehen, zum anderen aber das Anliegen seiner Heimat wohlüberlegt zu einem günstigen Zeitpunkt gegenüber dem aussichtsreichsten Kandidaten im Machtpoker vorzubringen. Wollte Synesios sich als erfolgreicher Gesandtschaftsführer profilieren, musste er sich also mit einem gewissen Risiko innerhalb der Parteiungen im kaiserlichen Palast positionieren, um im Idealfall (d.h. wenn er auf „das richtige Pferd" gesetzt hatte) aus dem politischen Umschwung Profit zu schlagen.

4.1. Die Datierung der Gesandtschaftsreise

Der Aufenthalt des Synesios in der Hauptstadt des oströmischen Reiches wird in der älteren Forschung im Gefolge der Seeckschen Chronologie, aber auch in neueren Publikationen (z.B. Hagl 1997), in die Jahre 399–402 datiert: Otto Seeck bezog Synesios' Bezeichnung βασιλεύς für den mächtigsten Mann im Oströmischen Reich nicht auf den Kaiser, sondern auf den Inhaber der Prätorianerpräfektur; als Vorbild für die Figur des Osiris in Synesios' *Ägyptischen Erzählungen* sah er den *praefectus praetorio Orientis* Aurelianus. Den ersten zeitlichen Fixpunkt für diese Datierung bietet ein Erdbeben, das Synesios in zeitliche Nähe zu seiner Abreise rückt (*ep.* 61), und das ebenfalls in der Chronik des Marcellinus (s. a. 402 [*MGH* AA XI 67]) bezeugt ist; auch den zweiten Anhaltspunkt für die chronologische Einordnung seiner diplomatischen Mission gibt Synesios selbst an, indem er im *Traumbuch* die Dauer der Gesandtschaftsreise mit drei Jahren beziffert (*ins.* 14).[69]

Alan Cameron verlegt die Gesandtschaftsreise in die Jahre 397–400, um die Überbringung des *aurum coronarium* mit dem fünfzehnten Jahrestag

[69] Vgl. z.B. Seeck 1894, 453. 458–463; Grützmacher 1913, 33. 72f. mit Anm. 3; Lacombrade 1951, 11–20. 84; Downey 1955, 597; Roques 1977, 263–295; Lacombrade 1978, 564–567; Roques 1987, 160–168; Roques 1989, 197–206. 235–247; Hagl 1997, 61f. 63–70 (bes. 64). 76.

der Erhebung des Arcadius zum *Augustus* (Quinquennalien) im Jahr 397 verbinden zu können; er muss dafür allerdings die bereits genannte Stelle in der Chronik des Marcellinus emendieren, um das Erdbeben in das Jahr 400 vorverlegen und auf diese Weise ein neues Enddatum für Synesios' diplomatische Aktivitäten am Kaiserhof gewinnen zu können. Als ein weiteres Indiz für die Abreise der Delegation aus Konstantinopel im Jahr 400 wird Synesios' Hinweis in *ep.* 61 gewertet, dass er wegen der sich überstürzenden Ereignisse während eines Erdbebens nicht mehr dazu gekommen sei, sich vom *praefectus praetorio Orientis* Aurelianus zu verabschieden, den er als φίλον ἄνδρα καὶ ὕπατον („meinen Freund und Konsul") bezeichnet; die zeitliche Einordnung des Briefes ist nach Cameron also für das Jahr 400, als Aurelianus Konsul war, wahrscheinlicher als der zeitliche Ansatz nach der Seeckschen Chronologie.[70] Diesem Argument treten die Vertreter der Datierung von Synesios' Gesandtschaftsreise in die Jahre 399–402 mit dem Hinweis entgegen, dass bei griechischen Autoren (z.B. Zos. V 18, 8 über Aurelianus und Saturninus, die beide als ὕπατος bezeichnet werden) nicht konsequent terminologisch unterschieden werde zwischen *consul* (amtierender Konsul) und *consularis* (gewesener Konsul).[71] Einige, in ihrer zeitlichen Stellung kontrovers diskutierte Passagen aus den Homilien des Johannes Chrysostomos verbinden Cameron und Long mit diesem Erdbeben (Ioh. Chrys. *hom.* 7, 2 [*PG* 60, 66]; 41, 2 [*PG* 60, 291]; 44, 4 [*PG* 60, 312]).[72]

Das Jahr 400 als angenommenes Enddatum von Synesios' diplomatischer Mission veranlasste Cameron dazu, die *Königsrede* und zwangsläufig auch die zeitgleich entstandenen *Ägyptischen Erzählungen* mit dem Regiment des Eutropius und der damaligen, mit Alarichs Ernennung zum *magister militum per Illyricum* auf einen Ausgleich mit den Goten bedachten Politik in Verbindung zu bringen. Die Kritiker dieser Neudatierung halten an der Auffassung fest, dass beide Werke eine literarische Aufarbeitung der Gainas-Revolte seien und auch Synesios' Kenntnis über die Rehabilitierung des Aurelianus, die Einsetzung Fravittas im Kampf zur Niederschlagung der Gainas-Revolte und die Geburt Theodosius' II. für die Entstehung der *Ägyptischen Erzählungen* nicht vor 401 sprächen.[73]

[70] Cameron / Long 1993, 91–102; vgl. auch T. D. Barnes, „When did Synesius Become Bishop of Ptolemais?", *GRBS* 27 (1986) 93–112; Liebeschuetz 1986, 180–195; Cameron 1987, 343–360; Schmitt 2001, 243–250: Gleichsetzung des ägyptischen Königtums mit der *praefectura praetorio Orientis*, Identifizierung von Osiris und Typhos mit Aurelianus und Eutychianus.

[71] Hagl 1997, 97. – Vgl. aber Cameron / Long 1993, 126. 233–236. 312: Entstehung von Buch 1 nach dem 12. Juli 400 (dem Tag des Gotenmassakers in Konstantinopel), von Buch 2 Ende 400 bzw. 401 nach der Rückkehr des Aurelianus aus dem Exil und Synesios' Abfahrt aus Konstantinopel spätestens im Oktober/November 400.

[72] Cameron / Long 1993, 93–96.

[73] Zur Diskussion dieser Neudatierung vgl. Hagl 1997, 96–101.

Mit seiner Reise nach Konstantinopel unternahm Synesios, mehr gezwungen als freiwillig, seine ersten Gehversuche auf dem politischen Parkett: Er selbst bezeichnete die Jahre, die er in der oströmischen Hauptstadt zubrachte, als die „drei unglückseligsten Jahre" seines Lebens (ὡς οὐκ ὤφελον ἀποφράδας ἰδεῖν ἐνιαυτοὺς τρεῖς ἐκ τοῦ βίου).[74] Dass es sich bei der Gesandtschaft um eine Liturgie (λειτουργία), d.h. um eine Pflicht handelte, die Synesios als Kuriale für seine Provinz und als Stellvertreter Kyrenes übernehmen musste, geht aus einigen verstreuten Bemerkungen hervor, die er in der *Königsrede*, in den *Ägyptischen Erzählungen* und im *Traumbuch* fallen lässt.[75] Die Wahl der Kurialversammlung fiel wohl deshalb auf Synesios, weil er als Kuriale selbst zu der Schicht gehörte, die unter dem Steuerdruck am meisten zu leiden hatte, die für eine derartige Aufgabe zuträgliche literarische und rhetorische Ausbildung vorzuweisen hatte und über so große materielle Ressourcen verfügte, dass er sich eine längere, kostspielige Abwesenheit von seinen heimischen Einkommensquellen leisten konnte. Zudem stand er als Mitglied einer der angesehensten Familien in Kyrene und hochgebildeter Mann bei seinen Zeitgenossen in höchstem Ansehen.[76] Daher traute man ihm zu, das Anliegen mit größter Glaubwürdigkeit und – als karrierebewusster junger Mann auch im eigenen Interesse – engagiert und letztendlich erfolgreich gegenüber dem Kaiser zu vertreten. Zudem zählte er als vermögender Kuriale mit weit verzweigten Kontakten zu den renommiertesten Persönlichkeiten nicht nur in Kyrene, sondern in der gesamten Provinz; auch nach Ägypten und nach Konstantinopel unterhielten seine Familie und auch Synesios selbst Beziehungen.[77]

Für die bevorstehende diplomatische Mission von besonderer Relevanz waren zweifellos Synesios' Kontakte zu hochrangigen Mitgliedern

---

[74] Syn. *De insomn.* 148c–d; *Hymn.* I 430–440 Gruber / Strohm 1991, 62f.; *ep.* 41 Garzya 1979, 58.

[75] Syn. *De regn.* 2 C; *De prov.* I 18, 1; *De insomn.* 14; *ep.* 123. 154; *Hymn.* I 474–481 Gruber / Strohm 1991, 64f.; vgl. auch Schmitt 2001, 446 Anm. 206, der ausgehend von Syn. *ep.* 100, 168, 7–14 die von Synesios gegenüber dem Reich zu erbringenden Leistungen nicht als kuriale Verpflichtungen versteht, sondern als Erbringung bestimmter Geldsummen (*gleba senatoria*) zur Finanzierung von dem Allgemeinwohl dienender Maßnahmen (Spiele und Bau von Aquädukten in der Hauptstadt). – Zur Gesandtentätigkeit (πρεσβεία, *legatio*) als Liturgie vgl. Matthews 1978, 664; F. Quass, *Die Honoratiorenschicht in den Städten des griechischen Ostens. Untersuchungen zur politischen und sozialen Entwicklung in hellenistischer und römischer Zeit* (Stuttgart 1993) 168–176. 192–195. 380 u.ö.; C. Drecoll, *Die Liturgien im Römischen Kaiserreich des 3. und 4. Jh. n.Chr. Untersuchung über Zugang, Inhalt und wirtschaftliche Bedeutung der öffentlichen Zwangsdienste in Ägypten und anderen Provinzen.* Historia-Einzelschriften 116 (Stuttgart 1997) 233; E. Stephan, *Honoratioren, Griechen, Polisbürger. Kollektive Identitäten innerhalb der Oberschicht des kaiserzeitlichen Kleinasien.* Hypomnemata 143 (Göttingen 2002) 68f.

[76] Zur Familie des Synesios vgl. ausführlich Schmitt 2001, 144–242.

[77] Liebeschuetz 1985, 146–164; Liebeschuetz 1986, 180–195; Roques 1987, 126–138. 366–371; Schmitt 2001, 179–190. 440f.

der Reichsadministration des Ostreiches: Zu seinen Korrespondenzpartnern zählten z.B. der *magister utriusque militiae per Orientem* Simplicius (Syn. *ep*. 24. 28. 129. 133),[78] der während der Gainas-Revolte exilierte *comes* Johannes (Syn. *ep*. 2. 44. 63. 64. 147) und mehrere Intellektuelle aus der engsten Umgebung des *praefectus praetorio* Anthemius (z.B. Troilos; vgl. Syn. *ep*. 26. 73. 91. 111. 112. 118. 119. 123) und Anastasius,[79] dem späteren Vertrauten des Arcadius (Syn. *ep*. 22. 43. 46. 79).[80] Der Kontakt zum *praefectus praetorio Orientis* Aurelianus (s. u.) entstand wohl erst während des Aufenthalts in der Kaiserresidenz durch die Vermittlung des sonst nicht weiter identifizierbaren Höflings Paionius.[81]

Ob er alleine oder mit einer mehrköpfigen Delegation nach Konstantinopel aufbrach, vielleicht nach ersten diplomatischen Erfolgen die Mitgesandten mit dem *cursus publicus* in ihre Heimat zurückschickte und allein in der Kaiserresidenz zurückblieb, lässt sich anhand der Quellen nicht zweifelsfrei nachweisen. Gesichert ist jedoch, dass er der Anführer der Gesandtschaft war, denn er hielt die Rede vor dem Kaiser; dass er nach erfolgreicher Mission für seine Rückreise selbst aufkommen und sich bei einem Freund Geld leihen musste (Syn. *ep*. 129), lässt eine vielleicht persönlichen Interessen geschuldete, längere Verweildauer in Konstantinopel und eine dementsprechend verspätete Abfahrt nach Kyrene vermuten: Möglicherweise bemühte sich Synesios bei Aurelianus nach der Erledigung seines offiziellen Auftrages aus eigenem Antrieb um weitere Vergünstigungen für die *Libya superior* (etwa die Reduzierung der *annona*), um sein Ansehen in seiner Heimat zu erhöhen, sich also das Prestige eines Wohltäters und Patrons der Pentapolis zu verschaffen.[82] Dass derartige Karrierewege durchaus möglich waren, zeigt das Beispiel des wohl ebenso wie Synesios aus der Pentapolis stammenden Anastasius, der im Jahr 402 anlässlich des 20-jährigen kaiserlichen Thronjubiläums als Gesandter nach Konstantinopel reiste, um Arcadius das *aurum coronarium* zu überbringen: Als Lehrer, Erzieher o.ä. der Kaiserkinder erlangte Anastasius eine der höchsten Positionen im engsten Umfeld des Kaisers und wurde demzufolge für seine Heimatprovinz zu einer Schlüsselfigur am Kaiserhof.[83]

4.2. Der Zweck der Gesandtschaftsreise

Von einer Abordnung seiner Heimatstadt Kyrene darum gebeten und von seinen Freunden regelrecht zu dieser Form aktiver politischer Betätigung

[78] Zu Simplicius: *PLRE* 2, 1013f. s.v. Simplicius 2.

[79] Zu Anastasius: *PLRE* 2, 77f. s.v. Anastasius 2.

[80] Zur Korrespondenz des Synesios vgl. T. D. Barnes, „Synesius in Constantinople“, *GRBS* 27 (1986) 325–329; Roques 1989; Hagl 1997, 67.

[81] Zu Paionius vgl. *PLRE* 2, 816f.; Syn. *ep*. 154; *Ad Paeon*. – Schmitt 2001, 277–282.

[82] Schmitt 2001, 250–261.

[83] Zu Anastasius vgl. Schmitt 2001, 428–439.

gedrängt (*ep.* 144 und 146), reiste Synesios an der Spitze einer Gesandtschaft zu Arcadius. Noch deutlicher als in den *Ägyptischen Erzählungen* lässt er seinen Auftrag in seiner direkt an den Kaiser gerichteten Mahnrede („Königsrede") hervortreten (Syn. *De regn.* 2C–D): „Mich sendet zu dir Kyrene, mit Gold das Haupt dir zu krönen, die Seele aber mit Philosophie. Es handelt sich um eine hellenische Stadt mit einem alten und ehrwürdigen Namen ... Jetzt ist sie arm, herabgesunken und eine große Trümmerlandschaft; sie bedarf eines Königs, um etwas, das ihres alten Ruhmes würdig ist, unternehmen zu können." Der Zweck von Synesios' Mission bestand also darin, dem Kaiser einerseits das *aurum coronarium* (στεφανώσοντα χρυσῷ μὲν τὴν κεφαλήν „Kranzgold") zu überreichen und andererseits um Steuererleichterungen für die Provinz *Libya superior* zu bitten. In diesem Kontext stellt Synesios die politische und wirtschaftliche Misere seiner Heimatprovinz in den düstersten Farben dar, um seinem Bittgesuch größtmöglichen Nachdruck zu verleihen. Äußerst scharf attackiert er in dieser teilweise auch übertriebenen Schilderung die kaiserliche Provinzialadministration und Steuerpolitik; insbesondere die militärische Unfähigkeit der Statthalter und die Ausbeutung der *Libya superior* prangert er an (*De regn.* 2 D. 27 A–28 A).[84] Synesios verknüpft also eine Rede, angeblich vor dem Kaiser gehalten anlässlich der feierlichen Überreichung des *aurum coronarium*, mit einem Bittgesuch.

Die Gesandtschaft unter Führung des Synesios erschien offenbar nicht anlässlich eines kaiserlichen Jubiläums, sondern hatte die Erlangung kaiserlicher Unterstützung für die von einer hohen Steuerlast bedrückten Provinz zum Ziel. Die Taktik der verantwortlichen Kurialen aus der nordafrikanischen Provinz bestand darin, dem Kaiser zu huldigen und als Gegenleistung einen Steuernachlass zu erhalten. Zu diesem Anlass hätte man freilich eine Kranzrede (στεφανωτικὸς λόγος), also einen Kaiserpanegyricus, erwartet. Anstatt dessen formuliert Synesios, sich zum philosophischen Erzieher des jungen Herrschers (*De regn.* 6 C–D) und Retter des Reiches stilisierend (*De regn.* 3 A), in Gegenwart des Arcadius und des versammelten Hofstaates an den Kaiser adressierte Ermahnungen und spart nicht mit massiver Kritik am degenerierten Leben am Kaiserhof (*De regn.* 14 D–17 B), die den Unwillen des Auditoriums hervorruft (*De regn.* 3 C); der Grundstruktur nach handelt es sich bei *De regno* aber um eine Kranzrede, wie sie ein Gesandter üblicherweise bei der Überreichung des Kranzgoldes anlässlich eines Regierungsjubiläums vortrug. Synesios' Rede folgt also nicht den Konventionen zeitgenössischer Panegyrik, sondern geht in einen Fürstenspiegel über; es werden also in kreativer Auseinandersetzung mit formalen Traditionen zwei Textgattungen, der στεφανωτικὸς λόγος und eine Abhandlung περὶ βασιλείας, miteinander kombiniert: Der

[84] Roques 1987, 160–167; Hagl 1997, 64f. 76.

Kyrenäer stellt mit seiner Kritik nicht die Legitimität des Arcadius in Frage, sondern eröffnet die Perspektive auf eine bessere Zukunft, die als politisches Memorandum für den Herrscher wie auch als Programm für die Zukunft dient.[85]

In seinen *Ägyptischen Erzählungen* spielt Synesios nicht nur auf einzelne einflussreiche Politiker und Militärs an, sondern knüpft auch an frühere Literaten am Kaiserhof an: Insbesondere an Themistios, unter Constantius II. (337–361) in kaiserliche Dienste aufgestiegen und noch in der Regierungszeit Theodosius' I. im Palast tätig (u.a. als Erzieher des jungen Arcadius), den Zeitgenossen also noch im Gedächtnis, wollte Synesios die Erinnerung wachrufen und sich selbst als dessen Nachfolger ins Spiel bringen (I 5f.).[86] Ebenso wie bereits Themistios mit Hilfe von Aurelianus und Saturninus in die Nähe des Kaisers gelangt war, erhoffte sich nun auch Synesios Fürsprache von führenden Persönlichkeiten im kaiserlichen Beraterkreis. Derartige Erwartungen waren also nicht aus der Luft gegriffen, Rhetoren und Philosophen keine Ausnahmeerscheinung am Kaiserhof.

4.3. Die Dauer von Synesios' Gesandtschaftsreise

Zunächst mag es erstaunen, dass sich Synesios' diplomatische Mission über drei Jahre hinzog und nicht nach wenigen Wochen oder Monaten mit der Rückkehr nach Kyrene beendet werden konnte. Einen ersten Hinweis auf den zeitlichen Ablauf der Gesandtschaftsreise, der zugleich eine Erklärung für seinen mehrjährigen Aufenthalt in Konstantinopel bietet, gibt er in den *Ägyptischen Erzählungen* selbst (I 18,1): Offenbar musste er längere Zeit, möglicherweise mehrere Monate, auf eine Audienz bei Arcadius warten. So fand er, deutet man diese Passage in den *Ägyptischen Erzählungen* richtig, in der oströmischen Hauptstadt die Muße, mehrere Hymnen zu dichten (vgl. auch Syn. *ep.* 61 [Garzya 1979, 100f.]). Aus dieser Textstelle geht auch hervor, dass er die Wartezeit für inoffizielle Gespräche und einen Austausch über die politischen Verhältnisse nutzte. Synesios bemühte sich also um die Anknüpfung von Kontakten mit wichtigen Persönlichkeiten aus dem Umfeld des Kaisers, die ihm zu einer baldigen Audienz und einem positiven Bescheid des Kaisers verhelfen konnten. Große Unterstützung, vielleicht sogar entscheidende Hilfestellung, gewährte der

[85] Zur Verbindung unterschiedlicher Textgattungen in Synesios' *De regno* vgl. Lacombrade 1951a, 79–87; Schmitt 2001, 294–298.

[86] Schmitt 2001, 289–294. – Zu Themistios vgl. J. Vanderspoel, *Themistius and the Imperial Court* (Ann Arbor 1995); P. J. Heather, „Themistius: A Political Philosopher", in: M. Whitby (ed.), *The Propaganda of Power. The Role of Panegyric in Late Antiquity* (Leiden 1998) 125–150; R. M. Errington, „Themistius and His Emperors", *Chiron* 30 (2000) 861–904; Th. Gerhardt, „Philosophie und Herrschertum aus der Sicht des Themistios", in: A. Goltz / A. Luther / H. Schlange-Schöningen (ed.), *Gelehrte in der Antike. Alexander Demandt zum 65. Geburtstag* (Köln 2002) 187–218.

damalige *praefectus praetorio Orientis* Aurelianus der kyrenischen Gesandtschaft: Auf dessen hilfreiche Förderung bezieht sich Synesios in seiner Korrespondenz mehrfach (*ep.* 31. 34. 38. 61); er tituliert ihn ehrfürchtig mit ὦ μεγαλοπρεπέστατε, stellt aber zugleich mit der Verwendung von Floskeln wie φίλος oder σύντροφος ein vertrautes Verhältnis heraus.

Tatsächlich wurde dem Anliegen der Gesandten stattgegeben: Osiris habe ihm viele Wohltaten zuteil werden lassen, lässt Synesios die Leser seiner *Ägyptischen Erzählungen* wissen.[87] Demnach billigte Osiris sowohl Synesios selbst als auch der ganzen Provinz Steuererleichterungen zu. Diese Entscheidung habe Typhos wenig später zurückgenommen;[88] offenbar wurde Osiris' positiver Bescheid kassiert, und Synesios musste damit rechnen, in Konstantinopel festgehalten zu werden und seine Heimat nie mehr wieder zu sehen. Für diesen Stimmungsumschwung macht Synesios einen Machtkampf in Konstantinopel verantwortlich, den er in seiner direkt an Arcadius gerichteten Mahnrede („Königsrede") schildert.

4.4. Die Positionierung der Gesandten und Instrumentalisierung durch die Konfliktparteien in Konstantinopel

Während seines Aufenthaltes in Konstantinopel hat sich Synesios – anders als man es von einem Gesandten erwarten würde – in den dortigen Machtkämpfen eindeutig auf Seiten des Osiris/Aurelianus positioniert, der sich zuvor gegenüber der Gesandtschaft als hilfreich erwiesen hatte (vgl. oben S. 149f.). Diese Haltung gab Synesios auch dann nicht auf, als Osiris von dem Usurpator Typhos von den Hebeln der Macht verdrängt worden war (ca. April 400), sondern wandte sich sogar wiederholt gegen ihn und musste dafür den Verlust bereits gewährter Vergünstigungen hinnehmen. Synesios' Parteinahme zugunsten des Osiris sollte sich aber nach dessen Rückkehr ins Amt auszahlen: In Osiris' Amtszeit als Prätorianerpräfekt fiel die Reduktion der *annona* für die Pentapolis; und Synesios selbst wurde von den *leiturgia*, den Pflichten, die jeder Bürger gegenüber seiner Stadt oder dem Römischen Reich in Form der Übernahme von Ämtern in der Kurie, Zahlungen oder anderer Art zu erfüllen hatte, befreit.

Mit ihrer gegenseitigen Unterstützung verfolgten Synesios und Aurelianus ihre persönlichen, an der eigenen Karriere ausgerichtete Interessen: Synesios' Engagement für Aurelianus war von seinem Streben nach einer einflussreichen Stellung am konstantinopolitanischen Hof geleitet, um

[87] Syn. *De Prov.* I 18,1: „Dieser hatte von Osiris, wie alle Menschen, sehr viele Wohltaten empfangen, darunter, keine Dienste für den Staat leisten zu müssen und dass auch seine Heimat dem König gegenüber weniger Dienste leisten sollte."

[88] Syn. *De Prov.* I 18,4: „... Alle von Osiris stammenden Wohltaten waren dahin, Typhos tat jedoch noch Schlimmeres, indem er die Städte, für die der Philosoph gesprochen hatte, zerrüttete und ihm außerdem ein spezielles Unheil zudachte, dass er niemals mehr frei nach Hause käme ..."

künftig als Vermittler in Interessenkonflikten zwischen seiner Heimat und dem Kaiser unentbehrlich zu sein, im öffentlichen Leben der Kyrenaika also eine entscheidende Rolle zu spielen und damit zum *patronus* der gesamten Provinz zu avancieren (vgl. oben S. 144–147).[89]

Synesios' Erwartungen an Aurelianus sind verständlich und nahe liegend: Er hofft auf Unterstützung einer mächtigen Persönlichkeit in Kaisernähe, um seine diplomatische Mission erfolgreich beenden zu können. Aber was versprach sich Aurelianus von der Begünstigung des Synesios? Ähnlich wie sich Kaiser und hohe Reichsbeamte zu ihrer eigenen Repräsentation durch Rhetoren und Literaten feiern ließen, erwartete Aurelianus Lobreden aus dem Mund des hochgebildeten Synesios als Dank für die ihm gewährte Unterstützung, um sein Renommée zu steigern, wobei mit der Einreihung von Dichtern in den eigenen Vertrautenkreis auch immer ostentativ das Mäzenatentum als Herrschertugend zur Schau gestellt wurde. Eines der prominentesten spätantiken Parallelbeispiele zu der Synesios zugedachten Funktion ist sicherlich Claudianus im Dienst des *magister militum* Stilicho.[90]

Für ein gewisses Interesse des östlichen Kaiserhofes an der kyrenäischen Delegation könnte auch die besondere strategische Bedeutung der Kyrene sprechen: Zur Zeit von Stilichos Regiment im Westreich war die *Libya superior* als Grenzprovinz des Ostreiches durch die Invasionen von Berberstämmen am Ende des 4.Jahrhunderts geschädigt und damit vielleicht indirekt vom *bellum Gildonicum* betroffen.[91] Von den Gesandten aus der Pentapolis versprach man sich in Konstantinopel zuverlässige Informationen über die Verhältnisse vor Ort; mit großzügigen Bescheiden auf die vorgetragenen Bitten wollte man Loyalitäten fern der Reichszentrale herstellen.

Aurelianus gelang es aber nicht, seine Stellung langfristig zu behaupten und Synesios mit einer lukrativen Position am Hof auszustatten; der Nachfolger im Amt des *praefectus praetorio Orientis*, Caesarius, war angesichts seines beabsichtigten Kurswechsels nicht bereit, den als Parteigänger des Aurelianus allzu deutlich hervorgetretenen kyrenäischen Gesandtschaftsführer in seine Dienste zu übernehmen. Aurelianus konnte zwar im Sommer 400 aus dem Exil nach Konstantinopel zurückkehren und wenig später erneut die Prätorianerpräfektur ausüben, zu diesem Zeitpunkt war Synesios aber bereits abgereist. Daher konnte Synesios seine Rückkehr in

---

[89] Schmitt 2001, 275–299.

[90] Schmitt 2001, 261–275. – Zu Claudianus als „Propagandist" Stilichos vgl. Cameron 1970; J. Long, *Claudian's In Eutropium or How, When and Why to Slander a Eunuch* (Chapel Hill / London 1996, Diss.); Janßen 2004, 36–38. 62–65. 131–141 u.ö.

[91] Zur strategisch-militärischen Bedeutung der Kyrenaika im 4. und 5. Jahrhundert vgl. Schmitt 2001, 568–571. 588f.

die Pentapolis nicht aus eigenen Mitteln, sondern nur auf Kredit finanzieren.[92]

4.5. Einordnung von Synesios' Gesandtschaftsreise in das antike Gesandtschaftswesen

Die Gesandtschaftsreise des Synesios zu Arcadius nach Konstantinopel fügt sich in ihrer Vorbereitung, Organisation und Durchführung gut ein in das (spät)antike Gesandtschaftswesen: Dies gilt für die Wahl des Synesios zum Delegationsführer und dessen Verpflichtung, die ihm übertragene Aufgabe tatsächlich zu übernehmen. Geläufig ist auch die Ausführung einer diplomatischen Mission durch einen Mann mit besonderen intellektuellen Fähigkeiten, die vergleichbar ist mit den diplomatischen Aktivitäten des Themistios im 4.Jahrhundert in Rom im Auftrag des Senates von Konstantinopel anlässlich der Vicennalien Constantius' II. und in Thessalonike zur Thronbesteigung des Theodosius; Glückwünsche des römischen Senates an Valentinian I. zu dessen Fünfjahresfeier und ein Goldgeschenk hatte Symmachus zu überbringen. Demzufolge ist es wenig erstaunlich, dass es mehrere literarische Petitionen an die Kaiser gibt, die Gesandtschaften zugeordnet werden, wobei freilich nicht nachweisbar ist, dass sie unter diesen Umständen und in dieser Form übergeben worden sind. Dazu zählen z.B. die Reden des Libanios an Julian und Theodosius I. (*or.* 15, 19 und 30) sowie Symmachus' dritte *Relatio* über den Victoria-Altar.

Auch Synesios' mehrjährige Abwesenheit von seiner Heimat ist kein Einzelfall im antiken Gesandtschaftswesen: Die Herstellung von Kontakten zu wichtigen Persönlichkeiten aus dem Umfeld des Kaisers (hohen Amtsträgern in der Ziviladministration und im Militär sowie Mitgliedern der kaiserlichen Familie) brauchte Zeit, denn man musste sich deren Unterstützung durch Besuche, etwa die Teilnahme an den täglichen Empfängen, sichern. Es galt also, vor dem Audienztermin beim Kaiser eine Lobby zu gewinnen, um das eigene Anliegen in einer von Sympathie getragenen Stimmung unter den kaiserlichen Günstlingen vorbringen zu können; andernfalls hatte man mit kontinuierlicher Behinderung bei Hofe zu rechnen. Auch Synesios musste sich zunächst einmal, obwohl er bereits vor seiner Ankunft in Konstantinopel Kontakte zu Mitgliedern des kaiserlichen Hofstaates unterhielt, in diesem komplexen Beziehungsgeflecht zwischen dem Herrscher und seinen *amici* und der Höflinge untereinander orientieren, um dann durch entsprechende Selbstdarstellung die Aufmerksamkeit auf sich zu lenken und durch Fürsprache eines möglichst einflussreichen

[92] Schmitt 2001, 386f. – Zur Finanzierung der Reisekosten von Gesandten vgl. den folgenden Abschnitt.

Funktionsträgers schließlich mit seinem Anliegen bis zum Kaiser vorzudringen.[93]

Ein weiterer Grund für die unvorhergesehene zeitliche Ausdehnung diplomatischer Missionen war die Abwesenheit des Kaisers: Wenn die Gesandtschaften ihn nicht in seiner hauptstädtischen Residenz antrafen, mussten sie ihm entweder in die Provinzen nachreisen oder in der Hauptstadt auf ihn warten. Ebenso wie bei Synesios eröffneten sich auch für andere Delegationen manche Kommunikationswege in die Spitzen der Reichsverwaltung und zu den Vertrauten des Kaisers nahezu automatisch: So lag in der Spätantike, seit Konstantin dem Großen, die Verantwortung für das Gesandtschaftswesen beim *magister officiorum*; ihm nachgeordnet war der *magister epistolarum* (*Not. dign. or.* 19, 8; *Not. dign. occ.* 17, 12 [Seeck 1876, 44. 162]), der als Vorsteher der kaiserlichen Kanzlei die den Gesandten zu überreichenden kaiserlichen Schreiben auszufertigen hatte. Auch der Stadtpräfekt (*praefectus urbi*) und der *praepositus sacri cubiculi* mit dem ihm unterstellten Hofgesinde waren mit dem diplomatischen Verkehr befasst, denn sie hatten z.B. für die Unterbringung und Versorgung der Gesandten zu sorgen. Der Kontakt zum *praefectus praetorio* ergab sich zwangsläufig, da er die Gesandtschaften einer Überprüfung unterzog, um nichtige und überflüssige auszusondern (*Cod. Theod.* XII 13, 3 [23.6.368?, 370?, 378?]. 4 [10.8.379]. 6 [14.6.387]); empfangen wurden die zugelassenen Delegationen dann vom Kaiser und seinem Rat (*Cod. Theod.* XII 12, 4 [7.9.364]. 8 [25.3.382]). Die Kaiser versuchten zwar gelegentlich, die Anzahl der an ihrem Hof vorstellig werdenden Gesandtschaften zu reduzieren; es drangen aber zu allen Zeiten viele Gesandte bis zum Kaiser vor.[94]

Nicht in den Rahmen antiker Gesandtschaften passt das aus der *Königsrede* herauslesbare und in den *Ägyptischen Erzählungen* nur schwach angedeutete Auftreten des Synesios in der Audienz bei Osiris, nämlich sich angesichts der prekären Situation am Zielort politisch zu positionieren. Auch wenn das Wechselspiel zwischen belehrendem Philosoph und belehrtem Herrscher ein von der spätantiken Hofgesellschaft akzeptierter,

---

[93] Die Komplexität der Verhältnisse am Kaiserhof in Konstantinopel hat Synesios in seiner Rede *Über das Königtum* (11 B–12 B) in dem Abschnitt über die „Freunde" (φίλοι) des Kaisers treffend erfasst; vgl. Cameron / Long 1993, 135f.; D. Schlinkert, „Dem Kaiser folgen. Kaiser, Senatsadel und höfische Funktionselite (*comites consistoriani*) von der ‚Tetrarchie' Diokletians bis zum Ende der konstantinischen Dynastie", in: Winterling 1998, [133–159] 133f.

[94] Zum antiken Gesandtschaftswesen vgl. R. Helm, „Untersuchungen über den auswärtigen diplomatischen Verkehr des Römischen Reiches im Zeitalter der Spätantike", in: E. Olshausen / H. Biller (ed.), *Antike Diplomatie.* WdF 462 (Darmstadt 1979) [321–413] 344f. zuerst in: *AUF* 12 (1932) 375–436; Matthews 1978, 654–685; G. Ziethen, *Gesandte von Kaiser und Senat. Studien zum römischen Gesandtschaftswesen zwischen 30 v. Chr. und 117 n. Chr.* Pharos 2 (St. Katharinen 1994); P. Kehne, „Gesandtschaft. Römische Zeit", *RGA* 11 (1998) 457–461; P. Kehne, „Geschenke: Historisches", *RGA* 11 (1998) 470–474; Schmitt 2001, 250–252.

ritualisierter Akt und Bestandteil des Hofzeremoniells war, ist Kritik an den Verhältnissen am Kaiserhof und die Anmahnung von Kurskorrekturen gegenüber dem Kaiser nicht vereinbar mit der Handlungsvollmacht eines Gesandten, die an einen strengen Verhaltens- und Verantwortlichkeitskodex gebunden ist. Ebenso gehen die Bemühungen des Synesios um die Gunst des Kaisers weit hinaus über den eigentlichen Zweck von Gesandtschaften und die damit üblicherweise verbundene Kontaktaufnahme zu Führungspersönlichkeiten; sichtbar wird das Bestreben des Kyrenäers, durch Kaiserlob, politische Reden und philosophisch-grundsätzliche Betrachtungen am Kaiserhof auf sich aufmerksam zu machen und sich auf diese Weise für hohe Reichsämter ins Gespräch zu bringen. Die Ausnutzung seiner Mission für die Wahrnehmung eigener Interessen erklärt auch seinen (erzwungenen?) Verzicht auf die Benutzung des *cursus publicus* und die anstatt dessen unternommenen Bemühungen, sich das Geld für die Heimfahrt selbst zu besorgen: Eine derartige Vermengung öffentlicher und privater Interessen war untersagt (*Dig.* L 7, 9, 2 u.ö.); daher musste er die Rückkehr nach Kyrene aus eigener Kraft zu finanzieren und kam nicht in den Genuss der sonst geltenden Regel, dass der Empfängerstaat einer Gesandtschaft für deren Schutz, Unterbringung, Transport und für Gastgeschenke zu sorgen habe.[95]

5. Zusammenfassung

Synesios' *Ägyptische Erzählungen* sind zweifellos ein Reflex der aktuellen politischen Verhältnisse in Konstantinopel, wie sie der Gesandte aus der Provinz *Libya superior* während seines Aufenthaltes in der östlichen Hauptstadt vorfand. Deutliche Anspielungen finden sich z.B. auf Gainas, die von ihm erzwungene Ansiedlung seiner Gotenscharen in Konstantinopel und das Gotenmassaker am 12. Juli 400. Derartige historische Ereignisse, deren Ablauf und zeitliche Einordnung durch die antike Überlieferung gut bezeugt sind, bieten unverzichtbare Anhaltspunkte für die Datierung von Synesios' Gesandtschaftsreise in den Zeitraum zwischen 397 und 400.

Synesios' *Ägyptische Erzählungen* sind aber gekennzeichnet durch die Metaphorik der Handlung, wobei das Geschehen zum Zweck der Belehrung und zum Schutz der eigenen Person vereinfacht und idealisiert wird. Er schafft Kompositgestalten, die mehrere historische Personen und deren tatsächliche verdammungswürdige oder wünschenswerte Verhaltensweisen in sich vereinigen. Dementsprechend sind die von Synesios beschriebenen Entwicklungen und Ereignisse am Kaiserhof nur schwer zeitlich zu fixieren und auch nicht immer zweifelsfrei konkreten, oftmals nur

[95] Zur Bevollmächtigung, Reisegeldern und dem Transport der Gesandten vgl. A. Kolb, *Transport und Nachrichtentransfer im Römischen Reich*. Klio.B, N.F. 2 (Berlin 2000) 29–34. 335f.

wenige Monate amtierenden Personen zuzuordnen: Häufig ausgewechselte, mitunter gewaltsam aus dem Weg geräumte Protagonisten sind ein Charakteristikum des spätantiken Hoflebens unter den Kaisern der theodosianischen Dynastie. Derartige Vorgänge hat auch Synesios während seines dreijährigen Aufenthaltes in Konstantinopel erlebt und literarisch verarbeitet. Überzeichnet wird dabei die Stellung der Prätorianerpräfekten, hinter deren unterstellter Allmächtigkeit der Kaiser vollkommen aus dem Blick gerät.

Auf den ersten Blick scheint das von Synesios entworfene Szenario den realen Verhältnissen um 400 zu widersprechen, denn zu diesem Zeitpunkt konnte Arcadius als erwachsener Mann längst die Regierungsgeschäfte selbst in die Hand nehmen: Der Kaiser beließ keinen der hochrangigen Funktionäre in Ziviladministration und Militär allzu lange auf seinem Posten; offenbar erfolgreich verhinderte er durch ständige Veränderungen der Personenkonstellation in seinem engsten Beraterkreis die Entstehung unliebsamer Koalitionen oder gar gefährlicher Konspirationen, denn – anders als sein Bruder Honorius im Westen – sah Arcadius sich in seiner gesamten Regierungszeit keinem Konkurrenten um den oströmischen Kaiserthron gegenüber.

Bezieht man in die Betrachtung der *Ägyptischen Erzählungen* auch die gesetzlich definierten Informations- und Entscheidungswege auf der höchsten Ebene der Reichsadministration in Konstantinopel ein, gewinnt das Werk mit Synesios' Fokussierung auf die einflussreichen Höflinge zusätzliche Aussagekraft im Hinblick auf die Machtstrukturen am östlichen Kaiserhof. Synesios dokumentiert gewissermaßen die Außenwahrnehmung der kaiserlichen Herrschaftspraxis: Entsprechend ihrer Zuständigkeit in den verschiedenen Bereichen (z.B. Außenpolitik, Verwaltung, Militär) sind der *praefectus praetorio Orientis* oder der *praepositus sacri cubiculi* und andere kaiserlichen Vertrauten für den kyrenäischen Gesandten nach seiner Ankunft in Konstantinopel über einen längeren Zeitraum hinweg die Kontaktpersonen am Hof; dass er ihr Wohlwollen gewinnen muss, wenn er nicht unverrichteter Dinge in die Pentapolis zurückreisen will, wird für ihn außer Zweifel gestanden haben. Diese hohen Zivilbeamten, die Korruption und Intrigen als probates Mittel zur Realisierung ihrer Karrierepläne betrachten, stilisiert er zu den eigentlichen Mächtigen im Oströmischen Reich. Diese Machtkämpfe um die einflussreichsten Posten am Hof bieten Synesios die Kulisse für die Konstruktion des Antagonismus zwischen den beiden Brüdern Osiris und Typhos. Nicht dem Kaiser selbst und der tatsächlichen Verteilung von Entscheidungskompetenzen im verwaltungstechnischen Alltag am konstantinopolitanischen Hof (wozu auch die Abfertigung von Gesandtschaften gehört) gilt Synesios' Interesse, sondern dem durch konkrete Aktivitäten in der öffentlichen Wahrnehmung hervortretenden Personenkreis.

Zur allegorischen Methode des Synesios in seinen *Ägyptischen Abhandlungen*

Wolfgang Bernard

1. Der Hintergrund

1.1. Vorbemerkung – Das Begriffsproblem

Der Begriff „Allegorie" wird keineswegs einheitlich verwendet, manchmal wird allegorisch Interpretieren durch das Wort „Allegorese" von allegorischem Dichten als Akt oder als Ergebnis des Aktes unterschieden, für das dann der Begriff „Allegorie" reserviert wird. Hierbei spielt eine Rolle, dass nach heutiger Auffassung in der Vergangenheit nicht selten Texte allegorisch interpretiert worden sind, die wir heute nicht für allegorisch halten, Allegorese von etwas, das keine Allegorie ist. Für das Selbstverständnis der antiken Interpreten und für ein nachvollziehendes Verstehen antiker Literaturtheorie sind diese Unterscheidungen aber nicht unbedingt hilfreich; nach ihrem eigenen methodischen Anspruch können insbesondere platonisch geprägte allegorische Interpretationen nur auf Texte angewandt werden, die von ihrem Autor auch allegorisch verschlüsselnd gedichtet sind (bei stoisch geprägten Allegorikern ist das im Grundsatz wohl auch so, aber da die Stoa die Sprache als eine Art überindividuelles Gedächtnis betrachtet, in das sich der Weltlogos gleichsam eingeprägt hat, wären hier auch über das individuelle Gestalten des einzelnen Dichters hinausgehende Erklärungs- und Begründungsmöglichkeiten für die, freilich methodisch ganz anders geartete, stoizierende Allegorese möglich). Ich spreche im Folgenden, diesen Schwierigkeiten aus dem Weg gehend, von „Allegorie" und „Allegorese", wobei mit letzterem immer allegorisches Interpretieren, mit ersterem sowohl allegorisches Interpretieren wie allegorisches Schreiben gemeint sein können. Was dabei unter „allegorisch" zu verstehen ist, muss man für die beiden in der Antike üblichen Grundverfahren getrennt beschreiben.

1.2. Allegorie – zwei zu unterscheidende antike Methoden

Synesios lebt in einer Zeit, in der allegorische Interpretation der Bibel wie auch der Werke Homers und mancher anderer Schriften sehr verbreitet

und als Methode sowohl in der Sprach- und Literaturwissenschaft (damals γραμματική genannt), wie in der Theologie und Philosophie akzeptiert ist und gelehrt wird. Von daher ist es für einen Autor jener Zeit auch naheliegend, einen Text explizit oder implizit so anzulegen, dass er mit den damaligen Methoden allegorisch gedeutet werden kann. Dabei sind freilich einige wichtige Differenzierungen vorzunehmen. Der Begriff „Allegorie" wird – bezogen auf die Antike – für zwei durchaus unterschiedliche Verfahren verwendet, von denen das eine keine besonderen theologischen oder philosophischen Voraussetzungen hat und in der Kaiserzeit offensichtlich als Bestandteil von „mainstream"-Rhetorik und -γραμματική gelehrt wird. Diese Methode habe ich anderwärts als substitutive Allegorie bezeichnet. Ihr steht methodisch gegenüber die dihairetische Allegorie, die mit einem mehrfachen Schriftsinn arbeitet und platonische Voraussetzungen hat, wenngleich sie nicht nur von geschulten Platonikern angewandt wird. Es gibt nun einmal in der Spätantike durchaus auch einen Vulgärplatonismus und allgemein platonisierende Einflüsse auf Autoren der verschiedensten Genera; dabei kommen bisweilen Ergebnisse heraus, die einem „lupenreinen" Platoniker methodisch nicht mehr präzise genug gewesen wären.

1.3. Substitutive Allegorie

Die substitutive Allegorie können wir hier kurz abhandeln, weil von Synesios generell bekannt ist, dass er Platoniker war. Außerdem sind am Anfang der hier in der Frage stehenden Schrift explizite Hinweise zu finden, die klar auf eine dihairetische und nicht substitutive Allegorie hindeuten, wie gleich darzustellen sein wird. Basis der substitutiven Allegorie ist die Annahme, dass ein Autor das, was er eigentlich meint, in einer Kette von Bildern gleichsam versteckt oder mit diesen zugedeckt hat. Aufgabe des Interpreten ist dann, für das Bild wieder das in Wahrheit Gemeinte zu substituieren. Wenn der Dichter Archilochos zum Beispiel von einem Schiff in Seenot schreibt, damit aber in Wahrheit das Staatsschiff meint, dann versteht man ihn falsch, wenn man seinen Text auf die Seefahrt bezieht. Vielmehr muss man „Schiff" durch „Staat", „Sturm und Wellen" durch „politische Krise" ersetzen und so fort.[1] Kennzeichnend für diese substitutiven Deutungen ist vor allem dreierlei. Erstens wird dabei ein (scheinbarer) Literalsinn („Schiff", das aber gar nicht gemeint ist) durch einen figurativen Sinn ersetzt: Der wörtliche Sinn wird also aufgehoben und durch einen anderen ersetzt. Zweitens ist das eigentlich Gemeinte regelmäßig etwas Abstrakt-Allgemeines, meist entweder politisch-ethischer oder physikalischer Natur. Dies führt dann, wenn in einer Geschichte (meist göttliche)

---

[1] Das Beispiel verwendet schon der stoizistische Homerexeget Herakleitos, *Quaestiones Homericae*, Kap. 5, zur Erläuterung seiner Methode.

Personen auftreten, dazu, dass aus diesen bei der Deutung ebenfalls ein Abstraktum wird („Aphrodite" wird zu „Wahnsinn" [ἀφροσύνη], „Hera" zu „Luft" [ἀήρ] usw.)[2], die Personalität der Figuren wird also bei der Deutung aufgehoben. Drittens beschränkt sich die Methode, wo wir sie greifen können, auf die Deutung von Einzelstellen, die sie im Grunde als Kette von Bildern auffasst, sie versucht keine umfassende Deutung einer poetischen Gesamtkomposition.

1.4. Dihairetische Allegorie

Die dihairetische Allegorie hingegen verfährt in allen drei genannten Punkten tendenziell anders (die Vorsicht der Formulierung hier beruht darauf, dass man in Spätantike und Mittelalter auch Mischformen bzw. dihairetische Allegoresen findet, die vom Standpunkt eines platonischen Systematikers her betrachtet zu unsauber ausgeführt sind). Erstens wird der Literalsinn durch die Allegorese nicht aufgehoben, vielmehr nimmt die dihairetische Allegorese eine Mehrzahl von Sinnebenen für den Text an. Zweitens (und dies ist das zentrale Kriterium dafür, ob die Methode im engeren Sinne platonisch sauber angewandt ist) wird das in tieferem Sinne Gemeinte nicht als Abstraktum aufgefasst, sondern der platonischen Tradition entsprechend als personales göttliches Wesen, beziehungsweise als komplexe Interaktion oder Sinnzusammenhang zwischen göttlichen Personen. Mit dem Beispiel von eben wäre Aphrodite in einer solchen Deutung niemals die Wollust, sondern höchstens ein daimonisches Wesen, das derartige Begierden hervorrufen oder fördern kann, Hera nicht die Luft, sondern ein göttliches oder daimonisches Wesen, das das Element „Luft" beaufsichtigt. Drittens ist die dihairetische Allegorese um eine Gesamtdeutung eines poetischen Werks besorgt, sie beschränkt sich nicht auf die Deutung von Einzelstellen.

2. Das allegorische Verfahren in den „Ägyptischen Abhandlungen"

Für eine genauere Erläuterung und Differenzierung zwischen diesen beiden Methoden sei auf frühere Arbeiten verwiesen.[3] Wenden wir uns dem hier zu untersuchenden Werk des Synesios zu, dann gibt der Autor sogleich eine Reihe von Hinweisen, wie er seinen Text verstanden wissen

---

[2] Zu Aphrodite vgl. etwa Herakleitos, Kap. 54, oder Iliasscholion b zu 20,40. Zu Hera s. Herakleitos, *Q.Hom.* 57, oder Iliasscholion T zu 20,70–1 sowie Eustathios zur selben Iliasstelle, S. 371,6–372,4 v. d. Valk.

[3] Vgl. Bernard 1990, 11–69. Ders., „Zwei verschiedene Methoden der Allegorese in der Antike", in: Horn / Walter (Hrsgg.), *Die Allegorese des antiken Mythos in der Literatur, Wissenschaft und Kunst Europas*. Wolfenbütteler Forschungen 75 (Wiesbaden 1997) 63–83.

will. Gleich am Anfang bedient sich der Autor einer Art von Orakelsprache, die literal verstanden unkonkret zu sprechen scheint, für den „Eingeweihten" bzw. Sachkundigen aber durchaus nicht der Eindeutigkeit entbehrt („Söhne des Tauros", „die Zeit, als der schlechtere an der Macht war", „die Rückkehr der besten Männer"). Es ist auch bereits im ersten Satz vom „Rätsel über den Wolf" die Rede; das griechische Wort für „Rätsel", αἴνιγμα, sowie das zugrundeliegende Verb αἰνίττεσθαι, „verrätselnd bezeichnen" werden regelmäßig für die Art und Weise, wie ein allegorisch verfasster Text etwas Intelligibles indirekt und bildhaft andeutet, verwendet. Später (II 5,2) wird auch das Wort παρακαλύπτω „verhüllen" verwendet; καλύπτω und Ableitungen gehören ebenfalls zum spätantiken Standardvokabular zur Bezeichnung eines allegorischen Einkleidens des Gemeinten.

Der nächste klare Hinweis steckt in Synesios' Bemerkung: „Während also der Tyrannensturz betrieben wurde, schritt unsere Erzählung (λόγος) mit den Geschehnissen zusammen voran" [oder „faltete sich zusammen mit ihnen aus"] (*Protheoria* 1). Der Satz ist auf Griechisch so platonisch anspielungsreich, dass man dem in einer Übersetzung gar nicht gerecht werden kann. Vor allem ist gesagt, dass sich ein λόγος gemeinsam mit einem historischen Tun entfaltet oder „vorangeht" (=„hervorgeht"), „hinaustritt", „sich entwickelt". Damit ist ein Grundgedanke der platonischen Allegorie formuliert, der zum Beispiel auch in der platonisierenden Bibelexegese eine große Rolle spielt. Die Allegorese der Bibel, soweit sie von antiken Platonikern betrieben wird, will ja keineswegs die Historizität des dort Geschilderten bestreiten. Der Gedanke ist vielmehr, das neben und hinter dem historischen Sinn (*sensus historicus* oder *litteralis*) noch andere Sinnebenen stecken, die gerade durch genaue Beachtung des Literalsinns vermittels Analogie erschlossen werden können. Dabei ist nicht behauptet, dass jedes historische Geschehen einen solchen Sinn enthalte; im Falle der biblischen Ereignisse hat vielmehr der Heilige Geist dafür gesorgt, dass in die historischen Begebenheiten Zeichen eingeprägt wurden, die auf Höheres verweisen, und dass diejenigen, die diese geschildert haben, auf das Richtige achtend dieses anagogisch Wirksame ausgewählt und in ihrer Darstellung in den Vordergrund gebracht haben.[4] Durch seine Formulierung erhebt nun Synesios für den damaligen geschulten Leser klar den Anspruch, hier nicht nur eine historische Darstellung zu liefern, sondern einen Text mit mehreren Sinnebenen. Der zitierte Satz exemplifiziert das bereits selbst, denn literal bedeutet er zunächst einmal, dass der Text quasi parallel zu den historischen Begebenheiten weiterentwickelt wurde; durch seine beziehungsreiche Formulierung deutet er aber für den Kundigen an, dass hier eine Umsetzung höherer erkennbarer Sachverhalte in eine erzählbare

[4] Vgl. dazu z.B. Origines, *De principiis* IV 2.

Kette historischer Taten und Geschehnisse stattgefunden hat. Das liegt vor allem in dem verwendeten Verb συμπροῆλθεν „ging zusammen hervor". Das zugrundeliegende Verb προιέναι wird nämlich im Neuplatonismus regelmäßig gebraucht, um eine Bewegung vom Universaleren zum Partikuläreren, vom Prinzip zum Prinzipiierten, die Ausfaltung des Einfachen in ein Vielheitlicheres zu bezeichnen, insbesondere also das Hinaustreten des Wahrnehmbaren, Historischen, aus dem Intelligiblen, Überzeitlichen.[5]

Entsprechend sagt Synesios gleich im Folgesatz, dass die Vorgehensweise (μεταχείρισις) dieses Logos „vielen Themen gerecht wird". So würden viele bisher nicht ausreichend unterschiedene (gemeint sind offensichtlich philosophische und theologische) Sachfragen, δόγματα, geklärt (*sensus anagogicus*), es würden Leben beschrieben, die hinsichtlich Tugend oder Untugend paradeigmatisch seien (*sensus moralis*), und es sei eine Darstellung der historischen Fakten und Taten gegeben (*sensus historicus*). Die erzählte Geschichte sei in allen Stücken im Hinblick auf den Nutzen bunt, vielfältig gestaltet. Damit ist für den damaligen Leser klar der Anspruch erhoben, dass dieser Text einen mehrfachen Sinn mit den vom Autor explizit genannten Sinnebenen hat. Allerdings bedeutet das gemäß dem methodischen Verständnis der dihairetischen Allegorie des Platonismus nicht, dass jede einzelne Stelle sämtliche Sinnebenen aufweist. Diese Frage ist vielmehr jeweils einzeln zu prüfen.[6] Insofern ist es wohl auch bedeutsam, dass der im Griechischen für diesen Eingangsabschnitt verwendete Begriff προθεωρία, im Deutschen mit „Vorrede" wiedergegeben, wörtlich „vorausgehende θεωρία" bedeutet: θεωρία ist in der platonischen und aristotelischen Tradition nämlich die aktive Betätigung des Intellekts (νοῦς) und genau diesen muss man für das Erkennen eines tieferen Sinns im Sinne des Platonismus tatsächlich betätigen. Das Wort νοῦς wird dabei im Griechischen auch für das vom Text eigentlich Gemeinte, den „Sinn" (*sensus*), verwendet.

Der erste „Logos" folgt. Er setzt die Reihe von Signalen und versteckten Hinweisen für den platonisch geschulten Leser fort. Er wird als λόγος

---

[5] Theologisch am konzisesten dargestellt bei Proklos, *Elementatio Theologica*, prop. 25–39. Dazu A. C. Lloyd, „Procession and Division in Proclus", in: Blumenthal / Lloyd (eds.), *Soul and the Structure of Being in Late Neoplatonism* (Liverpool 1982) 18–45. Dieser philosophisch prägnante Gebrauch von προιέναι und πρόοδος geht aber schon auf Plotin selbst zurück (vgl. z.B. *Enneaden* V 2) und ist bei ihm an vielen Stellen (s. z.B. auch *Enn.* IV 7; IV 8; VI 3; VI 8 und VI 9) zu finden.

[6] So prüft etwa auch Porphyrios in *De antro nympharum* bei seiner Allegorese für jedes einzelne Detail der Geschichte getrennt, was für Bedeutungsebenen sich ermitteln lassen, und in Proklos' Theorie von inspirierter Dichtung – und nur solche ist bei ihm allegorisch deutbar – ist ausdrücklich gesagt, dass allegorische Dichtung alle anderen Formen von Dichtung in sich enthält, so dass man eben an jeder einzelnen Stelle ermitteln muss, ob hier ein mehrfacher Sinn überhaupt vorliegt, und wenn ja, mit wie vielen und welchen Sinnebenen (vgl. etwa Proklos, *In RemP* I 192–96). Entgegen verbreitetem Vorurteil geht zumindest der dihairetische Allegoriker keineswegs schematisch vor.

bezeichnet, beginnt aber mit den Worten „ὁ μῦθος Αἰγύπτιος“. Er ist also ein Logos, aber worum es geht ist ein ägyptischer „Mythos“. In der platonischen Tradition sind Mythos und Logos nicht einander entgegengesetzte Produkte der Einbildungskraft einerseits und des Verstandes andererseits, sondern unterschiedliche Weisen, wie man einen Gedanken in Sprache umsetzen kann. Ein „Mythos“ ist eine Geschichte, mit einer Kette von Handlungen in einem zeitlichen Nacheinander, während „Logos“ eine mehr argumentierende Darlegung ist, die eher rhetorisch oder logisch als in der Weise eines Dichters eine Handlung komponierend vorgeht.[7] Stammt ein „Mythos“ von einem inspirierten Autor, dann enthält er in verrätselnder Form tiefere Wahrheiten, oder konkret formuliert: dann hat er mehrere Sinnebenen. Dies betont Synesios gleich durch die beiden Folgesätze. Der zugrundeliegende Mythos ist ägyptisch, die Ägypter sind übervoll von Weisheit, also wird von dieser Weisheit etwas in der Geschichte stecken, mehr als wenn sie von einem weniger weisen Volk stammen würde. So dass dieser Mythos, obwohl er als Geschichte (μῦθος) daherkommt, noch mehr als ein gewöhnlicher μῦθος verrätselnd bezeichnet, weil er eben ägyptisch ist. Synesios macht aber noch eine wichtige Präzisierung: es handelt sich gar nicht so sehr um einen μῦθος, sondern eigentlich um einen ἱερὸς λόγος, eine „Heilige Rede“, was seinen Wert noch erhöht.

Synesios schickt die Vorrede und diese Eingangsbemerkung offensichtlich in der Absicht voraus, die Rezeption seines Textes beim Publikum zu steuern. Dazu dienen hier sowohl der Verweis auf die ägyptische Weisheit als auch der Einsatz der Begriffe „Mythos“ und „Logos“. Ägypten ist schon bei Platon, etwa im *Phaidros* (274 c–e), als Land alter Weisheit betrachtet, und außerdem wird Synesios jetzt eine Version der Geschichte von Osiris und Typhos erzählen, eine Geschichte, die in der griechischen Literatur schon einmal ausführlich auf platonischer Basis interpretiert worden ist, und zwar von Plutarch in *De Iside et Osiride*. Dieses Werk kennt Synesios und zeigt durch Anspielungen, dass er auch bei seinen Lesern mit Vertrautheit mit dieser Schrift rechnet.[8] Dabei ist interessant, dass Synesios hier eine Offenheit für andere religiöse und theologische Traditionen zeigt, die zwar für den nicht-christlichen Platonismus seiner Zeit typisch ist, bei den christlichen Platonikern hingegen nicht überall zu finden ist. Er weist sich dadurch als stärker von platonischer Theologie und Philosophie als von den bereits kanonisch werdenden Auffassungen des Christentums ge-

[7] Bei Aristoteles in der *Poetik*, Kap. 6 (1450 a15) ist μῦθος ausdrücklich als ἡ τῶν πραγμάτων σύστασις, als „die Zusammenfügung/Komposition der Handlungen“, also als die Zusammenstellung einer Reihe von Einzelhandlungen zu einer zusammenhängenden, eine neue, höhere Einheit bildenden Kette oder als das Ergebnis solchen dichterischen Zusammenstellens bestimmt. Hier ist „Mythos“ also nichts „Mythisches“, sondern eine im zeitlichen Nacheinander erzählte Folge von Handlungen.

[8] Vgl. dazu z.B. LONG 1987, bes. 112f.

prägt aus. Dazu passt, dass er, wie ein uns erhaltener Brief (*ep.* 105)[9] zeigt, sein Bischofsamt 410 n. Chr. nur unter der Bedingung angenommen hat, dass er in vielen Fragen privat seine theologischen Auffassungen so behalten könne, wie er es für richtig halte, ohne den Konflikt mit der „Standardlehre für das Kirchenvolk" explizit zu machen.

Mit dem Schwanken zwischen den Begriffen „Mythos" und „Logos" spielt Synesios zugleich auf eine berühmte Stelle aus Platons *Gorgias* (523a) an, wo Sokrates einen Mythos des Inhalts erzählt, dass Zeus die Art, wie die Menschen nach ihrem Tode in der Unterwelt abgeurteilt werden, nach Misserfolgen habe korrigieren müssen. Er leitet dies mit der Bemerkung ein, Kallikles möge sich einen sehr schönen Logos anhören, den er wohl für einen Mythos halten werde, während er, Sokrates, ihn aufgrund seiner Wahrheit für einen Logos halte. Durch seine Wortwahl erhebt also auch Synesios hier einen Wahrheitsanspruch, zumal es sich eben auch noch um einen ägyptischen Logos handelt.

3. Die Kernaussage des Textes

Wenn man nun den Text näher betrachtet, wird schnell deutlich, dass es sich auch noch in einem weiteren Sinn mehr um einen Logos als um einen Mythos handelt, wenn man sich daran erinnert, dass die beiden Begriffe im Griechischen keinen sich ausschließenden Gegensatz bezeichnen, sondern beide für „Erzählung" verwendet werden können. Denn Synesios erzählt hier eine Geschichte, und insoweit kann man sehr wohl von einem Mythos sprechen. Die Geschichte wird aber eher argumentierend erzählt, und es sind ständig allgemeine Passagen eingeschoben, in denen Reflexion betrieben sowie philosophische und theologische Zusatzinformationen geliefert werden, die helfen sollen, das richtige Verständnis der erzählten Geschichte zu fördern und die Aufmerksamkeit auf die ethische, politisch/historische und metaphysische Bedeutung zu lenken. Traditionellerweise liefert in der griechischen Literatur ein Mythos im engeren Sinn nicht unbedingt zugleich noch seine eigene Ausdeutung, während Synesios' Erzählung in dieser Hinsicht sehr „gesprächig" ist.[10] So überlässt er es nicht dem Leser selber, aus der Verschiedenheit des Charakters der beiden Brüder, die im Zentrum der Geschichte stehen, verallgemeinernd zu entnehmen, dass blutsverwandte Brüder seelisch oft nichts gemeinsam haben, sondern schickt dies als allgemeine Betrachtung voraus, um dann den

[9] Vgl. dazu A. Dihle, „Die Gewissensentscheidung des Synesios", in C. Elsas (Hrsg.), *Loyalitätskonflikte in der Religionsgeschichte* (FS C. Colpe) (Würzburg 1990) 324–29.

[10] Freilich liegen im Platonismus und Aristotelismus selbst Wurzeln für Zurückhaltung des Autors (Stilideal in Aristoteles' *Poetik*; Platons eigene Mythen geben in der Regel keine Erklärung mit, und wenn, dann nicht, während sie erzählt werden). Aber bei Plutarch findet man dies z.B schon, so etwa in *De Iside et Osiride* selbst.

Fall der beiden ungleichen Brüder als Beleg für diese allgemeine Erkenntnis anzuführen (I 2,1).

Die ganze Geschichte wird in einem Tonfall ethischer Unterweisung erzählt, der nicht so sehr in die Tradition des griechischen Mythos gehört, schon gar nicht die der homerischen Erzählweise, die sich auktorialer Kommentare weitgehend enthält, sondern eher an kaiserzeitliche Autoren erinnert. „Wie bei Wegen die erste Gabelung, die sich zunächst nur wenig öffnet, zunehmend weiter auseinander führt und schließlich die Wege im stärksten Gegensatz enden lässt, so kann man es auch bei jungen Menschen sehen; auch sie führt, wenn sie voranschreiten, ein kleiner Unterschied sehr stark in unterschiedliche Richtungen" (I 3,1). Auch hier wird erst eine allgemeine ethische Einsicht ausgesprochen, Osiris und Typhos erscheinen dann nur als bestätigendes Beispiel. Man sieht an dieser Stelle deutlich, wie bei einem durchaus platonisch geprägten, aber eben nicht als systematischer Schulphilosoph ausgebildeten oder aktiven Autor um 400 n. Chr. herum sehr wohl Verfahren Anwendung finden, die eigentlich mehr aus der hellenistischen Philosophie stammen: so eben das Arbeiten mit Exempeln zur ethischen Instruierung, mit Osiris als positivem und Typhos als abschreckendem Beispiel. Man darf die Konstatierung nichtplatonischer Einflüsse aber nicht übertreiben, bei der Beschreibung etwa der Schlechtigkeit des Typhos greift Synesios dann wieder durchaus auf spezifisch platonische Gedanken zurück, etwa wenn er betont, dass Typhos aufgrund seiner Inkonstanz und Unbeherrschtheit oft schlechte Absichten nicht wirklich zu Ende führte (I 4,2). Dies spielt deutlich auf Platons Bemerkung über die Wirkung der Ungerechtigkeit in der *Politeia* (351c/d) an, wo gesagt ist, dass eine Gruppe, die nicht wenigstens intern Gerechtigkeit walten lässt, wegen ständigen inneren Streits niemals sonderlich erfolgreich sein wird, und analog eben auch die Seele des Einzelnen in desto größere Unordnung und innere Zwietracht geraten wird, je „vollständiger" seine Ungerechtigkeit ist, was seine Wirksamkeit (glücklicherweise) einschränkt. Der hellenistische Einfluss erstreckt sich also maximal auf das rhetorische Vorgehen, nicht aber auf den Inhalt des Vorgetragenen. Diese nicht-platonischen Einflüsse sind wahrscheinlich Reste der allgemeinen Grammatik- und Rhetorikausbildung der Zeit, die Synesios auch durchlaufen haben wird.

Wie platonisch das Vorgetragene ist, wird schon wenig später noch deutlicher, als nach der Wahl des Osiris zum König die verschiedensten Berater zur radikalen Verbannung seines Bruders Typhos wegen dessen Gefährlichkeit raten. Hier wird nämlich keineswegs primär ethisch und politisch argumentiert, sondern gewissermaßen kosmologisch und metaphysisch. Es wird beschrieben, wie höhere Göttergeschlechter (es fallen Begriffe wie „überkosmisch", ὑπερκόσμιος [I 9,1], die wenig später bei Proklos eine sehr präzise Funktion des hierarchischen Einordnens in den

intelligiblen Kosmos haben) sich über viele Stufen vermittelt zum Wahrnehmbaren und Partikulären hin ausfalten und wie dabei eine graduelle Verschlechterung im Sinne einer Art Ausdünnung des Guten geschieht. Das ende bei kaum noch Seinshaftem, das der Ordnung entgegenstehe und diese auflöse: in der Welt des Werdenden sei dies „das von Natur aus Wandelbar-Unstete" (τὸ φύσει πλάνον I 9,2). Für den platonisch Gebildeten ist damit klar angespielt auf Platons Einführung der absoluten Materie im Sinne eines absolut Unbestimmten, in jeder Weise Gestaltbaren im *Timaios* (48a). Platon formuliert dort, zur Erklärung der Phänomene der Veränderung in der Wahrnehmungswelt müsse man auch auf die „Art der irrenden Ursache" (τὸ τῆς πλανωμένης εἶδος αἰτίας) zurückgreifen. Wegen ihrer völligen Unbestimmtheit ist die Materie zwar einerseits in der Lage, jede Form aufzunehmen und so zur partikulären Instanz der unterschiedlichsten intelligiblen Sachverhalte (noch dazu in komplexer Vermischung) zu werden, sie kann sie aber eben so leicht wieder verlieren und begünstigt so Destruktion.

Osiris wird nun erklärt, dass das Irdische deshalb beständiger Aufsicht bedarf, damit es nicht in gottesferne Dunkelheit fortgleitet, und dass gerade ihm, Osiris, aufgrund seiner Gutheit diese Aufgabe gestellt ist, dass er sich dabei aber vor den Kräften der Vielheit und Schlechtigkeit in Acht zu nehmen hat, die hier unten quantitativ die Oberhand haben, denn die intelligiblen Quellen der Gutheit sind ihrem eigentlichen Wesen nach dieser Welt transzendent und wenden sich nur in großen Zeitabständen aufgrund ihrer Fürsorglichkeit selbst dem Wahrnehmbaren zu. Das Ungeordnete und Materielle wird aber auf Erden von Dämonen beaufsichtigt, die – weil sie dem Irdischen viel näher stehen – ständig einzuwirken bestrebt sind. Diese machen sich zunutze, dass alle Menschen, selbst die Weisesten, auch irrationale Vermögen in ihrer Seele haben (hier bezieht sich Synesios auf Platon [*Politeia* 572b]), in denen sie Begierden zu erwecken vermögen. Scheiterten diese Angriffe von innen, dann erzeugten sie äußere Probleme wie Krieg oder Krankheit. Aus diesem Grund solle Osiris seinen Bruder von vornherein ausschließen, um sein Wirken gleichsam im Keim zu ersticken.

Diese Rede seines Vaters, die die Kapitel I 9 bis 11 umfasst, und die ich hier nur sehr stark verkürzt wiedergegeben habe, ist in der ganzen Argumentation durch und durch platonisch, sie ist aber wirklich ein Logos, denn sie zwingt geradezu dazu, das Verhältnis zwischen Osiris und Typhos primär weder historisch noch ethisch, sondern philosophisch, metaphysisch und kosmologisch zu interpretieren. Es sei jedoch daran erinnert, dass in der platonischen Tradition der dihairetischen Allegorie die Sinnebenen einander wechselseitig gerade nicht ausschließen, sondern vielmehr durch Analogie in Wechselbeziehung stehen. Synesios macht hier also nur deutlich, dass die Geschichte, die er erzählt, nicht nur historisch

und ethisch, sondern auch universal philosophisch verstanden werden muss. Die Auseinandersetzung der beiden ungleichen Brüder, die historisch stattfindet, ist letztlich ein Ausfluss des Gegensatzes zwischen den Kräften der Ordnung und der Unordnung im irdischen Kosmos.

Dies arbeitet Synesios ab I 12 heraus, denn Osiris und seine Frau sind genau als Weise dargestellt, die die Gefahren der menschlichen Konstitution kennen und sich dem Einfluss der δαίμονες nach Kräften entziehen, die deren Schwäche durch verschiedenste Versuchungen auszunutzen bestrebt sind. Umgekehrt folgen Typhos und seine Frau ungehemmt dem Nicht-Rationalen in ihrer Seele. Das historisch Einzelne ist hier auf ethisch Verallgemeinerbares und auf kosmische Zusammenhänge Verweisendes hin befragt und entsprechend erzählt.

Nachdem der dafür ungeeignete Typhos die Macht an sich gerissen und Osiris vertrieben hat, was nicht zu ausführlich dargestellt wird, weil der Mythos nicht beim Traurigen verweilen mag (I 16), erweist sich Typhos endgültig als Vertreter des Ungeordneten; er versucht, die guten Entscheidungen des Osiris rückgängig zu machen (I 17), um ihn gleichsam aus dem Gedächtnis zu tilgen. Ab I 18 hören wir dann von einem philosophischen Mann, der an Osiris und dessen Gutheit festhält und sich dadurch den Zorn des Typhos zuzieht; dieser Philosoph ist eine Gestalt, in der man durchaus den Verfasser selbst gespiegelt sehen kann. Ihn tröstet in seiner schlimmen Lage „der Gott" durch konkrete Hinweise darauf, dass die Tage der Herrschaft des Typhos gezählt sind, wofür er auf bereits vorhandene und kommende Zeichen verweist, die entsprechend der allegorischen Terminologie der Zeit als σύμβολον und σύνθημα (I 18,4) bezeichnet sind. Das Ende wird kommen, wenn Typhos auch noch die Dinge des Kultes sinnwidrig zu ändern versucht. Als dieser dann fremden Aberglauben einzuführen versucht, erkennt der weise Mann, dass nun die Zeit des Umsturzes gekommen sein muss. Es folgt die merkwürdige Wendung, dass nunmehr Osiris' Sohn Horus statt mit dem Löwen mit dem Wolf ein Bündnis eingehen werde, die den ersten Logos abrupt beendet, weil zu sagen, wer der Wolf ist, nicht fromm sei.[11]

Im zweiten Logos wird dann von Typhos und der Art erzählt (II 1–3), wie er gerade durch das, was ihm zuerst scheinbar Erfolg brachte, nämlich den Beizug der barbarischen Skythen, letztlich scheitert, und wie gerade, als alles am Tiefpunkt angelangt scheint, die Kräfte des Guten sich endlich zum Gegenschlag aufraffen. Wichtig ist dann die Bemerkung, dass

[11] Den verschiedenen Versuchen, Löwen und Wolf historisch konkret bestimmten Personen zuzuordnen, vermag der Verfasser nichts Neues hinzuzufügen, noch sieht er eine Möglichkeit, sich definitiv zu entscheiden. Immerhin klingt die Bemerkung so, als habe der Autor erwartet, dass zumindest „Eingeweihte" verstehen würden, wen er meint. Aber entscheidend ist ihre literarische Funktion, wie in der Einleitung (oben, S. 32–34) von Martin Hose dargelegt.

man über all dies ausführlich und direkt sprechen konnte, während die Geschichte des Osiris heilig sei, weswegen es gefährlich sei, sie zu erzählen (II 4,1).[12] Dies entspricht der allgemeinen neuplatonischen Auffassung, dass theologische Allegorien bei Ungeschulten, in ihrem theologischen Denken nicht Gefestigten, gefährliche Fehlwirkungen haben können, wenn übertragen Gemeintes in falscher Weise „literal" verstanden wird. Dafür folgt gleich in II 4,2 ein Beispiel: Synesios bemerkt, die Verbannung sei für einen in Allem Glückseligen wie Osiris nicht ohne Nutzen gewesen, sei er doch in dieser Zeit in die höchsten Weihen der Götter droben eingeweiht worden. Damit ist für „platonische Ohren" die Verbannung (griech. φυγή) zugleich in Analogie gesetzt zur Transzendenz eines göttlichen Wesens. Ein fürsorglicher Gott hat einerseits in sich den Aspekt der Hinwendung zu denen, die unterhalb von ihm stehen, der ihn von seinen eigenen Quellen entfernt und der darum als Ausfaltung zu verstehen ist, andererseits den Aspekt der Transzendenz, des Verwurzeltseins in den Quellen seines Seins, der Rückwendung zu den göttlichen Wesen über ihm. Diese bei einem rein göttlichen Wesen überzeitlich geeinten Aspekte ahmt die Geschichte von Osiris hier in der Weise eines Mythos in Form zeitlich nacheinander stehender Geschehensabschnitte nach. Wenngleich darauf von seiner „Rückkehr" (κάθοδος II 4,3) gesprochen wird, dann ist diese eben zugleich, verglichen mit der höchsten Weihe, ein „Abstieg", wie es das verwendete griechische Wort eben auch bedeutet und für den Platoniker durchklingen lässt.

Mit II 5 bricht dann zum zweiten Mal die Darstellung mit dem Hinweis ab, mehr zu sagen, sei nicht fromm. Mit Aratzitaten wird danach die eigene Zeit als eine verschlechterte beschrieben, in der die Göttin der Gerechtigkeit Dike anders als in früheren besseren Zeiten weit entfernt lebe. Ab II 6 wird dann die Aufmerksamkeit auf die allgemeine Frage gelenkt, die sich beim Nachdenken über die so ungleichen Brüder Osiris und Typhos aufdrängt, warum gerade eng Verwandtes oft so gegenteilig herauskommt, und eine philosophische Antwort gegeben. Die Details sind für die hier verfolgte Fragestellung nicht von Belang, wohl aber die Art, wie hier erneut der Mythos mit reflektierender Argumentation angereichert wird, die offenbar die Deutung beeinflussen soll. Noch wichtiger ist hierfür die Darlegung ab II 7, dass der Kosmos als ein lebendes, erkennendes und fühlendes Wesen verstanden werden müsse, dessen Leben sich in langen astronomischen Perioden in jeweils ähnlicher Weise wiederhole, so dass neuere

[12] Die Ausdrucksweise und die dahinterstehende Konzeption erinnert an die antiken Mysterienreligionen, deren Bedeutung für die griechische Kultur lange Zeit unterschätzt wurde. Plutarch thematisiert in *De Iside et Osiride* 378 a/b ausdrücklich die Gefahr, dass durch falsches Verständnis allegorischer Bilder gefährlicher Aberglauben entstehen könne. Man benötige daher die das philosophische Denken als Führer durch die Mysterien (μυσταγωγός).

Ereignisse auf wundersame Weise alten gleichen könnten. Damit wird, ohne dass dies direkt ausgesprochen wäre, eine philosophisch-theoretische Basis für eine allegorische Deutung der Geschichte auf mehreren Sinnebenen (historisch, ethisch, kosmisch) entworfen.

4. Zusammenfassung

Synesios arbeitet sehr kunstvoll mit einem Gemisch aus Andeutung und Aposiopese, die zumindest für den zeitgenössischen Leser vermutlich immer gerade genug explizit macht, um verständlich zu sein. Es geht ihm aber offensichtlich nicht nur um das historische Geschehen in seiner eigenen Lebenszeit, sondern er hält dieses in neuplatonischer Weise einerseits für auf Allgemeineres, Überzeitliches verweisend, zugleich sind aber auch in der Weise, wie in der christlichen Exegese das Alte Testament in vielen Details das Neue Testament präfiguriert, in der alten Geschichte von Osiris und Typhos Analogien zu neuesten Geschehnissen enthalten.

Synesios hat dabei als Erzähler mit komplexen Absichten noch den großen Vorteil, dass Jahrhunderte früher der kaiserzeitliche Platoniker Plutarch in seiner Schrift *De Iside et Osiride* diesen Mythos genau in dem hier geforderten Sinn gedeutet hat,[13] so dass ein entsprechendes Verständnis dieser Geschichte bei Platonikern als Sinnangebot bereits kanonisch ist. In dieser Hinsicht verwendet Synesios die Geschichte tatsächlich exakt gemäß der dihairetischen Methode allegorischen Dichtens und Deutens. Er wählt aus einem komplexen historischen Ereignis die Handlungen und Begebenheiten aus, die in der Abfolge zugleich einen ethischen und einen theoretisch-philosophischen Sinn haben. Er tut dies aber rational planend, wie es in der ständigen Selbstkommentierung seiner Geschichte zum Ausdruck kommt, und insofern in Form eines Logos und nicht eines Mythos. Es ist gewissermaßen die reflektierte Erzählung einer historisch wahren Geschichte, die per Analogie auf Höheres verweist. Insgesamt ist seine Schrift damit ein Zeugnis für die damaligen Auffassungen des Platonismus über die Möglichkeit, philosophische Wahrheit in Form einer Erzählung in der genannten Weise allegorisch zum Ausdruck zu bringen. Auf die Deutung von Texten angewandt wird die dihairetische Allegorese mindestens seit dem Mittelplatonismus der Kaiserzeit; theoretisch-methodisch ausgefeilt formuliert finden wir sie dann kurz nach Synesios bei Proklos.[14] Die Schrift des Synesios ist aber ein wichtiges Zeugnis, insofern wir hier einen Text vor uns haben, der von einem Platoniker, der diese methodischen Grundlagen offensichtlich kennt, explizit für eine Interpretation gemäß dieser Methode verfasst worden ist. Denn die antiken Platoniker in-

---

[13] Vgl. dazu Bernard 1990, 199–275.

[14] Vgl. dazu Bernard 1990, 35–50.

terpretieren vorrangig Texte wie Homers *Ilias* und *Odyssee* oder – auf der christlichen Seite – die Bibel mit diesen Mitteln, Texte also, bei denen wir Bedenken haben, sie auf eine so viel platonisches Gedankengut voraussetzende Weise zu deuten. Hier hingegen handelt es sich um einen Text, der seiner erklärten Autorenintention gemäß eindeutig so interpretiert werden will und soll.

Zugleich erweist sich Synesios mit diesem Text als jemand, der auch die historischen Begebenheiten in seinem eigenen Leben, und dabei gerade solche, die ihn selbst in seinem Leben intensiv tangieren, in größere Zusammenhänge zu rücken versteht. Er betrachtet diese irdische Ereignisfolge als Ausfluss des niemals endenden Ringens zwischen den dualen Kräften der Wahrnehmungswelt, betont als echter Platoniker aber gleichzeitig, dass dieser Dualismus und Antagonismus nicht auf intelligible Vorbilder zurückgeht, sondern nur das Gute seinen Ursprung im Intelligiblen hat. Das Schlechte(re) entsteht bei den vielfältigen Ausfaltungsprozessen sekundär und hat seine „Realität" nur auf der Ebene des Seelischen, nicht aber der des Intellekts. Deswegen gibt es in Synesios' Darstellung wohl böse Dämonen, aber keine bösen Intellekte. Und deshalb besteht letztlich immer gute Hoffnung für die, die sich am Guten orientieren; aber – wie Osiris in der Geschichte leidvoll erfahren muss – man darf die physische Macht des Typhos niemals unterschätzen, sie bedarf zur Abwehr der konzentrierten und niemals ermüdenden Anstrengung. Unter diesen Gesichtspunkten hat Synesios' „Ägyptische Erzählung" dann insgesamt, wie am Anfang angekündigt, sowohl einen historischen als auch einen ethischen als auch einen philosophisch-theoretischen Sinn.

Synesios von Kyrene und die ägyptische Mythologie

Frank Feder

1. Der Osirismythos nach den ägyptischen Quellen

Erstaunlicherweise bieten uns die erhaltenen altägyptischen Quellen keine zusammenhängende Darstellung des Osirismythos, so dass auch die ägyptologische Forschung von Anfang an auf die Version des Mythos angewiesen ist, wie sie vor allem und ausführlich Plutarch in *De Iside et Osiride* und schon vor diesem Herodot im zweiten Buch seiner *Historien* sowie Diodor (I 11–27) der Nachwelt überliefert haben.[1] Dennoch finden sich nahezu alle Episoden des von Plutarch geschilderten Geschehens[2] in den zahlreichen religiösen Texten der Ägypter seit dem ersten Auftreten des Osiris in den Quellen in der 5. Dynastie[3] (ca. 2435–2306)[4] bis in die späten religiösen Texte der griechisch-römischen Zeit[5] wieder. Allerdings erscheinen diese Episoden nie als zusammenhängende Erzählung, sondern als Anspielungen und Einzelszenen, die zumeist in einen rituellen Kontext eingewoben sind.[6] Eine kohärente mythologische Erzählung des Osirismythos haben uns die Ägypter offenbar nicht hinterlassen.

Schon in der ältesten überlieferten religiösen Literatur, den Pyramidentexten,[7] – oft magisch überformten Sprüchen in den Pyramiden der Könige der 5. und 6. Dynastie (ca. 2321–2118 v. Chr.)[8] , die den Weg des verstorbe-

---

[1] Zum Bericht Strabons vgl. J. Yoyotte / P. Charvet / S. Gompertz, *Strabon. Le voyage en Égypte* (Paris 1997).

[2] *De Iside et Osiride*, 11–21.

[3] Mathieu 2010.

[4] Alle chronologischen Angaben zur ägyptischen Geschichte folgen: E. Hornung / R. Krauss / D.A. Warburton, *Ancient Egyptian Chronology*, Handbook of Oriental Studies I.83 (Leiden 2006).

[5] Coulon 2010, 1–19.

[6] Griffiths 1980, 1ff.; Assmann 2001, 29–31.

[7] Zu einer aktuellen Einführung in die Pyramidentexte, G. Burkard / H. J. Thissen, *Einführung in die altägyptische Literaturgeschichte I, Altes und Mittleres Reich* (Münster 2003) 47–67; Die „klassische" Edition und immer noch zu konsultierende deutsche Übersetzung mit Kommentar: K. Sethe, *Die altägyptischen Pyramidentexte* (4 Bände) (Leipzig 1908–1922); Ders., *Übersetzung und Kommentar zu den altägyptischen Pyramidentexten* (6 Bände) (Glückstadt 1935–1962). Im Rahmen des *Thesaurus Linguae Aegyptiae* werden die Pyramidentexte nach und nach in einer modernen Bearbeitung und Übersetzung von Doris Topmann

nen Königs in die Welt der Götter und der Toten sichern und begleiten sollen – treten die wesentlichen Episoden des Mythos, allerdings sporadisch und unverbunden, bereits auf.[9] Die übergeordnete Funktion dieser Sprüche, wie aller ägyptischen „Totenliteratur", war die Erhaltung des Zyklus des Lebens durch die Wiedergeburt vom Tode. Auf dieser ‚theologischen' Ebene bilden der Sonnengott Re und der mumienförmige Gott der „Unterweltlichen", Osiris, eine untrennbare Einheit. Der Lauf der Sonne über den Himmel ist der Weg des Re von der Geburt am Morgen bis zum Tode am Abend. Auf seinem Weg durch die Unterwelt in der Nacht vereinigt sich Re, in der Mitte der Nachtstunden, mit Osiris und erhält so die Fähigkeit des Wiedergeborenwerdens am Morgen. In Osiris (und Re) ist somit das ewige Prinzip des Werdens und Vergehens, der unendliche Zyklus der Natur, personifiziert. Er ist daher auch das Prinzip der Weitergabe des Lebens von einer Generation auf die Folgende. Die im Mythos beschriebene Weitergabe der Herrschaft von Osiris an seinen Sohn Horus ist das ewige Prinzip der Thronfolge in Ägypten. Der verstorbene Pharao geht zu Osiris (und wird als Osiris bezeichnet) und sein Nachfolger (idealerweise sein Sohn) regiert als Horus auf dem „Horusthron der Lebenden" auf Erden.[10]

In der ägyptischen Mythologie gehört Osiris der vierten Generation der Götter an.[11] Zunächst herrschte der Schöpfergott[12] allein über das von ihm Geschaffene. Aus seinen Ausscheidungen entstand die zweite Generation, der Luftgott Schu und seine Schwester Tefnut. Nach einer Krise der Welt und einer Rebellion der Menschen zog sich der alt gewordene Re-Atum in den Himmel zurück, den sein Sohn Schu von nun an von der Erde getrennt hielt. Schus Kinder mit Tefnut sind Geb (die Erde) und Nut (der Himmel). Im Himmel fern weilen jetzt die Götter und auf Erden die Menschen. Auf eine erneute Krise der Welt hin löst der Sohn des Schu, der Erdgott Geb, seinen Vater als Herrscher ab. Geb und Nut haben zum ersten Mal mehr als zwei Kinder, denn Nut gebar Osiris, Isis, Seth und Nephthys. All' diese Götter bilden die „Götter-Neunheit"[13] von Heliopolis. Der Begriff der Götter-Neunheit war aber nicht auf eine strikte Neunzahl

---

im Internet veröffentlicht (http://aaew.bbaw.de/tla, Altägyptisches Wörterbuch, Berlin-Brandenburgische Akademie der Wissenschaften / Pyramidentexte).

[8] Das umreißt den Zeitraum von der Regierung des letzten Königs der 5. Dynastie (Unas) bis zur 8. Dynastie, während dessen die Pyramidentexte in den Pyramiden der Könige und ihrer Familienmitglieder angebracht wurden.

[9] Griffiths 1980, 7–27.

[10] Vgl. *LÄ* VI, 523–532.

[11] Assmann 2001, 29–30.

[12] Da aus Ägypten verschiedene Kosmogonien (ja nach lokaler Präferenz) überliefert sind, können die Götter Re, Ptah und Chnum als Schöpfergott auftreten, vgl. *LÄ* V, 676–677 und 678–690. Im theologischen „System" von Heliopolis, in das auch der Osirismythos eingebunden ist, ist es Re-Atum.

[13] *LÄ* IV, 474–479; Griffiths 1980, 118–121.

festgelegt, sondern eigentlich die Multiplikation der Mehrzahl (3 im Gegensatz zur Zweizahl/Dual und zur Einzahl) mit sich selbst; also eine Vielzahl, oder ein Götterkreis. Seit ältester Zeit ist aber auch bekannt, dass die Kinder der Nut fünf waren, denn es kommt noch der „ältere" Horus (Haroeris)[14] hinzu. Dieser verliert im Osirismythos aber vollends an Kontur, da nun der „jüngere" Horus (Harsiese oder Harpokrates),[15] der Sohn der Isis und des Osiris, in seiner Rolle des Nachfolgers und Rächers des Osiris und als Identifikationsfigur jedes lebenden Regenten Ägyptens, zu dem „Horus" schlechthin und des Mythos wird. Die fünf Kinder der Nut wurden auch mit den letzten fünf Tagen des Jahres, den sogenannten *Epagomenen* gleichgesetzt, die als ihre Geburtstage galten.[16]

Diese Genealogie des Osiris ist bereits in den Pyramidentexten (PT) vorhanden.[17] Und hier spiegelt sich auch die politische Theologie des Königshauses der 5. Dynastie, die Osiris – einen zuvor in den Quellen unbekannten Gott unklarer Herkunft – in das Zentrum des theologischen Systems von Tod und Wiedergeburt gerückt und das Schicksal des toten Königs im Jenseits (Osiris) und seines Nachfolgers im Diesseits (Horus) mit dem zu dieser Zeit wohl ausgeformten Osirismythos verbunden hat.[18]

Obwohl die irdische Königsherrschaft des Osiris über Ägypten weder in den Pyramidentexten noch in den religiösen Textcorpora der folgenden Epochen deutlich thematisiert wird (im Gegensatz zum ständigen Bezug auf Osiris als Herrscher der Unterwelt), muss diese als Vorgeschichte des Mythos vorausgesetzt werden.[19] Die tragenden Episoden des Mythos, wie wir sie nur von Plutarch zusammenhängend erzählt bekommen, sind – wie gesagt – bereits in den Pyramidentexten in szenenhaften Anspielungen vorhanden und diese werden im Laufe der Zeit in verschiedene Richtungen ergänzt und ausgebaut.[20] Die Ermordung des Osiris durch Seth wird nur selten ausdrücklich beim Namen genannt (z.B.: Osiris wird auf

---

[14] *RÄRG* 270–272; *LÄ* II, 999–1003; vgl. Plutarch, *De Iside et Osiride* 12.

[15] *RÄRG* 272–276; *LÄ* II 1003–1011, 1018–1020.

[16] *LÄ* I, 1231–1232; Griffiths 1980, 114–118; vgl. Plutarch, ebenda. Vgl. auch Chr. Leitz, *Tagewählerei*. Ägyptologische Abhandlungen 55/1 (Wiesbaden 1994) 416–427; M. Bommas, *Die Mythisierung der Zeit*. Göttinger Orientforschungen IV. Reihe Ägypten 37 (Wiesbaden 1999) 141–142.

[17] Z.B. in PT 219; vgl. Assmann 2008, 25–32.

[18] Mathieu 2010.

[19] Jedoch lässt sich aus den ägyptischen Quellen nicht ohne Weiteres ein irdisches Königtum des Osiris als *Mensch* herauslesen, wie es Plutarch, *De Iside et Osiride* 13 voraussetzt; vgl. *LÄ* IV, 627; Griffiths 1980, 22–23; Assmann 2001, 30–31. Allerdings gibt es schon im religiösen Corpus der Sargtexte des Mittleren Reiches Anspielungen auf das irdische Königtum des Osiris, späte ägyptische Quellen gehen dagegen detaillierter darauf ein, vgl. Mathieu (1998). Hierauf wird weiter unten noch einmal eingegangen.

[20] Griffiths 1980, 7–40.

„seine Seite gelegt" oder „fällt auf seine Seite"[21]), ein typischer Zug ägyptischer Religion der „Aufzeichnungsvermeidung" tabuisierter Geschehnisse.[22] Die Zerstückelung der Leiche des Osiris in eine bestimmte Anzahl von Leichenteilen scheint auch in Ägypten eine sehr späte Tradition zu sein, die vor allem in der Kulttopographie und dem Kult der ‚Osirisreliquien' Ausformung fand.[23] Ein „Ertrinken" des Osiris als eine aus vorgeblich anderen Mythenstrata gespeiste Todesart, die lange Zeit in die Kommentare zum Mythos einfloss,[24] haben die ägyptischen Quellen, jedenfalls in Bezug auf Osiris, wohl nicht bemüht. Es ist lediglich vom Treiben der Leiche bzw. der Leichenteile des Osiris im Wasser die Rede.[25] Das Treiben des Osiris im Wasser kommt schon in den frühesten Quellen auf und ist womöglich sehr viel später zu der von Plutarch erzählten Byblosepisode ausgebaut worden, die über den Synkretismus zwischen Osiris und Adonis im östlichen Mittelmeerraum auf Ägypten zurückwirkte.[26]

Wirklich auf ein älteres Mythenstratum geht allerdings der Konflikt von Horus und Seth zurück.[27] Horus (der „ältere" Horus oder Haroeris) und Seth waren ja auch nach der Kosmogonie Brüder, die in einem Mythos, der auch später in der ägyptischen Literatur wiederauflebt,[28] um die Macht kämpfen. Die Entscheidung wird durch ein Göttergericht gefällt und es wird ein Ausgleich gesucht, in dem beiden Brüdern unterschiedliche Herrschaftsbereiche (Horus: Unterägypten bzw. ganz Ägypten; Seth: Oberägypten bzw. die Wüstengebirge außerhalb des Niltales und das Ausland) zugewiesen werden. Durch die Prominenz des Osirismythos wird der Brüderkonflikt auf Osiris und Seth übertragen und Horus, der Sohn des Osiris und der Isis, tritt nun als Rächer seines Vaters und Überwinder des Seth auf. Und dieser „jüngere Horus" ist dann in der erwähnten späte-

---

[21] Griffiths 1980, 8–9; Guilhou 1998, 21–22; Assmann 2008, 119 (PT 442): „Dieser Große ist wahrhaftig auf seine Seite gefallen, der in Nedit ist niedergeworfen worden!"

[22] E. Hornung, *Der Eine und die Vielen – Ägyptische Gottesvorstellungen* (Darmstadt 1971) 145.

[23] *RÄRG* 569; Griffiths 1970, 338–339; Griffiths 1980, 24–25; Guilhou 1998; Coulon 2010, 6–9; J. F. Quack, „Resting in pieces and integrating the Oikoumene – On the mental expansion of the religious landscape by means of the body parts of Osiris", in: D. Frackowiak / S. Nagel / J. F. Quack / Chr. Witschel (eds.), *Religious Flows in the Roman Empire – the Expansion of Oriental Cults (Isis, Mithras, Iuppiter Dolichenus) from East to West and Back Again*, im Druck.

[24] Griffiths 1980, 9.

[25] P. Vernus, „Le Mythe d'un Mythe: la pretendue noyade d'Osiris. – De la derive d'un corps à la derive du sens", *Studi di Egittologia e di antichità Puniche* 9 (1991) 19–34.

[26] Plutarch, *De Iside et Osiride*, 15–16; Griffiths 1980, 28–34; P. P. Koemoth, „Byblos et le mythe hellénisé d'Osiris", *Discussions in Egyptology* 61 (2005) 37–47.

[27] Griffiths 1960; Griffiths 1980, 8, 14–21; *LÄ* III 25–27; Mathieu 2010, 95–99.

[28] Vgl. G. Burkard / H. J. Thissen, *Einführung in die altägyptische Literaturgeschichte II, Neues Reich* (Berlin 2008) 35–47.

ren literarischen Verarbeitung des Konfliktes auch selbstverständlich der Gegenspieler des Seth.

Seth selbst hatte wohl auch einen „älteren" Vorgänger in der ägyptischen Mythologie und seine Rolle war immer ambivalent.[29] Er ist der Gegenpol zu Ordnung, Kultur und Gemessenheit, er repräsentiert das Chaos, die Wüste, die fremden Länder und bedrohliche Naturgewalten. Er ist aber ein notwendiger Bestandteil des Kosmos im Weltbild der Ägypter. Seine rohe Kraft und Gewalt werden aber auch gern vom König beansprucht, als Helfer des Sonnengottes wehrt er den Götterfeind Apophis in Gestalt einer Riesenschlange von der Barke des Sonnengottes auf dessen Nachtfahrt durch die Unterwelt ab. Erst im 1. Jt. v. Chr. setzt die Dämonisierung des Seth als Götterfeind *par excellence* ein, die in Seth nur noch den zu vernichtenden Bösewicht und Übeltäter sieht.[30]

Besondere rituelle Bedeutung in Ägypten hatten von je her das „Suchen und Finden" und das „Klagen um den Leichnam" des Osiris erfahren, das vor allem mit den Göttinnen Isis und Nephthys, aber auch mit Horus verbunden wird. Darauf wird schon in den Pyramidentexten mannigfach angespielt.[31] Aus dem Mittleren Reich (ca. 1980–1760 v. Chr.) haben wir Berichte hoher Würdenträger und eines Königs der 13. Dynastie (1759–ca. 1630 v. Chr.) über den Ablauf von „Mysterienspielen" im Hauptkultzentrum des Gottes in jener Zeit im oberägyptischen Abydos.[32] Hier wurde die Geschichte des Mythos in einem regelrechten Schauspiel von den Festteilnehmern dargestellt und eine große Prozession abgehalten. Insbesondere der Kampf gegen die Feinde des Osiris vor und nach der Ermordung – die aus genannten Gründen *nicht* szenisch umgesetzt wurde – und das Wiederfinden und Beklagen und die darauffolgende Bestattung und Wiedererweckung des Gottes waren Gegenstand des Festgeschehens. Diese Tradition hielt sich zweifellos bis in die späten Epochen der altägyptischen

---

[29] B. Mathieu, „Seth polymorphe: le rival, le vaincu, l'auxiliaire", *Égypte Nilotique et Méditerranéenne* 4 (2011) 137–158. (http://www.enim-egyptologie.fr/index.php?page=enim-4&n=8)

[30] *RÄRG* 702–715; *LÄ* V 908–911; H. te Velde, *Seth – God of Confusion* (Leiden 1967); G. Soukissian, „Une étape de la proscription de Seth", *Göttinger Miszellen* 44 (1981) 59–68.

[31] Griffiths 1980, 25–27. Die rituellen Klagelieder der Göttinnen aus dem Tempelkult und den Mysterien werden in der griechisch-römischen Zeit sehr gern in die personalisierten „Totenbücher" aufgenommen; vgl. A. Kucharek, *Die Klagelieder von Isis und Nephthys in den Texten der Griechisch-Römischen Zeit*, Altägyptische Totenliturgien 4 (Heidelberg 2010).

[32] H. Schäfer, *Die Mysterien des Osiris in Abydos unter König Sesostris III. nach dem Denkstein des Oberschatzmeisters I-Cher-Nofret im Berliner Museum*, Untersuchungen zur Geschichte und Altertumskunde Aegyptens 4/2 (Leipzig 1904); R. Anthes, „Die Berichte des Neferhotep und des Ichernofret über das Osirisfest in Abydos", in: *Festschrift zum 150jährigen Bestehen des Berliner Ägyptischen Museums*, Mitteilungen aus der Ägyptischen Sammlung VIII (Berlin 1974) 15–49; M.-Ch. Lavier, „Les Fêtes d'Osiris à Abydos au Moyen Empire et au Nouvel Empire", *Egypte Afrique & Orient* 10 (1998) 27–33.

Kultur und erfuhr zahlreiche lokale Ausformungen.[33] Das Mittlere Reich ist auch die Epoche, in der sich der Osirismythos als Überwindung des Todes und Erlösung vom Tode allen Ägyptern als Heilsgeschichte des Totenkultes eröffnet. Die noch im Alten Reich überwiegend dem König reservierte Todeserlösung und vom König abhängige Jenseitsversorgung wird nun jedem durch den Vollzug der Riten zugänglich. Denn in der Behandlung (Mumifizierung) des Leichnams und der Durchführung der rituellen Wiedererweckung „durchlebt" jeder Ägypter das Schicksal des Osiris und wird zu *einem* Osiris.[34] Der Verstorbene wird also nicht zu Osiris selbst, sondern tritt in das Gefolge des Gottes ein.[35] Das erfolgt vor allem durch die *Rechtfertigung* des Verstorbenen gegenüber dem (feindlichen) Tode und einem göttlichen Ankläger, wie Osiris im mythischen Prozess gegen seinen Mörder und Feind Seth Recht bekam und so gerechtfertigt wurde. Damit einher geht die Ausgestaltung der Jenseitswelt, deren Herrscher Osiris in seinem wieder hergestellten sozialen Status als Gott und König ist und dessen Untertanen die Verstorbenen in ihrem wiederhergestellten sozialen Status als Osiris NN sind. Osiris als Richter derer, die in sein Totenreich eintreten wollen, ungeachtet des sozialen Ranges der Person, und vor ihm Rechtfertigung erlangen müssen, ist im Neuen Reich (ca. 1539–1077 v. Chr.) endgültig zur ethischen Instanz geworden, die ein „jüngstes Gericht" als ultimative Gerechtigkeit vertritt. Dies ist besonders in Bild und Text als „Totengericht" im 125. Kapitel des „Buches vom Herausgehen am Tage" (des sogenannten ägyptischen Totenbuches) ausgestaltet.[36] So hat sich die Idee der Gerichtsszene des Osirismythos, die – wie oben gezeigt – aus dem Mythos über den Konflikt von Horus und Seth seit den Pyramidentexten[37] zur Rechtfertigung des Osiris gegen Seth diente, zu einem allgemeinen Jenseitsgericht mit Osiris als oberster Instanz verselbständigt. In besonderer Weise hat eine Hymne eines Würdenträgers des Neuen Reiches den Osirismythos in eine Eulogie an den Gott als Herrscher über Natur und Menschen eingeflochten und in gewisser Weise das Werden des Osiris zu einem kosmischen Universalgott im 1. Jt. v. Chr. vorweggenommen.[38]

Konnten wir aus den Quellen der ersten beiden Jahrtausende bereits ausschnittweise und unverbunden den Osirismythos des Plutarch in seinen Grundzügen wiedererkennen, so bleiben dennoch zahlreiche Einzelheiten, die Herodot, Diodor und Plutarch uns vermittelt haben, die sich

---

[33] Coulon 2010, 3; der *locus classicus* zu den Osrismysterien (der griech.-röm. Zeit) ist noch immer: É. Chassinat, *Le mystère d'Osiris au mois de Khoiak* (Cairo 1966–1968).

[34] *LÄ* VI, 667–669.

[35] M. Smith, „Osiris NN or Osiris of NN?", in: B. Backes / I. Munro / S. Stöhr (Hrsgg.), *Totenbuch-Forschungen – Gesammelte Beiträge des 2. Internationalen Totenbuch-Symposiums 2005*, Studien zum Altägyptischen Totenbuch 11 (Wiesbaden 2006) 325–337.

[36] Vgl. E. Hornung, *Das Totenbuch der Ägypter* (Zürich und München 1979) 233–245.

[37] Vgl. Griffiths 1980, 10; Assmann 2008, 89–90 (PT 477).

[38] J. Assmann, *Ägyptische Hymnen und Gebete*, (Zürich und München 1975) 443–448.

nicht in den frühen Quellen der ägyptischen Kultur verifizieren ließen. Das hat oftmals, nicht nur bei Ägyptologen, zu der Schlussfolgerung geführt, es handle sich hier um eine *interpretatio Graeca* oder ein Produkt griechischer Phantasie. Aber mit der fortschreitenden Erschließung der ägyptischen Quellen des 1. Jt. v. Chr., im Besonderen solcher aus der Epoche der griechisch-römischen Herrschaft über Ägypten (ab 332 v. Chr.), haben sich viele der bisher für griechische Erfindung gehaltenen Episoden in ägyptischen Texten nachweisen lassen. Diese Erschließung ist noch lange nicht abgeschlossen und bringt immer wieder neue Ressourcen zu Tage.[39] Was war nun das Besondere an der Gestalt des Gottes Osiris gegenüber allen anderen Göttern Ägyptens – zunächst für die Ägypter selbst und dann auch für die an der ägyptischen Kultur und Religion Anteil nehmenden Griechen? Dies sei hier in der sehr treffenden Formulierung von Mark Smith wiedergegeben:

> „Osiris is one of the few Egyptian divinities of whom it is possible to write even the outline of a biography. More personal details about him are extant than about any other god or goddess. . . . But the crucial significance of Osiris for them (die Ägypter F.F.) lay in what he personally had done and undergone. His life, death, and resurrection were perceived to be particularly momentous in relation to their own fates, and thus they figure more prominently in the textual record than do accounts of the exploits of other divinities. Moreover, because so much importance was invested in the fact that these were events actually experienced by a real individual, and not merely abstractions, personal detail was essential in recounting them."[40]

Und das ist natürlich auch der Stoff, aus dem die Mythen schöpfen. Von besonderem Interesse im Hinblick auf Synesios' *Aigyptioi (Logoi)* sind die (späten) ägyptischen Quellen, welche von hohen Hofämtern des Osiris *vor* seiner Königsherrschaft berichten und seine irdische Königsherrschaft illustrieren. Ein Priesterhandbuch aus dem Tempel von Tebtunis im Fajjum, das in das 2. Jh. n. Chr. datiert, führt in einer Auflistung eines Hofstaates der Götter unter dem König Re-Harachte (bzw. Horus) Osiris als Wesir, Hohenpriester in Heliopolis und königlichen Herold auf.[41] Ein Text des Tempels von Dendara in Oberägypten aus dem 1. Jh. v. Chr. entwirft eine Königstitulatur für Osiris in Herakleopolis[42] – neben einer solchen für Isis als Königin[43] – wie für einen dynastischen Herrscher Ägyptens, in der –

[39] Smith 2008, 1–2; Coulon 2010, 2–6.

[40] Smith 2008, 2.

[41] J. Osing, *Hieratische Papyri aus Tebtunis I*, The Carlsberg Papyri 2. Carsten Niebuhr Institute Publications 17 (Kopenhagen 1998) 172–173.

[42] Das Königtum des Osiris in Herakleopolis geht auf wesentlich ältere, wenn auch wohl lokale Traditionen zurück, die z.B. in Kapitel 175 des Totenbuches Eingang fanden; vgl. E. Hornung, *Das Totenbuch der Ägypter* (Zürich und München 1979) 365–371; H. Kees, „Göttinger Totenbuchstudien. Ein Mythus vom Königtum des Osiris in Herakleopolis aus dem Totenbuch Kap. 175", *Zeitschrift für Ägyptische Sprache und Altertumskunde* 65 (1930) 65–83; vgl. auch: Mathieu 1998, 8.

[43] Mathieu 1998, 12.

ungewöhnlich für einen ägyptischen Herrscher – auch seine Eltern und seine höchsten Würdenträger (der Wesir und die militärischen Oberbefehlshaber für Ober- und Unterägypten) sowie sein Geburtsort Theben genannt sind. Ebenso wird hier seine gigantische Körpergröße (4,70 m!) erwähnt. In frappanter Weise bestätigen sich hier wieder Aussagen der griechischen Autoren, vor allem Diodors und Plutarchs.[44]

Wie die Einzelheiten einer „Biographie" des Osiris als irdischer Herrscher sich aus vielen und disparaten Ressourcen speisen[45], so bleibt auch der Osirismythos im Ganzen in den ägyptischen Quellen ein Stoff aus vielen, disparaten und sich nicht selten widersprechenden Texten. Die zahlreichen lokalen Traditionen und lokalen Mythen treten uns im 1. Jt. v. Chr. in zahlreichen Dokumenten vor Augen. Im Gegensatz zu den imperialen Epochen der ägyptischen Geschichte im 3. und 2. Jt. v. Chr. ist diese Epoche von zahlreichen Fremdherrschaften geprägt (Libyer, Kuschiten, Perser und Griechen).[46] In dieser Zeit vollzieht sich jedoch auch das Werden des Osiris (und des Götterkreises um Osiris, und damit auch des Osirismythos) zum universellen Gott, der in alle lokalen Traditionen eintritt oder eintreten kann und lokale Gottheiten absorbiert.[47] Osiris wird der Heilsbringer, ein *Soter*, mit dem sich die Verheißung einer Wiedererweckung und Erlösung vom Tode verbindet. Er ist auch das Prinzip des zyklischen Werdens und Vergehens der Natur, seine Ausflüsse sind die lebensspendenden Fluten des Nils und auf seinem Körper sprießen die Segnungen der Erde, die Menschen und Götter ernähren.

In Ägypten bleibt Osiris bis zum Übergang der politischen und religiösen Deutungshoheit an das Christentum, der sich ja auch in der Lebenszeit des Synesios vollzieht, der „Eine und die Vielen".[48] Der „polyseme" Charakter der traditionellen ägyptischen Gottesvorstellungen konnte sich den „einen Gott" vorstellen und denken, dieser war aber immer einer *und* viele. Denn es bestehen unendlich viele lokale Traditionen und Lokalmythen nebeneinander weiter:

> „En d'autres termes, l'«osirianisation» est un phénomène d'echelle nationale, mais que se décline dans les provinces d'Égypte en autant de variantes régionales s'enracinant dans le substrat des traditions locales. . . . Osiris, à l'instar d'autres dieux du panthéon égyptien, voit de fait sa personnalité se démultiplier en une myriade de formes particulières, possédant leur individualité et leur clergé propres, même au sein d'un même sanctuaire."[49]

---

[44] J. Yoyotte, „Une notice biographique du roi Osiris", *Bulletin de l'Institut Français d'Archéologie Orientale* 77 (1977) 145–149; vgl. auch: Mathieu 1998.

[45] Smith 2008, 1–2.

[46] G. Vittmann, *Ägypten und die Fremden im ersten vorchristlichen Jahrtausend* (Mainz 2003).

[47] Coulon 2010, 6–13.

[48] Nach dem Titel eines Buches zur ägyptischen Religion von E. Hornung, vgl. Anm. 22.

[49] Coulon 2010, 6–7; vgl. auch J. F. Quack, „Lokalressourcen oder Zentraltheologie? Zur Relevanz und Situierung geographisch strukturierter Mythologie im Alten Ägypten", *Archiv für Religionsgeschichte* 10 (2008) 5–29.

Die religionspolitische Initiative der ersten Herrscher der Ptolemäerdynastie schuf aus einer lokalen Emanation des Osiris (Osiris-Apis)[50] einen neuen Gott, Sarapis,[51] der charakterlich weit mehr dem ‚Erlöser' und Allherrn Osiris glich als sein Prototyp Osiris-Apis. Sarapis war aber nie ein wirklich ‚ägyptischer' Gott – auch wenn sich seine Kultstätten in ganz Ägypten finden[52] –, sondern wurde in seiner griechischen Form (Zeus-Sarapis) zum ‚Exportschlager' des hellenistischen Ägyptens, dessen Kult und „gräzisierte" Mysterien sich mit seiner Triade (Sarapis, Isis und Horus) schließlich im ganzen römischen Reich verbreiten sollten. Dabei verlor die Tatsache, dass der Gott im Ursprung eine (griechisch geschaffene) Synthese aus Osiris und Zeus-Helios etc. war, gänzlich an Bedeutung.

Sarapis ist aber ein Gott ohne Mythos und man hat daher auch außerhalb Ägyptens beide Götter auseinandergehalten,[53] auch wenn Sarapis in Gemeinschaft mit Isis viel prominenter vertreten war. Daher konzentrieren sich, natürlich, Diodor und Plutarch in ihrer Darstellung des Mythos auf den ägyptischen Osiris. Aber auch sie, und hier vor allem Plutarch, schaffen aus der Fülle der Quellen über ägyptische Mythen, die sie – zweifellos in griechischer Sprache – konsultierten und die, wie sich im wachsendem Maße mit der Erschließung der späten ägyptischen Textquellen offenbart, zumeist auf authentische ägyptische Traditionen zurückgehen, eine *Synthese* des Osirismythos: eine inhaltlich stringente und als fortlaufendes Handlungsschema konzipierte Erzählung des Mythos, wie ihn *keine* ägyptische Quelle bietet und wahrscheinlich auch niemals bot. Diese griechischen Quellen, und hier liegt heute oftmals unser Dilemma, sind uns in der Regel nicht überliefert. Man braucht hier nur die in dieser Beziehung prominenten Autoren Hekataios von Abdera und Eudoxos von Knidos zu erwähnen.[54] Dies ist nun der Ausgangspunkt für die Frage, auf welche Quellen oder Inspirationen stützte sich möglicherweise Synesios von Kyrene für seine *Aigyptoi (Logoi)*?

2. Synesios' *Aigyptioi (Logoi)* und ihre ägyptische Inspiration

Die *Ägyptischen Erzählungen* des Synesios von Kyrene hüllen sich zwar in einen Mantel, der aus ägyptischer Mythologie gewebt scheint, jedoch haben die von Synesios als Protagonisten eingeführten Figuren Osiris und

[50] D. Devauchelle, „Osiris, Apis, Sarapis et les autres. Remarques sur les Osiris memphites au Ier millénaire av. J.–C., in: Coulon 2010, 49–62.

[51] Merkelbach 1995, 71–86.

[52] L. Bricault / M. J. Versluys, *Isis on the Nile. Egyptian Gods in Hellenistic and Roman Egypt*, Religions in the Graeco-Roman World 171 (Leiden 2010).

[53] Merkelbach 1995, 82–83.

[54] Vgl. die Einführung in diesem Band, S. 9f.

Typhos herzlich wenig mit ihren ägyptischen Vorbildern Osiris und Seth gemein, ebenso wenig wie die in den Erzählungen dargestellten politischen und religiösen Verhältnisse oder das Land und seine Hauptstadt Theben mit ihren ägyptischen Pendants zu irgendeiner mythischen oder historischen Zeit. Synesios entfaltet seine Parodie auf die politischen Verhältnisse in Konstantinopel um 400 als ägyptische Mythoserzählung, um seine neuplatonisch motivierte moralphilosophische „Lehre" über die Natur der Seelen, das Wirken der Götter und das Verhalten guter und schlechter Seelenbesitzer in Herrscherverantwortung in dem tief ins Bewusstsein des Menschen der Antike eingepflanzten Wissen um die uralte Kultur und die herausragende Weisheit der Ägypter zu verankern (vgl. I 1,1). Denn wo sollte man sonst mit aller Autorität Geschehnisse verorten können, die sich paradoxerweise in der Gegenwart wieder vollziehen (weil auch die Geschichte als Zyklus verstanden wird) bzw. in denen sich gegenwärtige Ereignisse widerspiegeln (II 7,1–6), wenn nicht in der nach menschlichen Maßstäben unermesslich alten Geschichte Ägyptens.[55]

Er steht so mit seinen *Ägyptischen Erzählungen* in einer langen Tradition griechischer Autoren, die gleichsam die Quelle für seine Anleihen im ägyptischen Mythos sind.[56] Die Namen einiger dieser Autoren fallen ja in allen einführenden Beiträgen zu dieser Ausgabe der *Ägyptischen Erzählungen* immer wieder: Herodot, Diodor, Plutarch. Doch schon wenn wir das (griechisch verfasste) Geschichtswerk des Ägypters Manetho, oder die zwar ihrem Ruf nach als profunde Quellen über Ägypten bekannten und von anderen Autoren zitierten Hekataios von Abdera und Eudoxos von Knidos zu Rate ziehen wollen, finden wir nur noch sekundär überlieferte Fragmente oder verschwindend wenige Bruchstücke vor. Andere Beispiele ließen sich leicht anfügen. Noch christliche Autoren,[57] die Synesios gewiss kannte, setzten sich weiterhin mit dem Osirismythos auseinander, natürlich um zu beweisen, dass es sich nicht um Götter handeln könne, wenn sie in solche „Affären" verstrickt wären. Aber auch diese verwendeten ohne Zweifel Quellen, die uns heute nicht mehr vorliegen; das bekannteste Beispiel ist die sekundäre Überlieferung von Teilen der *Aigyptiaca* des Manetho durch Flavius Josephus, Julius Africanus, Eusebius und Syncellus.[58]

Unsere mangelnde Kenntnis der Quellen, die in der Spätantike noch z.B. in Alexandria verfügbar waren, bildet ein wesentliches Dilemma für unser Verständnis davon, was ein griechischer Autor des späten 4. Jh. über ägyptische Geschichte und Mythologie gewusst haben kann. In einer Zeit,

---

[55] Vgl. die Einführung in diesem Band, S. 21–23.

[56] Immer noch die umfangreichste Quellensammlung ist: Th. Hopfner, *Fontes Historiae Religionis Aegyptiacae* (Bonn 1924).

[57] Vgl. Zimmermann 1912; Griffiths 1960, 112–115.

[58] Waddell 1940.

als – nach allem, was wir der Quellenlage entnehmen können – auch so gut wie kein Ägypter mehr die alten Schriften (Hieroglyphisch, Hieratisch und wohl auch kaum noch Demotisch) lesen oder selbst entziffern konnte und aller alltäglicher Schriftverkehr in Griechisch abgefasst wurde, kann man wohl mit Gewissheit ausschließen, dass ausgerechnet jemand wie Synesios dazu in der Lage gewesen wäre. Auf der anderen Seite konzentrierte sich die literarische Produktion in ägyptischer Sprache wenigstens seit ca. 300 auf die *Übersetzung* des Alten und Neuen Testamentes als Bibel der orthodoxen Christen sowie manichäischer und gnostischer Literatur für die Anhänger dieser Glaubensgemeinschaften *aus dem Griechischen*.[59] Wenn also auch der Ägyptologe und sogar in den *Ägyptischen Erzählungen* des Synesios hier und da Anzeichen dafür findet, dass Synesios auf authentische ägyptische Quellen zurückführbare Aussagen und Beschreibungen beibringt, so mag das auf den ersten Blick überraschen. Doch der zweite Blick gibt der Gewissheit Platz, dass wir nur einigen *griechischen* Quellen des Synesios (noch) nicht auf die Spur gekommen sind.

Ein erst in jüngerer Zeit und zurecht mehr und mehr die Aufmerksamkeit der Ägyptologie und der klassischen Philologie auf sich ziehender Komplex ägyptischer Literaturschöpfung ist die – im vorhergehenden Abschnitt noch ausgesparte – *demotische Literatur*.[60] Der Charakter ihrer Erzählungen liegt offensichtlich den Berichten griechischer oder griechisch schreibender Autoren über ägyptische Geschichte(n) und Mythologie oft weit näher als die ältere ägyptische Literatur bzw. die späte (vor allem religiöse) Literatur, welche sich an dieser orientiert. Obwohl einige Handschriften mit demotischer Literatur bis in das 4. Jh. v. Chr. (und selten auch darüber hinaus) zurückreichen, ist ein Großteil davon in Handschriften erhalten, die aus den Tempelbibliotheken von Tebtunis und Soknopaiou Nesos stammen und überwiegend in das 1.–2. Jh. n. Chr. datiert werden. Ein Großteil dieser Quellen ist bisher noch wenig erforscht und harrt seiner Publikation und Auswertung.[61] Auch hier scheinen Osiris' irdische Herrschaft und sein Wirken als Heerführer thematisiert und wiederum der Konflikt von Horus und Seth literarisch verarbeitet worden zu sein.[62]

Von besonderem Interesse ist aber der von der Forschung in wachsendem Maße herausgestellte Fakt, dass insbesondere Werke demotischer Li-

[59] Thissen 2001, XI–XV; F. Feder, „Der Einfluß des Griechischen auf das Ägyptische in ptolemäisch-römischer Zeit", in: Th. Schneider (Hrsg.): *Das Ägyptische und die Sprachen Vorderasiens, Nordafrikas und der Ägäis*, Alter Orient und Altes Testament 310 (Münster 2004) 509–521; T. S. Richter, „Greek, Coptic and the ‚language of the Hijra': the rise and decline of the Coptic language in late antique and medieval Egypt", in: H. M. Cotton / R. G. Hoyland / J. J. Price / D. J. Wasserstein (Hrsgg.), *From Hellenism to Islam. Cultural and Linguistic Change in the Roman Near East* (Cambridge 2009) 401–446.

[60] Hoffmann 2009.

[61] Quack 2009, 1–16.

[62] Quack 2009, 26–29.

teratur Gegenstand griechischer Übersetzung und Interpretation geworden sind. Überdies zeigen sich mit zunehmender Erschließung der demotischen Literatur auch die (wirklichen) ägyptischen Vorbilder bisher nur in ihrer griechischen Version bekannten Geschichten wie etwa der *Traum des Nektanebos*.[63] Da die Erforschung dieser Übersetzungstätigkeit noch ganz am Anfang steht, können wir in nächster Zukunft wohl noch so manche Enthüllung erwarten. Und auch manche Passage der *Ägyptischen Erzählungen* könnte damit ihren Hintergrund und Synesios' Quelle preisgeben.

Ungeachtet ihrer „ägypto-mythischen" Hülle sind die *Ägyptischen Erzählungen* unverkennbar ein neuplatonischer philosophischer Text zur Belehrung der Zeitgenossen. Dennoch stellt Synesios stellenweise den Leser vor Rätsel und lässt ihn im Dunkeln über einige Dinge, die „auszusprechen nicht fromm ist, nicht einmal in Form eines Mythos" (I 18,8). Gibt Synesios damit zu erkennen, dass er in einen ägyptischen Mysterienkult eingeweiht, also ein Μύστης, war?[64] Die Möglichkeit dazu hätte er als angesehener und wohlhabender Bürger sowohl in seiner Heimatstadt Kyrene[65] als auch – natürlich – in Alexandria, der Metropole, in der er den Hauptteil seines Studiums absolvierte und wo er sich sicherlich bei mancher Gelegenheit aufhielt, durchaus gehabt.

Um diesen Überlegungen zu Synesios' möglichen Quellen, seiner Eingeweihtheit in (gräko)-ägyptische Mysterien und dem platonischen Interesse an ägyptischer Schrift und Schriften – soweit möglich – Substanz zu verleihen, soll im Folgenden anhand des Textes der *Ägyptischen Erzählungen* auf einige Details eingegangen werden.

I 2,2–4 Nach ägyptischer Tradition, und so auch bei Plutarch, ist Osiris der älteste Sohn des Geb und der Nut (vgl. oben S. 172). Dass Synesios hier Osiris zum jüngeren Bruder macht, scheint zumindest nicht ägyptischen Ursprunges zu sein.

I 2,6 „Er (Typhos) war zur falschen Zeit geil, ihn zeichnete Brutalität aus, wenn er den Geschlechtsverkehr in Angriff nahm." Die unkontrollierte Geilheit des Seth ist durchaus auch in ägyptischen Quellen ein Topos.[66]

---

[63] Thissen 2011, 125–131.

[64] Vgl. die Einführung in diesem Band, S. 11–14.

[65] Die Isis- und Serapismysterien in Kyrene – wenn auch nach dem Erdbeben 365 und der Zerstörung der Kultstätten auf der Akropolis durch christliche Fanatiker während der Regierung Theodosius I. (391/92), im kleineren Maßstab – waren bis in das 5. Jh. aktiv, vgl. Ensoli 2004.

[66] J. F. Quack, „Lokalressourcen oder Zentraltheologie? Zur Relevanz und Situierung geographisch strukturierter Mythologie im Alten Ägypten", *Archiv für Religionsgeschichte* 10 (2008) 15–16.

I 2,8 „Daher versammelte Typhos eine Bande von törichten Jugendlichen um sich..." Das „Gefolge", die „Bande" oder die „Komplizen" des Seth treten in der religiösen Literatur der Ägypter häufig auf; im rituellen Kontext z.B. der Tempeldarstellungen und Inschriften sind sie Empfänger von Strafen oder werden vor einem Gott hingerichtet.[67] Ob Synesios hier auf eine Quelle, die aus ägyptischen Vorbildern schöpft, zurückgriff, bleibt aber offen.

I 3,2 Auf ägyptische Quellen, die auf Osiris als Heerführer etc. anspielen, ist bereits oben in Abschnitt 1 eingegangen worden.

I 5,1 Auch schon ältere ägyptische Königslisten lassen der Herrschaft der menschlichen Könige eine lange Herrschaftszeit der Götter vorausgehen. Aus solchen Listen schöpfte auch Manetho.[68] Ansonsten schöpft hier Synesios aus Herodot II 143.[69] Πείρωμιν ἐκ Πειρώμιδος, in ein griechisches Deklinationsschema überführt, geht auf ägyptisch-koptisch ⲡ(ⲓ)ⲣⲱⲙⲉ ⲡ(ⲓ)ⲣⲱⲙⲉ „jeder (Mensch), einer nach dem anderen" zurück.[70]

I 5,2–6,5 Die hier illustrierte Königswahl entspricht wohl keiner ägyptischen Tradition, erinnert aber in frappierender Weise an die Gepflogenheiten der „Äthiopen", also des kuschitischen Reiches im Sudan. Synesios entnimmt den Impuls dieser Geschichte u.a. wohl auch aus Plutarch (*De Is. et Os.* 9)[71] , aber die direkte Vorlage für seine Darstellung der Königswahl lieferte ihm gewiss der bei Diodor (I 3,2–3,7) wiedergegebene Äthiopenlogos. Dieser, ebenso wie Strabon, schöpfte wohl aus dem verlorengegangenen Werk des Agatharchides von Knidos.[72] Es heißt ja hier, dass die Äthiopier das älteste Volk seien und Ägypten von ihnen besiedelt worden sei, was sich ja noch in vielen gemeinsamen Sitten und Institutionen, wie der Schrift, zeige, so dass die Ägypter letztendlich von ihnen abstammten. Allerdings unterschieden sich die Äthiopier gerade durch die Institution Königswahl von anderen Völkern (Diodor I 3,5). Synesios nun führt die Königswahl in seine „ägyptischen Erzählungen" ohne weiteres als ägyptische Sitte ein.

---

[67] Vgl. beispielsweise *LGG* I, 278.
[68] *LÄ* III, 534–535.
[69] Vgl. auch Thissen 2011, 129.
[70] W. Westendorf, *Koptisches Handwörterbuch* (Heidelberg 1965/1977) 163.
[71] Vgl. aber auch Griffiths 1970, 282–283.
[72] Vgl. T. Eide / T. Hägg / R. H. Pierce / L. Török (Hrsgg.), *Fontes Historiae Nubiorum. Textual Sources for the History of the Middle Nile Region between the Eighth Century BC and the Sixth Century AD*, Vol. II: *From the Mid-Fifth to the First Century BC* (Bergen 1996) Nr. 142 (S. 638–650).

Die „gegenüberliegenden Berge“ könnten sich, gerade dort, wo die Gebirge näher an das Niltal herantreten, praktisch überall in Ägypten befinden. Auf der Höhe Thebens (das heutige Luxor) allerdings ist das östliche Gebirge, und Theben liegt ja auf der Ostseite des Nils, relativ weit vom Nil entfernt. Auf der Westseite liegt das Westgebirge näher zum Fluss, aber dort war traditionell die „Totenstadt“ mit den Gräbern der Könige (des Neuen Reiches) und der hohen Würdenträger lokalisiert. Und die „libysche“ Seite ist im ägyptischen Verständnis aber immer die Westseite des Nils gewesen. Synesios Schilderung passt folglich in kein reales geographisches Szenario in Theben und Umgebung. Allerdings scheint der ἱερὸν ὄρος die direkte Übersetzung der ägyptischen[73] Bezeichnung *ḏw w*^{c}*b* „heiliger Berg“ für den Gebel Barkal am 4. Nilkatarkt im Sudan zu sein. Dieser Berg war Ägyptern wie Kuschiten heilig und dem Gott Amun geweiht. Hier befanden sich die wichtigsten Heiligtümer von der ägyptischen Herrschaft im Neuen Reich bis zum Reich von Meroe.[74] Jegliche Zeremonien, auch die mit der Krönung in Verbindung stehenden, hatten folglich einen Bezug zum „heiligen Berg“. Bei Diodor ist vom „heiligen Berg“ keine Rede; und ein gegenüberliegender „libyscher Berg“ ist auch vor Ort nicht zu finden. Schöpfte also Synesios hier direkt aus Agatharchides' Werk, oder baute er die Geschichte im Sinne seines Symbolismus selbst aus?

Andererseits sind die Bezüge auf Diodors Wiedergabe der Erzählung recht deutlich: die Bestimmung des Todes des alten Königs durch die Gesetze und auf ein göttliches Orakel hin (Diodor I 3,6), die festliche Prozession und das göttliche Einwirken auf die Entscheidung bei der Wahl (Diodor I 3,5; sogar bis in die Verwendung von Synesios' κωμαστήριον und κωμάζων bei Diodor).

Besonders interessant ist aber, dass diese Erzählung einen realen Hintergrund in der Bestimmung des kuschitischen Königs durch Wahl hatte. Militär, Priester und zivile Würdenträger wählten den König aus dem Kreise der Kinder von Frauen der königlichen Familie aus, wobei nicht selten die Wahl zwischen Brüdern entscheiden musste. Der Auserwählte wurde dann durch göttliches Orakel bestätigt und vom Gott Amun als sein Sohn anerkannt.[75] Möglicherweise griff Synesios hier auf griechische Quellen zurück, die uns nicht überliefert sind.

I 11,1–2 Die symbolische Deutung des ‚Doppelbildes' des Hermes (ägyptisch: Thot) und der Sphinxbildnisse lässt sich, zumindest nicht vorder-

[73] Die Inschriften der kuschitischen Herrscher von Napata und noch Meroe waren ägyptisch und in Hieroglyphen verfasst bis das Meroitische diese Aufgabe ab dem späten 4. Jh. v. Chr. übernahm; vgl. *LÄ* IV, 103–107.

[74] *LÄ* II, 434–440.

[75] A. Lohwasser, „Die Auswahl des Königs in Kusch“, *Beiträge zur Sudanforschung* 7 (Wien 2000) 85–101.

gründig, auf keine ägyptische Tradition zurückführen. Wie in der Einleitung zur Textausgabe (S. 28f.) dargelegt, haben wir mit einer Beeinflussung aus der Hermetik zu rechnen.[76]

I 16,1 „Es sagt nun jedoch der Mythos, dass er nicht gern bei den Leiden des Osiris verweilen wird." Auch wenn Synesios die Erzählung aus stilistischen Gründen hier abkürzt (vgl. Anm. 79, S. 119), so entspricht es dennoch gut ägyptischer Tradition, dass vom Tode/den Leiden des Osiris sehr ungern explizit gesprochen wird und dass dies in den ägyptischen Mysterienspielen vor Publikum ausgespart wurde.[77] Walter Burkert sah in dieser Stelle („...und die, denen es erlaubt ist zu sehen, betrachten bewegte Bilder davon")[78] bei Synesios einen Bezug auf Herodot II 171. Und beiden, Herodot wie Synesios, stünden hier die Darstellung ägyptischer Mysterien vor Augen. Überdies spricht auch Herodot hier (in Bezug auf Sais im Delta) davon, dass er wohl wisse, wie es dabei zuginge, aber darüber nicht reden könne, da Verschwiegenheit gefordert war.

Ein besonders interessanter Abschnitt soll nun abschließend noch in den Blickpunkt treten, dessen Hintergrund sich einer Deutung bisher erfolgreich widersetzt hatte.[79] Dies ist der Abschnitt über die göttliche Offenbarung an den ‚Philosophen' und das „Rätsel des Wolfes".

I 18,4: „Und der Fremde las die Schrift, die in Obelisken und heiligen Tempelmauern eingemeißelt war. Der Gott erklärte ihm auch den Sinn der Hieroglyphen und gibt ihm ein Zeichen der Zeit."

I 18,8: „So wartete er (der Philosoph) ab, denn er hatte ja damals erfahren, was um Osiris sogleich geschehen werde, was dann für die kommenden Jahre in Aussicht stand, sobald Horos, dessen Sohn, beschlösse, ein Bündnis statt mit dem Löwen mit dem Wolf einzugehen. Wer nun der Wolf ist, das lehrt eine heilige Rede, die auszusprechen nicht fromm ist, nicht einmal in der Form eines Mythos."

Meiner Ansicht nach stehen diese Aussagen in einem unmittelbaren Zusammenhang. Das „Lesen" der Schriften, „die in Obelisken und heiligen Tempelmauern eingemeißelt" waren, also der hieroglyphischen Inschriften, scheint im Platonismus spätantiker Prägung eine gewisse Rolle gespielt zu haben. Plotin selbst (*Enn.* V 8,6) führte dazu aus:

---

[76] Dazu bei Plutarch (*De Is. et Os.* 9) vgl. Griffiths 1970, 283.

[77] Vgl. oben S. 175f.

[78] Burkert 2002, 10–11. Er übersetzt: „schauen als Mysterium, wie Götterbilder sich bewegen".

[79] Vgl. die Einführung in diesem Band, S. 30–34.

„... die ägyptischen Weisen ... verwendeten zur Darlegung ihrer Weisheit nicht die Buchstabenschrift, welche die Wörter und Prämissen nacheinander durchläuft und auch nicht die Laute und das Aussprechen der Sätze nachahmt, vielmehr bedienten sie sich der Bilderschrift, sie gruben in ihren Tempeln Bilder ein, deren jedes für ein bestimmtes Ding das Zeichen ist: und damit, meine ich, haben sie sichtbar gemacht, dass es dort oben [sc. bei den Göttern] kein diskursives Erfassen (διέξοδον ἐμφῆναι) gibt, dass vielmehr jedes Bild dort oben Weisheit und Wissenschaft ist."[80]

Hier ist einerseits bereits das fundamentale Missverständnis des Charakters der Hieroglyphenschrift formuliert, das über Horapollons *Hieroglyphika* Europa bis zu Champollion von der Entzifferung der Hieroglyphen weggeführt hatte,[81] andererseits scheint hier eine Tradition neuplatonischer symbolischer Hieroglyphendeutung vorzuliegen, die wir vor allem aus Horapollons Hieroglyphenbuch kennen. Da wohl der Großvater des Autors Horapollon aus Panopolis zum Ende des 4. Jh. in Alexandria als Grammatiker lehrte,[82] ist es sehr wahrscheinlich, dass auch unser Synesios an einem „Hieroglyphenkurs" teilnahm.

Schaut man sich nun in Horapollons Hieroglyphenbuch die Deutungen für das Hieroglyphenzeichen eines Wolfes an, so finden wir u.a. folgende Erklärung[83] :

„Wenn sie einen Menschen bezeichnen wollen, der von seinen Feinden bedrängt wird und mit geringem Verlust davonkommt, malen sie einen Wolf, der seine Schwanzspitze verloren hat; denn wenn jener Gefahr läuft, gefangen zu werden, stößt er seine Haare (mitsamt) der Schwanzspitze ab."

Oder in Bezug auf den Löwen:

„Wenn sie Leidenschaft darstellen wollen, malen sie einen Löwen, denn das Tier hat einen großen Kopf und feurige Pupillen, ein rundes Gesicht und darum herum eine Mähne in Strahlenform, nach Art der Sonne. Deswegen setzen sie Löwen unter den Thron des Horus und verweisen damit auf die Überseinstimmung des Tieres mit dem Gott. Die Sonne jedoch ist (= heißt) HORUS, weil sie über die *Horai* (= Stunden) gebietet."[84]

Oder:

„Wenn sie unmäßigen Zorn (darstellen wollen), dergestalt, dass der in Wut Geratende Fieber bekommt, schreiben sie einen Löwen, der seine eigenen Jungen zerreißt; und zwar einen Löwen: wegen des Zornes; die Jungen, die zerrissen werden: weil die Knochen der Jungen, wenn sie gegeneinander geschlagen werden, Feuer speien."[85]

Nun finden sich die hier beschriebenen Zeichen nicht in der Hieroglyphenschrift und es bleibt wohl weiterhin offen, ob und wenn ja welche historischen Personen unter dem „Wolf" und dem „Löwen" zu verstehen sind.

---

[80] Thissen 2001, XI.

[81] Thissen 2001, IX–XVI.

[82] Thissen 2001, XIII.

[83] Thissen 2001, 64–65.

[84] Thissen 2001, 17.

[85] Thissen 2001, 53

Dennoch, wie mir scheint, ist genau hier die Quelle des (geheimnistuerischen) Symbolismus des Synesios zu suchen. Die hieroglypischen Zeichen eines Wolfes (Schakals)  (auch liegend ) oder eines Löwen , häufiger  finden sich in der Tat sehr häufig vor allem in den Tempelinschriften der ägyptischen Tempel der griechisch-römischen Zeit,[86] ihre Horapollonsche Deutung hat aber nichts mit ihren wirklichen Lesungsmöglichkeiten zu tun. Und diese, leicht in den Synesios und seinen Zeitgenossen zugänglichen „Obelisken und heiligen Tempelmauern" auch ohne wirkliche Hieroglyphenlesekenntnis wieder erkennbaren Zeichen, ließen sich gewiss trefflich symbolisch deuten, so dass der schreitende Wolf als Zeichen für sein „Kommen" und damit den bevorstehenden Sieg des Osiris gedeutet werden könnte.[87]

Auch im *Corpus Hermeticum*, das sicher zum Inventar des ‚geheimen Wissens' eines Eingeweihten gehörte, ist mehrfach von der (magischen) Kraft der Hieroglyphen die Rede.[88]

Wir können daher davon ausgehen, dass Synesios an Isis/Serapis-Mysterien in Kyrene oder Alexandria teilgenommen hatte und wohl auch die hermetischen Schriften kannte. Es versteht sich für einen Mysten, dass es sich hier um Dinge handelt, „die auszusprechen nicht fromm ist, nicht einmal in der Form eines Mythos".

Und im Übrigen bewies Synesios Weitsicht, wenn er ausführt (II 7,6): „Der eine wird dies, der andere das vermuten, und es werden sich Menschen in ägyptische Schriften vertiefen auf der gierigen Suche nach der Zukunft, in deren Ohren der Mythos wie ein Trompetenklang hallt, wobei sie vom Mythos aus verrätselte Ähnlichkeiten auf die Gegenwart beziehen werden." Dies tat noch das 18. und frühe 19. Jh., bis 1822 Jean-François Champollion den Hieroglyphen ihre eigene Sprache wiedergab.

---

[86] Leitz 2004; zu den betreffenden Zeichen vgl. 159–160.

[87] Interessanterweise dient das Zeichen in der Hieroglyphenschrift tatsächlich zur Schreibung des Verbs *ỉỉ* „kommen", vgl. Leitz 2004, 176.

[88] Z.B. *CH* 16,1–2.

D. Anhang

Literaturverzeichnis

1. Abkürzungen

ANRW	*Aufstieg und Niedergang der römischen Welt*
BHG	*Bibliotheca Hagiographica Graeca*
CSEL	*Corpus Scriptorum Ecclesiasticorum Latinorum*
GRBS	*Greek, Roman and Byzantine Studies*
IGC	*Inscriptions de Grèce Centrale*
ILS	*Inscriptiones Latinae Selectae*
LÄ	*Lexikon der Ägyptologie*
LGG	*Lexikon der ägyptischen Götter und Götterbezeichnungen*
MGH	*Monumenta Germaniae Historica*
PG	*Patrologia Graeca*
PLRE	*The Prosopography of the Later Roman Empire*
RAC	*Das Reallexikon für Antike und Christentum*
RÄRG	*Reallexikon der ägyptischen Religionsgeschichte*
RGA	*Reallexikon der Germanischen Altertumskunde*
RhM	*Rheinisches Museum*
RICIS	*Receuil des inscriptions concernant les cultes Isiaques I-III*

2. Ausgaben, Kommentare und Übersetzungen

a. Synesios, Aigyptioi Logoi

Krabinger 1835 — J. G. Krabinger, *Synesios des Kyrenaeers Aegyptische Erzählungen über die Vorsehung. Griechisch und Deutsch, nach Handschriften verbessert und erläutert* (Sulzbach 1835)

b. Synesios, weitere Werke

Druon 1859 — H. Druon (ed.), *Œuvres de Synésios, évêque de Ptolémaïs dans la Cyrénaïque au commencement du Ve siède. Traduites entièrement pour la première fois en français et précédées d'une étude biographique et littéraire* (Paris 1859)

Garzya 1979 — A. Garzya (ed.), *Synesii Cyrensis Epistolae* (Rom 1979)

Garzya 1989 — A. Garzya (ed.), *Opere di Sinesio di Cirene. Epistole, Operette, Inni* (Turin 1989)

GARZYA/ROQUES 2000a/b A. GARZYA (ed.) / D. ROQUES (trad. & com.), *Synésios de Cyrène, Tome II & III, Correspondance. Lettres I-LXIII; Lettres LXIV-CLVI.* 2 Bde. (Paris 2000)

GOLDER 2007 W. GOLDER, *Synesios von Kyrene. Lob der Kahlheit. Übers., kommentiert* (2. Aufl. Würzburg 2007)

GRUBER/STROHM 1991 J. GRUBER / H. STROHM, *Synesios von Kyrene. Hymnen. Eingel., übers. u. kommentiert* (Heidelberg 1991)

LACOMBRADE 1951a C. LACOMBRADE, *Le Discours sur la Royauté de Synésios de Cyrène à l'empereur Arcadios. Trad. avec Introduction, Notes et Commentaire* (Paris 1951)

LAMOUREUX/AUJOULAT 2008 J. LAMOUREUX (ed.) / N. AUJOULAT (trad. & com.), *Synésios de Cyrène, Tome VI, Opuscules III* (Paris 2008)

LANG 1926 W. LANG, *Das Traumbuch des Synesius von Kyrene. Übersetzung und Analyse der philosophischen Grundlagen* (Tübingen 1926)

LUCHNER/GÖRGEMANNS 2010 *Synesios von Kyrene. Polis – Freundschaft – Jenseitsstrafen. Briefe an und über Johannes, eingeleitet, übersetzt und mit interpretierenden Essays versehen von* K. LUCHNER, B. BLECKMANN, R. FELDMEIER, H. GÖRGEMANNS, A. M. RITTER, I. TANASEANU-DÖBLER (Tübingen 2010)

NICOLOSI 1959 S. NICOLOSI, *Il „De providentia" di Sinesio de Cirene* (Padova 1959)

TERZAGHI 1944 N. TERZAGHI (rec.), *Synesii Cyrenensis opuscula* (Rom 1944)

TREU 1958 K. TREU, *Synesios von Kyrene. Ein Kommentar zu seinem „Dion"* (Berlin 1958)

3. Sekundärliteratur (und Editionen anderer Autoren)

ALBERT 1984 G. ALBERT, *Goten in Konstantinopel: Untersuchungen zur oströmischen Geschichte um das Jahr 400 n.Chr.* (Paderborn 1984)

ASSMANN 2008 J. ASSMANN / A. KUCHAREK, *Ägyptische Religion. Totenliteratur*. Verlag der Weltreligionen (Frankfurt am Main und Leipzig 2008)

ASSMANN 2001 J. ASSMANN, *Tod und Jenseits im Alten Ägypten* (München 2001)

AUJAOLAT 1966 N. AUJAOLAT, *Le néoplatonisme alexandrin. Hiéroclès d'Alexandrie* (Leiden 1966)

BALTES 1999/2005 M. BALTES, „Der Platonismus und die Weisheit der Barbaren", in: ders., ΕΠΙΝΟΗΜΑΤΑ. *Kleine Schriften zur antiken Philosophie und homerischen Dichtung* (Leipzig 2005) 1–26 (zuerst 1999)

BAUDY 1992 G. BAUDY, „Die Wiederkehr des Typhon. Katastrophen-Topoi in nachjulianischer Rhetorik und Annalistik: Zu literarischen Reflexen des 21. Juli 365", *JbAC* 35 (1992) 47–82

BAUMGARTEN 1998 R. BAUMGARTEN, *Heiliges Wort und Heilige Schrift bei den Griechen* (Tübingen 1998)

BEIERWALTES 1985 W. BEIERWALTES, *Denken des Einen. Studien zur neuplatonischen Philosophie und ihrer Wirkungsgeschichte* (Frankfurt/Main 1985)

BERNARD 1990 W. BERNARD, *Spätantike Dichtungstheorien. Untersuchungen zu Proklos, Herakleitos und Plutarch* (Stuttgart 1990)

BLUM 1977	R. BLUM, „Kallimachos und die Literaturverzeichnung bei den Griechen", *Archiv für Geschichte des Buchwesens* 18 (1977) 2–360 (auch als Sonderdruck separat publiziert)
BLUME / MANN 1985	H.-D. BLUME / F. MANN (Hrsgg.), *Platonismus und Christentum. Festschrift für H. Dörrie* (Münster ²1985)
BREGMAN 1982	J. BREGMAN, *Synesius of Cyrene. Philosopher – Bishop* (Berkeley 1982)
BRICAULT 2001	L. BRICAULT, *Atlas de la diffusion des cultes Isiaques (IVe s. av. J.-C. – IVe s. apr. J.-C.)*. Mémoires de l'Académie des Inscriptions et Belles Lettres XXIII (Paris 2001)
BRICAULT 2004	L. BRICAULT (Éd.), *Isis en occident. Actes du IIème colloque international sur les études isiaques*. Religions in the Graeco-Roman World 151 (Leiden 2004)
BURKERT 1991	W. BURKERT, *Antike Mysterien* (München ²1991)
BURKERT 2005	W. BURKERT, „Kritiken, Rettungen und unterschwellige Lebendigkeit griechischer Mythen zur Zeit des frühen Christentums", in: VON HAEHLING 2005, 173–193
BURTON 1972	A. BURTON, *Diodorus Siculus. Book 1. A commentary* (Leiden 1972)
CAMERON 1970	A. CAMERON, *Claudian. Poetry and Propaganda at the Court of Honorius* (Oxford 1970)
CAMERON 1987	A. CAMERON, „Earthquake in 400", *Chiron* 17 (1987) 343–360
CAMERON/LONG 1993	A. CAMERON / J. LONG, *Barbarians and Politics at the Court of Arcadius* (Berkeley / Los Angeles 1993)
CLAUSS 1980	M. CLAUSS, *Der magister officiorum in der Spätantike (4.–6. Jahrhundert). Das Amt und sein Einfluß auf die kaiserliche Politik*. Vestigia 32 (München 1980)
COULON 2010	L. COULON (ed.), *Le culte d'Osiris au Ier millénaire av. J.-C. Découvertes et travaux récents* (Kairo 2010)
COULON 2010a	L. COULON, „Le culte osirien au Ier millénaire av. J.-C. Une mise en perspective(s)", in: COULON 2010, 1–19
DEMANDT 1970	A. DEMANDT, „Magister militum", *RECA* Suppl. 12 (1970) 553–790
DEMANDT 2007	A. DEMANDT, *Die Spätantike. Römische Geschichte von Diocletian bis Justinian 284–565*. HAW 3, 3, 6 (München ²2007)
DRUON 1859a	H. DRUON, *Etudes sur la vie et les œuvres des Synésius, évêque de Ptolémaïs, dans la Cyrénaïque, au commencement du Ve siècle* (Paris 1859)
DOWNEY 1955	G. DOWNEY, „Earthquakes at Constantinople and Vicinity, A.D. 342–1454", *Speculum* 30 (1955) 596–600
EINGARTNER 2005	J. EINGARTNER, „Heiligtümer ägyptischer Gottheiten in Nordafrika: Aspekte religiöser und gesellschaftlicher Bedeutung", in: HOFFMANN 2005, 247–258
ENSOLI 2004	S. ENSOLI, „Il santuario de Iside e Serapide sull'acropoli 3: La fase tardoantica del culto isiaco a Cirene", in: BRICAULT 2004, 193–219
ERNESTI 1998	J. ERNESTI, *Princeps christianus und Kaiser aller Römer. Theodosius der Große im Lichte zeitgenössischer Quellen*. PThSt 25 (Paderborn / München 1998)
ERRINGTON 2000	R. M. ERRINGTON, „Themistius and His Emperors", *Chiron* 30 (2000) 861–904

FELDMANN/SCHINDLER/WERMELINGER — E. FELDMANN / A. SCHINDLER / O. WERMELINGER, „Alypius", in: *Augustinus-Lexikon*, Bd. 1 (1986–1994) 245–267

FOWDEN 1986 — G. FOWDEN, *The Egyptian Hermes. A Historical Approach to the Late Pagan Mind* (Cambridge 1986)

FRITZ 1905 — W. FRITZ, „Unechte Synesiosbriefe", *Byzantinische Zeitschrift* 14 (1905) 75–86

FUHRER 2004 — Th. FUHRER, *Augustinus* (Darmstadt 2004)

FUHRMANN 1977 — M. FUHRMANN, „Die Mönchsgeschichten des Hieronymus. Formexperimente in erzählender Literatur", in: M. FUHRMANN (Hrsg.), *Christianisme et formes littéraires de l'antiquité tardive en occident* (Vandoeuvres-Genève 1977) 41–99

GAISER 1886 — E. GAISER, *Des Synesius von Cyrene ägyptische Erzählungen oder über die Vorsehung* (Wolfenbüttel 1886) [Diss. Erlangen]

GÖRGEMANNS 2003 — H. GÖRGEMANNS, *Plutarch. Drei religionsphilosophischen Schriften: Über den Aberglauben; Über die späte Strafe der Gottheit; Über Isis und Osiris*. Griechisch-Deutsch. Übers. u. Herausgeg. unter Mitarbeit v. R. Feldmeier u. J. Assmann (Düsseldorf / Zürich 2003)

GRIFFITHS 1960 — J. G. GRIFFITHS, *The Conflict of Horus and Seth from Egyptian and classical Sources* (Liverpool 1960)

GRIFFITHS 1970 — J. G. GRIFFITHS, *Plutarch's De Iside et Osiride, ed. with an introduction, translation and commentary* (Cambridge 1970)

GRIFFITHS 1980 — J. G. GRIFFITHS, *The Origins of Osiris and his Cult*. Studies in the History of Religions XL (Leiden 1980)

GROß-ALBENHAUSEN — K. GROß-ALBENHAUSEN, *Imperator christianissimus. Der christliche Kaiser bei Ambrosius und Johannes Chrysostomus*. Frankfurter Althistorische Beiträge 3 (Frankfurt am Main 1999)

GRÜTZMACHER 1913 — G. GRÜTZMACHER, *Synesios von Kyrene, ein Charakterbild aus dem Untergang des Hellenentums* (Leipzig 1913)

GUILHOU 1998 — N. GUILHOU, „Les deux morts d'Osiris d'après les Textes des Pyramides", *Egypte Afrique & Orient* 10 (1998) 19–26

VON HAEHLING 1978 — R. VON HAEHLING, *Die Religionszugehörigkeit der hohen Amtsträger des römischen Reiches seit Constantins I. Alleinherrschaft bis zum Ende der theodosianischen Dynastie (324–450 bzw. bis 455 n.Chr.)* (Bonn 1978)

VON HAEHLING 2005 — R. VON HAEHLING (Hrsg.), *Griechische Mythologie und frühes Christentum* (Darmstadt 2005)

HAGL 1997 — W. HAGL, *Arcadius Apis Imperator. Synesios von Kyrene und sein Beitrag zum Herrscherideal der Spätantike*. Frankfurter Althistorische Beiträge 1 (Stuttgart 1997)

HEATHER 1991 — P. J. HEATHER, *Goths and Romans 332–489* (Oxford 1991)

HEITSCH 2002 — E. HEITSCH, *Platon. Apologie des Sokrates. Übersetzung und Kommentar* (Göttingen 2002)

HELM 1948 — R. HELM, *Der antike Roman* (Berlin 1948)

HOFFMANN 2005 — A. HOFFMANN (Hrsg.), *Ägyptische Kulte und ihre Heiligtümer im Osten des römischen Reiches*. Veröffentlichungen des Deutschen Archäologischen Instituts Istanbul, Byzas 1 (Istanbul 2005)

HOFFMANN 2000 F. HOFFMANN, *Ägypten. Kultur und Lebenswelt in griechisch-römischer Zeit* (Berlin 2000)

HOFFMANN 2009 F. HOFFMANN, „ Die Entstehung der demotischen Erzählliteratur. Beobachtungen zum überlieferungsgeschichtlichen Kontext", in: H. ROEDER (Hrsg.), *Das Erzählen in Frühen Hochkulturen. I. Der Fall Ägypten*. Ägyptologie und Kulturwissenschaft I (München 2009) 351–384

HOLUM 1982 K. G. HOLUM, *Theodosian Empresses: Women and Imperial Dominion in Late Antiquity*. The Transformation of the Classical Heritage 3 (London 1982)

HOPFNER 1940/1941 Th. HOPFNER, *Über Isis und Osiris. (Text,) Übersetzung und Kommentar*, 2 Bde. (Prag 1940/1941)

HOSE 2003 M. HOSE, „Synesios und seine Briefe. Versuch der Analyse eines literarischen Entwurfs", *Würzburger Jahrbücher für die Altertumswissenschaft* 27 (2003) 125–141

HOSE 2007 M. HOSE, „Konstantin und die Literatur – oder: Gibt es eine Konstantinische Literatur?" *Gymnasium* 114 (2007) 535–558

JANßEN 2004 T. JANßEN, *Stilicho. Das weströmische Reich vom Tode des Theodosius bis zur Ermordung Stilichos (395–408)* (Marburg 2004)

KASSEL 1973/1991 R. KASSEL, „Winkelbrummer. Antike Kritik an Philologie und Philologen", in: KASSEL 1991, 79–87 (zuerst 1973/74)

KASSEL 1991 R. KASSEL, *Kleine Schriften* (Berlin/New York 1991)

LACOMBRADE 1946 C. LACOMBRADE, „Synésios et l'énigme du loup", *REA* 48 (1946) 260–266

LACOMBRADE 1951 C. LACOMBRADE, *Synésios de Cyrène, hellène et chrétien* (Paris 1951)

LACOMBRADE 1978 C. LACOMBRADE, „Encore la lettre IV de Synésios et sa nouvelle lune", *REG* 91 (1978) 564–567

LAMBERTON 1986 R. D. *Lamberton, Homer the Theologian: Neoplatonist Allegorical Reading and the Growth of the Epic Tradition* (Berkeley 1986)

LEITZ 2004 Ch. LEITZ, *Quellentexte zur ägyptischen Religion I, Die Tempelinschriften der griechisch-römischen Zeit* (Münster 2004)

LIEBESCHUETZ 1984 J. H. W. G. LIEBESCHUETZ, „The Date of Synesius' De providentia", in: J. HARMATTA (Éd.), *Actes du VIIe Congrès de la Fédération Internationale des Associations d'Études classiques*, Vol. 2 (Budapest 1984) 39–46

LIEBESCHUETZ 1985 J. H. W. G. LIEBESCHUETZ, „Synesius and Municipal Politics of Cyrenaica in the Fifth Century A.D.", *Byz*. 55 (1985) 146–164

LIEBESCHUETZ 1986 J. H. W. G. LIEBESCHUETZ, „Why did Synesius Become Bishop of Ptolemais?", *Byz*. 56 (1986) 180–195

LIEBESCHUETZ 1990 J. H. W. G. LIEBESCHUETZ, *Barbarians and Bishops. Army, Church, and State in the Age of Arcadius and Chrysostom* (Oxford 1990)

LLOYD-JONES 1983 H. LLOYD-JONES, *The Justice of Zeus* (Berkeley / Los Angeles / London ^{2}1983)

LONG 1987 J. LONG, „The Wolf and the Lion: Synesios' Egyptian Sources", *GRBS* 28 (1987) 103–115

Louth 2007 — A. Louth, „Pagans and Christians on providence", in: J. H. D. Scourfield (ed.), *Texts and Culture in Late Antiquity* (Swansea 2007) 279–298

Luchner 2010 — K. Luchner, „Einführung", in: Luchner / Görgemanns 2010 (s. oben 1 a)

Maas 1913/1973 — P. Maas, „Verschiedenes", in: ders., *Kleine Schriften* (München 1973) 174–181 (zuerst 1913)

Mango / Scott 1997 — C. Mango / R. Scott (eds.), *The Chronicle of Theophanes Confessor. Byzantine and Near Eastern History, AD 284–813* (Oxford 1997)

Mathieu 1998 — B. Mathieu, „Quand Osiris régnait sur terre . . .", *Egypte Afrique & Orient* 10 (1998) 5–18

Mathieu 2010 — B. Mathieu, „Mais qui est donc Osiris? Ou la politique sous le linceul de la religion", *Égypte Nilotique et Méditerranéenne* 3 (2010) 77–107 (www.enim-egyptologie.fr/index.php?page=enim3)

Matthews 1978 — J. F. Matthews, „Gesandtschaft", *RAC* 19 (1978) 654–685

Merkelbach 1995 — R. Merkelbach, *Isis regina – Zeus Serapis. Die griechisch-ägyptische Religion nach den Quellen dargestellt* (Stuttgart und Leipzig 1995)

Mitchell 2007 — St. Mitchell, *A History of the Later Roman Empire AD 284–641. The Transformation of the Ancient World* (Oxford 2007)

Nachmanson 1941 — E. Nachmanson, *Der griechische Buchtitel* (Göteborg 1941)

Neander 1822 — A. Neander, *Der heilige Johannes Chrysostomus und die Kirche, besonders des Orients, in dessen Zeitalter*, Band 2 (Berlin 1822)

Nesselrath 1990 — H.-G. Nesselrath, „Lucian's Introductions", in: D. A. Russell (Hrsg.), *Antonine Literature* (Oxford 1990) 111–140

Nesselrath 2003 — H.-G. Nesselrath, „Einführung in die Schrift", in: H.-G. Nesselrath / B. Bäbler / M. Forschner / A. de Jong, *Dion von Prusa. Menschliche Gemeinschaft und göttliche Ordnung. Die Borysthenes-Rede* (Darmstadt 2003) 11–26

Norden 1923/1958 — E. Norden, *Die antike Kunstprosa*, 2 Bde. (Darmstadt ^{5}1958. Unveränderter Nachdruck der 4. Aufl. 1918/1923)

O'Meara 2003 — D. J. O'Meara, *Platonopolis. Platonic Political Philosophy in Late Antiquity* (Oxford 2003)

Perkams 2007 — M. Perkams, „Rez. v. O'Meara, Platonopolis", *JAC* 50 (2007) 234–237

Pizzone 2001 — A. M. V. Pizzone, „Simboli di regalità nel De providentia di Sinesio di Cirene: TAXIS E EUKOSMIA", *Prometheus* 27 (2001) 175–186

Pizzone 2006 — A. M. V. Pizzone, *Sinesio e la 'sacra ancora' di Omero. Intertestualità e modelli tra retorica e filosofia* (Mailand 2006)

Quack 2009 — J. F. Quack, *Einführung in die Altägyptische Literaturgeschichte III. Die demotische und gräko-ägyptische Literatur* (2. Aufl. Berlin 2009)

Riedweg 1987 — C. Riedweg, *Mysterienterminologie bei Platon, Philon und Klemens von Alexandrien* (Berlin/New York 1987)

Rohde 1882/1901 — E. Rohde, „Rez. v. Th. Birt, Das antike Buchwesen in seinem Verhältnis zur Literatur", in: *Kleine Schriften, Zweiter Band* (Tübingen/Leipzig 1901) 428–448 (zuerst 1882)

ROQUES 1977 D. ROQUES, „La lettre 4 de Synésios de Cyrène“, *REG* 90 (1977) 263–295

ROQUES 1987 D. ROQUES, *Synésios de Cyrène et la Cyrénaïque du bas empire* (Paris 1987)

ROQUES 1989 D. ROQUES, *Études sur la Correspondance de Synésios de Cyrène* (Bruxelles 1989)

ROQUES 1995 D. ROQUES, „Synésios à Constantinople: 399-402“, *Byzantion* 65 (1995) 405–439

ROQUES 2006 D. ROQUES, „Synésios de Cyrène e la rhétorique“, in: E. AMATO (Éd.), *Approches de la Troisième Sophistique. Hommage à Jacques Schamp* (Brüssel 2006) 244–272

SAID 2000 S. SAID, „Dio's Use of Mythology“, in: SWAIN 2000, 161–186

SCHLINKERT 1996 D. SCHLINKERT, ordo senatorius *und* nobilitas. *Die Konstitution des Senatsadels in der Spätantike. Mit einem Appendix über den praepositus sacri cubiculi, den „allmächtigen“ Eunuchen am kaiserlichen Hof.* Hermes.E 72 (Stuttgart 1996)

SCHMIDT 1976 P. L. SCHMIDT, *Politik und Dichtung in der Panegyrik Claudians* (Konstanz 1976)

SMITH 2008 M. SMITH, „Osiris and the Deceased“, in: J. DIELEMAN / W. WENDRICH (eds.), *UCLA Encyclopedia of Egyptology* (Los Angeles 2008): http://escholarship.org/uc/item/29r70244

SCHMITT 2001 T. SCHMITT, *Die Bekehrung des Synesios von Kyrene* (München/Leipzig 2001)

SCHNEIDER 1983 L. SCHNEIDER, *Die Domäne als Weltbild. Wirkungsstrukturen der spätantiken Bildersprache* (Stuttgart 1983)

SCHOLTEN 1995 H. SCHOLTEN, *Der Eunuch in Kaisernähe. Zur politischen und sozialen Bedeutung des praepositus sacri cubiculi im 4. und 5. Jahrhundert n.Chr.* Prismata 5 (Frankfurt am Main 1995)

SEECK 1876 *Notitia dignitatum, accedunt notitia urbis Constantinopolitanae et laterculi provinciarum*, ed. O. SEECK (Berlin 1876, ND Frankfurt am Main 1962)

SEECK 1894 O. SEECK, „Studien zu Synesios“, *Philologus* 52 (1894) 442–483

SEECK 1914 O. SEECK, „Die Reichspräfektur des vierten Jahrhunderts„, *RhM* 69 (1914) 1–39

SENG 2001 H. SENG, „Die Söhne des Synesios“, *Studia Patristica* 34 (2001) 227–234

SENG 2006 H. SENG, „Die Kontroverse um Dion von Prusa und Synesios von Kyrene“, *Hermes* 134 (2006) 102–116

SWAIN 2000 M. SWAIN (ed.), *Dio Chysostom. Politics, Letters, and Philosophy* (Oxford 2000)

TANASEANU-DÖBLER 2005 I. TANASEANU-DÖBLER, *Konversion zur Philosophie in der Spätantike. Kaiser Julian und Synesios von Kyrene* (Stuttgart 2005)

THEILER 1942/1966 W. THEILER, „Die chaldäischen Orakel und die Hymnen des Synesios“, in THEILER 1966, 252–301 (zuerst 1942)

THEILER 1966 W. THEILER, *Forschungen zum Neuplatonismus* (Berlin 1966)

THISSEN 2001 — H. J. THISSEN, *Des Niloten Horapollon Hieroglyphenbuch I, Text und Übersetzung*. Archiv für Papyrusforschung und verwandte Gebiete, Beiheft 6 (2001)

THISSEN 2011 — H. J. THISSEN, „Lost in Translation?" Von Übersetzungen und Übersetzern" In: H.-W. FISCHER-ELFERT / T. S. RICHTER (Hrsgg.), *Literatur und Religion im Alten Ägypten – Ein Symposium zu Ehren von Elke Blumenthal*. Abhandlungen der Sächsischen Akademie der Wissenschaften zu Leipzig, Philologisch-historische Klasse, 81.5 (Leipzig 2011) 125–163

TIERSCH 2002 — C. TIERSCH, *Johannes Chrysostomus in Konstantinopel (398–404). Weltsicht und Wirken eines Bischofs in der Hauptstadt des Oströmischen Reiches*. Studien und Texte zu Antike und Christentum 6 (Tübingen 2002)

TRAPP 2000 — M. TRAPP, „Plato in Dio", in: SWAIN 2000, 213–239

VOGT 1970/1984 — J. VOGT, „Synesios auf Seefahrt", in: VOGT 1985, 33–47 (zuerst 1970)

VOGT 1971/1985 — J. VOGT, „Synesios im Glück der ländlichen Einsamkeit", in: VOGT 1985, 68–83 (zuerst 1971)

VOGT 1975/1985 — J. VOGT, „Philosophie und Bischofsamt: Der Neuplatoniker Synesios in der Entscheidung", in: VOGT 1985, 92–108 (zuerst 1975)

VOGT 1985 — J. VOGT, *Begegnungen mit Synesios, dem Philosophen, Priester und Feldherrn* (Darmstadt 1985)

VOLKMANN 1869 — R. VOLKMANN, *Synesius von Cyrene. Eine biographische Charakteristik aus den letzten Zeiten des untergehenden Hellenismus* (Berlin 1869)

WADDELL 1940 — W. G. WADDELL, *Manetho. With an English Translation* (London / Cambridge 1940)

WATSON 1983/84 — G. WATSON, „St Augustine, the Platonists and the Resurrection body: Augustine's use of a Fragment from Porphyry", *The Irish Theological Quarterly* 50 (1983/84) 222–232

WILHELM 1918 — F. WILHELM, „Zu Dion Chys. Or. 30 (Charidemos)", *Philologus* 75 (1918) 364–383

WILHELM 1924 — F. WILHELM, „Plutarchos ΠΕΡΙ ΗΣΥΧΙΑΣ", *RhM* 73 (1920-1924) 466–482

WILPERT 1950 — P. WILPERT „Auge", in: *RAC* Bd. 1 (1950) 957–969

WINTERLING 1998 — A. WINTERLING (Hrsg.), *Comitatus. Beiträge zur Erforschung des spätantiken Kaiserhofes* (Berlin 1998)

ZELLER 1923 — E. ZELLER, *Die Philosophie der Griechen in ihrer geschichtlichen Entwicklung. Dritter Theil, zweite Abteilung* (Leipzig [5]1923)

ZIMMERMANN 1912 — F. ZIMMERMANN, *Die ägyptische Religion nach der Darstellung der Kirchenschriftsteller* (Paderborn 1912)

Stellenregister (in Auswahl)

Namensregister

Die Autoren dieses Bandes

Prof. Dr. Wolfgang Bernard ist Inhaber des Lehrstuhls für Griechische Philologie an der Universität Rostock. Seine Forschungsschwerpunkte sind die Philosophie des Platon und des Aristoteles einschließlich ihrer Rezeption von Antike bis Neuzeit (insbesondere Staatstheorie, Erkenntnistheorie und Quadrivium / antik-mittelalterliches Wissenschaftssystem), antike Literaturtheorie, die attische Tragödie und Homer.

Schriftenauswahl: *Rezeptivität und Spontaneität der Wahrnehmung bei Aristoteles* (Baden-Baden 1988); *Spätantike Dichtungstheorien. Untersuchungen zu Proklos, Herakleitos und Plutarch* (Stuttgart 1990); *Das Ende des Ödipus bei Sophokles. Untersuchung zur Interpretation des "Ödipus auf Kolonos"* (München 2001).

Dr. Frank Feder ist wissenschaftlicher Mitarbeiter am Akademienvorhaben *Altägyptisches Wörterbuch* der Berlin-Brandenburgischen Akademie der Wissenschaften. Im Rahmen dieses Projektes bearbeitet er die Ritualtexte und die Totenliteratur der griechisch-römischen Zeit Ägyptens für das internetbasierte Lexikon und Textcorpus *Thesaurus Linguae Aegyptiae*. Seine Forschungsschwerpunkte sind im Allgemeinen ägyptische Kulturgeschichte, Literatur und Sprache, im Besonderen der griechisch-römischen Epoche bis zur christlich-koptischen Spätantike und des Griechisch-Ägyptischen Sprach- und Kulturkontaktes.

Schriftenauswahl: *Biblia Sahidica - Ieremias, Lamentationes (Threni), Epistula Jeremiae et Baruch*. Texte und Untersuchungen zur Geschichte der altchristlichen Literatur 147 (Berlin / New York 2002); „Der Einfluß des Griechischen auf das Ägyptische in ptolemäisch-römischer Zeit", in: Th. Schneider (Hrsg.), *Das Ägyptische und die Sprachen Vorderasiens, Nordafrikas und der Ägäis*. Akten des Basler Kolloquiums zum ägyptisch-nichtsemitischen Sprachkontakt, Basel 9.-11.Juli 2003. Alter Orient und Altes Testament 310 (2004) 509–521; „Die koptische Übersetzung des Alten und Neuen Testamentes im 4. Jahrhundert", in: J. Tubach / S. G. Vashalomidze (Hrsgg.), *Stabilisierung und Profilierung der koptischen Kirche im 4. Jahrhundert*, Beiträge zur X. internationalen Koptologentagung 2006. Hallesche Beiträge zur Orientwissenschaft 44 (2007) 65–93; „Sacred Coptic Text before the Copts – The Pre-Coptic Egyptians as Lexicographers, in: J.-P. Monferrer-Sala / Á. Urbán (eds.), *Sacred Text – Explorations in Lexicography*. Studien zur romanischen Sprachwissenschaft und interkulturellen Kommunikation 57 (2009) 67–74.

Prof. Dr. Martin Hose ist Ordinarius für Klassische Philologie/Gräzistik an der Ludwig-Maximilians-Universität München. Seine Forschungsschwerpunkte liegen im Bereich des griechischen Dramas, der hellenistischen Dichtung, der antiken Historiographie und der griechischen Literatur der Kaiserzeit.

Schriftenauswahl: *Studien zum Chor bei Euripides, 2 Bde.* (Stuttgart / Leipzig 1990/1); *Erneuerung der Vergangenheit. Die Historiker im Imperium Romanum von Florus bis Cassius Dio* (Stuttgart / Leipzig 1994); *Drama und Gesellschaft* (Stuttgart 1995); *Kleine griechische Literaturgeschichte* (München 1999); *Aristoteles. Die historischen Fragmente* (Berlin 2002); *Poesie aus der Schule* (München 2004); *Euripides. Dichter der Leidenschaften* (München 2008); *Euripides als Anthropologe* (München 2009).

Dr. Monika Schuol ist Privatdozentin für Alte Geschichte an der Freien Universität Berlin. Ihre Forschungsschwerpunkte sind Geschichte und Kultur des Vorderen Orients, das antike Judentum und Machtstrukturen am Kaiserhof Theodosius' II. in Konstantinopel. Ihre derzeitigen Forschungsinteressen richten sich u.a. auf das antike Papsttum.

Schriftenauswahl:

Die Charakene. Ein mesopotamisches Königreich in hellenistisch-parthischer Zeit (Stuttgart 2000); *Hethitische Kultmusik. Eine Untersuchung der Instrumental- und Vokalmusik anhand hethitischer Ritualtexte und der archäologischen Zeugnisse* (Rahden/Westfalen 2004); *Augustus und die Juden. Rechtsstellung und Interessenpolitik der kleinasiatischen Diaspora* (Frankfurt am Main 2007).

SAPERE

Scripta Antiquitatis Posterioris ad Ethicam REligionemque pertinentia

Schriften der späteren Antike zu ethischen und religiösen Fragen

Lieferbare Bände nach Bandnummern:

XXI *Synesios von Kyrene:* Ägyptische Erzählungen oder Über die Vorsehung

Herausgegeben von Martin Hose. Eingeleitet, übersetzt und mit interpretierenden Essays versehen von Martin Hose, Wolfgang Bernard, Frank Feder und Monika Schuol

2012. X, 204 Seiten ISBN 978-3-16-152259-8 fadengeheftete Broschur.

XX *Ps.-Platon:* Über den Tod

Eingeleitet, übersetzt und mit mit interpretierenden Essays versehen von Irmgard Männlein-Robert, Oliver Schelske, Michael Erler u.a.

2012. XI, 224 Seiten. ISBN 978-3-16-151904-8 fadengeheftete Broschur.

XIX Armut – Arbeit – Menschenwürde

Die Euböische Rede des Dion von Prusa

Eingeleitet, übersetzt und mit interpretierenden Essays versehen von Gustav A. Lehmann, Dorit Engster, Dorothee Gall, Hans Rupprecht Goette, Elisabeth Herrmann-Otto, Werner Heun und Barbara Zehnpfennig

2012. X, 276 Seiten. ISBN 978-3-16-151825-6 fadengeheftete Broschur.

XVIII *Libanios:* Für Religionsfreiheit, Recht und Toleranz

Libanios' Rede für den Erhalt der heidnischen Tempel

Eingeleitet, übersetzt und mit interpretierenden Essays versehen von Heinz-Günther Nesselrath, Okko Behrends, Klaus S. Freyberger, Johannes Hahn, Martin Wallraff und Hans-Ulrich Wiemer

2011. XI, 276 Seiten. ISBN 978-3-16-151002-1 Broschur

XVII *Synesios von Kyrene:* Polis – Freundschaft – Jenseitsstrafen
Briefe an und über Johannes

Eingeleitet, übersetzt und mit interpretierenden Essys versehen von Katharina Luchner, Bruno Bleckmann, Reinhard Feldmeier, Herwig Goergemanns, Adolf Martin Ritter, Ilinca Tanaseanu-Doebler

2010. XI, 243 Seiten. ISBN 978-3-16-150654-3 Broschur;
ISBN 978-3-16-150655-0 Leinen.

XVI *Plutarch:* On the daimonion of Socrates
Human liberation, divine guidance and philosophy

Edited by Heinz-Günther Nesselrath. Introduction, Text, Translation and Interpretative Essays by Donald Russell, George Cawkwell, Werner Deuse, John Dillon, Heinz-Günther Nesselrath a.o.

2010. X, 225 Seiten. ISBN 978-3-16-150137-1 Broschur;
ISBN 978-3-16-150138-8 Leinen.

XV *Joseph und Aseneth*

Herausgegeben von Eckart Reinmuth. Eingeleitet, ediert, übersetzt und mit interpretierenden Essays versehen von Eckart Reinmuth, Stefan Alkier, Brigitte Boothe, Uta B. Fink, Christine Gerber, Karl-Wilhelm Niebuhr u.a.

2009. XI, 280 Seiten. ISBN 978-3-16-150161-6 Broschur;
ISBN 978-3-16-150162-3 Leinen.

XIV *Cornutus:* Die Griechischen Götter
Ein Überblick über Namen, Bilder und Deutungen

Herausgegeben von Heinz-Günther Nesselrath, eingeleitet, übersetzt und mit interpretierenden Essays versehen von Fabio Berdozzo, George Boys-Stones, Hans-Josef Klauck, Ilaria Ramelli und Alexei V. Zadorojnyi

2009. X, 259 Seiten. ISBN 978-3-16-150071-8 Broschur;
ISBN 978-3-16-150072-5 Leinen.

XIII *Dion von Prusa:* Der Philosoph und sein Bild

Herausgegeben von Heinz-Günther Nesselrath, eingeleitet, ediert, übersetzt und mit interpretierenden Essays versehen von Eugenio Amato, Sotera Fornaro, Barbara E. Borg, Renate Burri, Johannes Hahn u.a.

2009. XI, 317 Seiten. ISBN 978-3-16- 149440-6 Broschur;
ISBN 978-3-16-149441-3 Leinen.

XII *Rufus of Ephesus:* On Melancholy

Edited by Peter E. Pormann. Introduction, Text, Translation and Interpretative Essays by Philip J. van der Eijk, Vivian Nutton, Peter E. Pormann, Thomas Rütten, Peter-Klaus Schuster, Simon Swain a.o.

2008. XV, 332 Seiten. ISBN 978-3-16-149759-9 Broschur; ISBN 978-3-16-149760-5 Leinen.

XI *Der apokryphe Briefwechsel zwischen Seneca und Paulus*

Zusammen mit dem Brief des Mordechai an Alexander und dem Brief des Annaeus Seneca über Hochmut und Götterbilder

Eingeleitet, übersetzt und mit interpretierenden Essays versehen von Alfons Fürst, Therese Fuhrer, Folker Siegert und Peter Walter

2006. X, 215 Seiten. ISBN 978-3-16-149131-3 Leinen.

X *Plutarch:* Dialog über die Liebe

Amatorius

Eingeleitet, übersetzt und mit interpretierenden Essays versehen von Herwig Görgemanns, Barbara Feichtinger, Fritz Graf, Werner G. Jeanrond und Jan Opsomer

2006. X, 323 Seiten. ISBN 978-3-16-148824-5 Leinen.